Deutscher Kulturrat

Aus Politik & Kultur Nr. 9

Arbeitsmarkt Kultur: Vom Nischenmarkt zur Boombranche

Herausgegeben von Olaf Zimmermann und Theo Geißler

Arbeitsmarkt Kultur:
Vom Nischenmarkt zur Boombranche

1. Auflage
Berlin, Oktober 2012

Nachdruck von Beiträgen aus Politik & Kultur,
Zeitung des Deutschen Kulturrates

Deutscher Kulturrat e.V.
Chausseestraße 103
10115 Berlin
Telefon: 030 . 24 72 80 14
Fax: 030 . 24 72 12 45
post@kulturrat.de
www.kulturrat.de

Herausgeber: Olaf Zimmermann
und Theo Geißler

Redaktion: Gabriele Schulz und Stefanie Ernst
unter Mitarbeit von Carolin Ries

Gestaltung: 4S und Ilja Wanka

Herstellung: AZ Druck, Berlin

Gefördert aus Mitteln des Beauftragten der
Bundesregierung für Kultur und Medien aufgrund
eines Beschluss des Deutschen Bundestags

Die Deutsche Nationalbibliothek verzeichnet
diese Publikation in der Deutschen National-
bibliografie; detaillierte bibliografische Daten
sind im Internet unter www.dnb.de abrufbar.

ISBN: 978-3-934868-28-1
ISSN: 18652689

Vorwort und Einleitung

1. Kapitel: Arbeitsmarkt Kultur: Eine erste Annäherung

2. Kapitel: Kulturberufe – Ein Blick in die Sparten

Anhang

Vorwort

Vom Nischenmarkt zur Boombranche

Olaf Zimmermann

Als in den 1970er-Jahren Karla Fohrbeck und Andreas Joh. Wiesand ihre ersten Studien zur sozialen und wirtschaftlichen Lage der Künstler sowie zum Arbeitsmarkt für Kunst- und Kulturschaffende vorlegten, betraten sie Neuland. Der Arbeitsmarkt Kultur war ein Nischenmarkt. Künstler galten vielen als entrückte Fantasten und den Unternehmen der Kulturwirtschaft wurde nur wenig politische und öffentliche Aufmerksamkeit geschenkt. Das Diktum von der Oberflächlichkeit der Kulturindustrie war zu diesem Zeitpunkt in den kulturpolitischen Debatten stark präsent. Im Kulturbereich selbst fanden gerade in jenen Jahren bis etwa Mitte der 1980er-Jahre teils erbitterte Machtkämpfe statt. Heinrich Böll verkündete beim Schriftstellerkongress 1972 das Ende der Bescheidenheit. Schriftsteller forderten eine angemessene Beteiligung an den Erlösen ihrer Werke. Karla Fohrbeck und Andreas Joh. Wiesand zeigten in ihren Studien die materielle Not vieler Künstler der verschiedenen Sparten auf. Ihr Wirken ermutigte Künstler sich zusammenzutun und offensiv ihre Rechte einzufordern. Die Künstlersozialversicherung war ein greifbares Ergebnis des Wirkens der Kulturverbände und nicht zuletzt auch der beiden kulturpolitischen Protagonisten Fohrbeck und Wiesand. Die in den wesentlichen Punkten erfolglos gebliebene Verfassungsklage von Verwerterverbänden, wie z. B. dem Börsenverein des Deutschen Buchhandels oder des Bundesverbands Deutscher Galerien, gegen die Künstlersozialversicherung markierte einen Höhepunkt in der Auseinandersetzung zwischen Künstlern und Verwertern. Gleichzeitig herrschte ein gesellschaftliches Aufbruchklima, das Wort von Künstlern war plötzlich gefragt und ihre Anliegen fanden Gehör. Mit der sogenannten Ölkrise, ebenfalls Anfang der 1970er-Jahre, wurde die Verletzlichkeit der Industriegesellschaften deutlich. Erstmals wurde über die Grenzen des Wachstums nachgedacht. Kultur wurde vielfach als Alternative zur Industriegesellschaft genannt.

Der Arbeitsmarkt Kultur, seine Veränderungen in den letzten Jahrzehnten, die Erwartungen, die in dieses Arbeitsmarktsegment gesetzt werden, sein Image können nicht losgelöst von diesen gesellschaftlichen Entwicklungen gesehen werden. Der starke Einbruch der industriellen Produktion, das Zechensterben und anderes mehr veranlassten insbesondere die nordrhein-westfälische Landesregierung dazu, stärker auf Kultur und Kulturwirtschaft zu setzen. Nordrhein-Westfalen war das erste Land, das einen Kulturwirtschaftsbericht veröffentlichte und es gehörte zu den ersten Ländern die mittels staatlicher Unterstützung die Kultur- und Medienwirtschaft befördern. Dabei ging und geht es auch um Arbeitsplätze. Zu diesen Veränderungen gehören ebenso auch die Wissensexpansion, die vielfache Gründung von Universitäten und Hochschulen in den 1970er-Jahren und nicht zuletzt die seit dem Ende der 1990er-Jahre andauernde Diskussion um die Wissensgesellschaft. Kultur schafft Zugang zu Wissen, Kultur ermöglicht Wissen. Kultur ist daher ein fester Bestandteil der Wissensgesellschaft.

Der Diskurs um Künstler, Kultureinrichtungen wie auch Unternehmen der Kulturwirtschaft hat sich spätestens seit Mitte der 1990er-Jahre verändert. Die Debatte wird stärker aus einer ökonomischen Sicht geführt. Die Wirtschaftlichkeit von Kultureinrichtungen gewann in der Diskussion zunehmend an Bedeutung. Zu formulieren, dass Künstler sich nicht nur an ihren Ideen, sondern auch am Markt orientieren sollten, wurde durchaus hoffähig. Und die Erwartungen an die mutmaßliche Boombranche wuchsen.

War in den 1990er-Jahren noch von der Kulturwirtschaft die Rede, bürgerte sich ab dem Jahr 2000 zunehmend der Begriff der Kreativwirtschaft ein. Diese Begriffserweiterung diente zum einen dazu auch die Software- sowie die Video- und Computerspielebranche und die Werbemärkte einzubeziehen, zum anderen wurde hierdurch eine Brücke zur Bedeutung von Kultur und Kreativität für eine hochentwickelte Industriegesellschaft geschlagen. Paradigmatisch für diese Erweiterung sind die Thesen von Richard Florida. Ihm geht es im Kern darum zu zeigen, dass menschliche Kreativität, auch außerhalb der künstlerischen Welt, die Grundlage für wirtschaftliche Prosperität ist. Wer mag da widersprechen, denn natürlich sind Erfinder von zentraler Bedeutung für die Entwicklung von technischen Produkten und selbstverständlich leisten Erfindungen bzw. deren Umsetzung in der Produktion einen wesentlichen Beitrag zur Wirtschaftskraft eines Landes. Daraus aber abzuleiten, dass dieses in enger Verbindung zur Kultur- und Kreativwirtschaft steht, ist sehr weit hergeholt und verführt dazu, den Begriff der Kultur- und Kreativwirtschaft auszudehnen und damit unscharf werden lassen. Eine solche Ausdehnung würde letztlich dazu führen, dass auch nicht mehr von einem Arbeitsmarkt Kultur gesprochen werden kann bzw. dieser geradezu beliebig wird. Damit würde es ungleich schwerer werden, kulturpolitische Maßnahmen zur Stärkung dieses Marktsegmentes zu ergreifen, wie z. B. die Buchpreisbindung oder den ermäßigten Mehrwertsteuersatz für bestimmte Kulturprodukte.

Im vorliegenden 9. Band der Reihe »Aus Politik & Kultur« mit dem Titel »Arbeitsmarkt Kultur: Vom Nischenmarkt zur Boombranche« wird ein engeres Verständnis vom Arbeitsmarkt Kultur zugrunde gelegt. Es geht um jene Arbeitsfelder, in denen Kunst geschaffen, präsentiert, vermittelt und letztlich verkauft wird. Es sind Beiträge versammelt, die seit dem Jahr 2002 in Politik & Kultur, der Zeitung des Deutschen Kulturrates, erschienen sind und sich mit dem Arbeitsmarkt Kultur, der Ausbildung für diesen Arbeitsmarkt sowie der sozialen und wirtschaftlichen Lage der Künstler befassen. Die Beiträge belegen, dass Fragen des Arbeitsmarktes Kultur einen festen Platz in der kulturpolitischen Debatte haben. In den Beiträgen kommen regelmäßig kontroverse Positionen zum Ausdruck. Es ist das Kennzeichen von Politik & Kultur, Themen aus unterschiedlichen Perspektiven zu beleuchten. Die Beiträge sollen zur Weiterführung der Debatten einladen. Ein weiteres Merkmal ist, dass die verschiedenen Akteure des Kulturbereiches zu Wort kommen. Es sind eben nicht nur die unterschiedlichen Sparten – Musik, Darstellende Kunst und Tanz, Literatur, Bildende Kunst, Baukultur und Denkmalpflege, Design, Film und Medien, Soziokultur und kulturelle Bildung –, sondern es sind auch die verschiedene Akteure – Künstler, Vertreter aus Kultureinrichtungen oder aus Kulturunternehmer sowie Akteure aus der kulturellen Bildung – ihre teils gemeinsamen, teils aber auch heterogenen Interessen, die in den Aufsätzen deutlich werden

In diesem Buch wird der Bogen von der allgemeinen Annäherung an den Arbeitsmarkt Kultur über die Besonderheiten in den verschiedenen Künsten, der Ausbildung in Kulturberufen, bis hin zur sozialen und wirtschaftlichen Lage gespannt.

Mit dem Band wird das Themenspektrum in der Reihe »Aus Politik & Kultur« erweitert. Bislang wurde in dem Band »Künstlerleben: Zwischen Hype und Havarie« das Augenmerk speziell auf Künstler und im Buch »Digitalisierung: Kunst und Kultur 2.0« der Akzent auch auf die Veränderungen des Arbeitsmarktes Kultur durch die Digitalisierung gelegt. Der hier vorgelegte Band bündelt erstmals die in Politik & Kultur geführten Debatten zum Arbeitsmarkt Kultur in ihrer gesamten Breite. Dabei wird deutlich wie der Arbeitsmarkt Kultur vom Nischenmarkt zur Boombranche wurde.

Einleitung

Zu diesem Buch

Gabriele Schulz

Die Entwicklung des Arbeitsmarktes Kultur spielte in den letzten Jahren in der Zeitung Politik & Kultur eine wichtige Rolle. Insgesamt 83 Artikel und Interviews, die in Politik & Kultur erschienen sind, wurden für diesen Sammelband redaktionell neu zusammengestellt. Die Idee war dabei ausgehend von einer ersten Annäherung an den Arbeitsmarkt Kultur, sich mit den spezifischen Anforderungen in den verschiedenen künstlerischen Sparten zu befassen. In einem weiteren Schritt sollte die Ausbildungssituation für künstlerische Berufe näher beleuchtet werden, um dann abschließend zu Fragen der sozialen Sicherung zu kommen.

Die Artikel spiegeln zweierlei: Einerseits eine Tätigkeit im Kulturbetrieb scheint eine große Anziehungskraft zu haben. Immer wieder schwingt in den Beiträgen mit, welche Gestaltungsmöglichkeiten diese Arbeit eröffnet, welche Chancen zum eigenen Ausdruck sich bieten und wie spannend die Arbeit ist. Andererseits kommt zum Ausdruck, dass die soziale Lage vieler Akteure im Kulturbereich prekär ist. Im Mittelpunkt stehen dabei die Künstlerinnen und Künstler, da dank der Künstlersozialversicherung zu deren Einkommen Daten vorliegen, aber auch andere Akteure des Kulturbereiches stehen immer wieder vor der Frage, wie ein Auskommen mit dem Einkommen möglich sein soll.

Arbeitsmarkt Kultur: Eine erste Annäherung

Im ersten Kapitel sind Beiträge versammelt, die sich mit den Veränderungen des Arbeitsmarktes allgemein und den speziellen Fragen des Arbeitsmarktes Kultur auseinandersetzen. Ein wichtiges Thema ist die Debatte um die Kulturwirtschaft. Es wird der Frage nachgegangen, ob die Kulturwirtschaft tatsächlich eine Wachstumsbranche ist, in der zureichende Umsätze und damit auch Einkommen erwirtschaftet werden oder ob es sich um einen Zuwachs an Unternehmen handelt, die sich einen kaum größer werdenden Umsatzkuchen teilen müssen.

Neben kulturwirtschaftlichen Fragen wird auch erörtert, wie ein öffentlicher Beschäftigungssektor im Kulturbereich aussehen kann und inwiefern er eine Brücke in den ersten Arbeitsmarkt bietet.

Die Interviews mit Karla Fohrbeck und Andreas Joh. Wiesand sowie mit Gerhard Pfennig verdeutlichen, welche Entwicklung die professionelle Vertretung der Kulturberufe in den letzten Jahren genommen hat und welche Erfolge in der Vertretung der beruflichen Interessen erreicht werden konnten.

Kulturberufe – Ein Blick in die Sparten

Im zweiten Kapitel werden die verschiedenen künstlerischen Sparten in den Blick genommen. Ziel dieser Zusammenstellung ist es unter anderem, die Besonderheiten der verschiedenen Arbeitsmarktsegmente zu erfassen, um Potenziale, aber auch Schwierigkeiten ausmachen zu können. Ein »Blick in die Sparten« wird in den Branchen Musik, Darstellende Kunst und Tanz, Literatur, Bildende Kunst, Baukultur und Denkmalpflege, Design, Medien sowie Soziokultur und Kulturvermittlung unternommen. In allen Bereichen kommen wiederum unterschiedliche Perspektiven zum Tragen, die der Künstlerinnen und Künstler, aber auch der Verlage und Medienunternehmen, der Galerien oder soziokulturellen Zentren. Die vorliegende Zusammenstellung wird so dem großen Spektrum kreativwirtschaftlicher Tätigkeit gerecht. Teils scheinen Konflikte zwischen den verschiedenen Akteuren auf, ebenso werden aber auch die Gemeinsamkeiten deutlich. Künstlerische Arbeit und Arbeit mit Künstlern leben von Individualität und persönlichem Einsatz. Dieses zu betonen, heißt nicht einem romantischen Künstlerideal nachzuhängen. Es unterstreicht vielmehr, dass künstlerische Arbeit und die Arbeit mit Kunst etwas anderes ist als sich um die Herstellung oder den Verkauf beispielsweise von Schrauben zu bemühen.

Ausbildung in Kulturberufen

In diesem Kapitel wird zum einen die Ausbildung in den geisteswissenschaftlichen Disziplinen und zum anderen in den künstlerischen in den Blick genommen. Ein geisteswissenschaftliches Studium qualifiziert für die Tätigkeit in Kultureinrichtungen wie Museen oder Bibliotheken, insofern bereitet es für eine Tätigkeit im Arbeitsmarkt Kultur vor. Welchen Stellenwert die Geisteswissenschaften im Fächerkanon der Universitäten haben, wurde eingehend im Jahr der Geisteswissenschaften erörtert. In dieser Textsammlung werden exemplarisch Beiträge zusammengestellt, die die Bedeutung der Geisteswissenschaften für die Gesellschaft herausstellen.

Das zweite große Thema der Artikel in diesem Kapitel ist die Umsetzung der Bologna-Reform. Diese Reform führte sowohl in den Geisteswissenschaften als auch den künstlerischen Disziplinen zu viel Unruhe, teils zu Widerstand und teils zur – längst fälligen – Überprüfung von Studieninhalten geführt. Die Vor- und Nachteile dieser umfassenden Umgestaltung der deutschen Hochschullandschaft werden bis heute diskutiert. Die Autorinnen und Autoren in diesem Band widmen sich insbesondere der Frage, ob und wenn ja, wie die erklärten Ziele der Bologna-Reform (u. a. europaweite Vergleichbarkeit von Studienabschlüssen, Einführung eines Leistungspunktesystems, Förderung akademischer Mobilität) auf künstlerische Studiengänge angewendet werden können. Ganz besonders in der Kritik steht die Bologna-Reform in den Studiengängen der Bildenden Kunst. Verschiedene Autoren heben auf die Besonderheit des Schüler-Meister-Verhältnisses dieser Ausbildungsgänge und deren Unvereinbarkeit mit einem durchstrukturierten Studium ab.

Abschließend werden daher beispielhaft die besonderen Anforderungen im Bereich der Computerspieleentwicklung, des Denkmalschutzes, der Populärmusik sowie der Kulturpädagogik vorgestellt.

Soziale Sicherung

Im letzten Kapitel widmen sich die Autorinnen und Autoren der sozialen und wirtschaftlichen Lage von Kulturschaffenden. Zwei Themen wird besondere Aufmerksamkeit geschenkt, der Künstlersozialversicherung und der Einbeziehung aller Selbständigen in die Rentenversicherung.

In diesem Kapitel wird ausführlich über die Entstehung und Entwicklung der Künstlersozialversicherung sowie die in den letzten Jahren stattgefundenen Reformen informiert. Die Autorinnen und Autoren sind sich einig: Die Künstlersozialversicherung – so die kultur- und sozialpolitische Herausforderung – muss weiter gestärkt und zukunftsfähig gestaltet werden.

Einen weiteren Schwerpunkt bilden der Rentendialog des Bundesministeriums für Arbeit und Sozialordnung und die damit verbundene Debatte um die geplante Zuschussrente sowie die Alterssicherung von Selbständigen. Die geplante Alterssicherung für Selbständige soll dazu dienen, eine Lücke im sozialen Sicherungssystem zu schließen und an die Sozialversicherungssysteme anderer EU-Mitgliedstaaten Anschluss zu finden.

Die verschiedenen Beiträge machen auf Besonderheiten des Arbeitsmarktes Kultur aufmerksam und sensibilisieren dafür, dass weder die Kulturberufe über einen Kamm geschoren werden dürfen, noch dass sie mit Berufen anderer Branchen so einfach vergleichbar sind. Das macht den Reiz aber teilweise auch die Schwierigkeiten des Arbeitsmarktes Kultur aus.

1

Arbeitsmarkt Kultur: Eine erste Annäherung

Mit Beiträgen von:

Hans-Jürgen Blinn, Thomas Flierl, Karla Fohrbeck, Max Fuchs, Johannes Klapper, Gerhard Pfennig, Gabriele Schulz, Andreas Joh. Wiesand und Olaf Zimmermann

Kulturberufe und der flexible Kapitalismus
Notizen zum Arbeitsmarkt Kultur und Leseempfehlungen

Max Fuchs — Politik & Kultur 2/2006

»Seit ihrer Geburt im frühen 19. Jahrhundert leistet sich die bürgerliche Gesellschaft den Luxus, die Kritik an sich selbst zu nähren und zu organisieren. Parallel zur Entwicklung der für sie kennzeichnenden utilitaristischen Vernunft und profitorientierten Marktvergesellschaftung entstehen subkulturelle Entwürfe und utopische Gegenwelten, in denen die herrschenden Werte in Frage gestellt werden.«

Und dies, so der Soziologe Franz Schultheis (in der Einleitung zu Schultheis; Schulz: Gesellschaft mit begrenzter Haftung, 2005), ist wesentlich eine Funktion der Künste und des Kulturbetriebs, die so als notwendiger Kontrapunkt eingeordnet werden in ein Denken, das zwar völlig anders verläuft als das künstlerische, das dieses jedoch offenbar notwendig braucht. Grob gerechnet eine Million Menschen arbeiten inzwischen in diesem Kultursystem. Sicherlich ist nur ein kleiner Teil davon damit beschäftigt, bewusst Gegenentwürfe zur kapitalistischen Marktlogik zu produzieren. Ein großer Teil davon beschäftigt sich vielmehr damit, die – von Adorno kritisch so bezeichnete – Kulturindustrie am Laufen zu halten. Keine Utopie, kein Vorschein einer besseren oder zumindest anderen Welt, sondern Wiederholung des immer Gleichen, das schon aufgrund seiner ständigen Präsenz bloß der Affirmation des Bestehenden dienen kann. Oder ist doch noch ein Rest Widerstand auch bei diesen Kulturproduzenten vorhanden? Warten sie nur auf ihre große Stunde, wenn sie mit eigenen künstlerischen Entwürfen die Welt, zumindest die Kunstwelt erschüttern? Ebenso vielleicht wie Joseph Strom, hochbegabter Klavierbegleiter seines noch höher begabten Bruders, des Tenors und Liedersängers Jonah, geschlagen mit der doppelten Bürde, Sohn eines emigrierten deutsch-jüdischen Physikprofessors und einer Schwarzen zu sein, der immer wieder sein Geld als Barpianist verdienen muss (in dem Erfolgsroman »Der Klang der Zeit« von Richard Powers). Die Kunst habe keine Hautfarbe, so die Hoffnung der Eltern, die sich noch bis in die 1990er-Jahre, vermutlich sogar bis heute als trügerisch herausstellt. Auch dies ist eine Vision, eine Gesellschaftsutopie, an die jedoch im 19. Jahrhundert in Deutschland zumindest noch niemand gedacht hat. Dort entstehen Bildungs- und Kulturlandschaften, entsteht der Künstlerhabitus, dem sich das Bürgertum mit wohligem Gruseln zuwendet, weil es antibürgerliche Bohème, das Brechen von Regeln zumindest in wohl abgegrenzten Oasen erleben will. Der Künstler einerseits Muster für die hochindividuelle bürgerliche Subjektivität, andererseits aber auch Stellvertreter für all die verborgenen Sehnsüchte und Phantasien des braven Bürgertums. Und dies ist durchaus Kitt für eine Gesellschaft, die weiß, dass ihre tragenden Prinzipien der Rechenhaftigkeit und der Profitmaximierung Tabubereiche braucht, um stabil zu bleiben. Die Ideologie der Kunstautonomie fand vor allem in solchen Kreisen eine besondere Resonanz, die ansonsten ihren gesamten Lebensentwurf unter das ökonomische Diktat der Kosten-Nutzen-Analyse stellte. Wo liegen die Gründe dafür? Die Soziologen haben es leicht mit ihrer Antwort: Die Museen, Theater und Opernhäuser, aber auch die vielfachen Möglichkeiten und Orte der Bildenden Kunst waren Orte der Identitätsstiftung. Wenn schon die politische Emanzipation, wenn schon gar die Übernahme von Macht und Einfluss bei der Entstehung des deutschen Nationalstaates dem Bürgertum so schwer gelang, dann musste die Kultur her, um Statusfragen zu klären, um Identitäten zu schaffen. Für die Psychologen ist die Antwort schon schwieriger: War es ein Stück Stellvertreter-Protest, der ausgelebt werden sollte, vielleicht sogar die Hoffnung auf ein Leben ohne ständiges Nützlichkeitsdenken? Klar ist: Der Spaß der Kultur war dem Bürgertum, seinen Städten und später

Der Neoliberalismus ist unaufhaltsam auf dem Vormarsch.

dem Staat eine Menge Geld wert. Zwar gab es auch unter den Künstlern einige Großverdiener. Doch floss der größte Teil des Geldes in Steine, nämlich in die Kultureinrichtungen, bestenfalls noch in Kunstwerke, deren Schöpfer längst tot waren und die daher von den immer horrender werdenden Preisen ihrer Schöpfungen nicht mehr profitierten. Die Menschen, die diese Werke – etwa auf den Bühnen oder in Konzertsälen – mit Leben erfüllten, wurden sehr viel schlechter behandelt. Ganz so, als ob man es ihnen übel nahm, dass sie (scheinbar) die Utopie einer »Zweckmäßigkeit ohne Zweck« leben konnten.

Das hat sich im Grundsatz bis heute nicht geändert. Über die Jahre hinweg haben Beschäftigte im Kulturbereich Arbeitsverhältnisse und -verträge, an die sich die strammsten neoliberalen Hardliner in ihren kühnsten Träumen kaum heranwagen: Befristung, Erfolgsabhängigkeit, reduzierte bis kaum vorhandene Mitbestimmungsmöglichkeiten, tarifliche Einkommen auf niedrigstem Hilfsarbeiterniveau, sofern es überhaupt Tarifverträge gibt – und selbst dies nur während einer kurzen Lebensspanne. Man betrachte einmal die Karrieren von Tänzerinnen und Tänzern! Dabei sprechen wir hierbei noch von den privilegierten Arbeitsplätzen. Lange bevor in der Soziologie »prekär« als verbreitetes Adjektiv zur Beschreibung von Entwicklungstrends in der Arbeitswelt erfunden war, gab es dies schon in der Realität des Kulturbereichs. Honorarverträge, Beschäftigung ohne Renten- und Krankenversicherung, ohne Urlaubsansprüche, ohne Kündigungsschutz: In der Kultur ein alter Hut. Doch wenn dies alles richtig ist – und jede Arbeitsmarktuntersuchung im Kulturbereich bestätigt dies: Wieso finden sich immer wieder – und zunehmend mehr – Menschen, die trotz dieser Bedingungen hier arbeiten wollen? Eine ganz pragmatische Antwort ist die, dass die Differenz zu den früher besser bezahlten und sichereren Stellen kleiner wird: Der Neoliberalismus ist unaufhaltsam auf dem Vormarsch. Und so ganz lässt unsere Gesellschaft ihre Kultur auch nicht austrocknen. Immer wieder gibt es neue Fördertöpfe, neue Sonderregelungen, gibt es ein offenbar geglaubtes Versprechen in eine bessere Zukunft. Und immer noch gibt es die Überzeugung, dass hier – quasi wie in einem gesellschaftlichen Labor – Lebensformen möglich sind, die sich an besseren Werten orientieren als an dem Immer-Mehr der kapitalistischen Konsumgesellschaft.

Vielleicht ist es gar ein Gefühl von Macht, das die Akteure antreibt. Aber ist dies nicht ein geradezu irrwitziger Gedanke angesichts des ständigen Klagens über die Vernachlässigung der Kultur durch die Öffentliche Hand? Aber so abstrus ist es nicht, von Macht und Einfluss zu sprechen. Es geht schließlich um die Bereitstellung von neuen Bildern und Sichtweisen, von Lebensmodellen und Sozialformen, die durchaus – wenn auch oft über die Medien der populären oder Kommerzkultur – in das Bewusstsein vieler Menschen fließen. Im Marxismus, zumindest dem nicht von Staatsparteien zubetonierten, gehörten die Künste immer schon nicht zum bloß eindimensional Abhängigen einer ökonomischen Basis, sondern zur Welt des Geistigen, deren Macht nicht unterschätzt werden darf. Immerhin haben alle politischen Systeme diese Macht immer schon genutzt. Pierre Bourdieu zählt daher die Kulturschaffenden sogar zur »herrschenden Klasse«, freilich zu einer wiederum beherrschten Fraktion derselben. Doch wer in der herrschenden Klasse wäre nicht selbst Zwängen und Abhängigkeiten ausgesetzt? Kunst und Kultur – also doch Hoffnungsträger einer neuen, einer menschlicheren Welt? Oder sind die Kulturschaffenden durch ihre Lust an der Selbstausbeutung und an prekären Arbeitsverhältnissen doch nur die Speerspitze eines dann letztlich doch zum Erfolg kommenden Neoliberalismus? Machen sie vielleicht jede Chance auf Weltverbesserung, die in ihren Werken zum Ausdruck kommt, schon alleine durch ihre Existenzweise zunichte?

Vieles lässt sich hierüber spekulieren. Doch inzwischen weiß man auch einiges nicht nur über die Lebenssituation der Menschen im Kulturbereich, sondern auch über ihre individuellen Verarbeitungsformen der oft schwierigen Lebenslagen. So enthält das Buch von Schultheis/Schulz (s. o.), eine Adaption des Überraschungsbestsellers »Das Elend der Welt« von Bourdieu u. a. auf deutsche Verhältnisse, fünf exemplarische Berichte aus dem Alltag von Kulturschaffenden. Wie lebt es sich, im Dienste des Guten, Wahren und Schönen mit Hartz IV und ALG II? Der Alltag konkreter Menschen wird lebendig, wobei es sich nicht um eher literarische oder journalistische Beschreibungen, sondern um einen streng an einer anspruchsvollen Soziologie geschulten Blick auf Einzelschicksale handelt. Dieses Buch ersetzt natürlich nicht die zahlenmäßige Erfassung der Kultur als Arbeitsmarkt und Wertschöpfungsmöglichkeit, zeigt jedoch, wie hinter diesen Zahlen hochrelevante gesellschaftliche und individuelle Prozesse stehen. Es lohnt sich also die Mühe der Lektüre gerade für eine Kulturpolitik, die sich um die Rahmenbedingungen der Kultur bemüht.

Die Entdeckung der Kreativität in der Kulturpolitik
Hinweise zur Karriere einer politischen Leitformel

Max Fuchs — Politik & Kultur 5/2009

Ich starte mit einem kleinen Zitat: »The creative economy has the potential to generate income and jobs while promoting social inclusion, cultural diversity and human development.« Ich wiederhole die angesprochenen Wirkungen, Ziele und Schlüsselwörter: Einkommen, Jobs, sozialer Zusammenhang, kulturelle Vielfalt und menschliche Entwicklung. Dies ist definitiv eine Menge. Es ist eine Kombination der wichtigsten Ziele von beidem: der Kultur- und der Wirtschaftspolitik. Falls diese Erwartungen und Hoffnungen in die Creative Economy realistisch sind, dann müssen wir uns fragen: Warum haben die Kulturpolitik und die Politik insgesamt Kreativität so spät erst entdeckt? Diese Ziele machen klar, warum Creative Industries an der Spitze der politischen Agenda der Europäischen Union stehen. Dies ist in der Tat der Fall: Man muss bloß die Mitteilung der Kommission der EU vom Mai 2007 zur Kulturpolitik lesen, die vom Rat der Kulturminister im November 2007 in Lissabon als Kulturagenda der Europäischen Union verabschiedet worden ist. Dort sind Creative Industries das zentrale Thema.

Inzwischen haben wir einen eindrucksvollen Bericht von 350 Seiten aus dem Jahr 2008 »Economy of Culture«, der sehr genau den kulturellen Sektor von einem »sozio-ökonomischen Standpunkt« beschreibt. Dieser Bericht beschäftigt sich nicht bloß mit der ökonomischen Relevanz der Kultur, er kombiniert auch ökonomische Ziele mit Zielen anderer politischer Felder: Vielfalt, Integration, sozialer Zusammenhalt. Und natürlich gibt es eine starke Orientierung an den berühmten Lissabon-Zielen. Selbstverständlich spielt die mystische und berühmteste Zahl in diesem Kontext eine zentrale Rolle, nämlich die Zahl 2,6 %. Man weiß, dies ist der Anteil der Kreativwirtschaft am gesamten Bruttosozialprodukt (der Europäischen Union und von Deutschland), und sehr viele Leute sind stolz, denn dieser Teil ist sehr viel größer als etwa der Anteil der Automobilwirtschaft oder anderer traditioneller ökonomischer Felder. Das »Europäische Jahr der Kreativität und Innovation« ist ein anderer Schritt in dieselbe Richtung. Das heißt, wir haben inzwischen eine Art Hochzeit zwischen Kultur und Ökonomie, einige Jahre nachdem der französische Kulturminister Jack Lang den Slogan prägte: Kultur und Wirtschaft – dieselbe Schlacht.

Aber bevor wir nun die Champagnerflaschen öffnen können, müssen wir zur Kenntnis nehmen, dass es offensichtlich immer noch einige Probleme gibt. Gerade rechtzeitig für diesen Eröffnungsvortrag des Kulturforums der Euro Cities (12.06.2009) in Dortmund hat das wichtigste deutsche Theatermagazin (Theater heute) in seiner Juni-Ausgabe eine Anzahl von Essays und Artikeln veröffentlicht, die sich mit der ewigen Frage »Was ist Kunst?« befassen. In seiner Einführung beschäftigt sich ein Schauspielprofessor mit der Idee, dass Künstler eine enge, allerdings widersprüchliche Beziehung zur Wirtschaft haben. Er zeigt, warum künstlerische Kreativität definitiv nicht dasselbe ist wie die Kreativität im Sinne der Europäischen Union. Ich denke, dass es daher interessant sein könnte, einen kurzen Blick auf die Rolle der Kreativität in der Kulturpolitik zu werfen, um diese Überzeugung zu verstehen. Bevor ich dies tue, will ich aufklären, woher das Zitat am Anfang meines Vortrages stammt. Es ist das Motto eines anderen 350 Seiten starken Berichts über unser Thema: Der Bericht »Creative Economy«, der 2008 von UNCTAD (United Nations Conference on Trade and Development) und UNDP (United Nations Development Programme) in Zusammenarbeit mit der UNESCO, WIPO und dem International Trade Center (ITC) veröffentlicht wurde. Dieser Bericht ist interessant, weil er nicht bloß die Ziele des ökonomischen Wachstums, der Vielfalt und des sozialen Zusammenhangs zusammen bringt, sondern weil er auch noch andere wichtige politische Ziele einschließt, z. B. das Ziel der Nachhaltigkeit. Und der Bericht ist wichtig, weil sein Hauptfokus auf den sich entwickelnden Ländern liegt und nicht auf den relativ reichen europäischen Ländern. Das bedeutet: Es gibt eine Menge an Hoffnung in die Kreativität und die Kreativwirtschaft weltweit.

Nun zu den historischen Bemerkungen zur Kreativität. Man weiß, die erste Person, die kreativ war, war Gott: Er schuf die Welt und er schuf Adam und Eva und unsere Geschichte begann. Das bedeutet, Kreativität im Sinne einer Schöpfung hat eine streng religiöse Bedeutung. Die ist auch in den Künsten der Fall. Die Wörter »Künste« und »Künstler« in ihrer modernen Bedeutung haben eine Geschichte von bloß 200 Jahren. Es war dann im Kontext der Romantik, als die Idee eines Künstlers als Schöpfer eines Werkes aus dem Nichts (in Latein: creatio ex nihilo) aufkam. Dies ist genau das, was Gott tat: Auch dieser schuf die Welt und die menschlichen Wesen aus dem Nichts. Man findet diese religiöse Bedeutung von Kreativität und Schöpfertum auch in den Orten der Kunst: In den Museen, in den Theatergebäuden, in den Opernhäusern. All diese Gebäude können als die Kathedralen des 19. Jahrhunderts betrachtet werden. Es gehört zu unserem Verständnis von Kreativität, dass die Künstler das Recht haben, nichtkonformistisch zu sein und die wichtige Rolle und die Funktion haben, über künstlerische Kreativität Möglichkeiten zur Selbstreflexion der Gesellschaft und des Einzelnen bereitzustellen. Und das ist üblicherweise eine kritische Prozedur. Wenn man dies etwa vergleicht mit der Kreativität eines Art Directors einer Werbeagentur oder eines Designers, die beide wichtige Teile der Kreativwirtschaft sind, kann man sehr leicht feststellen, dass die künstlerische Kreativität definitiv nicht dasselbe ist wie die Kreativität der Künstler. Möglicherweise scheint es manchem so, aber es ist nicht der Fall: dass diese Debatten altmodisch sind. Wir haben gerade eine solche Diskussion im Deutschen Kulturrat, der bereits jetzt viele traditionelle Felder der Kulturwirtschaft erfasst. Trotzdem haben wir eine sehr große Opposition gegen Bemühungen nunmehr auch die Entwickler von Computerspielen als neuester Form der Kulturwirtschaft in unsere Reihen aufzunehmen. Und dies ist nicht der einzige Widerspruch. Es gibt nämlich neben diesem Widerspruch zwischen der alten und der neuen Kulturwirtschaft auch eine Spannung oder vielleicht sogar einen Widerspruch zwischen der kleinen und der großen Kulturwirtschaft. Ich komme darauf später zurück.

Ein wichtiger Schritt bei dem Zusammenkommen von Kultur und Wirtschaft war die UNESCO-Weltkonferenz zur Kulturpolitik 1998 in Stockholm. Diese Konferenz war der Abschluss der Weltdekade »Kultur und Entwicklung«, die von 1988 bis 1997 stattgefunden hat. Im Mittelpunkt dieser Dekade stand der Report »Our Creative Diversity«, der unter der Leitung von Perez de Cuellar erstellt worden ist. Eine wichtige Dimension nicht nur dieses Berichts, sondern der gesamten Stockholm-Konferenz war die Berücksichtigung ökonomischer Fragen und insbesondere die Zusammenarbeit mit der Weltbank. In derselben Zeit wurde ein anderer wichtiger Bericht veröffentlicht, der Bericht »All our Futures. Creativity, Culture and Education« des National Advisory Committee on Creative and Cultural Education in Großbritannien. Vorsitzender war der bekannteste Wissenschaftler in diesem Feld, Ken Robinson, der nunmehr in den Vereinigten Staaten arbeitet. Dieser Bericht war wichtig, weil er die Idee der Kreativität energievoll in das Feld von Bildung und Erziehung hineinbrachte. Der Bericht gehörte auch zu der neuen Politik von New Labour, die einen großen Einfluss auf andere europäische Regierungen hatte, etwa auf die erste deutsche Rot-Grüne Regierung unter Gerhard Schröder. So gehörte zu einem neuen Verständnis von Kulturpolitik in Großbritannien, dass die Künste und ihre Unterstützung sehr stark an ihre sozialen Wirkungen gebunden waren. Mittlerweile gibt es eine Menge an Kritik gegenüber einer solchen Art von Kulturpolitik, so dass einige englische Kollegen erwarten, dass nunmehr eine Zeit kommt, die sich strikt gegen eine solche politische und soziale Instrumentalisierung der Künste richtet.

Kreativität und die Künste sind Teil der Entwicklung unserer Gesellschaft von einer Industrie- zu einer Dienstleistungsgesellschaft. Die Künste und Kultur werden als Motoren dieser Entwicklung einer neuen soziale Ordnung betrachtet: der postindustriellen Gesellschaft. Wenn man die berühmten Bücher von Richard Florida vor diesem Hintergrund liest, dann sieht man sehr schnell, dass er sich mit sehr alten sozialen Entwicklungen und Themen beschäftigt. Ein Beispiel: Der Erfinder des Begriffs der Dienstleistungsgesellschaft war der Franzose Jean Fourastié. Er schrieb seine Bücher (u. a. »Die große Hoffnung des 20. Jahrhunderts«) etwa 1950. Auch die neue »Creative Class« von Richard Florida ist sehr ähnlich der Klasse der »Symbolanalysten« des amerikanischen Wissenschaftlers und früheren Arbeitsministers in der Clinton-Administration, Robert Reich, aus den frühen 1990er-Jahren. Wir können daher zusammenfassen, Kulturpolitik entdeckte Kreativität in zumindest zwei Kontexten: als Kreativität der Künstler und als zentrales Element innerhalb der Debatte der Entwicklung der Industrie- zur Dienstleistungsgesellschaft. Bei letzterem ist Kreativität sehr eng verbunden mit einer ökonomischen Sichtweise von Kultur. Und es war diese letzte Bedeutung von Kreativität, die zu einem führenden Prinzip der gegenwärtigen Kulturpolitik speziell in der Europäischen Union geworden ist. Kreativität wurde zu einem Leitbegriff und hat andere frühere Leitbegriffe wie etwa »Demokratisierung der Kultur« oder »kulturelle Demokratie«, die in den 1970er-Jahren speziell im Kontext des Europarates eine wichtige Rolle gespielt haben, abgelöst.

Offensichtlich erfüllt Kreativität als neue Leitformel viele Funktionen, die eine solche Leitformel erfüllen muss: Sie bezieht sich auf eine gewisse Realität, sie formuliert eine politische Utopie, die erreichbar erscheint, sie hat eine große Überzeugungskraft für viele Menschen. Allerdings bringt sie auch ein Problem mit sich: Aufgrund der Tatsache, dass sie gerade im Sprachgebrauch der Europäischen Union sehr stark ökonomisch imprägniert ist, bringt sie unmittelbar Kultur in den Wirkungsbereich der Welthandelsorganisation (WTO) und dort speziell in den Wirkungsbereich des GATS-Abkommens (General Agreement on Trade and Services). Das Ziel der WTO besteht darin, weltweit deregulierte Märkte für Güter und Dienstleistungen herzustellen. Das GATS-Abkommen versucht genau dies auch im Bereich von Bildung, Kultur und Medien. Daher entwickelten sich in den 1990er-Jahren des letzten Jahrhunderts speziell in Kanada große Widerstände. Denn gerade die kleine einheimische Kulturwirtschaft sah in Kanada keine Chance, gegen die großen Global Players aus den Vereinigten Staaten konkurrieren zu können. Es handelte sich also um einen Kampf zwischen der kleinen und der großen Kulturwirtschaft. Daher überlegte man sich, ein neues wirkungsvolles Rechtsinstrument zu schaffen, mit dem man dem GATS-Abkommen Paroli bieten kann: die UNESCO-Konvention für kulturelle Vielfalt. Die Schöpfer dieses neuen, völkerrechtlich bindenden Instruments sind sehr optimistisch. Sie nennen sie »Magna Charta der internationalen Kulturpolitik«. Allerdings wird dieses Instrument in Zukunft beweisen müssen, inwieweit es tauglich ist, die ursprünglichen Ziele und Hoffnungen auch erfüllen zu können. Die Basis dieser Konvention ist die Idee, dass kulturelle Güter und Dienstleistungen einen Doppelcharakter haben: Sie haben zum einen natürlich einen ökonomischen Wert, aber andererseits sind sie auch Träger kultureller Werte, weswegen sie auch einen speziellen Schutz benötigen.

Mein letzter Punkt in diesem Zusammenhang betrifft die Frage, ob eine Kreativitätspolitik zu einer neuen, einer kreativen Gesellschaft führen kann. Denn es geht in einigen Debatten nicht mehr bloß darum, neue Arbeitsmärkte für Kulturschaffende zu erschließen, man hat sogar eine Vision, die Vision einer neuen Gesellschaft. »Kreativität« wird so zu einem sehr ambitionierten Hoffnungsträger. Doch kann sie diese Hoffnungen überhaupt erfüllen? Kreativität, so wie sie gerade im Kontext der Europäischen Union diskutiert wird, ist sehr eng mit einem Wirtschaftsmodell verbunden, das man kurz Neoliberalismus nennen kann. Damit rückt Kreativität aber auch in den Kontext anderer wichtiger Kategorien aus diesem Feld: Mobilität, Employability und Flexibilität. Es gibt inzwischen heftige Diskussionen zu dem Pro und Contra dieser Entwicklungen. Einer der bekanntesten Wissenschaftler auf der kritischen Seite ist Richard Sennett. Er beschreibt in jedem seiner Bücher immer wieder aufs neue, dass der Mensch die immer größer werdenden Anforderungen an Mobilität und Flexibilität auf Dauer nicht aushalten kann und daran Schaden nehmen wird.

Gerade im Hinblick auf Bildung und Erziehung ist es interessant, wo die benötigten flexiblen und mobilen Menschen »produziert« werden. Üblicherweise ist es die Schule, die gesellschaftlich den Auftrag hat, die notwendigen Formen von Persönlichkeit und Subjektivität herzustellen. Andererseits hat die Schule aber auch einen allgemeinen Auftrag zur Entwicklung der Persönlichkeit, was auch beinhaltet, ein stückweit Widerständigkeit gegenüber solchen gesellschaftlichen Anforderungen zu zeigen, die mit unseren Vorstellungen von Humanität nicht übereinstimmen. Dies bedeutet, dass eine Politik der Kreativität eben nicht bloß die Kultur- und Wirtschaftspolitik berühren, sondern dass sie entscheidend auch in anderen Politikfeldern wie etwa der Schul- und Bildungspolitik berücksichtigt werden muss. Es geht also nicht bloß um neue Arbeitsmärkte und ein verändertes Urheberrecht angesichts einer Mediengesellschaft, es geht um die letztlich entscheidende Frage, wie wir leben wollen.

Wie alles begann: Zwei Blicke auf die Gründerjahre

Gabriele Schulz im Gespräch mit Karla Fohrbeck und Andreas Joh. Wiesand — Politik & Kultur 5/2009

Zum Abschluss der Interviewreihe zu 30 Jahren Deutscher Kulturrat wurden mit Karla Fohrbeck und Andreas Joh. Wiesand die beiden Persönlichkeiten interviewt, die seit den 1970er-Jahren entscheidende Vorarbeiten zur Etablierung eines Deutschen Kulturrates geleistet haben. Ihre kultur-soziologischen, -politischen und -wirtschaftlichen Studien haben Maßstäbe gesetzt. Beide haben in den Anfangsjahren den Deutschen Kulturrat persönlich geprägt und auch finanziell unterstützt. Zu Beginn erzählen Sie die Geschichte der Gründung des Deutschen Kulturrates aus ihrer eigenen Sicht.

Fohrbeck: Es gibt diese schöne Geschichte über einen Elefanten, die im Orient erzählt wird: In einer Nachbaroase gastiert ein Zirkus. Die Menschen brauchen Geld, um den Elefanten zu sehen, da sie es nicht haben, gehen sie also heimlich nachts hin und berichten am nächsten Abend daheim am Lagerfeuer über ihre Erfahrungen. Der eine sagt: »Es muss eine Art Tempel sein, ich habe eine riesige Säule angefasst.« Der Nächste sagt: »Das kann nicht sein, denn ich habe eine Schlange berührt.« Er hat also den Schwanz des Elefanten im Dunkeln gepackt. Und der Nächste sagt: »Das muss eine Kornschlinge gewesen sein, womit man das Korn in die Luft wirft.« Bei der Kornschlinge handelte es sich in Wahrheit um das große Ohr des Dickhäuters. So unterschiedlich wie der Elefant in dieser Geschichte beschrieben wurde, so unterschiedlich fallen die Berichte zur Entstehung des Deutschen Kulturrates aus. Sie beleuchten Teilaspekte, die alle richtig sind, aber den ganzen Elefanten auf die Beine zu stellen, ihn gewissermaßen großzuziehen, das war seit etwa 1973 unsere Passion.

Wiesand: Die andere Geschichte ist von Nasreddin Hoca, dem traditionellen türkischen Eulenspiegel, der oft als Dorfrichter Streit schlichtete. Einst kamen zwei Familienoberhäupter wegen eines Streitfalls zu ihm. Zuerst bat Nasreddin den Ersten zu sich hinein, ließ sich alles schildern und sagte: »Du hast völlig Recht.« Dann schickte er nach dem anderen, ließ sich wieder den Vorfall schildern und sagte auch zu ihm: »Du hast völlig Recht.« Die Frau des Hoca hatte die Schiedssprüche heimlich belauscht, betrat daraufhin erbost den Raum und sagte: »Du kannst doch nicht beiden Recht geben.« Da antwortete der Dorfrichter: »Du hast auch Recht.«

Fohrbeck: Der Kern beider Erzählungen dreht sich um die Frage, wie eine Geschichte erzählt werden kann und wie die Wahrheit aussieht, die übrig bleibt. Wird der Kulturrat betrachtet, so hat und hatte jeder eine Funktion, aber nicht jeder ein Motiv für die Gesamtperspektive. Die meisten Interviewpartner, die bislang zu Wort kamen, sind Spezialisten in ihrem Bereich, sind im Laufe des Prozesses aufgetaucht, hatten wichtige Aufgaben, aber nicht unbedingt ein integratives Interesse.

Wiesand: So ist auch die Deutung problematisch, dass der Kulturrat im Wesentlichen entstanden sei, weil Herr Sieghardt von Köckritz (damaliger Abteilungsleiter im Bundesinnenministerium, Anm. d. Red.) einen formellen Ansprechpartner brauchte. Herr von Köckritz war wirklich ein begnadeter Stratege, und natürlich wollte er die immer umstrittene Aktivität des Bundes in der Kultur absichern. Aber es war am Ende die Entscheidung der Verbände, dass es jedenfalls kein parastaatliches Organ geben sollte, sondern ein unabhängiges Gremium, das der Regierung notfalls auf die Finger klopfen könnte – und dies von Beginn an auch getan hat. Also, die Geschichte hat eigentlich anders angefangen und man darf sie nicht rein als Reflex auf staatliche Wünsche sehen.

Dann erzählen Sie doch mal, wie die Geschichte angefangen hat.

Fohrbeck: Herr von Köckritz hatte zwei Modelle im Kopf, zum einen das Modell des Wissenschaftsrats, übertragen auf die Kultur, und zum anderen eine Art Willy Weyer für die Kultur (Willy Weyer war der mächtige Innenminister von Nordrhein- Westfalen und Vorsitzender des Deutschen Sportbunds, Anm. d. Red.), also einen starken, »positiven Lobbyisten«, der auf die Macht von Verbänden bauen und seinem Bereich öffentlich Gewicht geben konnte. Aber eigentlich sollte man hier nicht mit der Gründung des Kulturrates beginnen (zu dem es ja schon in den 1950er-Jahren erste Überlegungen gab), sondern mit der Zeit vorher, in der wir als Zentrum für Kulturforschung verschiedene Studien erarbeitet haben, die das Terrain vorbereiteten. In den zehn Jahren vor der Gründung des Deutschen Kulturrates haben wir mit Unterstützung verschiedener Bundesministerien, am Anfang vor allem der des Arbeitsministeriums, Studien zur beruflichen und sozialen Lage der Künstler durchgeführt. Die erste Untersuchung war der Autorenreport, den wir dank Rudolf Augstein noch am Institut für Projektstudien beim Spiegel-Verlag durchführen konnten; hier sollte die Lage der Schriftsteller untersucht werden. Wir, Andreas und ich, haben als junge idealistische Wissenschaftler nicht nur belletristische Schriftsteller oder – wie von manchen gewünscht – »Dichter«, sondern die Autoren insgesamt in den Blick genommen. Es stellte sich heraus, dass alle Mischtätigkeiten haben, da keiner vom Bücherschreiben alleine überleben kann. Die meisten arbeiteten auch für den Rundfunk, hielten Lesungen usw. Viele haben es trotzdem als einen Skandal angesehen, dass wir zum Beispiel auch die Heftromanautoren berücksichtigt hatten. Unsere Anliegen waren aber Transparenz und Gerechtigkeit. Die erste Auslandsreise in diesem Zusammenhang führte mich, das war wohl 1971, zusammen mit Ferdinand Melichar (damals Vorstand der VG Wort, Anm. d. Red.) und Dieter Lattmann (damals Vorsitzender des Verbands deutscher Schriftsteller, Anm. d. Red.) nach Skandinavien. Wir haben uns dort das Modell des Bibliotheksgroschens angeschaut, das ähnlich auch in Deutschland etabliert werden sollte. Nach einer empirischen Prüfung der Ausleihpraxis von Bibliotheken waren wir aber skeptisch, es ging uns also von Beginn an um eine Umsetzung der Ergebnisse wissenschaftlicher Untersuchungen in Politik. Dazu gehörte zum Beispiel die Frage einer Vernetzung der Autoren und anderer Kulturberufe. Ich habe bei diesen Reisen nach Skandinavien auch Kontakte zu den dortigen Kulturräten geknüpft. Der Autorenreport endete schließlich mit einem Maßnahmenkatalog (»Autorenplan«): Was muss geschehen, um die Lage der Autoren zu verbessern? Das war also wissenschaftliche Analyse und Empfehlungskatalog zugleich. Nach dem Autorenreport kam der »Künstler-Report«, da haben wir die anderen künstlerischen Gruppen in den Blick genommen. Eigentlich erstreckte sich dieser Auftrag des Deutschen Bundestags nur auf bildende Künstler, darstellende Künstler und Musiker. Wir haben aber die ganze Bandbreite gesehen und daher auch die Musikerzieher, die Zirkusartisten, die Puppenspieler mit untersucht ...

Wiesand: ... auch Designer, Fotografen usw. Dabei haben wir von Anfang an eine Aufteilung nach Sparten vorgenommen. Das war einfach nötig, sonst ist der Stoff nicht zu bewältigen. So ist die Aufteilung entstanden, die dann die Struktur der Künstlersozialversicherung und auch die des Kulturrates prägte. Später kamen zu diesen Untersuchungen noch der »Journalistenbericht« und verschiedene andere Untersuchungen, zum Beispiel »Beruf Architekt«, hinzu.

Fohrbeck: Weiter gehörten dazu Sonderstudien für die Designberufe und Fotografen, später auch zum Musikberufe-Nachwuchs sowie zum Status der Frauen im Kultur- und Medienbetrieb. Das heißt, wir haben alle Löcher noch systematisch nachgearbeitet, dabei vor allem empirisch durchstrukturiert, so dass die Lage Kulturberufe nach und nach berufssoziologisch und -politisch transparent wurde.

Wiesand: In Rahmen der Künstler-Enquete fanden verschiedene Anhörungen mit Verbänden statt. Da haben sich 1972 bis 1973 viele oft zum ersten Mal getroffen – und natürlich haben auch wir dort und später selbst eine Menge gelernt. Dafür bin ich dankbar und kann es noch heute in der europäischen Arbeit wieder zurückgeben. Es war schon eine ungewöhnliche Situation, dass 40 Berufsverbände plötzlich zusammensaßen und sich über ihre wichtigsten Probleme verständigten.

Fohrbeck: Für einige Verbände war es eine neue Erfahrung, dass junge Wissenschaftler kommen und sagen: Wir sind interessiert daran, wie ihr unsere Ergebnisse seht, wir wollen eure Vorstellungen bei unseren Empfehlungen berücksichtigen.

Gab es bereits in allen Bereichen die entsprechenden Verbände oder waren die Treffen auch ein Impuls für die anderen, sich zusammenzuschließen?

Wiesand: Einen Deutschen Designertag gab es jedenfalls erst seit 1975, als die Künstler-Enquete öffentlich diskutiert wurde. Im Designbereich dominierte als Berufsverband der Bund Deutscher Grafikdesigner und dann gab es noch die Foto- und die Industriedesigner. Der Zusammenhalt war anfangs noch nicht so richtig organisiert.

Fohrbeck: Bei einigenVerbänden haben wir damals sogar an der Gründung mitgewirkt ...

Wiesand: Ja, zum Beispiel bei der Union Deutscher Jazzmusiker ...

Fohrbeck: ... und den ersten Initiativen der Rockmusiker. Das waren noch weiße Flecken der Verbandslandschaft im Musikbereich. Der Deutsche Musikrat war dennoch unser Vorbild. Den gab es schon seit Anfang der 1950er-Jahre und er hatte die Struktur, die wir für den Kulturrat innerlich favorisierten. Er versammelte erstens alle Gruppen, also die Künstler, die Vermittler, die Pädagogen und die Vermarkter. Dann bestanden Fachausschüsse zu übergreifenden Fragen. Überdies war der Musikrat auf Bundesebene kompetent präsent. Mit dieser Perspektive haben wir uns später für den Aufbau von neuen Sektionen im Kulturrat eingesetzt, zum Beispiel für Baukultur, Bildende Kunst, Film/Fernsehen, Soziokultur.

Wiesand: Als der Kulturrat begründet wurde, war die Struktur im Prinzip schon vorbereitet. Dadurch konnten die verschiedenen Verbände einsteigen. Lediglich bei der

Literatur hakte es, aber das hatte, meine ich, eher ideologische und teilweise auch persönliche Gründe.

Fohrbeck: Das muss beim Blick in die Geschichte auch gesehen werden. Die 1970er-Jahre waren viel stärker ideologisch geprägt als heute. In einigen Verbänden waren zum Beispiel Kommunisten engagiert und es gab in den Gewerkschaften das Bestreben, dass diese Gruppe nicht zu stark werden sollte. Klassenkampfparolen, die man sich heute kaum mehr vorstellen kann (nach dem Motto: IG Groß und Stark), waren sehr präsent und haben später noch die Kulturratsgründung belastet. Auch die Politik – sogar Willy Brandt, wie ich persönlich erlebt habe – wollte nicht, dass sich das in einer eigenen Kulturgewerkschaft niederschlug. So gingen einige Verbände in die IG Druck und Papier (aus der später mit der Gewerkschaft Kunst die IG Medien wurde) und andere assoziierten sich mit der Deutschen Angestellten-Gewerkschaft.

Wiesand: Diese Gewerkschaftsdebatten – ich war damals selber Mitglied im Schriftstellerverband VS – muss man unterscheiden von einer professionellen Organisation von Verbänden mit unterschiedlichen Interessen in einem Kulturrat, der nach unseren ursprünglichen Vorstellungen auch direkt in kulturpolitische Planungen von Bund und Ländern »eingebaut« werden sollte (Künstler-Report, S. 365). Es ging also um eine Plattform, auf der Verleger wie Schriftsteller oder Galeristen und Künstler miteinander reden können, reden müssen. Das war anfangs schwer zu vermitteln, angesichts der starken ideologischen Auseinandersetzungen.

Fohrbeck: Ein anderer wichtiger Impuls in den 1970er-Jahren war die vom Bundeskartellamt angestoßene Diskussion um die Honorarordnungen von Künstlern, Designern oder freien Mitarbeitern im Rundfunk. Diese Honorarordnungen wurden als kartellähnliche Preisabsprachen angesehen und sollten untersagt werden. Das war für uns der Anstoß zu untersuchen, wie es sich mit dem Status der angeblich »Selbständigen« im Kulturbereich tatsächlich verhält. Zusammen mit dem Anwalt Frank Woltereck haben wir dazu 1976 das Buch »Arbeitnehmer oder Unternehmer?« geschrieben, in dem anhand der Daten des Künstler-Report systematisch alle juristischen Bereiche wie Steuerrecht, Sozialversicherungsrecht, Urheberrecht oder Tarifrecht durchforstet wurden.

Wiesand: Dabei wurde deutlich, dass unterm Strich nur rund 10 Prozent – und bei den Designern nur rund ⅕ – dieser sogenannten Selbstständigen unternehmerähnlich oder Unternehmer waren, nämlich zum Beispiel mit Kapital arbeiteten, Angestellte hatten usw. Die anderen waren entweder sowieso schon Arbeitnehmer, verkappte Arbeitnehmer haben wir das genannt, wieder andere waren »arbeitnehmerähnlich«, weil sie letztlich abhängig von einem Betrieb waren, wieder andere nannten wir »sozial schutzbedürftige Freischaffende«, weil die besonders arm dran waren. Damit differenzierte sich plötzlich diese Landschaft völlig anders aus, als es bis dahin durch den Sammelbegriff »Selbstständige« suggeriert wurde. Auf dieser Basis konnte eine Öffnung des Tarifvertragsrechts begründet werden und die hat der Bundestag auch beschlossen.

Welche Rolle spielte bei diesen Diskussionen das Urheberrecht und speziell das Urhebervertragsrecht? Ich komme darauf, weil vor fast zehn Jahren nach äußerst kontroversen Diskussionen das Urhebervertragsrecht verabschiedet wurde und bis heute weder die Erwartungen der Künstler befriedigt wurden noch die Befürchtungen der Verwerter eingetreten sind.

Wiesand: Es gab solche Diskussionen und es gab auch Erwartungen, dass zum Beispiel die Macht der Verlage mit einem solchen Instrument gebrochen werden könnte. Denn ein einzelner Autor hatte in der Regel gegenüber einem Verlag wenig zu melden. Aber es ist, wenn ich das kritisch anmerken darf, eine Illusion zu meinen, die beruflichen, sozialen und wirtschaftlichen Probleme in den Kulturberufen ließen sich über das Urheberrecht lösen, dafür ist es nämlich nicht konzipiert, es belohnt vielmehr die schon Erfolgreichen und heute auch die Portfolios großer Medienbetriebe. Das war einer der Gründe, warum ich 1993 dem Kulturrat Adieu sagte, um mich nicht verbiegen zu müssen. Stein des Anstoßes war damals die europaweite Schutzfristverlängerung auf 70 Jahre nach dem Tod des Urhebers und die Frage nach dem »cui bono?« – Wem nützt eine solche Reform wirklich? – musste doch gestellt werden! Zusammen mit Wissenschaftlern vom Max-Planck-Institut in München (heute: Max-Planck-Institut für Immaterialgüter- und Wettbewerbsrecht, Anm. d. Red.) machte ich den Vorschlag, dass Erträge aus der Schutzfristverlängerung heute arbeitenden Künstlern zugute kommen sollten und nicht Ururenkeln oder anderen Rechteinhabern, die mit dem Werk nichts mehr zu tun hatten. Ein entsprechender Fonds sollte aktuelle künstlerische Projekte fördern, vielleicht auch für etwas mehr sozialen Ausgleich sorgen. Die Debatte ist dann aber völlig aus dem Ruder gelaufen: Mitglieder des Sprechergremiums wurden in ihrer beruflichen Existenz bedroht; Gerhard Pfennig sagte, und damit hatte er auch ein bisschen Recht: Wenn einmal die Büchse der Pandora zur Umverteilung geöffnet würde, könnte noch anderes verloren gehen.

Wenn wir noch einmal zurückblicken, welche Rolle spielte die Frage der Bundeskompetenz für Kultur in den Anfangsdebatten?

Fohrbeck: Eine zentrale. Die meisten Länder waren natürlich dagegen. Die kulturellen Dimensionen in der Rechts-, Steuer-, Wirtschafts-, Sozial- oder Bildungspolitik, in denen der Bund Verantwortung hatte, wurden damals noch kaum gesehen. Man muss sich auch vergegenwärtigen, dass es in den Jahren vor der Gründung des Kulturrates weder eine echte Kulturabteilung im Bundesinnenministerium (BMI) gab noch gar an so etwas wie einen Kulturstaatsminister zu denken war. Der bereits erwähnte Herr von Köckritz war im BMI Leiter der Abteilung »Angelegenheiten der Vertriebenen, Flüchtlinge und Kriegsgeschädigten, kulturelle Angelegenheiten«. Dr. Hieronymus war Leiter der Unterabteilung »Vertriebene und Kultur«. Mit ihnen und ihren Mitarbeitern haben wir weitere Studien entwickelt. Dazu gehörten unter anderem das »Handbuch der Kulturpreise«, international vergleichende Untersuchungen zur Förderung von Bildender Kunst und Literatur und eine Musikstatistik. Mit dem BMI und anderen Partnern gab es noch viele weitere Studien, zum Beispiel mit dem Kulturkreis im BDI eine zur türkischen Kulturarbeit (erarbeitet von Dorothea Fohrbeck); später wurden auch die kulturelle Bildung und die Kulturwirtschaft immer wichtiger. Insgesamt haben wir mit gut 80 Bundeskulturverbänden in verschiedenen Zusammenhängen kooperiert. Alle diese Untersuchungen waren mit konkreten Empfehlungen verbunden und belegten, dass der Bund durchaus Handlungsmöglichkeiten hatte. Eigentlich wäre das Lobbyarbeit …

Wiesand: … Ich zucke immer zusammen, wenn Du Lobbyarbeit sagst.

Fohrbeck: Nun ja, es war eben nie nur Beratung, es war auch Überzeugungstäterschaft. Wir mussten andererseits wirtschaftlich überleben mit unserem kleinen Institut, dem

Zentrum für Kulturforschung in Bonn, das nur vier bis sechs und vielleicht bei Großprojekten auch mal kurzfristig zwölf Leute beschäftigte. Das war eine Überforderung. Wir hätten diesen Austausch mit den Verbänden und die Vorbereitung von Reformvorhaben nicht noch 10 oder gar 20 Jahre länger mittragen können und haben also schon aus diesem Interesse gesagt: Was nun entsteht, muss unabhängig von uns werden. Dieser Impuls traf mit dem Wunsch des Innenministeriums zusammen, einen Ansprechpartner zu haben. Wir haben, wie gesagt, den Musikrat als Modell gesehen und stellten uns, nachdem es Perspektiven für die Gründung anderer Sektionen gab, ein geeignetes Dach, einen Deutschen Kulturrat, vor. An dieser Stelle kam uns die Kulturpolitische Gesellschaft zu Hilfe. Ich war ihre Vizepräsidentin und habe Olaf Schwencke, den damaligen Präsidenten, dafür gewinnen können, 1981 zu der ersten Sitzung für einen Kulturrat einzuladen. Eigentlich hatte die Kulturpolitische Gesellschaft nicht so viel mit Künstlern und deren beruflicher Situation am Hut, vielmehr wurde eher soziokulturell gedacht. Dennoch war man politisch vernetzt und so war es sinnvoll, dass er die erste Einladung ausgesprochen hat. Wir hatten die inhaltliche Vorarbeit geleistet und wollten dann in den Hintergrund treten, man könnte auch sagen: unsere volle Unabhängigkeit zurückgewinnen. Weil es aber in den ersten fünf Jahren keine Finanzierung für den Deutschen Kulturrat gab, hatten wir nach dieser Sitzung den ganzen Laden doch am Hals, was eine enorme Arbeit und auch finanziellen Einsatz bedeutete.

Waren eigentlich alle von der Idee eines Kulturrates angetan oder gab es auch Personen, die die Idee nicht gut fanden oder gar hintertrieben haben?

Wiesand: Anfangs gab es eine, sagen wir mal, Distanz bei »Etablierten«. Der Deutsche Musikrat war zunächst nicht gerade enthusiastisch dabei, aber er war dabei und das war sehr wichtig – Diethard Wucher wurde später einer der profiliertesten Vertreter des Kulturrates. Wenn Gerhard Pfennig in seinem Interview meint, dass der Kulturrat mehr durch Künstler repräsentiert werden sollte, dann kann ich nur sagen, dass wir damals ähnliche Vorstellungen hatten: So halfen wir mit, dass als 1. Vorsitzender des Sprechergremiums (das entspricht dem heutigen Präsidenten, Anm. d. Red.) ein bedeutender Künstler, nämlich der Cellist Siegfried Palm, gewählt wurde. Bei den Theatern und im Literaturbereich war es, wie bereits erwähnt, schwierig.
Fohrbeck: Am Anfang bestand eine eher familiäre Situation unter den Hauptakteuren. Clara Burckner (Sektion Film, Anm. d. Red.) hat nostalgisch von der kreativen Quatschbude gesprochen. Ich glaube eher, dass eine Art atmosphärische Schutzzone entstand, die es allen ermöglichte, in einer offenen Art zu denken und zu analysieren, in Aufgaben hineinzuwachsen und Gemeinsamkeiten in der Interessenvertretung zu entdecken. Schon in der Anfangszeit des Kulturrates, also zu Beginn der 1980er-Jahre, wurde die europäische Dimension mitgedacht, wir haben zum Beispiel unsere Erfahrungen in Straßburg oder Brüssel eingebracht.
Wiesand: Ich möchte unterstreichen, was Karla zum atmosphärischen Moment gesagt hat. Wenn ich zurückdenke, gab es gerade in der Literaturszene Vorbehalte gegenüber einigen Sprechern, etwa dem zurückgekehrten Emigranten Volkmar von Zühlsdorff (Freier Deutscher Autorenverband, Anm. d. Red.) oder zu Hans Herdlein von der Bühnengenossenschaft, wegen seiner kritischen Haltung zur neuen DGB-Struktur. Es wurde gemeint, dass dies ultrakonservative Vertreter seien und mit ihnen wenig Gemeinsamkei-

ten bestünden. Als dann aber der nach der »Wende« neu ins Amt gekommene Innenminister Friedrich Zimmermann (CSU) die bereits beschlossene Förderung eines Films von Herbert Achternbusch zurückzog, hat das Sprechergremium, einschließlich dieser vermeintlich ultrakonservativen Leute, ein flammendes Plädoyer gegen die Regierung gehalten und ist entschieden für die Kunstfreiheit eingetreten. So etwas war nur möglich, weil zuvor Vertrauen geschaffen wurde.
Fohrbeck: Das war äußerst wichtig, denn damit wurde der Deutsche Kulturrat über die rein ordnungspolitischen Fragen hinaus ein Sprachrohr für die Kultur.
Wiesand: Trotzdem will ich noch einmal auf die Ordnungspolitik zurückkommen: Die ersten Stellungnahmen waren da besonders wichtig, speziell »Für ein kulturfreundliches Steuerrecht!«. Daran hat zum Beispiel auch der Börsenverein des deutschen Buchhandels mitgewirkt, der ansonsten dem Kulturrat noch fernstand, ihn aber als übergreifende Instanz akzeptieren musste, spätestens nach dem Empfang bei Bundespräsident Richard von Weizsäcker 1985. Einige dieser Vorschläge wurden dann auch von der Politik aufgenommen und umgesetzt. Bei der »Konzeption Kulturelle Bildung«, die in den 1980er-Jahren mit Unterstützung von Dr. Wilhelm Neufeldt im damaligen Bundesministerium für Bildung und Wissenschaft entwickelt wurde, war es ähnlich. Viele Vertreter aus den Verbänden des Kulturrates, aber darüber hinaus auch externe Experten, zum Beispiel aus den Kirchen, wurden zusammengebracht und gemeinsam wurden Empfehlungen erarbeitet.

Die eben angesprochene »Konzeption Kulturelle Bildung« war meines Erachtens ein zentrales Vorhaben. Zum einen, weil die verschiedenen Bereiche gebündelt wurden, und zum anderen, weil eigentlich der Kern der heutigen Debatten um kulturelle Bildung dort gelegt wurde.
Wiesand: Das ist in der Tat ein großer Erfolg. Es gab diese Plattform im Kulturrat, auf der an dem Thema gearbeitet wurde, es gab verschiedene Tagungen und der Kulturrat hat das Thema, ähnlich wie die Kulturpolitische Gesellschaft, immer wieder gepusht. So konnte es sich durchsetzen. Ehrlich gesagt, das war eine der größten Überraschungen, die ich selber erlebt habe und die es so in anderen Ländern kaum gibt. In Frankreich käme so etwas von der Regierung, eine große Dekade für kulturelle Bildung würde oktroyiert, aber nach Ablauf würde sich keiner mehr groß darum kümmern, während es hier zu einer wirklich umfassenden Bewegung von allen Seiten kam, die dazu führte, dass sich heute auch andere wie zum Beispiel Sponsoren, die Industrie dafür interessieren. Hätte mir damals jemand gesagt, dass Leute von PriceWaterhouseCooper einmal eine Studie über vergleichende Bewertungskriterien für kulturelle Bildung beim Zentrum für Kulturforschung in Auftrag geben würden, hätte ich es nicht für möglich gehalten. Es ist also sicher eines der großen Verdienste des Kulturrates, dass dieses Thema durchgesetzt wurde.

Ich möchte noch auf die Frage der Konkurrenz zurückkommen: Wurde der Kulturrat als Konkurrenz empfunden?
Wiesand: Strukturell gab und gibt es eigentlich keine Konkurrenz, da es keine vergleichbare Institution gibt. Es gab Deutungskonkurrenzen, darüber sprachen wir schon, und manche waren vielleicht ein wenig beleidigt, weil es auf einmal einen kräftigen Mitspieler »bei Hofe« gab. Einige Verbände waren bereits etabliert und hatten Zugang zu den Ministerien, was auch manche ihrer politischen Aktionen geprägt hat. Ein Beispiel, das ich extra für dieses Interview herausgesucht

habe: Ende Dezember 1989, die Mauer war also schon gefallen, schloss die Bundesregierung ein mehrjähriges Kulturabkommen mit den damals noch Verantwortlichen der Alt-DDR ab. Ich hatte zu diesem Abkommen einen kritischen Kommentar verfasst, der auch veröffentlicht wurde, woraufhin ich einen Mordsärger mit dem Deutschen Musikrat bekam, denn dessen Finanzierung hing unter anderem an solchen Vereinbarungen. Diese Auseinandersetzung hat zwar zu keinen dauerhaften Problemen mit dem damaligen Generalsekretär des Deutschen Musikrates, Andreas Eckhardt, geführt, zeigt aber sehr anschaulich den Unterschied zwischen Vision und realer Verbandspolitik.

Das Jahr 1989 wurde eben schon angesprochen, wie haben Sie im Kulturrat den Vereinigungsprozess erlebt?
Wiesand: In der Übergangszeit ging es oft drunter und drüber, man wusste oft ja gar nicht, mit wem man es zu tun hatte. Verschiedene Personen nahmen damals Verbindung mit uns in Bonn auf, einige aus dem alten System, die ihre Haut retten wollten, andere, die neue Chancen sahen. Einer, der später ganz groß herauskam, war Michael Schindhelm, der als kooptiertes Mitglied dem Sprechergremium Anfang der 1990er-Jahre angehörte. Er war noch relativ unbekannt und gehört heute zu den wichtigen Kulturmanagern. Viele Künstler der DDR haben sich einiges von der Wende erhofft, aber ehrlich gesagt, waren wir als vom Staat unabhängiger Kulturrat nicht so ganz die richtige Adresse für sie. Der »Qualifizierungsfonds Kultur« und andere Maßnahmen, die mit Hilfe des Bundesbildungsministeriums aufgelegt wurden, waren eher eine Hilfe. Ebenso auch die Förderprogramme des Bundesinnenministeriums zur Sicherung der kulturellen Infrastruktur, die aber viel zu kurzatmig angelegt wurden und schon Mitte der 1990er-Jahre wieder eingespart werden sollten. In dieser Situation hat sich Rolf Zitzlsperger (damals Vorsitzender des Sprechergremiums, Anm. d. Red.) Verdienste erworben, indem er für die Fortführung der Programme gekämpft hat. Das muss ihm hoch angerechnet werden. Am Beispiel Ostdeutschland zeigt sich sehr schön ein zentrales Problem der Kulturfinanzierung, das heute wieder sehr aktuell ist: Gewachsene Infrastruktur kann nicht heute eingestellt und übermorgen vielleicht wieder geöffnet werden. Wenn ich sehe, was in der DDR an Infrastruktur vorhanden war, die zerstört wurde, zum Beispiel Arbeitsfelder von Künstlern in Schulen oder Betrieben oder auch Jugendclubs, und wie mühselig wieder einiges aufgebaut werden musste, dann zeigt dies die Fragilität des Kulturbereichs.

Zum Abschluss habe ich noch eine Frage: Sie gucken von außen auf den inzwischen dreißig Jahre alten Kulturrat, wie sehen Sie seine Perspektiven, was sind die dringlichsten Handlungsfelder?
Wiesand: Mit dem Motto »Kultur gut stärken« und dem Aktionstag wurde einiges von dem, was ich gerade gesagt habe, schon angepackt. Wer die neue Debatte über die sogenannte Hochkultur ernst nimmt, könnte noch einen Schritt weiter gehen und fragen »Was können wir in der Kultur besonders gut, welche unserer Stärken müssen wir verteidigen?« Ich will das an einem Beispiel verdeutlichen: Den Dänen muss nicht erklärt werden, welche Rolle in der modernen Mediengesellschaft »Bibliotheken« haben können, weil sie sich erstens als Erfinder der Volksbibliotheken sehen und zweitens über das am besten ausgebaute Bibliotheksystem verfügen, das sich ständig weiter entwickelt hat – in allen nordischen Ländern sind die Bibliotheken heute lokale Kommunikationszentren. Wenn einzelne Länder Stärken haben, zu de-

nen sie sich bekennen, könnten auch wir in Deutschland realisieren, dass wir ebenfalls einige Besonderheiten haben, zu denen wir uns bekennen sollten. Wieder nur ein Beispiel: Deutschland und die deutschsprachigen Nachbarländer verfügen über rund 50 % der weltweiten Produktionsinfrastrukturen für Musiktheater. Darum sind unsere Musikhochschulen so attraktiv für Studierende aus aller Welt und darum ist Deutsch immer noch die internationale Pflichtsprache für jeden, der in diesem Feld professionell arbeiten will. Diese Stärke erwächst unter anderem aus den gewachsenen Infrastrukturen. Schauen Sie sich Städte mit etwa 30.000 Einwohnern wie Coburg oder Meiningen mit ihren Musiktheatern an, so etwas mit so viel öffentlichem Zuspruch gibt es sonst nicht auf der Welt, wo Opernhäusern in der Regel der Ruch des »Elitären« anhaftet. Solche Stärken sollten wir in europäischen und globalen Netzwerken mehr zur Geltung bringen; hier werden ja nicht nur Arbeitsplätze für Künstler aus aller Herren Länder geschaffen, sondern auch für viele andere Berufe und Betriebe vor Ort. Auf europäischer Ebene erleben wir im Moment eher Gegenteiliges. Da werden vor allem kurzfristige Projekte in den Blick genommen, da wird viel über »creative industries« geraunt (obwohl die Kulturadministration dafür kaum Zuständigkeiten hat), da tummeln sich »cultural operators«, die heute hier und morgen da sind. Sie finden zunehmend Gehör und dabei geraten die Potenziale gewachsener Infrastrukturen für die kulturelle Produktivität und die Bindung zum Publikum oft aus dem Blick. Allerdings müssten sich die Verantwortlichen solcher Institutionen ebenfalls stärker bewegen …

Fohrbeck: Ich denke, wir müssen uns zunächst vergegenwärtigen, dass wir in der Mitte Europas liegen. Wir vermitteln zwischen dem protestantischen Norden und dem katholischen Süden, wir sind das Land, das im Kalten Krieg geteilt war und in dem in Ost- und Westdeutschland noch immer die Nachwirkungen der verschiedenen Systeme zu spüren sind. Und natürlich werden wir aufgrund der demografischen Entwicklung allmählich so etwas wie die Großeltern der übrigen Welt. Ich bin davon überzeugt, dass wir in Deutschland und auch in Europa in der Globalisierung nur überleben, wenn wir uns unseres spezifischen Platzes vergewissern und unsere Aufgabe annehmen. Ich denke, dass die Künste, die Kulturinstitutionen hier viel leisten können und müssen. Der interkulturelle und interreligiöse Dialog, der erst einmal ein wirklicher Dialog werden muss und bei dem viele Klischees durchbrochen werden müssen, ist eine zentrale Aufgabe, wie im Juli dieses Jahres die grausame Attacke eines verbohrten Terroristen in Norwegen gezeigt hat. Ich freue mich, dass der Kulturrat mit dem Islam-Dossier und mit der Beilage »Interkultur« Wege dieses Dialogs beschreitet.

Die Zukunft unserer Arbeit
Kulturdienstleistungen in Zeiten der Globalisierung

Hans-Jürgen Blinn — Politik & Kultur 6/2005

Rheinland-Pfalz ist ein Land mit mehr als 500 Burgen und Schlössern, Heimat des Weltkulturerbes »Mittelrheintal« mit dem weltberühmten Loreley-Felsen, der Dome in Mainz, Speyer und Trier, zahlloser Kulturinitiativen der sogenannten Freien Szene, der städtischen und der freien Theater, der Bildenden Kunst, von rund 400 Museen und zwei Staatsphilharmonien. All dies zu schaffen und am Leben zu erhalten bedeutet viel Arbeit und die Freude an der dadurch geschaffenen Kunst ist mit Geld nicht aufzuwiegen. Dennoch müssen viele Kulturschaffende davon auch leben können. Die Art und Weise, wie man heute im Bereich der Kultur arbeitet, wird sich jedoch grundlegend ändern. Zwei Projekte in Rheinland-Pfalz wollen diesem Umstand Rechnung tragen. Nach einer nunmehr dreijährigen Projektphase geht ein durch das Bundesministerium für Bildung und Forschung und den Europäischen Sozialfonds gefördertes Internet-Portal namens »vertikult« in die Umsetzungsphase. Mit erheblichem finanziellen Aufwand und großem Engagement wurde hier ein Baustein gelegt, um Kulturschaffenden ein Auskommen mit dem Einkommen zu verschaffen.

www.vertikult.de liegt an der Schnittstelle zwischen Kultur und den neuen Informations- und Kommunikationstechnologien. Ziel ist es, den Kulturschaffenden eine internet-gestützte Plattform als innovatives Arbeitsinstrument für die Projektarbeit zu bieten. Über das Portal können Dienstleistungen angeboten und in Anspruch genommen werden. Neu sind dabei zwei Aspekte: ein solches Portal wird es erstmalig im Kulturbereich und für ein ganzes Bundesland geben und es wird weitere Funktionen anbieten, um die Arbeitsorganisation in Projekten zu unterstützen.

Es wird Arbeitnehmer und Arbeitgeber im Kulturbereich zusammenführen. Es wird zur Transparenz bei öffentlichen Auftragsvergaben beitragen. Es wird temporäre Dienstleistungen anbieten und abfragen. Es wird Arbeitgebern die Suche nach qualifizierten Auftragnehmern ermöglichen und erleichtern. Es wird Arbeitsuchenden den Zugang zu Aufträgen und Beschäftigung eröffnen. Es wird den Nutzern helfen, Veränderungsprozesse in der Arbeitswelt aktiv mitzugestalten und zur eigenen Qualifizierung beizutragen.

Das zweite Projekt entsteht im Rahmen des Programms »Europäische Kulturhauptstadt 2007: Luxemburg und die Großregion«. Rheinland-Pfalz beteiligt sich neben dem Saarland, Lothringen und der Wallonie (deutsch- und französischsprachige Gemeinschaft) an der Einrichtung eines Kulturportals der Großregion, das mit Mitteln des Europäischen Regionalfonds (INTERREG IIIC) unterstützt wird. Das neue Kulturportal soll u. a. den Zugang zu Informationen im Kultur- und Tourismusbereich verbessern, die Vernetzung der Kulturschaffenden erleichtern, sowie die Kultur- und Kunstszene in der Großregion transparenter machen.

Nur sehr langsam – der derzeitige Bundestagswahlkampf ist ein Beleg dafür – tasten wir uns zur bitteren Wahrheit vor: Wir werden uns vom Ziel der Vollbeschäftigung verabschieden müssen. Vielleicht nicht für immer, aber durchaus für einige Zeit. Man kann es gut am Wandel der öffentlichen Rhetorik verfolgen. Sprach man vor zehn Jahren noch von der Wiederherstellung der Vollbeschäftigung, so ist dieser Ausdruck einer Formulierung von »mehr Beschäftigung erreichen« gewichen.

Es ist ein Verdienst der Bundesregierung mit der Agenda 2010 einen Reformkurs eingeleitet zu haben, der grundsätzlich alle Bereiche unserer Gesellschaft auf den Prüfstand stellt, insbesondere die sozialen Sicherungssysteme. Wir haben mit Erschrecken feststellen müssen, dass sogar in Zeiten wirtschaftlichen Aufschwungs und trotz Zugeständnissen an die Großunternehmen kein massiver Abbau der Arbeitslosigkeit zu verzeichnen ist. Die Effizienz in der Produktivität steigt, aber ohne den Einsatz von Menschen, sondern im Gegenteil: Maschinen machen Erwerbstätige überflüssig.

Wirtschaftliches Wachstum schlägt sich immer weniger in einer Erhöhung der Beschäftigungszahl nieder …

Die großen demografischen Veränderungen im Altersaufbau der Erwerbsbevölkerung werden durch die internationalen Auswirkungen der Globalisierung noch verschärft. Daher wird die grundsätzliche Frage bleiben: können wir in absehbarer Zeit auch unter günstigsten konjunkturellen Bedingungen und mit der wirkungsvollsten Wirtschaftspolitik vom hohen Sockel der Erwerbslosigkeit wieder herunterkommen? Meines Erachtens wird dies nur möglich sein, wenn wir insgesamt die Organisation unserer Arbeit neu ordnen.

Diese Verschiebung von der Industrie- zur Dienstleistungsgesellschaft, die wir seit den 1960er-Jahren beobachten, bedeutet einen Umbruch und Verlust traditioneller Arbeitsformen und die Entstehung neuer Verdienstmöglichkeiten. Bereits 1976 hat Daniel Bell in seinem Buch »Die nachindustrielle Gesellschaft« diese Revolution in der Arbeitswelt beschrieben. Wirtschaftliches Wachstum schlägt sich immer weniger in einer Erhöhung der Beschäftigungszahl nieder und hat ihre Ursachen nicht nur in der sich beschleunigenden Automatisierung von Warenproduktion und Dienstleistungen. Auch die Art, wie produziert wird, ändert sich: Flexibilität ist das Schlüsselwort für eine Organisationsform der Arbeit geworden, die sich immer schneller dem Markt und einem ungehemmten Drang zur Diversifikation anpassen muss.

Neue Arbeitsformen, die durch flache Hierarchien und Mitarbeitergruppen mit besonderen Qualifikationsprofilen gekennzeichnet sind, ersetzen starre Entscheidungsstrukturen und mechanisch festgelegte Produktionsabläufe. Die neuen Netzwerke der Arbeit sind die Zukunft. Sie können je nach Aufgaben und Projekt schnell zusammengestellt und auch wieder aufgelöst werden. Zum Aufbau und zur Aufrechterhaltung solcher Netzwerke sollen das vertikult-Portal und das Kulturportal der Großregion beitragen.

Eine veränderte Arbeitsweise hat selbstverständlich Auswirkungen auf die einzelnen Arbeitnehmerinnen und Arbeitnehmer und insbesondere auf die Kulturschaffenden. Zunächst erhalten sie sicherlich mehr Gestaltungsmöglichkeit, aber auch mehr Verantwortung zugewiesen. Ein weniger an Routine und festgelegten Entscheidungswegen bedingt ein Mehr an Möglichkeiten, vielfältige Fähigkeiten einzusetzen und zu erwerben. Vor allem Kreativität und Flexibilität sind es, die einen schnellen Transfer von Wissen und Information ermöglichen, um immer neue Perspektiven der Produktion zur Entwicklung zu eröffnen.

Kritische Ökonomen und Arbeitsforscher mahnen jedoch schon seit Jahren, den gesellschaftlichen Reichtum nicht mit dem durch Erwerbsarbeit im Kapital geschaffenen Bruttosozialprodukt gleichzusetzen. André Gorz, der französische Sozialtheoretiker, Philosoph und Autor, prognostiziert sogar ein Ende der Arbeitsgesellschaft, wie wir sie kennen und sieht dafür eine Tauschgesellschaft im Bereich der Dienstleistungen entstehen. Wissen, so Gorz, spiele im gesellschaftlichen Produktionsprozess bereits die bei weitem wichtigste Rolle. Es sei die entscheidende Produktivkraft, dazu bestimmt, sowohl einfache manuelle Arbeit als auch Finanz- und Sachkapital zu subalternen Produktivkräften herabzusetzen. Zum Übergang in eine Wissensgesellschaft werde es jedoch erst kommen können, wenn die Gesellschaft Wissen nicht als Fachwissen behandelt, sondern als Komponente einer Kultur, in der die Entwicklung der menschlichen Fähigkeiten und Beziehungen das entscheidende Ziel ist.

Die bisherige Fixierung auf das Bruttosozialprodukt hat ganz offensichtlich einen gravierenden Nachteil. Wir sehen nicht, dass unser gesellschaftlicher Reichtum auch von Tätigkeiten gebildet wird, die in den Wirtschaftskreislauf gar nicht eingehen. Dazu gehören Arbeiten in der Familie und im Haushalt, Nachbarschaftshilfen, ehrenamtliches Engagement und vieles mehr. Erst die Ökonomie der Gesellschaft als Ganzes gibt den Blick auf die wirklichen Wurzeln unseres Wohlstandes frei. Die Beurteilung dieses neben Staat und Wirtschaft existierenden sogenannten dritten Sektors ist bei der noch kleinen Schar von Politikern und Wissenschaftlern, die den Wert gesellschaftlicher Eigenaktivität gerade neu entdecken, durchaus unterschiedlich.

Für viele Menschen mit erzwungener erwerbsfreier Zeit bietet die freiwillige und ehrenamtliche Mitarbeit bei kulturellen, sozialen oder karikativen Einrichtungen ein wichtiges Bindeglied zum gesellschaftlichen Leben. Zugleich könnten volkswirtschaftlich wichtige Leistungen erbracht werden, die nicht mehr als professionelle Dienste zu finanzieren sind. Diesen Aspekt hat Ulrich Beck mit dem Begriff der »Bürgerarbeit« in den allgemeinen Diskurs eingeführt.

Flexibilität und Durchlässigkeit der Ausbildungssysteme und der Berufsausübung müssen daher auch in Zukunft weiterentwickelt werden. Ausbildungsvorbereitung, Berufsausbildung und Weiterbildung sollen noch besser miteinander verknüpft werden. Ziel ist es, das Prinzip des lebenslangen Lernens auch durch eine schrittweise Höherqualifizierung umzusetzen; auch dabei leistet das vertikult-Portal einen wichtigen Beitrag. Wer Arbeitsplätze schaffen will, muss eine Vorstellung davon haben, welche Grundtrends eine Gesellschaft bewegen und welche neuen Anforderungen wahrscheinlich auf sie zukommen. Nicht zuletzt muss Wirtschaftspolitik darüber hinaus eine Vorstellung davon entwickeln, welche künftigen Strukturen wünschenswert sind. Als Megatrends der wirtschaftlichen Entwicklung wurden in den Anhörungen und Beratungen der Enquete-Kommission zum Thema »Zukunft der Arbeit« im Mainzer Landtag genannt: Globalisierung, Ökologisierung, Technologisierung, Dienstleistungsorientierung und verstärkte Einbeziehung von Frauen in die Arbeitswelt.

Folgt man jedoch dem amerikanischen Philosophen und Arbeitsforscher Frithjof Bergmann, der unsere gesamte Arbeitswelt in der derzeitigen Verfassung in Frage stellt, so kommen einem Zweifel am Erfolg der Vorschläge nicht nur dieser Enquete-Kommission. Bergmann stellt demgegenüber sein Konzept der »Neuen Arbeit« und schlägt einen zweiten Arbeitsmarkt vor, der den Menschen ermöglichen soll, ihre verschütteten Talente ohne Profitdruck einzusetzen. Nach Ansicht Bergmanns verhindere die Gleichung »Mehr Wachstum = mehr Arbeitsplätze« (übrigens eine Gleichung, die die CDU im Bundestagswahlkampf plakatierte) jede Verbesserung des Systems und erweise sich in Zeiten der Globalisierung auch nicht mehr als zutreffend. Es gehe schlicht und einfach darum, den Wunsch der Menschen nach sinnvoller Beschäftigung zu erfüllen. Warum sollen die beiden Internet-Portale in Rheinland-Pfalz dabei nicht ein Schritt in diese Richtung sein?

Wachstumsbranche Kultur – aber unter welchen Bedingungen

Olaf Zimmermann — Politik & Kultur 2/2005

Noch vor einigen Jahren hörte man vom Arbeitsmarkt Kultur vor allem positive Nachrichten. In den Kulturwirtschaftsberichten des Landes NRW war von den enormen Wachstumspotenzialen die Rede und stolz wurde verkündigt, dass im Arbeitsmarktsegment Kultur inzwischen so viele Beschäftigte zu finden sind wie in industriellen Branchen. Es schien einen stetigen Aufwind zu geben.

Auch Kulturstaatsministerin Christina Weiss sprach bei der Vorstellung der Studie »Kulturberufe in Deutschland – Statistisches Kurzporträt zu den erwerbstätigen Künstlern, Publizisten, Designern, Architekten und verwandten Berufen im Kulturberufemarkt in Deutschland 1995–2003« im Oktober 2004 vom Kulturbetrieb als einer beachtlichen Wachstumsbranche. Sie betonte bei der Vorstellung der Studie, der Kulturbetrieb gebe darüber hinaus auch andere wichtige Impulse: »Denn die Eigenschaften, die uns das Erwerbsleben der Zukunft abverlangen wird – Flexibilität, Mobilität, Offenheit im Denken und im Handeln – sind hervorstechende Merkmale einer Tätigkeit im kulturellen Sektor. Kultur ist also auch in dieser Hinsicht nicht eine bloße Kostgängerin des Staates, sondern vielmehr Avantgarde des Arbeitsmarktes.« Es stellt sich allerdings die Frage, um was für ein Wachstum es sich handelt. Um ein Wachstum an Beschäftigten oder an Umsätzen? Und wenn es sich um ein Wachstum an Beschäftigung handelt, ist weiter zu fragen, was für Beschäftigung entsteht und ob diese den abhängig Beschäftigten bzw. Selbstständigen auch ein auskömmliches Einkommen ermöglicht.

Statistische Daten zum Arbeitsmarkt Kultur

Die bereits erwähnte Studie »Kulturberufe in Deutschland« wurde von Michael Söndermann, Arbeitskreis Kulturstatistik, im Auftrag der Beauftragten der Bundesregierung für Kultur und Medien erstellt. Für die Studie wurden Daten des Mikrozensus, der Beschäftigtenstatistik und der Umsatzsteuerstatistik ausgewertet und zueinander in Beziehung gesetzt. Daten der Künstlersozialkasse wurden in die Untersuchung nicht einbezogen. Ebenfalls nicht einbezogen wurden die kulturwirtschaftlichen Berufe wie Verlags-, Buch- oder Musikalienhändler, Kunsthändler, Auktionatoren und Galeristen.

Die Daten des Mikrozensus beruhen auf einer 1%-Stichprobe aller deutschen Haushalte, die hochgerechnet wird. Die Zuordnung zu Berufen erfolgt durch die Befragten selbst. Eine Person gilt laut Mikrozensus als berufstätig, wenn sie regelmäßig mindestens eine Stunde in der Woche in ihrem Hauptberuf tätig ist. Auf Grund der sehr weiten Definition von Berufstätigkeit werden bei den Daten des Mikrozensus sehr hohe Fallzahlen erreicht.

Demgegenüber beruht die Umsatzsteuerstatistik auf den Daten, die von Unternehmen den Steuerbehörden gemeldet werden. In der Umsatzsteuerstatistik werden die in den Kulturberufen Selbstständigen erfasst, die einen Jahresumsatz von mindestens 16.617 Euro erwirtschaftet haben. Da die in der Künstlersozialkasse versicherten Künstler und Publizisten im Durchschnitt nur ein Einkommen von 11.078 Euro (Stand zum 01.01.2004) erzielen, ist davon auszugehen, dass ein Teil der in der Künstlersozialkasse versicherten selbstständigen Künstler und Publizisten einen Umsatz unter 16.617 Euro haben und damit in der Umsatzsteuerstatistik nicht erfasst wird. D. h. auf Grund der Abschneidegrenze bei der Umsatzsteuerstatistik werden deutlich geringere Fallzahlen als beim Mikrozensus erreicht.

Laut Mikrozensus sind in Deutschland 780.000 Erwerbstätige in Kulturberufen tätig.

In der Beschäftigtenstatistik der Bundesagentur für Arbeit werden abhängig Beschäftigte, die einer sozialversicherungspflichtigen Beschäftigung als Angestellte, Arbeiter oder Auszubildende nachgehen, erfasst. Die Daten werden von den Arbeitgebern gemeldet. In der Beschäftigtenstatistik werden nur jene Beschäftigten geführt, die mindestens 15 Wochenstunden arbeiten bzw. einen Mindestlohn von 400 Euro und mehr erhalten. Geringfügig Beschäftigte werden also in der Beschäftigtenstatistik nicht geführt.

Bei einer quantitativen Beschreibung des Arbeitsmarktes Kultur müssen die verschiedenen Statistiken miteinander in Beziehung gesetzt werden, um ein Bild erhalten zu können. Diese aggregierten Daten werden von Söndermann in »Kulturberufe in Deutschland« zur Verfügung gestellt.

Selbstständige in Kulturberufen

Laut Mikrozensus sind in Deutschland 780.000 Erwerbstätige in Kulturberufen tätig. Im Vergleich dazu sind in der deutschen Automobilindustrie 620.000 Erwerbstätige beschäftigt. Von den nach dem Mikrozensus 780.000 Erwerbstätigen in Kulturberufen sind 318.000 Personen selbstständig. Davon finden sich in der Umsatzsteuerstatistik aber nur 118.600 Personen. D. h. rund 37 % der laut Mikrozensus in den Kulturberufen Selbstständigen haben einen Umsatz von über 16.617 Euro und werden damit in der Umsatzsteuerstatistik erfasst. Umgekehrt heißt dies aber, dass immerhin 63 % der laut Mikrozensus als in Kulturberufen Selbstständigen einen Umsatz haben, der unterhalb des Wertes liegt, der von der Umsatzsteuerstatistik erfasst wird. Bei den Selbstständigen aller Berufe ist das Verhältnis genau umgekehrt. Insgesamt 61 % der im Mikrozensus als selbstständig Geführten werden auch in der Umsatzsteuerstatistik geführt. Bereits diese Daten liefern einen ersten Hinweis darauf, dass es sich bei den Selbstständigen in Kulturberufen um keine Selbstständigen im klassischen Sinne handelt.

Betrachtet man die von Söndermann zusammengestellten Zahlen (Kulturberufe in Deutschland, Tabelle 10) genauer, so zeigt sich folgendes Bild:

- von den Lehrern für musische Fächer sind 72 % der im Mikrozensus erfassten Selbstständigen auch in der Umsatzsteuerstatistik erfasst,

- bei den Architekten und Raumplanern gilt dies für 68 %,
- bei den Fotografen bzw. dem Fotografischen Gewerbe für 65 %,
- bei den Bühnen-, Film- und Rundfunkkünstlern für 43 %,
- bei den Schriftstellern und Journalisten für 35 %,
- bei den Übersetzern und Dolmetschern für 33 %,
- bei den Bildenden Künstlern und Restauratoren für 29 %,
- bei den Designern für 25 %,
- bei den Musikern für 18 %,
- bei den Artisten für 16 %.

Die Aufteilung nach Kulturberufen zeigt, dass immerhin mehr als die Hälfte der selbstständigen Lehrer für musische Fächer, Architekten und Raumplaner sowie Fotografen einen Umsatz von über 16.617 Euro im Jahr erwirtschaften. Demgegenüber erreicht nur ein Viertel der selbstständigen Designer einen Umsatz von über 16.617 Euro im Jahr. Und bei den selbstständigen Musikern und Artisten ist es sogar weniger als ein Viertel. D. h. drei Viertel der Selbstständigen dieser Berufsgruppen erzielen einen so kleinen Umsatz, dass sie umsatzsteuerlich nicht erfasst werden.

Bei einem beträchtlichen Teil der Selbstständigen in den Kulturberufen muss also davon ausgegangen werden, dass sie durch ihre selbstständige Tätigkeit nur unzureichend ihren Lebensunterhalt decken können. Umso bedeutsamer ist zumindest für den engeren Teil der Selbstständigen in den Kulturberufen die Künstlersozialversicherung, die eine soziale Absicherung im Bereich der gesetzlichen Kranken-, Pflege- und Rentenversicherung bietet. Wobei festzuhalten ist, dass die Mehrzahl der in der Künstlersozialversicherung Versicherten auf Grund ihres niedrigen Einkommens eine nur sehr kleine Rente beziehen wird. Die Veränderungen in der gesetzlichen Rentenversicherung in den vergangenen Jahren werden das Problem noch verschärfen. Die gesetzliche Rentenversicherung wird in der Zukunft selbst bei einer durchschnittlichen Erwerbsbiografie nicht mehr den Lebensstandard der dann in Rente befindlichen Rentnergeneration sichern. Die Bundesregierung geht davon aus, dass eine zusätzliche private Alterssicherung aufgebaut wird. Mit Hilfe der steuerlich geförderten Riester-Rente soll es auch Beziehern kleiner Einkommen möglich sein, eine zusätzliche Alterssicherung aufzubauen. Bislang werden die Angebote aber nur zu einem geringen Prozentsatz der berechtigten Kulturschaffenden wahrgenommen.

Noch prekärer ist die Situation der Selbstständigen in Kulturberufen, die nicht Mitglied der Künstlersozialversicherung werden können und sich daher privat krankenversichern sowie eine eigenständige Alterssicherung aufbauen müssen. Es steht angesichts der Daten aus der Umsatzsteuerstatistik zu befürchten, dass dieses nur einem kleinen Teil der Selbstständigen in den Kulturberufen gelingt und darum in den nächsten Jahren viele ehemals Selbstständige, die nicht Mitglied der Künstlersozialversicherung werden konnten, von der Altersarmut betroffen sein werden bzw. ihren Beruf weit über das Rentenalter hinaus ausüben müssen.

Laut Mikrozensus ist die Zahl der Selbstständigen in den Kulturberufen zwischen 1995 und 2003 um 50 % gestiegen. Dieser Anstieg findet ein Pendant in der Zahl der Versicherten der Künstlersozialkasse, denn im selben Zeitraum stieg deren Zahl von 81.698 auf 131.699, d. h. um 50.001 Personen, das sind rund 38 %.

Abhängig Beschäftigte in Kulturberufen

Ebenso wie die Daten der Umsatzsteuerstatistik in der Studie »Kulturberufe in Deutschland« mit denen des Mikrozensus verglichen wurden und sich hier zeigte, dass nur ein kleiner Teil der Selbstständigen in den Kulturberufen einen Umsatz erwirtschaftet, der umsatzsteuerstatistisch erfasst wird, grenzt ein Vergleich der Beschäftigtenstatistik der Bundesagentur für Arbeit mit dem Mikrozensus die Zahl der abhängig Beschäftigten ein. Dieses liegt in erster Linie daran, dass der Mikrozensus, wie beschrieben, einen umfassenderen Begriff von Beschäftigung anlegt als die Beschäftigtenstatistik. Doch weichen die Daten nicht so stark voneinander ab, wie der Vergleich des Mikrozensus mit der Umsatzsteuerstatistik.

Insgesamt 76 % der vom Mikrozensus erfassten abhängig Beschäftigten in den Kulturberufen werden auch in der Beschäftigtenstatistik geführt, d. h. diese haben ein sozialversicherungspflichtiges Beschäftigungsverhältnis. Betrachtet man die einzelnen Berufsgruppen ergibt sich folgendes Bild (Kulturberufe in Deutschland, Tabelle 11):

- 94 % der im Mikrozensus geführten abhängig beschäftigten Fotografen werden auch in der Beschäftigtenstatistik geführt,
- dies gilt ebenfalls für 91 % der Musiker, Sänger und Darstellenden Künstler,
- für 83 % der Lehrer für musische Fächer,
- für 81 % der Architekten und Raumplaner,
- für 74 % der Geisteswissenschaftler,
- für 73 % der Publizisten,
- für 72 % der Bibliothekare, Archivare und Museumsberufe,
- für 69 % der künstlerisch-technischen Berufe,
- für 68 % der Bildenden Künstler im Bereich angewandte Kunst/Design,
- für 60 % der Raum- und Schauwerbegestalter,
- für 45 % der Dolmetscher.

Festzuhalten ist zuerst, dass bis auf die Dolmetscher immerhin über 60 % der im Mikrozensus als abhängig Beschäftigte in Kulturberufen Geführte sich in der Beschäftigtenstatistik wiederfinden. Eine solitäre Stellung nehmen die Dolmetscher ein. Nur 45 % der Dolmetscher aus den Daten des Mikrozensus werden auch in der Beschäftigtenstatistik geführt. D. h. im Umkehrschluss immerhin 55 % in der Berufsgruppe verdienen weniger als 400 Euro im Monat oder arbeiten weniger als 15 Wochenstunden und werden daher der Bundesanstalt für Arbeit nicht als abhängig beschäftigt gemeldet.

Demgegenüber sind 94 % der Fotografen, zu denen in den hier zur Diskussion stehenden Statistiken auch die Kameraleute gerechnet werden, aus dem Mikrozensus auch nach der Beschäftigtenstatistik abhängig beschäftigt.

Einen ähnlich hohen Wert erreichen die darstellenden Künstler, Musiker und Sänger. Sie verfügen im Vergleich zu anderen Berufsgruppen im Kulturbereich über eine relativ hohe soziale Absicherung, da sie zu 91 % sozialversicherungspflichtig beschäftigt werden. Schauspieler werden auch dann sozialversicherungspflichtig beschäftigt, wenn sie beispielsweise in einem Fernsehfilm mitwirken, zehn Drehtage haben und danach wieder arbeitslos sind. D. h. anders als beispielsweise bei den Bildenden Künstlern, bei denen die selbstständige Tätigkeit vorherrschend ist und bei einer kurzzeitigen Beschäftigung eher ein Werkvertrag geschlossen als ein Angestelltenverhältnis eingegangen wird, ist es bei den darstellenden Künstlern üblich, dass auch bei kurzzeitigen Beschäftigungen ein sozialversicherungspflichtiges Beschäftigungsverhältnis geschlossen wird. Dieses ermöglichte den Künstlern sich während der offiziellen Arbeitslosigkeit auf neue Rollen vorzubereiten. Die Filmproduktionsfirmen haben die Möglichkeit, die Schauspieler tatsächlich nur die Drehtage zu beschäftigen. Die gesamte Vorbereitungszeit wird letztlich von der Bundesagentur für Arbeit, also den Arbeitnehmerinnen und Arbeitnehmern über ihre Beiträge zur Arbeitslosenversicherung, bezahlt. Das »Dritte Gesetz für moderne Dienstleistungen am Arbeitsmarkt« wird die Fortführung der bisherigen Praxis unmöglich machen. Ab dem 1. Februar 2006 entsteht ein Anspruch auf Arbeitslosengeld erst, wenn innerhalb der letzten zwei Jahre zwölf Monate mit Versicherungspflicht vorliegen. Bislang sind die letzten drei Jahre maßgebend. Für Schauspieler, Regisseure, Kameraleute, Kostümbildner, die nicht fest an einem Theater beschäftigt sind, wird es schwer sein, die neuen Anforderungen zu erfüllen. Zusätzlich ist nach Angaben der Bundesagentur für Arbeit der Trend zu einer Reduzierung von Gagen und Honoraren festzustellen bei gleichzeitiger Erhöhung der Leistungserwartung. Sofern Tariflöhne existieren, werden diese teilweise unterschritten. Ebenso verlangen nach Angaben der Bundesagentur für Arbeit Fernsehproduzenten und -sender umfangreichere Rechteübertragungen von Schauspielern und Regisseuren ohne Zahlung von Zusatz- oder Wiederholungshonoraren. D. h. die zunächst sehr positiv aussehende soziale Absicherung der Künstler von Bühne, Film und Theater ist bei genauerer Betrachtung nicht so günstig wie es auf den ersten Blick erscheint. Bereits jetzt zeichnet sich ein Trend ab, dass mehr und mehr Künstler selbstständig und nicht mehr abhängig beschäftigt arbeiten wollen. Sie werden voraussichtlich Mitglied der Künstlerversicherung werden, so dass ein weiterer Anstieg der Versichertenzahl in der Künstlersozialkasse zu erwarten ist.

Die breite Masse wird auf zusätzliche Unterstützungsmaßnahmen angewiesen sein.

Auffallend ist auch, dass von den Bibliothekaren, Archivaren und Museumsfachleuten nur 72 % einen sozialversicherungspflichtigen Arbeitsplatz haben. Bemerkenswert ist dies vor allem deshalb, weil gerade bei den Bibliothekaren und Archivaren in der Vergangenheit das abhängige Vollzeitbeschäftigungsverhältnis die Regel und die Selbstständigkeit die seltene Ausnahme war. Jetzt verfügt immerhin ein Prozentsatz von 28 % über einen Arbeitsplatz, bei dem die Beschäftigung unter 15 Wochenstunden oder der Verdienst unter 400 Euro im Monat liegt.

Entwicklung des Arbeitsmarktes Kultur

In »Kulturberufe in Deutschland« wird unter Nutzung von Daten der Beschäftigtenstatistik und Prognosen des Instituts für Arbeitsmarkt- und Berufsforschung angenommen, dass die Schrumpfung des kulturellen Arbeitsmarktes für abhängig Beschäftigte nach einem Höhepunkt im Jahr 2001 mit 351.300 Arbeitsplätzen weiter anhalten wird, so dass voraussichtlich im abgelaufenen Jahr 2004 die Zahl der sozialversicherungspflichtigen Arbeitsplätze im Kulturbereich bei 332.500 gelegen haben wird, was in etwa dem Niveau von 1995 mit 330.000 Arbeitsplätzen entspricht.

Vor diesem Hintergrund wundert es wenig, dass im Museumsbereich die 1-Euro-Jobs mit gemischten Gefühlen betrachtet werden. Die Finanznot der öffentlichen Haushalte zwingt die Kultureinrichtungen inzwischen auch an den Personalkosten zu sparen, nachdem die Sparmöglichkeiten bei den Sachkostenetats ausgeschöpft worden sind. Zugleich gibt es genügend qualifiziertes Personal, das auch bereit ist, auf Werkvertrags- oder Honorarbasis zu arbeiten. Wahrscheinlich wird es ebenso nicht schwer sein, langzeitarbeitslose Akademiker zu finden, die mittels eines 1-Euro-Jobs in einem Museum den Wiedereinstieg in das Berufsleben erhoffen. Ebenso wenig erstaunt, dass der künstlerische Bereich der Theater von 1-Euro-Jobs weniger betroffen sein wird. Hier bestehen offensichtlich – glücklicherweise – noch Sozialstandards, die ein Aufweichen der Beschäftigungsverhältnisse verhindern.

Die vorliegenden Daten und die Berichte aus den Kultureinrichtungen lassen die Prognose zu, dass die Entwicklung des Arbeitsmarktes Kultur zu einem Arbeitsmarkt der Selbstständigen anhalten wird. Passiert kein Wunder, verdient jedoch nur ein kleiner Teil der Selbstständigen im Kulturbereich auskömmlich. Die breite Masse wird auf zusätzliche Unterstützungsmaßnahmen angewiesen sein. Die abhängige Beschäftigung, d.h. das normale Angestelltenverhältnis wird weiterhin abnehmen. Eine Festanstellung gehört fast schon der Vergangenheit an. Befristete Verträge sind auch bei abhängig Beschäftigten inzwischen eher die Regel als die Ausnahme geworden.

Wenn der Arbeitsmarkt Kultur ein Modell für die Zukunft ist, wie von manchen prognostiziert, so in erster Linie als Modell einer unsicheren, meist selbstständigen Beschäftigung. Die Euphorie über die wachsende Zahl an Beschäftigten wird gedämpft, betrachtet man deren Einkommenssituation. Es scheint so zu sein, dass in anderen Branchen auf hohe Umsatzrenditen gezielt wird bei gleichzeitiger Inkaufnahme einer sinkenden Zahl an Beschäftigten, wie es derzeit die Deutsche Bank mit einem Rekordgewinn und gleichzeitig verkündeten Abbau von Arbeitsplätzen vormacht. Im Kulturbereich hingegen wird ein Wachstum an Beschäftigten begrüßt, wie es die Kulturstaatsministerin in ihrer Rede zur Vorstellung der Studie »Kulturberufe in Deutschland« formulierte, bei gleichzeitigem Schweigen über die geringen Umsätze. Beide Modelle sind unter gesellschaftspolitischem Blickwinkel sicherlich wenig zielführend.

Wert der Kreativität
Kulturwirtschaft muss in Künstlerinnen und Künstler investieren

Olaf Zimmermann und Gabriele Schulz — Politik & Kultur 5/2003

Man stelle sich einmal vor, jemand geht in eine Buchhandlung, nimmt ein Buch aus dem Regal, steckt es ohne Schuldgefühle in seine Tasche, geht damit gemütlich aus dem Laden, macht es sich zu Hause bequem, liest das Buch, legt es wieder zur Seite, nimmt es wieder zur Hand und entschließt sich nach ein, zwei oder auch drei Tagen wieder in die Buchhandlung zu gehen und zu sagen, dass ihm das Buch gefallen habe und er daher auch bereit ist, 10 Euro zu zahlen.

Das Beispiel ist unrealistisch! Ja sicher, jeder weiß, dass man Bücher in Buchhandlungen nicht stehlen darf und ein Ladendieb würde wohl kaum, wenn ihm das geklaute Buch gefallen hat, in die Buchhandlung zum Bezahlen zurückkommen.

Für die Musikbranche ist dieser Vorgang aber längst zur Realität geworden und für die Filmbranche beginnt es sich langsam durchsetzen. Schöpferische Werke werden aus dem Netz geladen, ohne dass an die Bezahlung der Künstler gedacht wird. Viele Downloader meinen sogar, es sei ihr gutes Recht, kostenlos Musik oder Filme herunterladen zu können. Sie argumentieren damit, dass die Plattenkonzerne ohnehin genug verdienen. Wo ist der Unterschied zwischen dem Plattenkonzern Bertelsmann, der in der Sparte BMG beispielsweise Whitney Houston oder Eros Ramazotti verlegt und dem Buchkonzern Bertelsmann, der in der Sparte Random House Stefan Heym oder John Grisham herausbringt? Und kommt jemand auf die Idee, mit einem Mercedes, ohne zu bezahlen, aus dem Autohaus zu fahren, da er meint, DaimlerChrysler verdiene genug?

Eine neue Variante des Diebstahls geistigen Eigentums ist die Idee des Internetgurus Andy Müller-Maguhn, illegal heruntergeladene Musikstücke oder einen Film in Ruhe zu Hause anzuhören oder anzuschauen und dann, wenn es gefällt, einen selbst festgelegten Obolus an die Rechteinhaber zu bezahlen. Was für körperliche Werke undenkbar erscheint, ist bei digitalen Werken scheinbar selbstverständlich. Mit dem Internet wurde über viele Jahre hinweg die Idee verknüpft, alles im Netz sei kostenlos erhältlich, es ginge schließlich nur um die Verbreitung von Informationen und Wissen und es würde dadurch eine Ökonomie gegen das kapitalistische System geschaffen. Manche haben diese Sichtweise zur Ideologie verklärt.

Nun ist es tatsächlich so, dass viele Inhalte kostenfrei aus dem Netz zu laden sind. Das heißt aber noch lange nicht, dass sie auch ohne Kosten produziert werden und auch die Bereitstellung kostenlos wäre. Durch den Einsatz der neuen Informations- und Kommunikationstechnologien hat sich längst ein großer Markt gebildet. Ein Markt, auf dem mit Unkörperlichem gehandelt wird. Die Zeiten einer kleinen Internetgemeinde, die subversiv ein Netz, das einmal militärischen Zwecken dienen sollte, nun zivilgesellschaftlich nutzen, gehören längst der Vergangenheit an. Im Mittelpunkt sollte daher heute die Frage nach dem Wert kreativer Leistungen stehen, wenn über Downloads künstlerischer Inhalte aus dem Netz gesprochen wird. Künstler brauchen wie alle Menschen einen gefüllten Kühlschrank. Dieser Kühlschrank füllt sich aber nicht von alleine, sondern aus den Erlösen durch den Verkauf der schöpferischen Werke. Künstler leben davon, dass ihre Bücher gedruckt und gekauft werden; dass ihre Bilder ausgestellt und gekauft werden; dass ihre Musik produziert und gekauft wird und dass ihre Filme gedreht und gegen Eintrittsgeld gezeigt sowie die Videos und DVDs verkauft werden. So wie jeder für seine Arbeit entlohnt werden will, müssen auch Künstler von ihrer künstlerischen Arbeit leben können.

Künstlerische Arbeit hat also nicht nur einen ideellen Wert. Sie hat ebenso einen ökonomischen Wert. Sowohl der ideelle als auch der ökonomische Wert von Kreativität muss in der Zukunft viel stärker vermittelt werden. Verbote sind dabei eine schlechte Form der Vermittlung. Die Kriminalisierung von Kindern und Jugendlichen hilft nicht weiter. Es ist vielmehr der Weg in eine Sackgasse, denn es sind die Kinder der heutigen Entscheider, die an den Pranger gestellt werden. Außerdem wird durch die reine Kriminalisierung niemand davon zu überzeugen sein, dass auch digital zur Verfügung gestellte Werke einen Wert haben.

Vordringlich ist demgegenüber zu verdeutlichen, dass Kreativität nicht aus dem Nichts entsteht; dass Kreative Einkommen erzielen müssen; dass für künstlerische Leistungen ebenso bezahlt werden muss wie für den Friseur, das Auto oder die Jeans. Das schließt nicht aus, dass Musik oder Filme aus dem Netz geladen werden können, wenn eine entsprechende Entlohnung möglich ist.

Angesichts der aktuellen Diskussionen um Raubkopien, um Downloads aus dem Internet und um die Frage der Informationsfreiheit plant der Deutsche Kulturrat, dem Thema »Wert der Kreativität« besondere Aufmerksamkeit zu schenken. Über die bislang bereits praktizierte kulturpolitische Positionierung zur Entwicklung der Informationsgesellschaft und zur Rolle des Urheberrechts als Marktordnungsrecht in der Informationsgesellschaft hinaus will der Deutsche Kulturrat den »Wert kreativer Leistungen« stärker in den Vordergrund rücken. In dieser und in den folgenden Ausgaben von Politik & Kultur werden daher konträre Positionen zu dem Thema vorgestellt und, wie wir uns wünschen, kontrovers diskutiert werden. Daneben wird die Fragestellung in den verschiedenen Vorhaben und Projekten des Deutschen Kulturrates ihren Ort finden.

Sowohl der ideelle als auch der ökonomische Wert von Kreativität muss in der Zukunft viel stärker vermittelt werden.

Zu denken ist dabei in erster Linie an das Projekt »Kulturelle Bildung in der Bildungsreformdiskussion – Konzeption Kulturelle Bildung«. Hier soll aufgezeigt werden, welche Bedeutung die ästhetischen Fächer für die Entwicklung von Kindern und Jugendlichen haben und welche Aufgabe sie in der Bildungslandschaft von morgen übernehmen können. Beschäftigen sich Kinder und Jugendliche mit Bildender Kunst, mit Musik, mit Tanz, mit Literatur, mit Theater, so ergibt sich daraus folgerichtig die Frage nach dem Wert der Künste und mithin nach dem Wert der Kreativität.

Ein weiteres Themenfeld, in dem es existenziell um den »Wert der Kreativität« geht, sind die derzeit stattfindenden GATS-Verhandlungen. Hier vertritt der Deutsche Kulturrat die Auffassung, dass das europäische und im Besonderen das deutsche Kulturfördersystem, das eine einzigartig vielfältige Kulturlandschaft ermöglicht hat, erhalten bleiben muss. Das Besondere an den GATS-Verhandlungen ist, dass sie nicht, wie man es von Gesetzgebungsprozessen auf der nationalen Ebene kennt, einen Anfang und ein Ende haben, sondern dass ein kontinuierlicher Verhandlungsprozess stattfindet.

Von Bedeutung wird die Betonung des Wertes kreativer Leistungen beziehungsweise der Künste auch in der Diskussion um die Daseinsvorsorge sein. Ausgehend von der EU-Kommission findet derzeit ein Konsultationsprozess statt, was künftig zur Daseinsvorsorge gehört. Das heißt konkret, was die öffentlichen Hände künftig vorhalten oder finanzieren müssen, da es zur Daseinsvorsorge gerechnet wird. Der Deutsche Kulturrat wird sich an dieser Diskussion beteiligen und dafür eintreten, dass Kultureinrichtungen aller künstlerischen Sparten in den Städten und Gemeinden zur Daseinsvorsorge gehören.

»Wert der Kreativität« ist mehr als das sicherlich drängende Problem der Musik- und der Filmwirtschaft, illegale Downloads und Kopien zu unterbinden. »Wert der Kreativität« stellt die Frage nach der Rolle der Künste in der Gesellschaft. Wenn wir eine Gesellschaft wollen, in der Kunst und Kultur für alle Bevölkerungsgruppen vorgehalten und zugänglich gemacht wird, wenn wir durch kulturelle Bildung möglichst vielen Menschen den Zugang zu Kunst und Kultur ermöglichen wollen, dann muss es uns wert sein, Kunst und Kultur zu finanzieren und damit ihre Entwicklungsmöglichkeiten zu sichern. »Wert der Kreativität« heißt dann, die Rahmenbedingungen so zu gestalten, dass Künstlerinnen und Künstler von ihrer kreativen Arbeit leben können, dass Kultureinrichtungen ihre Angebote breiten Bevölkerungsgruppen offerieren können und sie sich auch als Bildungseinrichtungen begreifen, dass die kulturelle Bildung einen höheren Stellenwert erhält und last but not least, dass die Kulturwirtschaft in Künstlerinnen und Künstler investiert und ihre Produkte verkaufen kann. Der Deutsche Kulturrat wird sich hierfür stark machen.

Den Wert der Kreativität in Heller und Pfennig bemessen

Gabriele Schulz im Gespräch mit Gerhard Pfennig — Politik & Kultur 1/2012

Ende 2011 schied Gerhard Pfennig als geschäftsführendes Vorstandsmitglied aus der VG Bild-Kunst aus. Er hat die Verwertungsgesellschaft für Künstler, Fotografen und Filmurheber in den vergangenen fast 40 Jahren entscheidend mitgeprägt. Im Interview mit Gerhard Pfennig fragt Gabriele Schulz nach, warum die VG Bild-Kunst vergleichsweise spät gegründet wurde, worin die Anfangsschwierigkeiten bestanden und was die zukünftigen Herausforderungen für diese Verwertungsgesellschaft sein werden.

Die VG Bild-Kunst wurde im Vergleich zu den anderen deutschen Verwertungsgesellschaften relativ spät gegründet. Woran liegt das?
Auslösendes Ereignis war der Schriftstellerkongress Ende der 1960er-Jahre, bei dem das »Ende der Bescheidenheit« ausgerufen wurde. Die Autoren waren die ersten, die für ihre Rechte eintraten und eine angemessene Beteiligung an den Erlösen aus der Verwertung ihrer Werke einforderten. Im Jahr 1971 fand dann ein Kongress der Bildenden Künstler in Frankfurt/Main statt. Ähnlich dem Schriftstellerkongress, bei dem so bekannte Künstler wie Heinrich Böll das Wort ergriffen, haben sich auch beim Künstlerkongress bekannte Künstler wie zum Beispiel HAP Grieshaber und andere deutlich artikuliert. Sie haben ebenfalls laut und vernehmlich gesagt, dass sie ihre Rechte wahrnehmen wollen. Es ging um die Stärkung des Selbstbewusstseins der Künstler, die sich aus ihrer Rolle der malenden Hofnarren befreien und als Urheber ernst genommen werden wollten. Es waren sehr viele, sehr politisch engagierte Menschen, wie der kürzlich verstorbene Anatol Buchholtz oder auch Hans-Peter Alvermann. In diesem gesamten Kontext wurde die VG Bild-Kunst in dem Künstleratelier von Paul Rötger in Frankfurt/Main von einigen Juristen und Künstlern gegründet. Ziel war es, Erlöse aus dem Folgerecht und der Nutzung von Bildern in Büchern zu generieren. Es war daher auch nicht verwunderlich, dass wenig später im Börsenblatt des deutschen Buchhandels nachzulesen war, dass VG Bild-Kunst so überflüssig sei wie ein Kropf. Das war verständlich, weil die Verlage bis dahin für Kunstabbildungen nichts bezahlt hatten. Neben den Verlagen haben aber auch manche Galeristen massiv gegen die VG Bild-Kunst geschossen und den Künstlern, die Mitglied der VG Bild-Kunst waren, gedroht, sie nicht mehr zu vertreten.

Waren die Filmurheber von Beginn an vertreten?
Die Filmurheber haben die Verwertungsrechte erst 1985 nach der Urheberrechtsreform

stellen können. In den Anfangsjahren waren es nur bildende Künstler. Etwas später gründete sich, von den Bildagenturen und dem Deutschen Journalistenverband ausgelöst, eine zweite Bildkunst für Fotografen und Designer in München.

Wie kamen Sie zur VG Bild-Kunst?
Ich war damals Student, nach meinem ersten Jura-Examen nicht ausgelastet und suchte einen Job. Da bot mir jemand im Namen des neu gewählten Vorstands des Bundesverbands Bildender Künstler (BBK) an, Rechtsliteratur über bildende Kunst auszuwerten. Als ich diesen Job angenommen hatte, stellte ich fest, dass ich soeben zum Bundesgeschäftsführer dieses Verbands avanciert war. Im Nachhinein erfuhr ich, dass man mir das eigentliche Anliegen nicht so deutlich angetragen hatte, weil meine Ablehnung befürchtet wurde. Mein Vorgänger war Mitglied der Deutschen Kommunistischen Partei (DKP) und im BBK politisch nicht mehr erwünscht. Ich bin dann zu ihm gefahren, habe mir die vorhandenen fünf Aktendeckel und einen Eingangsstempel geholt und in meinem Studentenzimmer eine Geschäftsstelle eingerichtet. Das war im Jahr 1973. Im Zusammenhang der BBK-Arbeit stellte sich neben vielen anderen Aspekten auch die Bild-Kunstthematik, die mir neu war. Urheberrecht wurde seinerzeit an den Universitäten, außer in München, nicht gelehrt. Die VG Bild-Kunst funktionierte in den Anfangsjahren gar nicht. Als ich dann 1975 bei der VG Bild-Kunst als Vorstands-Stellvertreter anfing, stieß ich nur auf Ablehnung. Der Kunsthandel hasste die Bild-Kunst, weil er das Folgerecht nicht bezahlen wollte, die Verleger mochten sie nicht, weil sie die Reproduktionsrechte nicht bezahlen wollten und die Künstler unterstützten sie kaum, weil sie Angst hatten vor den Kunsthändlern und Verlegern. Letztlich war es nur ein kleines Häufchen Aufrechter um Grieshaber und Buchholtz, Vostell, Rune Mields, die Beckmann-Erben, die überhaupt hinter der VG Bild-Kunst standen. Zusätzlich mussten eine Reihe von Musterprozessen geführt werden. Als ich im Jahr 1978 mit meinem Referendariat fertig war, hat man mir angeboten, die VG Bild-Kunst zu professionalisieren. Ich habe mich auf dieses Abenteuer eingelassen und saß am Anfang in einer Dreizimmerwohnung. In einem Zimmer saßen BBK und die Internationale Gesellschaft der Bildenden Künstler (IGBK), im anderen der Kunstfonds und im dritten die VG Bild-Kunst.

Ende der 1970er-Jahre war eine Zeit des Aufbruchs, was die soziale Lage der Künstler angeht. Ich denke zum Beispiel an den Autorenreport oder den Künstlersozialreport.
Das stimmt. Der Autorenreport und der Künstlerbericht lieferten die theoretische Basis. Hier wurde die beklagenswerte soziale Lage der Künstler aufgezeigt, und darauf haben sich Bundestag und -regierung des Themas angenommen. Die bereits erwähnten Prozesse der Bild-Kunst gehören in diesen Kontext. Es war insgesamt eine erbitterte Auseinandersetzung zwischen Künstlern und Verwertern. Nach ersten Erfolgen der VG Bild-Kunst vor Oberlandesgerichten und dem Bundesgerichtshof wurde die Lage für den Kunsthandel ernst. Schließlich wurde in den Jahren 1981/82 die Ausgleichsvereinigung Kunst gegründet, die eine pauschalierte Abgeltung von Folgerecht und Künstlersozialabgabe ermöglichte. Diese Einigung, die im politischen Raum herbeigeführt wurde, hatte den großen Vorteil, dass ein gesellschaftlicher, wirklich sehr belastender Streit beendet wurde und eine Zusammenarbeit zwischen den Verbänden der Künstler und des Kunsthandels ermöglicht wurde. Das hat letztlich dazu geführt, dass im neu gegründeten

Kunstrat, der Sektion für Bildende Kunst im Kulturrat, Verwerter- und Künstlerverbände an einem Strick gezogen haben. Die gesamte Arbeit wurde zu der Zeit vor allem aus der Bibliothekstantieme finanziert. Die vorhandenen Mittel, die noch durch einen Kredit aufgestockt werden mussten, wurden nahezu vollständig von den Prozessen aufgefressen. Dann wendete sich glücklicherweise das Blatt. Dank der 1982 eingeführten Fotokopierabgabe konnten mehr Mittel für die Bildurheber generiert werden, die auch ausgeschüttet werden konnten. In diesem Zusammenhang fusionierten dann die beiden anfangs bestehenden Geschäftsstellen und es gab die VG Bild-Kunst nur noch in Bonn. Aus dem Drei-Zimmer-Büro wurde 1982 ein Haus in der Poppelsdorfer Allee in Bonn. In dieser Zeit entwickelte sich auch das Interesse der Filmurheber an einer Beteiligung an der Vergütung für Mitschnitt von Filmen. Es entstand die Berufsgruppe 3 der VG Bild-Kunst, in der die Filmurheber und -produzenten organisiert sind. Gleichzeitig wurde bei der Verwaltung der Fotokopiererlöse mit der VG Wort eine Lösung gefunden, nach der diese nur die Texte und wir die Bilder verwalteten. Die VG Bild-Kunst hat sich in diesem Zusammenhang für die Bildverleger geöffnet und mit ihnen endgültig Frieden geschlossen.

Würden Sie sagen, dass Mitte der 1980er-Jahre die Aufbauarbeit der VG Bild-Kunst beendet war, wesentliche Konfliktpunkte aus dem Weg geräumt waren und dann eine Art Konsolidierung eingetreten ist?

Ja. In den 1980er-Jahren hatten wir ein Volumen von 5 Millionen DM erreicht, das war damals eine Traumzahl und signalisierte den Durchbruch. Im Jahr 2009 hatten wir 125 Millionen Euro Aufkommen! Die internen Konflikte waren gering, das Zusammenwachsen zwischen den Bildurhebern nicht besonders schwierig. Die Bild-Kunst war aufgestellt und hat sich dann auch sehr stark internationalisiert. Auch im Filmbereich haben wir sehr von den Erfahrungen der Gesellschaften in Frankreich und anderen Ländern profitiert. Ich bin seit 1988 im Vorstand der CISAC, der internationalen Organisation der Verwertungsgesellschaften, zuständig für die Bereiche Kunst und Film. Dort habe ich dafür gesorgt, dass man diesen Repertoires mehr Aufmerksamkeit widmete.

Wie kam es eigentlich, dass die Bildenden Künstler relativ spät für ihre Rechte eingetreten sind?

Ich denke, es war damals eine andere Generation an Künstlern, die sehr individuell dachten. Sie wollten ihre Kunst machen und haben sich für die Rechte nur wenig interessiert. Ich denke, in den vergangenen Jahrzehnten hat ein sehr großer Bewusstseinsprozess stattgefunden. Bildende Künstler haben erkannt, dass sie nicht nur Lieferanten von Bildern sind, sondern dass sie als Werkschöpfer genauso an weiteren Nutzungen beteiligt sein müssen wie andere Urheber auch.

Kommen wir noch einmal zurück auf die soziale Lage der Künstler. Die VG Bild-Kunst hat wie die anderen Verwertungsgesellschaften ein Sozialwerk. Welche Bedeutung hat es für die Künstler?

Schon bevor die Künstlersozialkasse etabliert wurde, haben wir erkannt, dass sie eine Reihe von Künstlern nicht erfassen würde, zum Beispiel diejenigen, die zu alt waren. Und deswegen war es von Anfang an wichtig, einen bestimmten Anteil der Erlöse 10 bis 15 % für das Sozialwerk der VG Bild-Kunst, das heute eine Stiftung ist, zur Seite zu legen. Wir haben von Anfang an, auch als wir wenig Geld hatten, immer schon Kommissionen gehabt, die sich um Not leidende Künstler gekümmert haben und das ist bis heute so. Hinzu kommt, dass ein Teil der Erlöse aus dem Folgerecht in den Kunstfonds fließen und dort der Förderung junger Künstler zugute kommen. Unter dem Dach des Kunstfonds wurde auch das im Aufbau befindliche Nachlassarchiv in Brauweiler mit Unterstützung der Bild-Kunst gegründet.

Wenden wir uns nach diesem Blick in die Vergangenheit der Zukunft zu. Was sehen Sie als die wesentlichen Herausforderungen?

Im Augenblick ist eigentlich die Hauptaufgabe, zu erreichen, dass entgegen mancher entgegenläufigen Tendenzen die Kreativität als etwas verstanden wird, auf dem die Informationsgesellschaft eigentlich beruht. Es muss ein Bewusstsein dafür geschaffen werden, dass es nicht hinnehmbar ist, wenn manche Leute künstlerische Werke aller Art zum Steinbruch für die private Kreativität von Internetnutzern erklären. Es muss auch akzeptiert werden, dass der vom Gesetz legitimierte Zugriff auf Werke für Bildung und Schule nicht kostenlos sein kann. Ich bin fest davon überzeugt, dass nicht nur die Internetwirtschaft bei einer Änderung des Bewusstseins für den Wert von Kreativität massiven Schaden nehmen wird, sondern ebenso die Gesellschaft einen gewaltigen Verlust erleidet, wenn es die Urheber nicht mehr gibt, die mit ihren Werken einen wesentlichen Beitrag zur gesellschaftlichen Entwicklung leisten. Gerade darum bin ich, sind wir so engagiert in der Diskussion um das Verständnis dessen, was Kunst für die Gesellschaft bedeutet. Darüber hinaus müssen wir Verwertungsgesellschaften es schaffen, in den Verhandlungen mit der Industrie den Wert der Kreativität tatsächlich angemessen in Mark und Pfennig durchzusetzen. Wir müssen ja nach neuem Recht mit den Geräteherstellern die Vergütungen für die private Vervielfältigung verhandeln. Da stellte sich zuerst die Aufgabe, zu ermitteln, wie viel eigentlich ein Download eines Bildes oder eines Musikstücks oder eines Films wert ist. Da stellen sich sehr umstrittene und heikle Fragen, bei denen man sich nur mühsam an eine Lösung annähern kann. Ich bin froh, dass wir auf einem guten Weg sind und zum Beispiel bei den Preisen für Drucker und andere Geräte geeinigt haben. Die Vergütung hilft, wenigstens ansatzweise das zu ersetzen, was Urhebern verloren geht, wenn Nutzer keine Werke mehr kaufen, sondern selber kopieren. Das Gleiche verhandeln wir für PCs und andere Geräte zur audiovisuellen Vervielfältigung. Das ist die materielle Seite. Die andere ist die erwähnte kulturelle Dimension. Hier in die Diskussion einzusteigen ist für eine Verwertungsgesellschaft nicht einfach, denn eigentlich sind wir nur Dienstleister der Urheber.

Wie schätzen Sie die aktuelle Debatte zum Urheberrecht und damit zusammenhängend zur professionellen Kunst ein? Ich denke dabei an die teilweise fast euphorische Beschreibung von mash-up-Kunst.

Im Augenblick hat die Debatte einen gewissen Drive durch den Erfolg der Piratenpartei in Berlin bekommen: Jeder, auch Konservative, will ganz schnell und radikal das Urheberrecht eingrenzen. Ich sehe das als dialektischen Prozess, der sich sicher wieder auspendeln wird. Auch in Brüssel findet eine, allerdings andere Diskussion darüber statt, wie im Interesse eines schnellen Wachstums der Internetwirtschaft die Rechteinhaber geschmeidig gemacht werden können, damit Lizenzen schneller erteilt und mehr Werke genutzt werden können. Ich bin stolz, dass wir trotz dieser Debatten jährlich immerhin 70 bis 80 Millionen Erlöse für Bildurheber erzielen können, wenn es nach dem Gesetz geht. Damit wird auch dokumentiert, wie wichtig diese Gruppe im Zusammenhang der Kulturwirtschaft ist; gerade das halte ich in einer Marktwirtschaft wie unserer für wichtig. Daneben muss die kultur- und sozialphilosophische Diskussion um das Urheberrecht geführt werden, am besten mit Diskutanten, die etwas davon verstehen. In diesen Debatten muss es auch und noch stärker als bisher um die Schwächen des Urhebervertragsrechts gehen. Die Urheber sind nämlich diejenigen, die materiell am wenigsten von den neuen Verwertungsmöglichkeiten ihrer Werke haben. Den größten Teil erhalten die Verwerter – Produzenten, Verleger, Sender und globale Vermittler wie Google. Wer da meint, diese Firmen verdienten genug und brauchten keine Einnahmen aus Online-Nutzungen, sagt nur die halbe Wahrheit: Er vergisst die Urheber, die kreativen Menschen.

Wie schätzen Sie die aktuelle Situation in Brüssel ein?
Wir haben uns schon früh mit unseren internationalen Kollegen auf der europäischen Ebene aufgestellt und sind sowohl mit der Kommission als auch dem Parlament im Gespräch. Uns ist es in Brüssel gelungen, mit internationalen Künstlern für die Rechte der Urheber einzutreten und das hat durchaus beeindruckt. Im Moment sieht es so aus, dass Kommissarin Neelie Kroes, die für die Internetwirtschaft zuständig ist, um jeden Preis die Netzwirtschaft aufbauen will; das Wort »copyright« hat sie zum »Hasswort« erklärt, und meint, man müsse die Lizensierung im Interesse der Netzwirtschaft reformieren: Das ginge zu Lasten der Urheber. Demgegenüber erkennt Kommissar Michel Barnier, zuständig für den Binnenmarkt, an, dass am Anfang der Internetwirtschaft die Urheber stehen. Er hat ein Gespür dafür, dass Europa sein Alleinstellungsmerkmal als Kontinent des Wissens und der Kreativität verliert, wenn er den Urhebern ihre Rechte und damit ihre Lebensmöglichkeiten nimmt. In dieser Dialektik müssen wir agieren.

Sehen Sie das Hauptaktionsfeld der Bild-Kunst inzwischen auf der europäischen Ebene?
Wir können in Deutschland urheberrechtlich nichts mehr bewirken, was nicht in Europa konsensfähig ist oder was von der EU ausgeht. Deshalb liegt der Schwerpunkt der Entwicklung des Urheberrechts in EU-Europa. Unsere internationale Arbeit geht aber über Europa hinaus. Sie bezieht die USA und vor allen Dingen den pazifischen Raum ein, in dem wir schon lange tätig sind. Wir haben schon lange Kontakte nach China. Wir haben Bildverwertungsgesellschaften in Australien und Japan mit aufgebaut, die auch funktionieren. In Afrika ist es dagegen sehr schwer. Und wir versuchen uns in China zu etablieren, weil die Musik dort allein das Feld nicht abdecken kann. Das sind keine Initiativen allein der Bild-Kunst, sondern sie sind in den internationalen Kontext des CISAC eingebettet. Diese internationale Arbeit ist uns ganz wichtig, denn wir können den europäischen Rechtsstandard langfristig nur verteidigen, wenn er auch in Amerika oder Asien nachvollzogen oder zumindest verstanden wird. Die Notwendigkeiten internationaler Zusammenarbeit sind immens gewachsen.

Jetzt gehen Sie in den Ruhestand. Tut das nicht auch ein bisschen weh, das Kind, was jetzt groß geworden ist, ziehen zu lassen?
Erst einmal muss ich sagen: Es war ein großes Glück, in diesem Sektor der Kulturwirtschaft arbeiten zu können. Ganz gleich, wie schwierig die Urheber manchmal sind. Sie sind Menschen, die spannende, interessante und anregende Werke schaffen. Es ist eine große Bereicherung, wenn man sich damit beschäftigen darf. Für mich war das jeden-

falls viel interessanter, als zum Beispiel als Anwalt Scheidungen abzuwickeln. Natürlich muss ich mich jetzt erst einmal daran gewöhnen, dass jetzt jemand anderes die Arbeit macht. Auf der anderen Seite bin ich froh darüber: Wenn jemand relativ lange eine Aufgabe hat, muss er auch bereit sein, zu erkennen, dass sicher Fehler gemacht, manches vielleicht übersehen wurde. Von daher finde ich gut, dass jetzt Dr. Urban Pappi, mein Nachfolger, sich mit neuem Denken diesen Laden anguckt. Er wird hoffentlich manches anders machen, und das ist auch gut so. Ehrlich gesagt, ich habe mich jetzt lange genug auch mit vielen eher bürokratischen Fragen herumgeschlagen, sodass ich jetzt gern etwas anderes, wenn auch im gleichen Bereich, mache. Ich sehe also der Zukunft heiter und gelassen entgegen.

Initiative für Kulturarbeit in Berlin
Der öffentliche Beschäftigungssektor Kultur, ÖBS

Thomas Flierl — Politik & Kultur 1/2009

Auf der Grundlage des arbeitsmarktpolitischen Bundesprogramms »Kommunal-Kombi« wird seit Sommer 2008 in Berlin ein öffentlicher Beschäftigungssektor (ÖBS) Kultur im Umfang von zunächst 300 Stellen aufgebaut. Gespeist aus Mitteln des Bundes und des Landes Berlin bietet das Programm Menschen, die zwei Jahre arbeitslos sind und davon ein Jahr Leistungen nach Hartz IV (ALG II) bezogen haben, eine dreijährige sozialversicherungspflichtige Tätigkeit im kulturellen Bereich. Die Tätigkeit muss zusätzlich sein und im öffentlichen Interesse liegen. Das Land Berlin stockt die Mittel des Kommunal-Kombi soweit auf, dass bei 30 bis 40 Stunden in der Woche ein existenzsicherndes Einkommen von mindestens 1.300 Euro brutto gezahlt werden kann. Das Programm wird über einen Träger – Förderband e. V. Kulturinitiative Berlin – dezentral umgesetzt, die Projektauswahl erfolgt durch einen von der Kulturverwaltung berufenen Fachbeirat. Der ÖBS Kultur stärkt mit ca. 6,5 Millionen Euro p. a. in erster Linie die kulturelle Infrastruktur und die Kunst- und Kulturvermittlung in den Berliner Bezirken. Der ÖBS Kultur ist kein Förderprogramm für Künstler und Künstlerinnen, die aufgrund ihres Status als Selbständige keine Zugangschancen zum Kommunal-Kombi haben, selbst dann, wenn sie Hartz IV im Sinne der ehemaligen Sozialhilfe erhalten. Letzteres schafft bei den Betroffenen viel Unverständnis, eine Änderung dieser Förderbedingungen müsste jedoch auf Bundesebene erfolgen.

Mit dem ÖBS Kultur reagiert der rot-rote Berliner Senat auf die erschreckend hohe Anzahl arbeitsloser, qualifizierter Kulturarbeiter und -arbeiterinnen in der Stadt, auf die rapide Sparpolitik in den Bezirkshaushalten und auf die in den letzten Jahren erfolgte dramatische Abwertung öffentlich geförderter Beschäftigung.

Die Kulturmetropole Berlin war zu keinem Zeitpunkt ohne Kultur- als Arbeitsförderung denkbar. Vor 1990 waren in West-Berlin Arbeitsbeschaffungsmaßnahmen (ABM) übliche Formen der kulturellen Projektförderung, in Ost-Berlin gab es ein breites staatliches Auftragswesen für Künstlerinnen und Künstler. Unmittelbar nach der deutschen Vereinigung 1990 war die Regelung, dass sich auch früher freiberuflich tätige ostdeutsche Künstlerinnen und Künstler arbeitslos melden durften und die Existenz eines umfangreichen Arbeitsförderprogramms des Bundes (2 Jahre ABM, bei Hochschulabschluss BAT II a, bis 100 % Sachmittel) Voraussetzung für deren soziale und politische Integration und für die Entstehung einer vielfältigen Trägerlandschaft im ehemals ausschließlich staatlichen Kulturbereich. In Ost-Berlin entstanden kompetente Beschäftigungsträger im kulturellen Bereich, allen voran Förderband Kulturinitiative Berlin, die Kulturamtsleiter und -leiterinnen der drei Nordostbezirke Berlins (Pankow, Prenzlauer Berg, Weißensee) gründeten ProKultur, in den Großsiedlungen wirkte vor allem Kulturring Berlin. Es gab etliche weitere Träger. Zwischenzeitlich wurden so schätzungsweise allein im Ostteil der Stadt ca. 1.000 zusätzliche Kulturstellen geschaffen. Eine enorme Produktivkraft im Transformationsprozess! Die kreative Stadt hatte ihre gemeinwirtschaftliche Grundlage. Der dumme Spruch, Berlin sei »arm, aber sexy« verdrängt genau dies: die enormen Transferleistungen des Bundes in den 1990er-Jahren und die lokalen Eigenanstrengungen bei der Verknüpfung von Kultur- und Arbeitsförderung. Und er verharmlost die Situation der mittlerweile weithin prekär Beschäftigten im Kulturbereich. Denn der neoliberale Umbau der Beschäftigungsförderung des Bundes und damit der weitgehende Zusammenbruch der Kultur als Arbeitsförderung traf Berlin mitten in der Phase der rigorosen Sparpolitik nach der Bankenkrise 2001.

Der erste Bruch mit den Traditionen bundesdeutscher Arbeitsförderung war die Entscheidung der Bundesregierung von CDU und FDP, Löhne und Gehälter des 2. Arbeitsmarktes auf 90 % des 1. Arbeitsmarktes zu begrenzen (»Lohnabstand«: ungleicher Lohn für gleiche Arbeit – staatlich verordnet). Die rot-grüne Bundesregierung hat dann selbst die Arbeitslosenversicherung für ABM abgeschafft und später mit der Einführung der sogenannten 1-Euro-Jobs, real 1,50 Euro in Berlin (MAE – »Mehraufwandsentschädigungen«) die Vergütung mit den Transferleistungen verrechnet und den Arbeitscharakter der Tätigkeiten verschleiert. Die betreffenden Menschen befinden sich demzufolge in keinem Arbeitsrechtsverhältnis mehr, sondern in einem Sozialrechtsverhältnis mit Arbeitsverpflichtung, aber ohne jeden erwerbbaren Sozialversicherungsanspruch. Vor diesem Hintergrund stellt das von Bundesminister Müntefering in der Großen Koalition von CDU und SPD durchgesetzte Einzelprogramm des Kommunal-Kombi die notwendige Umkehr in einer Sackgasse dar. Die Tätigkeit im ÖBS kann nun wieder tarifgebunden erfolgen, wird insofern dem 1. Arbeitsmarkt gleichgestellt, es werden dreijährige Arbeitsverhältnisse begründet und auch wieder Sozialversicherungsansprüche erworben.

In Berlin hat der ÖBS Kultur durchschlagenden Erfolg. Innerhalb kürzester Zeit wurden Projekte in einem Umfang von 1.500 Stellen eingereicht, von denen der Fachbeirat ca. 40 % für förderungswürdig hält, aber nur 300 Stellen vergeben kann. Förderband hält eine Verdopplung des Volumens ab 2009 für angemessen. Das Gros der Vorhaben konzentriert sich auf die Innenstadtbezirke. 60 % der Stellen melden gemeinnützige Vereine, Verbände und Kultureinrichtungen, 30 % private und öffentliche Galerien, Bibliotheken, Museen, Schulen sowie den bezirklichen Kulturämtern zugehörige Einrichtungen, 10 % melden Kulturvereine und Künstler für temporäre Vorhaben an. Die Tätigkeitsfelder reichen von Kulturmanagement, technischer Betreuung, Veranstaltungsorganisation, Öffentlichkeitsarbeit, kultureller Bildung, Dokumentation und Archiv, Besucherbetreuung bis zu Büroarbeiten, Internetbetreuung und Requisite.

Der ÖBS Kultur richtet sich in Berlin vor allem an gut ausgebildete, arbeitslose Profis. Ihnen soll der berufliche Wieder- und Neueinstieg (bestenfalls inklusive Qualifizierung) ermöglicht, ihre Chancen für Anschlussprojekte und -verträge gestärkt werden. Mit der Aufstockung des Kommunal-Kombi des Bundes unternimmt Berlin mit seinem ÖBS Kultur eine beachtliche eigene Anstrengung. Die ursprünglich von Wirtschaftssenator Harald Wolf (Linke) erhoffte bloße »Kapitalisierung der Transferleistungen« geht bei diesem Programm nicht auf, es muss bezuschusst werden. Dennoch lohnen sich die Anstrengungen. Es ist zu hoffen, dass eine Aufstockung auf die von Förderband ins Gespräch gebrachten 600 Stellen gelingt.

Systemisch steht vor allem die Frage der Verknüpfung von Arbeitsförderung und Kulturwirtschaftsentwicklung. Allein die Möglichkeit zum Dazuverdienen stärkt bei den Betroffenen bereits das Engagement und schafft Verknüpfungen mit dem kulturwirtschaftlichen Bereich, der in Berlin, bei allerdings prekären Beschäftigungsverhältnissen, weiter wächst. Weithin offen ist die Frage, wie der Ausschluss der selbstständigen, aber von Transferleistungen lebenden Künstlerinnen und Künstlern sowie Kulturarbeiterinnen und -arbeitern von den Möglichkeiten der Arbeitsförderung aufgehoben werden kann. Hier ist das ganze dicke Brett des Dualismus von Arbeits- und Sozialförderung in Deutschland und damit auch des Verhältnisses von Bund und Länder bzw. Kommunen zu bohren. Viele Änderungen der Beschäftigungsförderung der letzten Jahre lassen sich nur aus den Fahrplänen des großen Verschiebebahnhofs der Sozialkosten zwischen Bund und Ländern und Kommunen verstehen.

Ein großer Schritt wäre es, für von Sozialleistungen lebenden Selbständige ein eigenständiges Förderungsmodell zu entwickeln, das allen zustehende Grundeinkommen das Fernziel. Doch bereits der kleinste Schritt muss es mit der absoluten Macht der Statistik aufnehmen: Welch ein Irrsinn, dass die in MAE-Maßnahmen Befindlichen, die nicht arbeiten dürfen, sondern gegen Hartz IV-Transferleistungen zu Beschäftigungen verpflichtet werden, statistisch nicht als arbeitslos gelten und keinen Zugang zum Kommunal-Kombi erhalten. Sie schönen die Statistik und werden zum Lohn von der Arbeitsförderung ausgeschlossen. Insbesondere für frühere Selbständige böte sich so die Möglichkeit, den Status zu wechseln. Die klassische Trennung von Selbständigen und abhängig Beschäftigten ist in der Realität längst durchbrochen. Kulturarbeit als Erwerbsbiographie spielt längst auf beiden Seiten, abwechselnd oder auch gleichzeitig. Der ÖBS Kultur in Berlin ist eine bemerkenswerte Initiative. Erfolg hat er nur, wenn es gelingt, ihn zu verstetigen und als Impuls für einen weiteren Umbau der Förderung der Kulturarbeit zu nutzen.

Künstler vermitteln Künstler
Die Zentrale Bühnen-, Fernseh- und Filmvermittlung (ZBF) und die Künstlerdienste (KD)

Johannes Klapper — Politik & Kultur 3/2005

Ein beliebiges Drei-Sparten-Theater irgendwo in Deutschland. Der Intendant, seine Dramaturgen und der Regisseur der nächsten Schauspielproduktion konferieren über die Besetzung von »Kabale und Liebe«. Klar ist, wer den »Ferdinand« spielt und wer die »Luise«, auch einen »Wurm« hat man im Ensemble, aber Sorgen macht zum Beispiel die Rolle der »Lady Milford«, deren ursprünglich vorgesehene Darstellerin den Intendanten dringend um eine Freiphase gebeten hat – ein Drehangebot lockt, das ihr der Intendant nicht abschlagen kann. Am Vortag hatte sich der Darsteller des »Präsidenten« für mehrere Wochen krank gemeldet, der Mann ist in mehreren Produktionen beschäftigt, Spielplanänderungen sind ebenso unausweichlich wie Umbesetzungen – und wer, bitte, soll ihn jetzt in »Kabale und Liebe« ersetzen? Mitten in der Sitzung platzt die Intendanzsekretärin mit der Nachricht, dass die »Elektra«-Vorstellung am Abend gefährdet ist (»ausverkauftes Haus!«, stöhnt der Intendant), weil die Sängerin der »Chrysothemis« offenbar so heiser ist, dass selbst der bei allen Sängern wie ein Guru verehrte HNO-Arzt keine Möglichkeit sieht, die Stimme auch nur für kurze Zeit wieder einsatzfähig zu machen. Und da die Sekretärin gerade im Raum steht und der Intendant ihr im Augenblick nicht entkommen kann, teil sie noch schnell üble Kunde aus dem Opernchor mit, wo derzeit eine Erkältungswelle vor allem die 1. Soprane und die 2. Tenöre (»eigenartig«, denkt der Intendant) erwischt hätte. Damit nicht genug, der Ballettdirektor ruft an und meldet kühl einen bedenklich hohen Krankenstand im Ballett; er lässt durchblicken, dass er diesen Umstand für eine Reaktion der Tänzer auf die jüngste Entscheidung des Intendanten hält, der zufolge sie aus Sparsamkeitsgründen nicht nur in künstlerisch wertvollen Choreographien des Ballettdirektors vor überschaubarem Publikum aufzutreten haben, sondern das Tanzbein auch in Operetten und Musicals vor »bumsvoller Hütte« (O-Ton des Künstlerischen Ballettdirektors) schwingen müssen. In das betretene Schweigen der Runde platzt nun der Regisseur der neuen »La Bohème«-Produktion (Premiere in vier Tagen), er kommt direkt von einer Bühnen-Orchester Probe und droht mit sofortiger Abreise, wenn er weiter mit diesen »steppenden Hausfrauen und unvorstellbar dilettantischen Artisten« zusammenarbeiten müsse, die weder Feuerschlucken, Einradfahren noch Jonglage beherrschten, aber genau solche Spezialisten braucht er als »Farbe« vor dem »Café Momus« im 2. Akt der Oper.

Wie gesagt: Ein Drei-Sparten-Theater irgendwo in Deutschland. Was macht nun ein Intendant in derart verzweifelter Lage, zumal dann, wenn er seine Karteien für Künstler, die er immer schon mal engagieren wollte (was ihm aber gerade jetzt nicht weiter hilft) sowie die zahllosen Stapel mit ungelesenen Bewerbungen für nahezu jede Position in seinem Theater vergeblich hat durchsehen lassen? Wenn auch die fabelhaften Kontakte zu Kollegen vielleicht das eine oder andere seiner Probleme lösen, er auf dem nicht unbedeutenden Rest aber sitzen bleibt? Was soll er schon machen: Er ruft einen oder mehrere der ihm aus zahlreichen Besuchen seines Hauses wohl bekannten und geschätzten Agenten der Zentrale Bühnen-, Fernseh- und Filmvermittlung (ZBF) an. Er hat oft mit ihnen gearbeitet, meist in weniger dramatischen Situationen als derjenigen, in der er augenblicklich steckt. Da die Agenturen der ZBF und der Künstlerdienst (KD) in Köln, Berlin, Hamburg, Leipzig und München sowie darüber hinaus auch noch in Rostock, Hannover, Halle, Frankfurt und Stuttgart angesiedelt sind, haben die Agenten es in der Regel nicht allzu weit ihn zu besuchen. Er hat die Agentur als zuverlässig, schnell und kompetent kennen gelernt, viele Künstler seines Theaters haben ihr Engagement über die ZBF bekommen – und zahlen müssen er oder seine Künstler für die Vermittlung auch nichts, denn im Gegensatz zu Privatagenturen werden die Kosten der ZBF und der KD durch die Beiträge zur Arbeitslosenversicherung gedeckt, die von ihm und den Künstlern ja bereits bezahlt worden sind. Überdies sind die Agenten allesamt vom Fach, haben selbst langjährige Erfahrung in den Berufen, die sie vermitteln – was sie für unsere Intendanten auch als Gesprächspartner zu verschiedenen Fragen und Problemen seines Hauses interessant macht.

Im vorliegenden Fall telefonieren also er und seine Mitarbeiter zunächst mit der Schauspielabteilung der ZBF, um sich eine »Milford« und einen »Präsidenten« vorschlagen zu lassen. Parallel wird in aller Eile ein Agent der Musiktheaterabteilung mit der raschen Suche nach einem Abendgast für die erkrankte »Chrysothemis« beauftragt, der Chordirektor lässt die einschlägig erfahrenen Vermittler nach 1. Sopranen und 2. Tenören suchen und der Ballettdirektor bittet die Tanzexperten der ZBF schweren Herzens ihm fürs nächste Vortanzen operetten- und musicalerfahrene Tänzer vorbei zu schicken. Inzwischen hat der Betriebsdirektor längst beim nächstgelegenen Künstlerdienst angerufen, wo ihm sein Artistenproblem für die »Bohème«-Produktion gelöst wird. Anschließend telefoniert er mit einem Agenten der Film/Fernseh-Abteilung, um prophylaktisch mögliche Drehtermine für die Mitglieder des Schauspielensembles abzusprechen.

So weit unsere fiktive Situation, zu der nur noch einmal angemerkt werden soll, dass – Gottlob – die meisten Vakanzen einen erheblich längeren Vorlauf haben und die Zusammenarbeit der ZBF mit den Theatern in aller Regel erheblich entspannter verläuft, aber deswegen auch Extremsituationen nach Art der Geschilderten recht gut gemeistert werden können.

Was der Intendant nicht weiß (und auch nicht wissen muss) sind die Hintergründe von ZBF und KD. Beide Agenturen sind Teile der Bundesanstalt für Arbeit (BA) und darin der Zentralstelle für Arbeitsvermittlung (ZAV) in Bonn organisatorisch verbunden. Sie verfolgen keine wirtschaftlichen Interessen und bewilligen keine Lohnersatzleistungen (z. B. Arbeitslosengeld). Der Grund für die Einrichtung dieser bundesweit operierenden Fachvermittlungseinrichtung für darstellende Künstler, künstlerisch-technisches Personal sowie für Künstler aus den Bereichen Show, Artistik, Unterhaltung und Werbung liegt in der Besonderheit ihres Marktes. Charakteristisch ist vor allem das weitgehende Fehlen »normaler«, unbefristeter Arbeitsverhältnisse. Arbeitsverträge sind für die Klienten der ZBF und der KD immer befristet – auf ein oder zwei Jahre, auf ein paar Monate oder sogar nur auf einzelne Tage. Das bedeutet für die Künstler hohe Mobilität, den ständigen Wechsel zwischen Engagement und Arbeitslosigkeit als Normalzustand – und dies alles bei vergleichsweise geringen Einkommen für den allergrößten Teil dieser Berufsgruppen. Auch deshalb treffen die neuen »Hartz«-Gesetze die Künstler empfindlich. So wird es z.B. in Zukunft für viele sehr schwierig sein, binnen zwei Jahre die geforderten 360 Tage sozialversicherungspflichtiger Beschäftigung zu erreichen wodurch sie wieder Anspruch auf Arbeitslosengeld I, erwürben. Angesichts derart düsterer Berufsrealitäten (die bereits lange vor »Hartz« seit vielen Jahren immer düsterer geworden sind) wundert es, dass immer noch so viele junge Leute in diese Berufe streben. Staatliche und private Schauspielschulen bzw. Musikhochschulen können sich vor Ausbildungswilligen kaum retten – und nur ein Bruchteil von ihnen bekommt einen der wenigen Plätze (zwischen 400 und 1.000 Bewerber konkurrieren um zwischen 5 bis 12 Plätze an den Staatlichen Schulen!), um die späteren Berufsanfänger möglichst genau kennen zu lernen, finden einmal pro Jahr die sogenannten ZBF- oder Intendantenvorsprechen statt. Im Bereich des Musiktheaters gibt es entsprechend ein Begabtenvorsingen und eine große Audition für Musicaldarsteller. Die Integrationsquote der ZBF für Anfänger liegt bei über 90%. Insgesamt haben ZBF und KD im vergangenen Jahr über 80.000 Engagements vermittelt, was auch bei selbstkritischer Betrachtung keine schlechte Bilanz ist und bei allen internen Verbesserungsnotwendigkeiten für die Unverzichtbarkeit einer unabhängigen, bundesweiten Fachvermittlung für Künstler spricht.

Bundeskulturwirtschaftsbericht
Ein Anfang wurde gemacht

Olaf Zimmermann und Gabriele Schulz — Politik & Kultur 2/2009

Am 17. Februar wurde er vorgestellt, der Vorläufer des Bundeskulturwirtschaftsberichts. Er trägt den sperrigen Namen »Kultur- und Kreativwirtschaft: Ermittlung der gemeinsamen charakteristischen Definitionsmerkmale der heterogenen Teilbereiche der ›Kulturwirtschaft‹ zur Bestimmung ihrer Perspektiven aus volkswirtschaftlicher Sicht«. Erstellt wurde das Gutachten von Michael Söndermann, Büro für Kulturwirtschaftsforschung, Christoph Backes, Creative Business Consult sowie Olaf Arndt und Daniel Brünink, Prognos AG. Auftraggeber des Berichts ist das Bundesministerium für Wirtschaft und Technologie. Anlass ist die »Initiative Kultur- und Kreativwirtschaft der Bundesregierung«. Die Federführung für diese Initiative liegt innerhalb der Bundesregierung beim Bundesministerium für Wirtschaft und Technologie, es findet aber eine enge Zusammenarbeit mit dem Beauftragten für Kultur und Medien statt.

Es waren dann auch die Parlamentarische Staatssekretärin im Bundeswirtschaftsministerium Dagmar Wöhrl und die Amtschefin des Kulturstaatsministers Ingeborg Berggreen-Merkel, die gemeinsam mit den Gutachtern die Studie vorstellten und zu Recht betonten, dass mit diesem Gutachten ein erster Meilenstein gelegt wurde.

Warum ein Bundeskulturwirtschaftsbericht

Jahrelang wurde – auch vom Deutschen Kulturrat – immer wieder betont, dass ein Bundeskulturwirtschaftsbericht von Nöten sei. Einige Länder, wie Nordrhein-Westfalen, legen bereits seit über einem Jahrzehnt Kulturwirtschaftsberichte vor. Manche Länder folgten schneller, andere langsamer. Gegenwärtig sieht es so aus, als würden sukzessive alle Länder einen Kulturwirtschaftsbericht erarbeiten lassen. Aktuell gibt es folgende Berichte bzw. Planungen:

- Berlin, 2. Kulturwirtschaftsbericht erschienen 2009,
- Brandenburg, 1. Kulturwirtschaftsbericht erscheint in 2009,
- Bremen, 2. Kulturwirtschaftsbericht erscheint in 2009,
- Hamburg, 1. Kulturwirtschaftsbericht erschienen 2006,
- Hessen, 2. Kulturwirtschaftsbericht erschienen 2008,
- Mecklenburg-Vorpommern, 1. Kulturwirtschaftsbericht erschienen 1997,
- Niedersachsen, 2. Kulturwirtschaftsbericht erschienen 2007, der 3. Bericht ist in Vorbereitung,
- Nordrhein-Westfalen, 5. Kulturwirtschaftsbericht erschienen 2007,

- Rheinland-Pfalz, 1. Kulturwirtschaftsbericht erscheint in 2009,
- Sachsen, 1. Kulturwirtschaftsbericht erscheint in 2009,
- Sachsen-Anhalt, 2. Kulturwirtschaftsbericht erschienen 2007,
- Schleswig-Holstein, 1. Kulturwirtschaftsbericht erschienen 2004,
- Thüringen, 1. Kulturwirtschaftsbericht erscheint in 2009.

Darüber hinaus wurden einige Kulturwirtschaftsberichte von Städten und Metropolregionen veröffentlicht wie z. B. im vergangenen Jahr der Kulturwirtschaftsbericht Köln.

Warum dann noch ein Bundeskulturwirtschaftsbericht, mag sich manch einer fragen. Nun ganz einfach, die Länderkulturwirtschaftsberichte sind in erster Linie auf das eigene Land fokussiert. Sie sind bislang nur eingeschränkt vergleichbar, da teilweise ganz unterschiedliche Abgrenzungen vorgenommen wurden, was unter Kulturwirtschaft zu verstehen ist. So widmet sich beispielsweise der hamburgische Kulturwirtschaftsbericht in besonderem Maße dem öffentlichen Kulturbetrieb und der hessische legt einen Schwerpunkt auf das Thema Kultursponsoring.

Der nun vorgelegte Vorläufer eines Bundeskulturwirtschaftsbericht hat unter anderem den Anspruch, der derzeit in den Länderberichten noch herrschenden »Sprachverwirrung«, welche Branchen und Bereiche zur Kulturwirtschaft zu zählen sind, etwas entgegen zu setzen und eine vorläufig verbindliche Definition zu liefern. Unter Kultur- und Kreativwirtschaft wird hier der erwerbswirtschaftlich orientierte Teil des Kulturbetriebs verstanden, also die Künstlerinnen und Künstler sowie die erwerbswirtschaftlichen Verwerter wie Verlage, Buchhandlungen, Galerien usw. Weiter wurde die von den Wirtschaftsministern der Länder vereinbarte Gliederung in Teilmärkte übernommen. Damit wird die Anschlussfähigkeit an europäische Diskussionen wie den Europäischen Kulturwirtschaftsbericht gesucht und zugleich die empirische Probe auf das Exempel gemacht, ob diese Gliederung in Teilmärkte zielführend ist. Folgende Teilmärkte werden in der Studie betrachtet:

- Musikwirtschaft,
- Buchmarkt,
- Kunstmarkt,
- Filmwirtschaft,
- Rundfunkwirtschaft,
- Markt für darstellende Künste,
- Designwirtschaft,
- Architekturmarkt,
- Pressemarkt,
- Werbemarkt,
- Software/Games-Industrie.

Bei dem Fachgespräch im Anschluss an die Vorstellung der Studie wurde von Michael Söndermann zugestanden, dass die Teilmärkte Werbemarkt und Software/Games problematisch sind. Für den Werbemarkt gilt, dass er sich durchaus von den klassischen Kulturwirtschaftsbranchen unterscheidet und einige Unschärfen aufweist. Hinsichtlich Software/Games besteht zurzeit noch das statistische Problem, dass Software und Games zusammen erfasst werden. Eine neue Wirtschaftszweig-Gliederung müsste darauf abzielen, diese beiden Bereiche voneinander abzugrenzen, so dass klarere Aussagen getroffen werden können. Für ihn sprachen vor allem pragmatische Gründe dafür, diese Teilmarktgliederung vorzunehmen, da damit die Anschlussfähigkeit an die Vereinbarung der Wirtschaftsministerkonferenz geleistet wird. Es bleibt abzuwarten, ob in den anstehenden Kulturwirtschaftsberichten der Länder diese Gliederung ebenfalls angewandt wird und sich damit dieser Pragmatismus auszahlt.

Dass mit der oben aufgeführten Teilmarktgliederung der »Stein der Weisen« noch nicht gefunden wurde, wird unter anderem dadurch belegt, dass im vorläufigen Bundeskulturwirtschaftsbericht eine weitere Kategorie »Sonstiges« eingeführt wurde, in der u. a. die Restauratoren, der Betrieb von Denkmalstätten, das Schaustellergewerbe und Vergnügungsparks zusammengefasst wurde. Angesichts der Dynamik der kulturwirtschaftlichen Branchen ist davon auszugehen, dass die Teilmarktgliederung fortlaufend weiterentwickelt werden muss.

Wie in anderen Studien zur Kulturwirtschaft – so auch unserem Buch »Zukunft Kulturwirtschaft: Zwischen Künstlertum und Kreativwirtschaft« (Essen 2009) – wird im Bundeskulturwirtschaftsbericht von den Künstlern bzw. dem schöpferischen Akt als Kern des Branchenkomplexes Kultur- und Kreativwirtschaft aus gedacht. Die Künstler erdenken, produzieren die Güter, die auf den anderen Ebenen der Wertschöpfungskette verwertet werden können. Ohne Autoren keine Manuskripte, keine Verlage, keine Buchhandlungen. Ohne Komponisten keine ausübenden Künstler, keine Konzertveranstalter, keine Tonträgerhersteller. Ohne Bildende Künstler keine Galerien, keine Auktionshäuser usw.

Eine besondere Leistung des vorläufigen Bundeskulturwirtschaftsberichts besteht darin, dass erstmals eine Binnendifferenz nach Unternehmensgrößen in den einzelnen Teilmärkten vorgenommen wurde. Diese Binnendifferenzierung, d. h. die Aufgliederung in große Unternehmen, mittlere Unternehmen und kleinere Unternehmen gibt Hinweise auf die Anwendbarkeit bestehender Förderinstrumente.

Der besondere »Nährwert« eines Bundeskulturwirtschaftsberichts besteht darin, dass für die gesamte Bundesrepublik Aussagen über die Entwicklung von Branchen getroffen werden kann. Die deutschen Unternehmen und Unternehmer stehen nämlich in einem europäischen, wenn nicht weltweiten Wettbewerb. Es gilt daher zu prüfen, ob die Rahmenbedingungen zur Entwicklung der Kulturwirtschaft hinreichend sind oder ob Verbesserungen vorgenommen werden müssen. Ein Bundeskulturwirtschaftsbericht macht die Länderberichte nicht überflüssig. Länderberichte können der Kultur- und Wirtschaftspolitik Hinweise über die Position der Kulturwirtschaft in einem Land geben. Betrachtet man die gesamte Bundesrepublik und den europäischen oder weltweiten Wettbewerb, macht es aber wenig Sinn, ob Berlin Hamburg Unternehmen abgeworben hat und daher in einigen Teilbranchen vielleicht besser dasteht als vorher. Die besondere Stärke der Länderberichte könnte darin bestehen, dass herausgefiltert wird, in welchen Branchen sie tatsächlich Spitzenreiter sind. Liest man die vorliegenden Länderkulturwirtschaftsberichte quer fällt auf, dass eine Branche – und zwar die Musikwirtschaft – sich besonderer Beliebtheit erfreut und gleich mehrere Länder sich darin profilieren wollen und andere Branchen keine oder nur wenig Beachtung finden. Nun belebt Konkurrenz das Geschäft, der Wettbewerb sollte aber nicht ruinös werden. Ein Bundeskulturwirtschaftsbericht sollte genau in die andere Richtung zielen, hier sollte es nicht um die Förderung der einzelnen Kulturwirtschaftsbranchen, sondern um den Sektor insgesamt gehen. Der vorliegende Bericht weist bereits in diese Richtung.

Einige ausgewählte Daten

Wie die meisten Kulturwirtschaftsberichte wartet auch der Bundeskulturwirtschaftsbericht zunächst mit beeindruckenden Zahlen auf. Insgesamt 2,6 % des Bruttoinlandsprodukts erwirtschaftet die Kultur- und Kreativwirtschaft. Ihre Bruttowertschöpfung lag im Jahr 2006 bei 61 Mrd. Euro. Damit liegt sie zwischen der Automobilindustrie mit 71 Mrd. Euro Bruttowertschöpfung und der Chemischen Industrie mit 49 Mrd. Euro Bruttowertschöpfung. Würde der Werbemarkt und der unscharfe Teilmarkt Software/Games nicht einbezogen, so wäre die Bruttowertschöpfung, so Michael Söndermann bei der Vorstellung des Berichts, der Kultur- und Kreativwirtschaft um 20 Mrd. Euro geringer und damit in der Nähe der Energiewirtschaft.

Hinsichtlich der Unternehmenstypen wird im Bundeskulturwirtschaftsbericht herausgearbeitet, dass die kleineren Unternehmen mit 43 % den vorherrschenden Unternehmenstyp stellen. Zu diesen kleineren Unternehmen gehören 27 % Kleinstunternehmen, oftmals Einpersonenunternehmen, und 16 % Kleinunternehmen. Mittlere Unternehmen stellen 17 % der Gesamtheit und große Unternehmen 40 %. Im Vergleich dazu generieren in der Automobilindustrie die Großunternehmen 97 % der Umsätze, die mittleren Unternehmen 2 % und die Kleinstunternehmen 1 %.

Dennoch, auch in der Kultur- und Kreativwirtschaft ist nicht in allen Teilmärkten die hier aufgeführte Verteilung anzutreffen. In einigen Teilmärkten wie z. B. dem Buchmarkt sind ganz andere Größenklassen an Unternehmenstypen festzustellen. Hier stehen den 55 % an Großunternehmen, 17,2 % mittlere Unternehmen und 27,7 % kleine Unternehmen gegenüber, wohingegen im Kunstmarkt nur 16 % Großunternehmen auszumachen sind, 11 % mittlere Unternehmen und immerhin 73 % kleinere Unternehmen, krass entgegengesetzt ist die Rundfunkwirtschaft mit 80 % Großunternehmen, 10 % mittleren Unternehmen und 10 % kleinen Unternehmen, im Markt der darstellenden Künste wiederum dominieren die kleinen Unternehmen mit 75 %, gegenüber 15 % mittleren und 10 % Großunternehmen. In der Designwirtschaft schließlich sind Großunternehmen statistisch nicht messbar und daher im Bundeskulturwirtschaftsbericht mit 0 % angegeben, mittlere Unternehmen machen 9 % aus und kleine Unternehmen 91 %. Allein diese unvollständige Zusammenstellung zeigt, dass die einzelnen kulturwirtschaftlichen Branchen sehr unterschiedlich sind und keineswegs über einen Kamm geschoren werden.

Ähnlich unterschiedlich ist auch die Umsatzentwicklung in den Teilmärkten in den Jahren 2003 bis 2008. Hier wird die prozentuale Veränderung wie folgt ausgewiesen:

- Designwirtschaft +8,4 %,
- Markt der darstellenden Künste +7,1 %,
- Software/Games +6,5 %,
- Kunstmarkt +5,3 %,
- Werbemarkt +3,6 %,
- Musikwirtschaft +2,0 %,
- Buchmarkt +0,7 %,
- Architekturmarkt +1,4 %,
- Rundfunkwirtschaft +0,6 %,
- Filmwirtschaft -0,6 %,
- Pressemarkt -0,6 %.

Erstaunlich ist in dieser Auflistung vor allem der Umsatzrückgang in der Filmwirtschaft, da gerade diese Branche in den letzten Jahren vom Bund besonders gefördert wurde. Bereits Kulturstaatsministerin Christina Weiss setzte besondere Akzente in der Filmförderung, die von Kulturstaatsminister Bernd Neumann neu geordnet und auf einem hohen finanziellen Niveau fortgeführt wird. Es kann hier nur die Frage aufgeworfen werden, ob ohne diese Förderinstrumente der Umsatzrückgang noch größer gewesen wäre oder ob die Förderinstrumente der Filmwirtschaft nicht passgenau sind.

Im vorläufigen Bundeskulturwirtschaftsbericht wird ausgeführt, dass die Filmwirtschaft insgesamt eine »wirtschaftlich problematische Phase durchschritten« hat. Die Zahl der Unternehmen ist in den letzten Jahren deutlich angestiegen, dem entsprechen aber keine vergleichbar steigenden Umsätze.

Gefahr der Kannibalisierung?

Wie in der Filmwirtschaft steigt auch in anderen Teilmärkten die Anzahl der Unternehmen. Insgesamt stieg in der Kultur- und Kreativwirtschaft vom Jahr 2006 auf das Jahr 2008 (Schätzung) die Zahl der Unternehmen von 219.376 auf 238.256. Auf den ersten Blick ein schöner Aufwärtstrend, zumal als Grundlage die Umsatzsteuerstatistik gewählt wurde und damit erst Unternehmen mit einem Umsatz, der größer als 17.500 Euro im Jahr ist, erfasst wurden. Ebenso stieg der Umsatz vom 126.378 Mio. Euro im Jahr 2006 auf 131.720 Mio. Euro im Jahr 2008 (Schätzung). Betrachtet man jedoch den Umsatz pro Unternehmen, so ist er von 576.000 Euro im Jahr 2006 auf 553.000 Euro im Jahr 2008 gesunken.

Die steigende Zahl an Unternehmen teilt sich den nicht in gleichem Maße wachsenden Umsatzkuchen. Bei der Betrachtung der Teilmärkte, die bis in das Jahr 2003 zurückreicht, wird deutlich, dass in einigen Branchen in den vergangenen Jahren sehr viele Unternehmensgründungen zu verzeichnen waren, die immerhin einen Umsatz über 17.500 Euro/Jahr erreichten, die Umsätze insgesamt aber stagnierten oder sanken. Wird zusätzlich bedacht, dass ein nicht unbeträchtlicher Teil der selbständigen Künstler aufgrund geringer Umsätze von der Umsatzsteuerstatistik gar nicht erfasst werden, wird noch deutlicher, dass steigende Unternehmenszahlen auch problematisch sein können. Im Bundeskulturwirtschaftsbericht wird ausgewiesen, dass die Zahl der Selbständigen seit einigen Jahren stetig um jeweils mehr als 4 % steigt.

Wir sind daher der Auffassung, dass ein besonderes Augenmerk auf das Verhältnis von Unternehmensanzahl und Umsätzen gelegt werden soll. Entsteht ein krasses Missverhältnis muss zumindest bei der Existenzgründungsberatung in noch stärkerem Maße geprüft werden, ob die Chance besteht, ein existenzsicherndes Einkommen zu erzielen.

Bei förderpolitischen Maßnahmen darf unseres Erachtens nicht nur darauf geschaut werden, dass auch Unternehmer der Kultur- und Kreativwirtschaft die Förderinstrumente nutzen können, es muss vielmehr ein stärkeres Augenmerk auf die Existenzsicherung gelegt werden. Ebenso gilt es die Nachfragemärkte in den Blick zu nehmen. Hier ist in besonderer Weise die Kulturpolitik gefragt, ihre Förderentscheidungen beeinflussen nämlich die Nachfrage der öffentlich geförderten Kultureinrichtungen nach Kulturgütern. Förderung der Kulturwirtschaft kann für ein Land auch heißen, Ausstattung der Bibliotheken mit ausreichend großen Etats für Buchankäufe oder auch Aufstockung der Ankaufsetats für Museen.

Arbeitsplatz Kulturwirtschaft

Nicht nur die Zahl der Selbständigen nahm zu, auch bei der Zahl der abhängig Beschäftigten weist der Bundeskulturwirtschaftsbericht aus, dass nachdem in den Jahren 2000 bis 2003 ein deutlicher Rückgang und bis zum Jahr 2005 eine Stagnation stattfand, in den Jahren 2006 bis 2008 die Zahl der abhängig Beschäftigten zunahm. Doch auch hier ist die Entwicklung in den verschiedenen Teilmärkten sehr unterschiedlich, so haben die Buchverlage von 2003 bis 2008 17 % an Arbeitsplätzen verloren. Im Buchhandel wurden 5 % der Arbeitsplätze abgebaut. Im Pressemarkt haben von 2003 bis 2006 immerhin 10 % der Beschäftigten ihren Arbeitsplatz verloren bzw. wurden freiwerdende Arbeitsplätze nicht wieder besetzt.

Zugenommen hat die Zahl der Erwerbstätigen in der Designwirtschaft sowie in starkem Maße im Teilmarkt Software/Games. Im Bundeskulturwirtschaftsbericht wird die

Software/Games-Industrie zu den wichtigsten Teilmärkten der Kultur- und Kreativwirtschaft gerechnet. In dem Bericht wird davon ausgegangen, dass dieses nicht nur quantitativ gilt, sondern auch qualitativ. Da bei Games verschiedene Teilbranchen wie Musik, Text, Animation usw. miteinander verschmelzen wird davon ausgegangen, dass die Konvergenz der Medien hier auch eine inhaltliche und nicht nur technische Qualität erhält.

Die Enquete-Kommission des Deutschen Bundestags »Kultur in Deutschland« hat in ihrem Schlussbericht darauf hingewiesen, dass der Bürger der größte Kulturfinanzierer in Deutschland ist und zwar zuerst als Marktteilnehmer, dann als bürgerschaftlich Engagierter und zum Schluss erst als Steuerzahler. Eine Parallele hierzu findet sich im vorläufigen Bundeskulturwirtschaftsbericht hinsichtlich der Erwerbstätigen. Hier wird unter anderem das Dreisektorenmodell zur Beschreibung des Kultursektors zugrunde gelegt. In diesem Modell wird der Kulturbereich gegliedert in den öffentlichen Kulturbetrieb, den intermediären Kulturbetrieb zu dem der gemeinnützige Kulturbereich einschließlich des öffentlich-rechtlichen Rundfunks zählt sowie der privatwirtschaftliche Kulturbetrieb.

Hinsichtlich der Erwerbstätigen – also der abhängig Beschäftigten und der Selbständigen – zeigt sich laut vorläufigem Bundeskulturwirtschaftsbericht folgendes Bild:

- Selbständige Künstler haben mit insgesamt 129.255 Erwerbstätigen einen Anteil von 24 %,
- der privatwirtschaftliche Kulturbetrieb hat mit 241.254 Erwerbstätigen einen Anteil von 45 %,
- der öffentliche Kulturbetrieb mit 91.667 Erwerbstätigen hat einen Anteil von 17 % und
- der intermediäre Kulturbetrieb hat mit 71.335 Erwerbstätigen einen Anteil von 13 %.

Da selbständige Künstler dem erwerbswirtschaftlichen Kulturbetrieb zuzurechnen sind, sind gut zwei Drittel der Erwerbstätigen, nämlich 69 %, im erwerbswirtschaftlichen Kulturbetrieb tätig.

Allein aufgrund der großen Bedeutung des privatwirtschaftlichen Sektors für die Erwerbstätigen in der Kultur- und Kreativwirtschaft muss diesem Bereich eine besondere Aufmerksamkeit geschenkt werden.

Digitalisierung

Bei der Betrachtung der Teilmärkte wird im vorliegenden Bericht auf zwei Aspekte besonders hingewiesen: Zum einen, dass es vertiefender Studien zur Betrachtung der Teilmärkte unter Berücksichtigung der Verbandsstatistiken bedarf und zum anderen, dass sich die Branche durch die Digitalisierung stark verändert.

Die Digitalisierung verändert sowohl die Kulturproduktion als auch die Distribution und Nutzung. Ob die Technologie wie im Bericht ausgeführt, wirklich der zentrale wirtschaftliche Treiber für kulturelle und kreative Inhalteproduktion ist, sei jedoch dahingestellt. Unbestritten ist, dass die Deindustrialisierung der Industrienationen – wie wir gerade angesichts der Finanzkrise spüren – zu weitreichenden Veränderungen führt. Es ist daher den Autoren dieses vorläufigen Bundeskulturwirtschaftsberichts zuzustimmen, dass, angesichts der wirtschaftlichen Veränderungen und der Fokussierung der Europäischen Union bis zum Jahr 2010 der weltweit größte wissensbasierte Wirtschaftsraum zu werden, der Kultur- und Kreativwirtschaft besondere Aufmerksamkeit geschenkt werden muss. Der Deutsche Kulturrat wird sich daher in diesem Jahr verstärkt mit der Digitalisierung befassen, was sich bereits an den Schwerpunkten in dieser und der letzten Ausgaben von Politik & Kultur widerspiegelte.

Förderinstrumente

Neben der volkswirtschaftlichen Betrachtung der Kultur- und Kreativwirtschaft im Ganzen sowie der einzelnen Teilmärkte wurde für den vorläufigen Kulturwirtschaftsbericht auch eine Analyse der bisherigen Förderinstrumente auf Landes- und Bundesebene vorgenommen. Dieses ist eine sehr verdienstvolle Fleißarbeit, die zu dem nicht anders zu erwartenden Ergebnis führt, dass die vorhandenen Wirtschaftsförderinstrumente bislang von der Kultur- und Kreativwirtschaft noch unzureichend genutzt werden.

Ein Ergebnis im Übrigen zu dem der Deutsche Kulturrat bereits Mitte der 1990er-Jahre kam und seinerzeit zusammen mit dem Bundeswirtschaftsministerium einen Arbeitskreis berief, die Förderinstrumente anzupassen. Ein weiteres Ergebnis der Zusammenarbeit war eine vom Deutschen Kulturrat erstellte Broschüre zur Nutzung der Wirtschaftsförderung durch Unternehmen der Kultur- und Kreativwirtschaft, die beim Bundeswirtschaftsministerium zu beziehen war und aufgrund ihrer Praxisnähe auf großes Interesse stieß.

Die im vorläufigen Bundeskulturwirtschaftsbericht ausgesprochenen Empfehlungen zur besseren direkten Förderung der Kulturwirtschaft bieten, ehrlich gestanden, wenig Neues. Das meiste wurde bereits von verschiedenen Seiten – so auch vom Deutschen Kulturrat – formuliert. Neu ist die Forderung nach einer Branchenplattform Kultur- und Kreativwirtschaft, die situations- und ortsspezifische Erstberatungen bietet. Für diese Branchenplattform wird die Einrichtung einer Geschäftsstelle gefordert und die Gutachter dieses Teilbereiches wären schlechte Kaufleute, wenn sie nicht gleich mitdenken ließen, dass sie für diese Aufgabe bestens geeignet wären.

Ökonomisches Potenzial heben

Am problematischsten bei der Vorstellung des Gutachtens am 17. Februar waren die Aussagen zur Hebung des ökonomischen Potenzials der Kultur- und Kreativwirtschaft. Sicherlich unbestritten ist, dass Unternehmen und Unternehmer der Kultur- und Kreativwirtschaft von den bestehenden Förderinstrumenten zu wenig profitieren. Doch die Ursache allein in der Unwissenheit und dem mangelnden ökonomischen Sachverstand der Akteure zu suchen, greift unseres Erachtens viel zu kurz.

Kulturgüter sind Güter besonderer Art, dieses Mantra zur Kulturwirtschaft wird seit den Debatten um GATS (Generell Agreement on Trade in Services) Anfang dieses Jahrzehnts und der UNESCO-Konvention Kulturelle Vielfalt immer wieder vorgetragen. Natürlich Kulturgüter, also Bücher, Bilder, Skulpturen, Filme, Musik usw., werden gehandelt, sie sind Wirtschaftsgüter, doch sie transportieren zugleich Werte. Und: Kunstwerke sind nicht beliebig reproduzierbar. Die Kunst besteht doch gerade darin, auf der einen Seite ein Alleinstellungsmerkmal zu haben und auf der anderen nicht immer wieder das Gleiche zu produzieren. Künstler stehen doch vor der Schwierigkeit einen unverwechselbaren Stil zu entwickeln und gleichzeitig immer wieder mit neuen Werken zu überraschen. Dieses Spannungsverhältnis fand sich in den Aussagen bei der Vorstellung des Gutachtens nicht wieder. im Gegenteil, es wurde vom Kreuz der Kreativen gesprochen, die immer wieder was Neues machen wollen und die Ökonomie doch eigentlich auf der Vervielfältigung des einmal entstandenen beruhe. Wer auf einer solchen Aussage Strategien für die Kultur- und Kreativwirtschaft entwickelt, wird vielleicht kurzfristig erfolgreich sein, auf Dauer aber die Märkte zerstören. Beim Umgang mit Künstlern und mit kulturwirtschaftlichen Gütern ist mehr erforderlich als das Lehrbuchwissen zur Betriebswirtschaft.

Was bleibt?

Insgesamt kann festgehalten werden, dass der Bericht »Kultur- und Kreativwirtschaft: Ermittlung der gemeinsamen charakteristischen Definitionselemente der heterogenen Teilbereiche der ›Kulturwirtschaft‹ zur Bestimmung ihrer Perspektiven in volkswirtschaftlicher Sicht« eine Fundgrube für die Kultur- und Wirtschaftspolitik ist und eine Basis für die weitere Untersuchung dieses Bereichs legt. Eine intensivere Beschäftigung mit diesem Bericht ist allemal lohnenswert.w

2

Kulturberufe – Ein Blick in die Sparten

Mit Beiträgen von:

Nicoline-Maria Bauers, Michael Bhatty, Ulrich Blum, Cornelia Dümcke, Stefanie Ernst, Michael Freundt, Klaus Gerrit Friese, Barbara Haack, Christian Handke, Peter James, Günter Jeschonnek, Andreas Kämpf, Titus Kockel, Henning Krause, Nicole Kubasa, Birgit Mandel, Gerald Mertens, Andrea Meyer, Carla Meyer, Mechthild Noll-Minor, Marjan Parvand, Michael C. Recker, Volker Schaible, Werner Schaub, Azadeh Sharifi, Alexander Skipis, Wolf Steinweg, Birgit Maria Sturm, Imre Török, Ulla Walter, Thomas Welter, Bogislav von Wentzel, Michael Werner und Olaf Zimmermann

Die Orchesterlandschaft in Deutschland
Überlegungen zu Stand und künftiger Entwicklung

Gerald Mertens — Politik & Kultur 2/2003

Die deutsche Orchesterlandschaft ist in ihrer Dichte und Vielfalt weltweit nach wie vor einzigartig. Und wenn Deutschland auch in anderen Bereichen, zum Beispiel bei einzelnen Forschungs- und Wissenschaftszweigen oder im Bereich der Bildungspolitik, längst ursprünglich vorhandene Führungspositionen verloren haben mag, das Bild der Kulturnation Deutschland ist jedenfalls im Verständnis des Auslands – auch im Theater- und Orchesterbereich – immer noch stark ausgeprägt.

Tourneen deutscher Orchester nach Japan, Südamerika oder jüngst durch die Baden-Badener Philharmonie mit Placido Domingo nach Dubai kennen keine Sprachbarrieren, verstärken den guten Ruf Deutschlands und sind oft auch Wegbereiter und -begleiter für wichtige Wirtschaftskontakte. In Deutschland selbst allerdings scheint der Grundkonsens in Gesellschaft und Politik über die Notwendigkeit von Theatern und Orchestern als wesentlicher Bestandteil der kulturellen Identität zu schwinden.

Deutsche Orchester im Überblick

Die professionelle, öffentlich subventionierte Orchesterlandschaft Deutschlands beruht im Wesentlichen auf vier Säulen: Da sind zum einen die 82 Opernorchester, die überwiegend die Sparten Oper, Operette, Musical der Stadt- und Staatstheater bedienen. Das Spektrum reicht von den großen, international renommierten Opernhäusern in Berlin, Hamburg, Stuttgart oder München bis hin zu den kleinen Bühnen in Lüneburg, Annaberg oder Hildesheim. Die zweite Säule bilden 35 Konzertorchester, die ganz überwiegend oder ausschließlich im Konzertsaal tätig sind. Die Spitzenposition nehmen hier unbestritten die Berliner Philharmoniker ein, gefolgt von vielen weiteren international bedeutenden Orchestern, den Münchner Philharmonikern, der Sächsischen Staatskapelle Dresden, dem Gewandhausorchester Leipzig, um nur einige der größten zu benennen. Die dritte Säule bilden sieben Kammerorchester, die in der Regel ohne eigene Bläserbesetzung als reine Streichorchester ebenfalls international beachtet sind, zum Beispiel das Stuttgarter Kammerorchester, das Württembergische Kammerorchester Heilbronn oder das Münchner Kammerorchester. Die vierte Säule schließlich besteht aus den Rundfunkklangkörpern der ARD-Anstalten und der Rundfunkorchester und -Chöre GmbH (ROC) Berlin: 14 Rundfunk- und Rundfunksinfonieorchester, 4 Bigbands und 7 Rundfunkchöre sind unverändert ein Standbein für hochwertige Musikproduktion, ambitionierte Programmpolitik und Förderung der zeitgenössischen Musik in Deutschland.

Kuriosum am Rande: In vielen anderen Ländern sind die Orchesterträger einheitlich in einem Verband organisiert, zum Beispiel in den USA in der American Symphony Orchestra League (ASOL) oder in Großbritannien in der Association of British Orchestras (ABO). Diese Verbände sind durchweg keine Tarifpartner, da dort etwaige Tarifverhandlungen dezentral für das einzelne Orchester geführt werden. In Deutschland gibt es derlei nicht. Der Deutsche Bühnenverein – Bundesverband deutscher Theater – ist zwar der Arbeitgeberverband und Tarifpartner für den Bereich der meisten Opern- und einiger Konzertorchester, hat seinen Schwerpunkt aber, wie der Name schon sagt, im Theaterbereich. Alle anderen Orchester sind nicht verbandsmäßig organisiert. Ein Teil der sich aus diesem Umstand ergebenden Aufgabenstellungen wird von der Deutschen Orchestervereinigung (DOV) als Berufsverband der Orchestermusiker und Rundfunkchorsänger wahrgenommen, soweit dies mit der Rolle einer Gewerkschaft vereinbar ist. Dennoch verbleiben Defizite, beispielsweise in der Aus- und Weiterbildung professioneller Orchestermanager und -geschäftsführer, Konzertdramaturgen und Musikvermittler.

Strukturveränderungen nach 1990

Stieg im Jahr 1990 in Folge der Wiedervereinigung beider Teile Deutschlands die Zahl der Theater und Orchester zunächst stark an, so setzte alsbald eine Anpassungs- und Konsolidierungswelle ein, in deren Verlauf vorrangig in den neuen Bundesländern etliche Einrichtungen aus finanziellen Gründen – insbesondere im Hinblick auf die befristete Übergangsfinanzierung des Bundes – miteinander fusioniert, verkleinert oder ganz aufgelöst wurden. Dies betraf im Orchesterbereich nicht etwa nur kleine Orchester in einigen ländlichen Gebieten oder an den Schauspielbühnen im Ostteil Berlins, sondern auch größere Orchester in Städten wie unter anderem Berlin, Schwerin, Erfurt, Potsdam oder Suhl sowie einzelne Rundfunkklangkörper des ehemaligen DDR-Rundfunks in Berlin und Leipzig. Die jüngste Abwicklung des Mitteldeutschen Landestheaters (Wittenberg) wurde zum 31. August 2002 vollzogen.

Rechtsformumwandlungen

Der Umbruch in den 1990er-Jahren war auch durch einen wahren Privatisierungsboom – wiederum mit Schwerpunkt in den neuen Bundesländern – gekennzeichnet. Dies hing vor allem damit zusammen, dass vielfach staatliche Strukturen der ehemaligen DDR, so zum Beispiel die Bezirke, ersatzlos wegfielen. Insbesondere einige neu gebildete Landkreise fühlten sich mit der Alleinträgerschaft von Theatern und Orchestern finanziell überfordert. Dies führte vereinzelt zu Bildungen öffentlich-rechtlicher Zweckverbände und eingetragener privatrechtlicher Vereine, ganz überwiegend aber zur Gründung von GmbHs. Seit 1990 hat es allein in den neuen Bundesländern im Orchesterbereich 27 Privatisierungen, davon 17 GmbH-Gründungen gegeben. Dies mag zu einzelnen Flexibilisierungen im Haushaltsbereich geführt haben, die allgemeinen Kostensteigerungen konnten hierdurch jedoch nicht aufgefangen werden.

Vereinzelt wird neuerdings die Rechtsform der Stiftung als Trägerinstitution (oder Vorstufe dazu) für Theater- und Orchesterbetriebe verwendet, so bislang in Meiningen, wo in die privatrechtliche Theater- und Orchester-Stiftung allerdings auch die ehemals herzoglichen Museen einbezogen sind, beim Mainfranken Theater Würzburg, der Württembergischen Philharmonie Reutlingen und – der öffentlich am meisten beachtete Fall – bei den Berliner Philharmonikern seit dem 1. Januar 2002. Bei dieser öffentlich-rechtlichen Stiftung handelt es sich um eine reine

Zuwendungsstiftung, das heißt, das wesentliche Stiftungskapital besteht in den vertraglich zunächst für fünf Jahre zugesicherten Zuwendungen des Landes Berlin.

Eine echte Stiftungswelle ist jedoch nicht in Sicht, da die Stiftungsvermögen für den Betrieb eines Opernhauses oder Orchesters extrem hoch sein müssten, um einen finanziell wirklich spürbaren Ertrag abzuwerfen. Auch scheint eine signifikante Bereitschaft potenter Stifter und Zustifter, sich im Bereich der klassischen staatlichen Daseinsfürsorge nachhaltig zu engagieren, noch nicht vorhanden zu sein.

Orchesterfinanzierung und Spielräume

Die Einspielergebnisse und Eigeneinnahmen der deutschen Orchester sind sowohl in den verschiedenen Sparten (Musiktheater, Konzert und so weiter) als auch regional sehr unterschiedlich. Im Durchschnitt liegen sie bei etwa 15 % des Etats, oftmals darunter, vereinzelt darüber. Die Eigeneinnahmen lassen sich auch nicht beliebig erhöhen – schon gar nicht durch kameralistische Vorgaben in Haushaltsplänen. Begrenzte Saal- und Platzkapazitäten, kleinere Einzugsgebiete einzelner Orchester, gewohnt bezahlbare Kartenpreise und das geschichtlich gewachsene Bewusstsein der Bevölkerung an der staatlichen Kulturförderung lassen kurzfristige, nachhaltige Einnahmesteigerungen nicht zu.

In den meisten Orchestern wird die Frage der Erhöhung der Eigeneinnahmen durch die (haushalts-)rechtliche Situation zusätzlich konterkariert: Soweit das Orchester – und zwar unabhängig von der privaten oder öffentlichen Rechtsträgerform – nicht der sogenannten Budgetierung unterliegt (und dies ist bisher nur bei wenigen der Fall), führen etwaige Mehreinnahmen nur zu einer Verringerung des öffentlichen Zuschusses für das kommende Haushalts- beziehungsweise Geschäftsjahr, also letztlich zu einer Bestrafung für mehr Aktivität. Die nur ansatzweise Erfüllung der Forderung nach der Erhöhung der Eigeneinnahmen würde also zwingend voraussetzen, dass diese erstens zu keiner Anrechnung auf die öffentlichen Zuschüsse führen, zweitens im Orchesteretat frei verwend- und übertragbar (auch für Rückstellungen und Rücklagen) bleiben und drittens die öffentlichen Zuschüsse mittelfristig rechtlich verbindlich zugesagt und tatsächlich gezahlt werden. Eine fortlaufende Fehlbetragsfinanzierung ist letztlich der Tod jeglicher realistischen unternehmerischen Aktivität.

Tradition und Identitätsstiftung

Immer wieder ist in den letzten Jahren die Daseinsberechtigung kultureller Einrichtungen in Frage gestellt worden. Diese Diskussion ging aus von den Thesen der 68er-Bewegung, die unter anderem nahezu jede Form von Tradition in Frage stellten. Dem Theater hat man dabei gern eine »Sinnkrise« nachgesagt. Auch die Orchester wurden als »schwerfällige Dinosaurier« angegriffen. Noch Ende der 1990er-Jahre konnte man das Schimpfwort vom »Mausoleum für abgenudelte Klänge« lesen. Andererseits kann die deutsche Orchesterkultur auf eine inzwischen 500-jährige Geschichte zurückblicken: Die erste Gründung einer höfischen Kapelle erfolgte 1501 in Kassel. Nur die Königliche Kapelle in Kopenhagen ist noch älter; ihre Gründung geht gar auf das Jahr 1448 zurück.

Ist eine lange Tradition allein ein Grund für ein Orchester, unbeschwert in die Zukunft zu blicken? Nein, aber Tradition ist der maßgebende Rahmen für die Gegenwart und neben alten Klosterorden und Orchestern gibt es keine weiteren Personengemeinschaften, die über die geschichtlichen und politischen Umwälzungen der Jahrhunderte hinweg eine derartige kulturelle und vor allem personelle Kontinuität an einem Ort gewahrt haben und damit bis heute identitätsstiftend wirken. Berlin ohne Philharmoniker, Leipzig ohne Gewandhaus? Unvorstellbar!

Tradition ist also nicht im negativen Sinne als »überholt« oder »konservativ«, sondern als »Identitätsstiftung« zu verstehen. Orchester und andere kulturelle Einrichtungen sind ein Teil unserer kommunalen und – in ihrer Gesamtheit – nationalen kulturellen Identität. Gehen wir sorgsamer damit um.

Die Kernursachen der Krise

Die in Zahlen eingangs geschilderte Bedrohung der Institution Orchester in den letzten zehn Jahren rührt nicht aus einer echten »Sinnkrise« her, sondern allein aus der immer schmaleren Finanzierungsbasis der öffentlichen Haushalte.

Die durch halbierte Gewerbesteuereinnahmen und verdoppelte Sozialhilfekosten unverhältnismäßig stark belasteten öffentlichen Haushalte – insbesondere in Ländern und Kommunen – lassen sich durch ein »Einfrieren« oder weitere Einschnitte im Kulturbereich nicht sanieren, da dieser im Durchschnitt mit ca. 1% des Haushaltsvolumens nur noch eine Marginalie darstellt. Auch weitere Rechtsformänderungen oder Hirngespinste einer »Tarifflucht« ändern nichts an dem strukturell bedingten hohen Personalkostenanteil von ca. 85 bis 90% im Theater- und Orchesterbereich im Vergleich zu allgemeinen öffentlichen Haushalten, bei dem dieser Anteil nur ca. 33% beträgt. Wird hier pauschal gekürzt, sind die Orchester und Theater sofort dreimal so stark belastet wie der allgemeine Haushalt. Dieses Phänomen berührt die zukünftige Entwicklung ebenso wie die Frage nach dem Ausgleich steigender Kosten, der im öffentlichen Bereich als notwendiges Übel hingenommen wird, in Theatern und Orchestern aber oftmals selbst erwirtschaftet werden soll. Diese betriebswirtschaftlich so benannte »Kostenfalle« kann mittel- und langfristig zum Tod weiterer Kulturinstitutionen, weiterer Orchester führen. Selbst wenn der öffentliche Zuschuss nur »eingefroren« wird, hat dies unweigerlich einen Personalabbau zur Folge. Die Möglichkeiten, aus eigener Kraft entgegenzusteuern, sind für die Häuser gering: Um eine lineare Steigerung der Lohnkosten von nur 1% aufzufangen, müsste das Einspielergebnis jeweils um etwa 5% gesteigert werden.

Die öffentlich subventionierten Musiktheater, Theater und Orchester werden sich auch zukünftig einem immer härteren Verteilungskampf um öffentliche Finanzmittel ausgesetzt sehen. Die Argumente, die von Kultur- und Finanzpolitik in diesem Zusammenhang für das angebliche Erfordernis weiterer Einsparungen gebracht werden, haben sich in den letzten Jahrzehnten nachweislich kaum verändert, sind aber durch ständiges Wiederholen auch nicht stichhaltiger geworden. Dem Personalabbau der letzten Jahre sind künstlerisch, partitur-, besetzungs- und aufgabenbedingt absolute Grenzen gesetzt. Auch hier ist ein Gegensteuern und Umdenken erforderlich.

Philharmonisches Paradies? Arbeitsmarkt- und Berufssituation von Orchestermusikern

Gerald Mertens — Politik & Kultur 1/2005

Deutschland sei ein »philharmonisches Paradies« schrieb Klaus Umbach kürzlich im Spiegel. Musiker in kleineren Orchestern seien zwar »kaum auf Rosen gebettet«, darben müsse jedenfalls keiner. Gewiss, in Deutschland gibt es gegenwärtig noch 136 Kulturorchester mit offiziell ca. 10.220 Planstellen. Für viele Orchester gelten Tarifverträge, aber längst nicht für alle. Es ist auch unbestritten, dass in den renommierten Spitzenorchestern relativ gut verdient wird. Bei den kleinen und mittleren Orchestern jedoch liegt der Monatsbruttolohn eines normalen Musikers im Durchschnitt zwischen 1.100 bis 2.900 Euro (nach mindestens 16 Jahren im Orchester). Das ist trotz Hochschulstudium und langjähriger Ausbildung nicht gerade üppig.

Immer mehr Orchestermusiker, nicht nur in den neuen Bundesländern, sondern zunehmend auch in den alten, verzichten teilweise auf Vergütung, um ihren Betrieb nicht in weiteren Personalabbau oder die Zahlungsunfähigkeit rutschen zu lassen. Seit 1992 sind 32 von ehemals 168 deutschen Kulturorchestern durch Auflösung, Fusion oder gar Insolvenz abgebaut worden. Dabei gingen über 1.900 Arbeitsplätze für Berufsmusiker verloren. Das erscheint als gering im Vergleich zu den Zahlen aus Bereichen der freien Wirtschaft, ist aber ein Abbau von 16 % bundesweit, Tendenz weiter steigend.

Mit den Strukturanpassungen in der deutschen Orchesterszene der vergangenen 14 Jahre gingen auch zahlreiche Rechtsformänderungen einher: Allein 27 Musiktheater beziehungsweise Konzertorchester wurden als GmbH ausgegründet, neun Ensembles wurden in Eigenbetriebe, elf in eingetragene Vereine umgewandelt; zum Stichtag 1. Januar 2005 sind schließlich bundesweit sieben Betriebe als Stiftung organisiert. Dort, wo die Rechtsformen des privaten Rechts gewählt wurden (insbesondere GmbH und eingetragener Verein), kam es in den vergangenen Jahren im Theater- und Orchesterbereich insgesamt zu fünf echten Unternehmensinsolvenzen mit schweren sozialen Folgen für die Betroffenen. Eine wirkliche Evaluation, ob die durchgeführte Änderung der Rechtsform auch tatsächlich die beabsichtigten Einspar- und Flexibilisierungspotenziale erbracht hat, ist an keinem Standort bekannt geworden.

Nur wenige Musiker finden bei Auflösung, Verkleinerung oder gar Insolvenz ihres Ensembles wieder eine neue Orchesterstelle, was einerseits mit dem Lebensalter, andererseits mit der großen Konkurrenz sowie mit dem allgemeinen Stellenabbau zusammenhängt. Bei den Orchestern gilt in der Regel eine ungeschriebene Altersgrenze für Einstellungen von maximal 35 Jahren. Dies hat im Wesentlichen zwei Gründe: Einerseits richtet sich die Vergütung von Musikern auch nach ihrer bisherigen Berufspraxis, ihrer Orchestererfahrung; jüngere Musiker kosten weniger, sind also »billiger«. Andererseits kommt immer neuer Nachwuchs von den deutschen Musikhochschulen und aus dem Ausland. Ein weiterer Grund für die Einstellungsaltersgrenze mag in der Zeitspanne von ca. 30 weiteren Jahren liegen, die gewöhnlich bis zum Eintritt ins Rentenalter für den Aufbau einer halbwegs vernünftigen Altersversorgung benötigt wird.

Ist ein Orchester von der Auflösung oder Verkleinerung bedroht, sind die Jüngeren die ersten, die sich nach einer neuen Stelle umschauen. Die Konkurrenz ist groß: Auf eine Stellenanzeige beim Sinfonieorchester des Westdeutschen Rundfunks kommen beispielsweise bis zu 300 Bewerbungen, bei anderen Orchestern sind über hundert Bewerbungen keine Seltenheit. Andererseits haben die mittleren und kleinen Orchester manchmal sogar Schwierigkeiten, adäquate Bewerber zu finden, was vielleicht auch mit schlechteren Verdienstmöglichkeiten und Perspektiven in der sogenannten Provinz zu tun haben mag.

Bewerben sich also Musiker aus einem von Auflösung oder Verkleinerung bedrohten Orchester auf eine der wenigen Orchesterstellen, müssen sie die erste Hürde der Bewerberauswahl nehmen. Werden sie dann zum Probespiel – in der Regel vor dem gesamten Orchester – eingeladen, stellen sie sich einer Konkurrenz von bis zu 20 weiteren Kandidaten, viele kommen frisch von der Musikhochschule, einige aus dem Ausland. Musiker jenseits des 35. Lebensjahres haben meistens keine Chance mehr in ihrem Beruf, sie werden von anderen Orchestern in der Regel nicht mehr für Probespiele eingeladen. Nur wenige können in den Bereich der Musikschule ausweichen, da auch hier Stellen abgebaut oder in Honorarstellen umgewandelt werden. Als private Instrumentallehrer können nur die wenigsten weitermachen, zu groß die Konkurrenz, zu gering der Ertrag. Auch das sogenannte »Muggen«-Geschäft, also musikalische Nebentätigkeiten als Aushilfsmusiker, in Kirchen und bei Privatveranstaltungen ist durchweg rückläufig. Da bleibt für viele nur noch der Weg zum Arbeitsamt und in die Umschulung mit den dann für alle Arbeitslosen üblichen Problemen.

Am schwierigsten ist die Situation für arbeitslose Musiker zwischen dem 40. und 60. Lebensjahr. Obwohl in ihrem Beruf und durch Hochschulstudium gut qualifiziert, teilen sie letztlich das Schicksal anderer Langzeitarbeitsloser, allerdings mit dem Unterschied, dass sie ihre Ausbildung am Instrument schon zwischen dem fünften bis zehnten Lebensjahr beginnen mussten, um überhaupt Berufsmusiker werden zu können.

Doch nicht nur die Berufssituation der Musiker in den Orchestern ist angesichts weiterer Stelleneinsparungen kritisch, auch die Zukunftsperspektiven von Studierenden für Musikberufe an Musikhochschulen, Universitäten, Gesamthochschulen und Pädagogischen Hochschulen werden immer schwieriger. Hier gibt es im Wesentlichen vier bedeutende Entwicklungen:

Die Gesamtzahl der Studierenden ist seit 1992/93 von 25.461 auf 26.587 in den Jahren 2002/03 leicht gestiegen. Die Zahl der Erstsemester ist demgegenüber in denselben Vergleichsjahren von 2.595 auf 3.486 Studierende ebenfalls weiter angestiegen. Die Zahl der Studierenden im Fach Instrumental-/Orchestermusik – als vergleichsweise stärkste Sparte – hat seit 1992/93 von 6.804 auf 8.419 in den Jahren 2002/03 weiter stark zugenommen; das gilt in diesem Fach auch für die Zahl der Erstsemester, die kontinuierlich von 790 im Jahr 1992/93 auf zuletzt 1.202 gestiegen ist. Die Zahl der Absolventen im Fach Instrumental-/Orchestermusik ist von 1.357 im Jahr 1994 auf 1.451 im Jahr 2002 gestiegen, im Jahr 1999 lag sie mit 1.568 Absolventen sogar noch darüber. Ob hierin erstmals ein rückläufiger Trend zu sehen ist, bleibt abzuwarten.

In der Sparte Instrumental-/Orchestermusik haben in den 9 Jahren von 1993 bis 2002 insgesamt 13.216 Musikerinnen und Musiker ihr Examen abgeschlossen. In diesen Zahlen sind noch nicht die Studierenden der Konservatorien und Fachakademien enthalten; auch bleiben für die Beurteilung der Berufsaussichten Stellensuchende aus der EU und dem weiteren Ausland unberücksichtigt, was die sich aus den genannten Zahlen und Fakten zu ziehenden Schlussfolgerungen in einem noch dramatischeren Licht erscheinen lässt.

Im Bereich der deutschen Kulturorchester wurden in der Zeit von 1998 bis 2002 nach einer Erhebung der Deutschen Orchestervereinigung altersbedingt insgesamt nur 844 Stellen frei. Hierbei ist nicht berücksichtigt, ob auch alle frei werdenden Stellen tatsächlich zur Wiederbesetzung ausgeschrieben werden durften oder ob sie nicht gesperrt oder ganz gestrichen worden sind. Eine aktuelle Erhebung lässt eine weitere Verknappung des Angebots an freien Orchesterstellen befürchten: Für die kommenden drei Spielzeiten, also von 2004/05 bis 2006/07, ist von einer Zahl altersbedingt frei werdender Stellen in deutschen Kulturorchestern, Rundfunkchören und Big Bands von nur noch knapp 400 auszugehen. Auch diese Zahl belegt die inzwischen dramatischen Folgen der Ensembleauflösungen, -fusionen und -verkleinerungen seit der deutschen Wiedervereinigung. Selbst wenn man unterstellt, dass vielleicht nicht alle Absolventen einen Arbeitsplatz im Bereich der deutschen Orchester anstreben, wird doch das immer gravierendere Missverhältnis zwischen der steigenden Zahl der fertig ausgebildeten Musiker und den sinkenden Beschäftigungsmöglichkeiten der Berufsorchester deutlich.

Auch die Zahlen der Künstlersozialkasse (KSK) spiegeln ein eindeutiges Bild wider: Im Jahr 1992 waren im Bereich Musik 14.649 Versicherte im Bestand, zum 30. September 2004 waren es 36.974; gegenüber den Versichertenbereichen »Darstellende Kunst« und »Bildende Kunst« ein überproportionaler Anstieg im Vergleichszeitraum. Nur der vierte Versichertenbereich der KSK »Wort« hat eine ähnliche Entwicklung genommen.

Fazit

Die Berufsaussichten und die Arbeitsmarktsituation für Berufsmusiker in Deutschland haben sich in den vergangenen Jahren deutlich verschlechtert. Immer mehr fertig ausgebildete Musikerinnen und Musiker finden nach einem Musikhochschulabschluss keine Festanstellung mehr, die überwiegende Zahl begibt sich zwangsläufig in die unsichere Selbstständigkeit oder ist schließlich mit einem Berufswechsel konfrontiert. Die zunehmende Zahl von Stellenstreichungen bei den deutschen Berufsorchestern und Profiensembles wird die Entwicklung weiter verschlimmern.

Ein problematischer Königsweg
Die arbeitsrechtlichen Auswirkungen der Privatisierung von Musikschulen

Wolf Steinweg — Politik & Kultur 5/2006

Seit Jahren ist wieder die zunehmende Tendenz feststellbar, die Privatisierung von Musikschulen wie auch anderer Kultureinrichtungen der kommunalen Träger als einen Ausweg aus der Finanzkrise der Kommunen zu diskutieren. Hintergrund ist konkret, dass der Zuschussbedarf der kommunalen Musikschulen im Wesentlichen aus dem hohen Personalkostenanteil für die qualifizierten Lehrkräfte resultiert. Das gilt insbesondere, soweit die Lehrkräfte nach BAT/TVöD vergütet werden. Ziel der Privatisierung ist deshalb häufig die sogenannte »Flucht aus dem Tarifvertrag«; oft in Kombination mit der Vorstellung, nach der Privatisierung die Lehrkräfte ohne Weiteres nur noch als freie Mitarbeiter beschäftigen zu können.

In der Praxis werden dabei häufig die arbeitsrechtlichen Konsequenzen der Privatisierung verkannt mit der Folge einer Fehleinschätzung der Zielerreichung und der finanziellen Risiken, ganz abgesehen davon, dass durch den Übergang auf einen privaten Träger, sei es einen eingetragenen Verein, sei es eine GmbH, die finanzielle Absicherung und damit der Bestand der Musikschule gefährdet wird. Es ist deshalb angezeigt, die arbeitsrechtlichen Auswirkungen der Privatisierung von Musikschulen durch Übertragung auf einen privaten Rechtsträger in den Grundzügen darzustellen.

Zentrale Vorschrift für die arbeitsrechtlichen Folgen des Betriebsübergangs ist § 613 a BGB, der unabdingbar Anwendung findet, wenn die Voraussetzungen eines Betriebsübergangs vorliegen. Die Vorschrift dient dem Schutz der Arbeitsverhältnisse bei der rechtsgeschäftlichen Übertragung der Musikschule auf einen neuen Träger, vergleichbar dem Grundsatz »Kauf bricht nicht Miete« und regelt dazu, dass die bestehenden Arbeitsverhältnisse in dem jeweiligen Zustand bei Betriebsübergang auf den neuen Betriebsinhaber übergehen und zwar kraft Gesetzes.

Dem Arbeitnehmer ist allerdings im Gesetz das Recht eingeräumt, dem Übergang des Arbeitsverhältnisses zu widersprechen mit der Wirkung, dass das Arbeitsverhältnis mit dem alten Arbeitgeber fortbesteht. In der Praxis bedeutet das aber im Ergebnis die betriebsbedingte Kündigung des alten Arbeitgebers, weil der »Betrieb Musikschule« und damit der Arbeitsplatz nicht mehr zur Verfügung steht. Allerdings gilt für eine solche betriebsbedingte Kündigung das allgemeine Kündigungsschutzrecht unter Einhaltung der Kündigungsfristen, der Wahrung der Beteiligungsrechte der Personalvertretung, Sonderkündigungsschutzrechte wie Mutterschutz, Schwerbehindertenschutz usw. Vor allem aber gibt es Probleme und Risiken bei den tariflich unkündbaren Lehrkräften nach BAT/TVöD. Das Bundesarbeitsgericht hat in einer Grundsatzentscheidung vom 24.06.2002 die tariflich unkündbaren Angestellten im öffentlichen Dienst kündigungsrechtlich beamtengleich behandelt und eine Kündigung nur dann ausnahmsweise für begründet angesehen, wenn jegliche Weiterbeschäftigung bei dem öffentlichen Arbeitgeber, selbst aber auch bei benachbarten öffentlichen Arbeitgebern, in einem Umkreis von 100 km geprüft und nachgewiesen wurde, dass eine Weiterbeschäftigung ausgeschlossen ist. Darin liegt ein erhebliches Risiko insbesondere im Bereich der Verwaltungskräfte, wie Musikschulleiter, Stellvertreter, Geschäftsführer usw.

Eine weitere arbeitsrechtliche Konsequenz des Bestandsschutzes für Arbeitsverhältnisse bei Betriebsübergang ist die Regelung in § 613 a BGB, wonach Kündigungen aus Anlass des Betriebsübergangs rechtsunwirksam sind. Umgehungsversuche durch den Ausspruch betriebsbedingter Kündigungen und »Schließung« der Musikschule, die dann aber doch von einem neuen Träger möglicherweise nach einer kurzen »Schamfrist« weitergeführt wird, bergen deshalb ein hohes Risiko. Dies gilt auch wegen der komplexen und schwer vorhersehbaren Entscheidung zu der Rechtsfrage, ob ein Betriebsübergang stattgefunden hat, nach dem in der Rechtsprechung dazu entwickelten Betriebsübergangsbegriff. Es wird in jedem Einzelfall geprüft werden müssen, ob die Kriterien der Rechtsprechung wie die Wahrung der Identität nach dem Übergang durch Weiterführung der bisherigen Arbeitsorganisation, Übernahme durch Personal, Betriebsmittel, Kundenkarteien und Verträge usw. vorliegen.

Im Hinblick auf die mit der Privatisierung zumeist beabsichtigten »Flucht aus dem Tarifvertrag« hat besondere Bedeutung die Regelung in § 613 a BGB zum Geltungsschutz von tarifvertraglichen Regelungen und Regelungen in Betriebsvereinbarungen oder Dienstvereinbarungen, die Inhalt des Arbeitsvertrages kraft Tarifbindung geworden sind. Da die meisten kommunalen Träger von Musikschulen tarifgebunden sind, gelten die tariflichen Regelungen wie BAT/TVöD unmittelbar und zwingend für das jeweilige Arbeitsverhältnis. Die tariflichen Regelungen im Arbeitsverhältnis sind für die Dauer eines Jahres ab Betriebsübergang gegen jegliche Veränderungen absolut geschützt. In der Praxis wird daraus häufig der falsche Umkehrschluss gezogen, dass nach Ablauf dieser Geltungsschutzfrist die Weitergeltung der tariflichen Regelungen entfalle oder zumindest zur Disposition des Arbeitgebers stünde. Indes gelten die tariflichen Regelungen für das Arbeitsverhältnis weiter fort, allerdings nach einer im Zeitpunkt des Betriebsüberganges eintretenden Transformation in einfaches Arbeitsvertragsrecht als Vertragsbestandteil. Änderungen des Arbeitsvertrages einschließlich der tariflichen Regelungen sind dann nur einvernehmlich durch beiderseitige Vereinbarung möglich oder im Wege einer Änderungskündigung, mit dem Ziel, das Arbeitsverhältnis auf eine neue Grundlage unter Wegfall der tariflichen Regelungen zu stellen. Soweit die Arbeitsverhältnisse dem Kündigungsschutzgesetz unterliegen, müssen dafür aber dringende betriebliche Gründe gegeben sein; das bloße Bedürfnis, Kosten einzusparen, reicht nach der Rechtsprechung des Bundesarbeitsgerichts dafür nicht aus. Die Rechtsprechung des Bundesarbeitsgerichts ist mit Änderungskündigungen zur Absenkung der Vergütungen äußerst zurückhaltend. Im Übrigen gilt für derartige Änderungskündigungen wiederum das volle Kündigungsschutzrecht wie tarifliche Unkündbarkeit und Sonderkündigungsschutzrechte wie Mutterschutz, Schwerbehindertenschutz usw. Auch daraus folgen Durchsetzungs- und Kostenrisiken.

Auch die Vorstellung, dass die Privatisierung dazu dienen könne, nach erfolgtem Trägerwechsel problemlos die Umwandlung der Arbeitsverträge in freie Mitarbeiterverträge erreichen zu können, erweist sich als trügerisch. Auch dieses sogenannte Outsourcing durch betriebsbedingte Kündigung unterliegt dem allgemeinen Kündigungsschutzrecht.

Unproblematisch ist allein die Möglichkeit, bei Neueinstellungen Arbeitsverträge ohne Tarifgeltung abzuschließen, vorausgesetzt, dass der neue Musikschulträger nicht wieder tarifgebunden ist. Ein derartiges Nebeneinander von Alt- und Neuverträgen würde auch nicht gegen den Gleichbehandlungsgrundsatz verstoßen. Vorsorglich wird noch auf ein weiteres Kostenrisiko hingewiesen. Nach § 613 a BGB haftet der Betriebsübernehmer für bis zum Betriebsübergang entstandene Ansprüche und Forderungen der Arbeitnehmer, insbesondere auch aus etwaigen Versorgungsanwartschaften. Bestehen Anwartschaften im Bereich der Zusatzversorgung im öffentlichen Dienst, können hohe Ausgleichszahlungen an die Versorgungskasse ausgelöst werden, wenn die Mitgliedschaft in einer solchen Versorgungskasse beendet werden soll.

Zusammenfassend ist festzustellen, dass sich Privatisierung mit dem Ziel der Kostensenkung insbesondere im Personalbereich durch Ausstieg aus der Tarifgeltung arbeitsrechtlich jedenfalls nicht als unproblematischer »Königsweg« erweist.

Ein starker Partner der heimischen Kreativen
Die Independents

Christian Handke und Peter James — Politik & Kultur 6/2005

Die Tonträgerindustrie befindet sich im Umbruch: In den letzten sieben Jahren wurden dramatische Umsatzrückgänge am Tonträgermarkt von über 40 % verzeichnet, wie P. Tschmuck in Kreativität und Innovation in der Musikindustrie 2003 herausgearbeitet hat. Gleichzeitig spielt die Tonträgerindustrie in zweierlei Hinsicht eine Vorreiterrolle unter den sogenannten Kreativindustrien. Erstens ist sie in besonderem Maße von der Verbreitung neuer Kopiertechniken betroffen. Über CD-Brenner und File-Sharing Netzwerke im Internet werden die von Tonträgerunternehmen vermarkteten Tonaufnahmen seit Jahren massenhaft und unautorisiert kopiert. Zweitens entwickeln sich mittlerweile aber auch autorisierte neue Dienstleistungen und Verbreitungsmöglichkeiten für Tonaufnahmen in einem rasanten Tempo.

In Anbetracht dessen gibt es ein nie gekanntes öffentliches Interesse an der Tonträgerindustrie. Dies drückt sich auch in Bemühungen aus, die Rahmenbedingungen für Tonträgerunternehmen und Kreative an sich verändernde Umstände anzupassen. Die Urheberrechtsreform und vermehrte Diskussionen zur Rolle von Verwertungsgesellschaften oder einer Radioquote für deutsche Musik sind nur drei Beispiele.

Die Tonträgerindustrie ist dabei alles andere als homogen. Sie besteht einerseits aus wenigen, seit langem weltweit agierenden größeren Unternehmen, den sogenannten Majors, die in etwa drei Viertel des Marktes für Tonträger abdecken und natürlich auch in Deutschland mit Niederlassungen vertreten sind. Andererseits besteht die Tonträgerindustrie heute aber auch aus buchstäblich Tausenden von mittleren, kleinen und kleinsten Unternehmen. Entgegen dem allgemeinen Trend gibt es gerade im Bereich dieser kleinen und mittleren Tonträgerunternehmen deutliche Hinweise auf positive Entwicklungen. Nachdem die Majors besonders in Deutschland schon vor Jahren die Musikproduktion und den eigenen Künstler-Karrieren-Aufbau zurückgefahren haben, und ihre Leistungen auf die Vermarktung eigener Kataloge und Musikproduktionen der Independents – oft nur als reiner Herstellungs- und Vertriebsdienstleister – konzentriert haben, folgte als nächster Konsolidierungsschritt ein umfassender Personal- und Künstlerabbau. Gleichzeitig wurde die Integration der deutschen Niederlassungen in das internationale Konzerngefüge vorangetrieben, was den Handlungsspielraum des lokalen Managements weiter begrenzt hat.

Auf Dauer ist dies ein Problem für Musikschaffende und -interessierte in Deutschland. Bei der Musik beginnt die »Wertschöpfung« wie bei anderen Industriezweigen beim

»Rohstoff«, d. h. bei den Fähigkeiten der Kreativen, also der Urheber, Producer und Interpreten. Deren Talent ist nicht »pre-existent«, sondern kristallisiert sich im Laufe kollektiver Handlungsprozesse heraus. Nur ein leistungsfähiges Netzwerk aus Musikproduzenten, Musikmanagern, Musikagenten und Konzertveranstaltern vor Ort kann Kreative in ihrer Entwicklung unterstützen und gibt ihnen oft erst die Möglichkeit, ein größeres Publikum zu erreichen.

Unternehmen in der Musikwirtschaft sind auf die Leistungen der Kreativen angewiesen. Umgekehrt brauchen Kreative verlässliche und effiziente Geschäftspartner, die sie in langfristigen Partnerschaften aufbauen, ihr Know-How in der Musikproduktion und -vermarktung einbringen und finanzielle Risiken teilen.

Nach dem teilweisen Rückzug der Majors in diesem Bereich fällt diese Rolle noch häufiger den Independents, unabhängigen kleinen und mittleren Unternehmen zu. Die Zahl dieser Unternehmen hat sich, den Mitgliedszahlen des »Verbandes unabhängiger Tonträgerunternehmen, Musikverlage und Musikproduzenten« (VUT) zufolge, in den Umbruchsjahren seit 1998 mehr als verdoppelt. Hier scheint es derzeit starke Wachstumsimpulse gegen den allgemeinen Trend am Tonträgermarkt zu geben.

Die Stärke der Independents liegt in der Nähe zu den Kreativen. So sind sie besonders in der Lage, neue Kreative und neue Trends zu entdecken und zu fördern (und sie im besonderen Erfolgsfall sogar für die Majors interessant zu machen). Gelingt ihnen dies nicht, haben sie kaum eine Chance, im Wettbewerb mit größeren Unternehmen zu bestehen.

Neben dem Wettbewerb um die erfolgreiche Förderung Kreativer, besteht die Überlebensstrategie der Independents gegenwärtig zunehmend darin, mehrere Elemente der Wertschöpfungskette gleichzeitig abzudecken und Netzwerke in Unternehmensformen zu integrieren, bei denen frühere Spezialisierungen wie Künstlermanagement, Musikproduktion, Verlagswesen, Werbung und Marketing sowie das Live-Segment in einer Hand zusammengefasst werden.

Einerseits ist diese Strategie auch eine Reaktion auf die Schwäche der Majors und damit geringer Möglichkeiten, mit stärkeren Unternehmen zu kooperieren. Andererseits ist sie eine Reaktion auf Markthürden, die sich im Rahmen des derzeitigen Umbruchs verstärkt haben. So hat sich etwa der Kundenkontakt durch die Reduzierung der Verkaufsflächen im Einzelhandel und durch die einseitige Beschränkung der Medien (Radio, TV) auf massentaugliche Mainstreammusik erschwert. Gleichzeitig verschärft sich der Wettbewerb in einem globalisierten Markt für Medieninhalte.

Künstlerorientierte, kleine und mittlere deutsche Musikunternehmen verfügen kaum über die finanziellen Ressourcen, um beim Werbe-Wettbewerb quersubventionierter Medienkonzerne in den Medien mitzuspielen oder sich in neue Märkte einzukaufen.

Stattdessen setzen sie auf die Innovationskraft und Qualität ihrer Künstler/Produkte, schaffen neue Kommunikationswege, entwickeln innovative Vertriebs- und Präsentationsformen und bilden somit die Keimzelle nicht nur der inhaltlichen sondern auch der wirtschaftlichen Innovationen. Und der Markt reagiert: Die Independents sind auf deutlichem Wachstumskurs in In- und Ausland, wie die zunehmende Präsenz in den Verkaufscharts zeigt.

Die Ergebnisse einer Befragung, die der VUT unter seinen rund 1.000 Mitgliedern durchgeführt hat, dokumentieren die Bedeutung der Independents in Deutschland. Erste Ergebnisse erscheinen in Kürze unter *www.vut-online.de.*

Der Anteil der Independents am Tonträgerumsatz am deutschen Tonträgermarkt entspricht ungefähr dem eines der vier Majors. Dabei ist zu berücksichtigen, dass ein Vergleich mit den Statistiken des Bundesverbandes der Phonographischen Wirtschaft nur sehr grob möglich ist, da die Zahlen nach unterschiedlichen Methoden erhoben wurden. Beim Gesamtangebot an verschiedenen Werken auf Tonträgern und besonders bei den Neuveröffentlichungen ist der Anteil der Independents noch einmal bedeutend höher als am Umsatz und liegt über einem Drittel. Hinzu kommt eine starke Orientierung der Independents auf die Werke deutscher Kreativer und eine deutliche Betonung künstlerisch ambitionierter Arbeiten, die den kulturellen Beitrag kleiner und unabhängiger Tonträgerunternehmen in Deutschland hoch erscheinen lassen.

Fazit: Wer im Interesse der Kreativen auch in Deutschland eine starke Musikwirtschaft will, sollte sich verstärkt den kleinen und mittleren Musikunternehmen in Deutschland zuwenden.

Förderstrukturen des Freien Theaters
Deutlichere Unterstützung durch die Politik gefordert

Günter Jeschonnek — Politik & Kultur 2/2006

Der Fonds Darstellende Künste führte vom 23. bis 25. Januar 2006 erstmalig ein bundesweit angelegtes Symposium zur Bestandsaufnahme und Weiterentwicklung der Förderstrukturen des professionellen Freien Theaters in Deutschland durch. Daran beteiligten sich 150 Künstlerinnen und Künstler aus allen Bundesländern, Kulturpolitiker aus Kommunen, Ländern und Bundeseinrichtungen sowie Vertreterinnen und Vertreter von Stiftungen und Unternehmen sowie der Kulturstiftung des Bundes und des Hauptstadtkulturfonds.

Der Fonds fördert seit 1988 herausragende Projekte aller Sparten der Darstellenden Künste, die sich durch ihre besondere Qualität auszeichnen, von gesamtstaatlicher Bedeutung sind und zur künstlerischen Weiterentwicklung der Darstellenden Künste beitragen. Dafür erhält der Fonds von der Kulturstiftung des Bundes jährlich Zuwendungen in Höhe von einer Million Euro.

Tragende Säule des deutschen Theaters

Am ersten Tag des Symposiums erarbeiteten die Künstlerinnen und Künstler in sieben Gruppen eine Bestandsaufnahme ihrer Arbeits- und Rahmenbedingungen sowie einen Katalog von Vorschlägen zur Verbesserung und Weiterentwicklung der komplementären Förderstrukturen in Deutschland. Einhellig und selbstbewusst stellten sie fest, dass sich das Freie Theater mit seiner ästhetischen und quantitativen Vielfalt zu einer der tragenden Säulen in der Theaterlandschaft Deutschlands entwickelt hat und damit einen außerordentlichen Beitrag für die Gesellschaft leistet. Dieser stehe aber nach wie vor in einem deutlichen Missverhältnis zur Wahrnehmung, Anerkennung und Unterstützung seitens aller politischer Ebenen der Bundesrepublik. Deshalb forderten die Künstlerinnen und Künstler in der Debatte eine gemeinsam mit allen Beteiligten und kulturpolitisch Verantwortlichen zu entwickelnde Perspektivplanung für das gesamte deutsche Theater. Dringenden Handlungsbedarf mahnten sie insbesondere bei der Weiterentwicklung von differenzierten Förderstrukturen, bei Modellen für die zum Teil ungenügenden oder gar nicht vorhandenen arbeits- und steuerrechtlichen Rahmenbedingungen sowie bei besseren Kooperationen zwischen Kommunen, Ländern und Bund.

In seinem Grußwort unterstrich der Beauftragte der Bundesregierung für Kultur und Medien, Staatsminister Bernd Neumann, wie wichtig und wie produktiv die Freie Theaterszene ist. Er warnte in diesem Zusammenhang davor, dass sich angesichts der angespannten Haushalte der Städte und

Länder die unglückselige Tendenz verstärken könnte, die Balance zwischen den institutionell geförderten Großeinrichtungen und den flexibel agierenden Freien Gruppen weiter zu gefährden: »Ich kann alle kulturpolitisch Verantwortlichen nur eindringlich bitten, nicht den Weg des scheinbar geringsten Widerstands zu gehen und mit den auf Projektbasis frei agierenden Künstlern letztlich denjenigen ihre Existenzbedingungen zu entziehen, die mit ungeheurer Kraft, ästhetischer Experimentierfreude, vor allem aber enormer gesellschaftlicher Relevanz unter oft denkbar schwierigen Umständen unseren kulturellen Nährboden fruchtbar halten.«

Die Vizepräsidentin der Kultusministerkonferenz, Professor Johanna Wanka, sagte in ihrer Rede, dass der Bereich des Freien Theaters zu den sensibelsten Fördergebieten im Kulturbereich gehöre. Sie forderte deshalb eine auf klar definierten Qualitätsmerkmalen basierende flexible Förderung und versprach den Künstlerinnen und Künstlern, die Kultusministerkonferenz über das Symposium zu informieren und Formen des gemeinsamen Dialogs zu unterstützen.

Politischer Wille ist gefragt

Der Vorsitzende des Kulturausschusses des Deutschen Städtetages und Erster Bürgermeister von Görlitz, Ulf Großmann, stellte eindrücklich die finanzielle Situation der Städte und den engen Spielraum innerhalb der defizitären Haushalte dar. Zugleich appellierte Großmann aber an den Gestaltungswillen seiner Kolleginnen und Kollegen in den Städten: »Es geht nicht nur um finanzielle Zuwendungen. Vor allem kommt es auf den politischen Willen an, trotz oder vielleicht auch gerade wegen leerer kommunaler Kassen, neue Modelle zu entwickeln und langfristige Entwicklungskonzepte zu erarbeiten.«

Nicht die bestehenden Verhältnisse festschreiben

In seinem Impulsreferat begründete Professor Wolfgang Schneider, Direktor des Instituts für Kulturpolitik und Dekan des Fachbereichs Kulturwissenschaften und Ästhetische Kommunikation der Universität Hildesheim, dass die Zukunft des Theaters in Deutschland einer Neuorientierung in der Kulturpolitik bedürfe. Theaterförderung müsse endlich auch einmal von Konzeptionen her gedacht werden, die nicht einseitig bestehende Verhältnisse festschreiben. Er rief die anwesenden Kulturpolitiker dazu auf, mit dem Instrument der Theaterförderung die verschiedensten Erscheinungsformen Darstellender Kunst zu würdigen.

Bei der notwendigen Neubetrachtung der Theaterlandschaft in Deutschland müsse es nicht um ein entweder – oder, um Stadttheater oder Freies Theater, sondern um ein sinnvolles Neben- und Miteinander gehen. Er stimmte den Künstlerinnen und Künstlern zu, dass bei den kulturpolitischen Verantwortlichen ein Bewusstsein dafür fehle, welche entscheidende Rolle Freies Theater für die Entwicklung der Theaterlandschaft in Deutschland gespielt hat, spielt und spielen könnte.

Beim festlichen Empfang erhielt der Vorsitzende des Ausschusses für Kultur und Medien des Deutschen Bundestages, Hans-Joachim Otto, für sein Grußwort und die Forderung, Kultur als Staatsziel im Grundgesetz festzuschreiben, große Zustimmung. Als besondere Wertschätzung ihrer Arbeit werteten die Künstlerinnen und Künstler den überraschenden Besuch und die kurze Ansprache des Bundestagspräsidenten, Dr. Norbert Lammert.

Auf der Suche nach Innovationen

Zum Abschluss des Symposiums resümierte der Vorsitzende des Fonds Darstellende

Künste, Jürgen Flügge: »Die Gremien des Fonds wissen sehr genau, dass die Künstlerinnen und Künstler des Freien Theaters immer wieder auf der Suche nach dem Innovativen sind, besondere Kommunikationsformen für junges, aber auch Theater unerfahrenes Publikum entwickeln, neue Spielorte urbanisieren, bundesweite und internationale Netzwerke aufbauen und seit Jahren unter großen Entbehrungen einen beweglichen und qualitativ wie finanziell erfolgreichen Theaterbetrieb praktizieren, an dem sich so manches Stadt- oder Staatstheater ein Beispiel nehmen kann.«

Akademie postmigrantischer Theaterkunst
Ein Plädoyer für mehr Teilhabe

Azadeh Sharifi — Politik & Kultur 4/2011

»Postmigrantismus für alle« (Der Freitag), »Das Wunder von Kreuzberg«(Kulturzeit, 3sat) oder »Der Hit der Saison« (Der Spiegel) lauteten in den letzten Monaten manche Überschriften in Feuilletons oder Kultursendungen im deutschen Fernsehen. Das postmigrantische Theater im Ballhaus Naunynstraße und mit ihm die künstlerische Arbeit der Theaterleiterin Shermin Langhoff werden zahlreich diskutiert. Das Theaterstück »Verrücktes Blut« ist zu dem diesjährigen Theatertreffen in Berlin eingeladen worden. Eine längst überfällige Anerkennung, die Akteuren, Geschichten und einer Ästhetik zuteil wird, derer es noch viel mehr in den deutschen Theatern bedürfte. Denn wenn über das Ballhaus Naunystraße hinaus andere Bühnen in Deutschland betrachtet werden, bleibt die Frage offen, wo dort die Theatermacher mit sogenanntem Migrationshintergrund sind und wo das Publikum bleibt, das möglicherweise nicht nur mit Schiller und Goethe aufgewachsen ist?

In diesem Zusammenhang wird in letzter Zeit auch viel über sogenannte Postmigranten in der deutschen Theaterlandschaft diskutiert. Postmigranten sind Deutsche, deren Familien nach Deutschland eingewandert sind, die jedoch selbst in Deutschland geboren oder zumindest den großen Teil ihres Lebens in Deutschland verbracht haben. Die zentralen Fragen bei den Debatten lauten: Wie können sich deutsche Theater für die »interkulturelle Gesellschaft« öffnen und was ist dann ein interkulturelles Theater? Dabei wird aber zu wenig mit postmigrantischen Akteuren und postmigrantischen Theatermachern gesprochen. Es gilt jedoch zunächst herauszufinden, ob und was Postmigranten an Theater interessiert.

In meiner Dissertation »Theater für alle? Partizipation von Postmigranten am Beispiel der Bühnen der Stadt Köln«, die ich am Institut für Kulturpolitik an der Universität Hildesheim bei Wolfgang Schneider geschrieben habe, beschäftige ich mich mit dem Theaterinteresse und der Theaternutzung von Postmigranten. In biographischen Interviews wurden Postmigranten zu ihrer Migrationsgeschichte, zu ihrem Kulturinteresse und speziell Theaterinteresse und zu ihrer Theaternutzung befragt. Bei der Befragung wurde im Vorfeld die Wahl der Gesprächspartner auf Personen mit einer hohen, meist akademischen Ausbildung und einem expliziten Interesse für Kultur bzw. Theater eingeschränkt, um soziale Kriterien und eine gewisse Willkür auszuschließen. Schließlich sind auch Postmigranten keine heterogene Bevölkerungsgruppe, sondern haben verschiedene kulturelle Hintergründe. Einzig die Migrationsgeschichte der Familie und das Leben in zwei Kulturen, die deutsche und die Kultur der Familien, lässt eine Vergleichbarkeit entstehen.

Die interviewten Personen hatten unterschiedliche Lebensgeschichten und verschiedene Zugänge zu Kultur und Theater. Manche bezeichneten sich als Deutsche, manche aber auch als »Türken« oder »Italiener«. Aber sie alle haben sich zu einem gewissen Zeitpunkt in ihrem Leben mit ihrer Migrationsgeschichte auseinandergesetzt. Sie haben diese immer als Bereicherung für ihr Leben und ihre kulturellen Interessen beschrieben. Das Leben in zwei Kulturen hat einen starken Einfluss auf ihr kulturelles Interesse. Sie wurden zu ihren Erfahrungen mit Theater befragt und berichteten dabei von Geschichten, die ihnen fremd waren, weil sie sich nicht identifizieren konnten. Sie berichteten von Geschichten, in denen sie ihre Lebenswelt wiederfanden. Sie haben von Theaterproduktionen gesprochen, in denen verschiedene Sprachen verwendet wurden. Und sie identifizierten sich teilweise mit den Schauspielern auf den Bühnen, die einen »sichtbaren« Migrationshintergrund haben.

Die inhaltliche Auseinandersetzung auf den deutschen Bühnen geht noch immer nicht ausreichend auf die neue gesellschaftliche Realität in Deutschland ein.

Drei wichtige Erkenntnisse können aus den Gesprächen gezogen werden. Die befragten Postmigranten wünschen sich auf den Theaterbühnen einen stärkeren Bezug zu ihrer eigenen Lebenswelt. Sie fordern einen anderen Blick auf Geschichten und Theaterstücke wie auch eine neue Ästhetik. Schließlich sind ihnen Akteure vor und hinter der Bühne wichtig, die mit ähnlichen Lebensgeschichten die geforderten Inhalte und dramatischen Formen möglicherweise finden könnten.

In den deutschen Theatern, vor allem in den Stadt- und Staatstheatern, sind postmigrantische Künstler und Kulturschaffende unterrepräsentiert. Zwar sind mittlerweile einige postmigrantische Kulturschaffende an den deutschen Stadt- und Staatstheatern vertreten, trotzdem ist ihre Zahl verschwindend gering. Die inhaltliche Auseinandersetzung auf den deutschen Bühnen geht noch immer nicht ausreichend auf die neue gesellschaftliche Realität in Deutschland ein.

Auf Grundlage der wissenschaftlich gewonnenen Ergebnisse habe ich kulturpolitische Handlungsempfehlungen formuliert, die eine stärkere Förderung von jungen postmigrantischen Akteuren und Theaterschaffenden empfehlen. Durch eine gezielte Förderung von postmigrantischen Theaterschaffenden in den deutschen Theaterhäusern kann eine strukturelle Teilhabe und Einbindung gewährleistet werden.

Daher plädiere ich für eine »Akademie postmigrantischer Theaterkunst«, bei der junge postmigrantische Theaterschaffende gefördert werden sollen. Ziel der Akademie ist die Öffnung der Theaterlandschaft für postmigrantische Künstler, die gerade ihre künstlerische und akademische Ausbildung beendet haben, durch ein Stipendienprogramm.

In Zusammenarbeit mit Stadt- und Staatstheatern, aber auch der freien Theaterszene sollen angehende postmigrantische Theaterschaffende ein Stipendium erhalten, um den Zugang zum künstlerischen Arbeitsprozess und zu Theaterstrukturen zu erhalten. Die freie Theaterszene ist dabei insofern entscheidend, da wichtige ästhetische Entwicklungen zunächst dort entstehen und mit der Zeit in den städtischen Bühnen Eingang finden. Zudem lassen sich viele migrantische und postmigrantische Künstler in der freien Theaterszene finden, die in der Entwicklung gerade junger Künstler entscheidend sein können.

Die postmigrantischen Theaterschaffenden sollen mit dem Stipendium als Assistenten von Regisseuren, Dramaturgen, Bühnenbildnern, Theaterautoren und künstlerischen Leitungen tätig werden, aber auch eigene künstlerische Arbeiten umsetzen dürfen. Denn durch eigene Produktionen können sie eine künstlerische Handschrift entwickeln und sich langfristig als Künstler und Kulturschaffende etablieren. Mit der Förderung junger postmigrantischer Theatermacher kann ein postmigrantisches und letztendlich auch ein interkulturelles Theater entstehen, wie sie in den aktuellen Debatten gefordert werden. Aber ein interkulturelles Theater benötigt Akteure mit neuen Geschichten, mit einer neuen Sichtweise und einer eigenen Ästhetik. Dies bedeutet jedoch nicht, dass alte Geschichten und das Repertoire der deutschen Theater ihre Berechtigung verloren haben. Aber sie sollten und können auch von postmigrantischen Theatermachern auf ihre Aktualität und ihren Bezug zur aktuellen deutschen Realität überprüft werden. Ein gelungenes Bespiel ist das eingangs erwähnte Stück »Verrücktes Blut«. In »Verrücktes Blut« bedient sich der Regisseur Nurkan Erpulat unter anderem zweier Theaterstücke von Schiller, »Die Räuber« und »Kabale und Liebe«, um die scheinbare Unüberbrückbarkeit von Kulturen in einem deutschen Klassenzimmer darzustellen. Dabei gelingt es ihm sehr eindrucksvoll, diese als Vorurteile und Stereotypen zu entlarven und überkulturelle Macht- und Gewaltmechanismen vorzuführen.

Die kulturellen und ästhetischen Ressourcen von Postmigranten sind ein wichtiger Teil der gegenwärtigen und zukünftigen deutschen Gesellschaft. Sie bereichern nicht nur die deutsche Hochkultur, sondern repräsentieren die kulturelle Vielfalt der in Deutschland lebenden Bevölkerungsgruppen. Mit einer Förderung von postmigrantischen Akteuren und postmigrantischen Theaterkünstlern können neue Geschichten entstehen, ein anderer Blick auf klassisch europäische Theaterstücke geworfen werden und möglicherweise neue Gesellschaftsgruppen für das Theater gewonnen werden, die bisher in den deutschen Theatern nicht vorhanden sind.

Mobilität Tanz – ein Politikum
Der Tanzbereich muss sich in den Dialog mit der Politik begeben

Michael Freundt — Politik & Kultur 5/2007

Wenn in diesem Sommer die Festivals in Avignon, Wien oder Berlin ihr internationales, facettenreiches Programm präsentierten, dann bildete darin der Tanz einen wichtigen Akzent. Tanzproduktionen gehören zu den festen Größen im Festivalbetrieb – wobei die Festivals wiederum nur als Leuchttürme aus einer breiten internationalen Landschaft künstlerischen Austausches, der Gastspiele und Koproduktionen herausragen. Tanz, frei von Sprachbarrieren, international in der Besetzung der Ensembles, flexibel in der Wahl seiner Produktionsstrukturen, nicht selten über Ländergrenzen hinweg produziert und durch internationale Veranstalter kofinanziert und präsentiert, gilt in besonderer Weise als internationale Kunstform. Im Erleben der Gastspiele und Festivalproduktionen realisiert sich zwischen Akteuren und Zuschauern oftmals die Begegnung mit einem anderen Land, einer anderen Kultur, einer anderen Religion oder Tradition – umso mehr als dies emotional, geradezu körperlich vollzogen wird.

Wenn die besondere Rolle der Kreativen für den europäischen Einigungsprozess und das Zukunftspotenzial des Kontinents betont wird, dann kann dies exemplarisch für den Tanz gesagt werden und könnte gleichwohl für andere Bereiche künstlerischer Produktion in vergleichbarer Weise beschrieben werden. Wie auch die Probleme, welche Künstler in der internationalen Zusammenarbeit – auch in Europa – bewältigen müssen, sicherlich nicht nur die Probleme der Tanzschaffenden sind. Auf dem Symposium »Europäisch kooperieren und produzieren«, veranstaltet vom Internationalen Theaterinstitut und dem Fonds Darstellende Künste am 24. und 25. Juni 2007 in der Berliner Akademie der Künste, wurden die kulturpolitischen Problemfelder künstlerischer Produktion noch einmal deutlich benannt: Neben der prekären sozialen Lage der Künstler und Unzugänglichkeit von Förderinstrumenten der EU (so sind die Anträge für das EU-Programm Kultur 2007 nur mit erheblichem bürokratischen Aufwand und bedeutenden finanziellen Eigenmitteln zu realisieren) stand der Komplex Mobilität der Künstler und Kunstwerke im Zentrum der Debatte – womit selbstverständlich nicht die bloße Reisetätigkeit, sondern der gesamte Komplex rechtlicher Fragen internationalen Arbeitens gemeint ist.

Seit sich in Europa ein sehr intensiver Austausch zwischen Künstlern, Theaterhäusern und Festivals entwickelte, seit herausragende Akteure in den 1980er-Jahren das Informal European Theatre Meeting (IETM) gründeten, haben Künstler und Produzenten ihre Produktionsstrukturen immer weiter qualifiziert. Mit Recherchen und Studien zu diesen Arbeitsformen und zu den Arbeitsbedingungen der Freien Künstler hat IETM (siehe *www.ietm.org*) diesen Prozess begleitet. Seit 2002 bietet *www.on-the-move.org* einen umfassenden Überblick zum Thema Mobilität der Darstellenden Künste.

Noch immer werden Programme, die den Austausch von Künstlern in Europa, ihre Reisetätigkeit und die Präsentation ihrer künstlerischen Arbeiten im Ausland unterstützen, nur sehr begrenzt aufgelegt und erst jüngst auf dem kulturpolitischen Bundeskongress »kultur.macht.europa« hat Gottfried Wagner, Direktor der Europäischen Kulturstiftung, die Initiative für ein, dem Austausch des wissenschaftlichen Nachwuchses vergleichbares »ERASMUS-Programm für die Künste« vorgestellt. Hier sind Stiftungen und öffentliche Hand gefragt, wirksam zu werden.

Ebenso brisant im zusammenwachsenden Europa und nun wirklich ein politisches Aufgabenfeld, das im Dialog mit dem Kulturbereich angegangen werden muss, sind die rechtlichen Hindernisse und Schwierigkeiten einer Kunstproduktion über Ländergrenzen hinweg.

Von Ende 1999 stammt die Entschließung des Rates der Europäischen Union über die Förderung der Freizügigkeit von im Kulturbereich tätigen Personen. Darin zeigt sich der Rat überzeugt, »dass eine aktivere und effizientere Nutzung der vom Binnenmarkt gebotenen Chancen neue Arbeitsplätze schafft und die Arbeitsmöglichkeiten für die im Kulturbereich tätigen, studierenden oder in Ausbildung befindlichen Personen verbessert«. Künstler können die Chancen des gemeinsamen Arbeitsmarktes nutzen, aber wo ein »normaler« Arbeitnehmer vielleicht nur ein, zwei Mal in seinem Arbeitsleben das Land wechselt, erfolgt dies für manche Tanzkompanien, die Tänzer und Produktionsteam in den einzelnen Probenphasen bei verschiedenen Produzenten vielleicht wöchentlich, auf Gastspieltour nahezu täglich. Bevor das Ensemble wieder auseinandergeht und die Beteiligten im folgenden Jahr bei anderen Choreografen, in anderen Ländern, unter anderen Arbeitsbedingungen eine neue künstlerische Aufgabe finden.

Im Jahr 2002 wurde der EU-Kommission die »Studie über die Mobilität und den freien Verkehr von Personen und Produktionen im kulturellen Bereich« vorgelegt. Detailliert listete sie die effektiven Hindernisse und ernsthaften Schwierigkeiten auf, die für international tätige Künstler beim Zugang zu Ausbildung und Beruf (z. B. fehlende Anerkennung von im Ausland erworbenen Diplomen), in der Sozialversicherung (im Verlust von Arbeitslosen- und Rentenversicherungsansprüchen), in der Besteuerung (durch Doppelbesteuerung, unterschiedliche und besondere Steuersätze für ausländische Künstler) und bei den Rechten am geistigen Eigentum (in der fehlenden Koordinierung zwischen den Verwertungsgesellschaften).

Im Jahr 2006, im Europäischen Jahr der Mobilität der Arbeitnehmer, richteten IETM, das Finnische Theaterinstitut und PEARLE* (der Europäische Dachverband der Arbeitgeberorganisationen im Bereich der Darstellenden Künste) die Konferenz »mobile.home« aus – im Zusammenhang entstand Richard Poláceks »Study on Impediments to Mobility and on Possible Solutions«, herausgegeben von PEARLE* im Januar 2007. Konkret werden hier die Visa-Problematik für Künstler aus Drittländern, die unterschiedlichen Sozialversicherungssysteme, unterschiedliche und Doppel-Besteuerung und die Komplexität der urheberrechtlichen Situation als Haupthindernisse der Künstler-Mobilität benannt.

Auf alle vier Problemfelder trifft zu, dass europäische und nationale Gesetzgebung enorm unterschiedlich ausfallen, dass nationale Verwaltungsverfahren uneinheitlich, zeitraubend und teuer sind und dass Informationen über die Gesetzeslage schwer zu erhalten und oftmals selbst Verwaltungsbehörden über die Gesetzeslage im Ausland unzureichend informiert.

Als ersten Weg zu einer Verbesserung der Situation schlägt die Studie mehr Transparenz durch einen Informationsaustausch über die jeweils national zutreffenden Regeln und Verfahren in Form eines einheitlichen EU-Handbuches und einer frei zugänglichen Datenbank vor – getragen von nationalen Behörden, Arbeitgeberorganisationen, Gewerkschaften und Ausbildungseinrichtungen in den EU-Mitgliedsländern.

Doch die Frage bleibt, wie auf den Problemfeldern wirkliche Verbesserungen erreicht werden können. Das Symposium von ITI und Fonds Darstellende Künste hat noch einmal vor Augen geführt, dass die EU-Kommission in ihrer Mitteilung zwar die »Förderung der Mobilität von Künstlern und Beschäftigten im Kulturbereich« zu ihren spezifischen Zielen zählt, dass jedoch rechtliche Sonderregelungen für den Kunstbereich kaum denkbar, Veränderungen im Steuerrecht durch die Mitgliedsstaaten nur einstimmig zu realisieren sind und Eingriffen der EU in nationales Sozialversicherungsrecht gerade beim letzten Gipfel weiter vorgebaut wurde. Aus dieser frustrierenden Situation geringster politischer Mobilität bleibt dennoch nur der Schluss, sich über die künstlerischen Verbände in den politischen Dialog zu begeben. Immerhin, die EU-Kommission sucht auch hier einen strukturierten Dialog, und auf nationaler Ebene wäre die Kulturpolitik ebenso zu drängen, sich auf die in der Mitteilung vorgeschlagene Methode der offenen Koordinierung einzulassen.

Der Tanzbereich hat in letzter Zeit durch ein stärkeres Selbstbewusstsein, zahlreiche Projekte und den Willen zum strukturierten Auftreten auch in der Kulturpolitik auf sich aufmerksam gemacht. Ein Ergebnis ist die Gründung der Ständigen Konferenz Tanz, die sich als eine Plattform der Tanzverbände und Institutionen in den kulturpolitischen Dialog einbringen wird.

Transition Zentrum TANZ
Gründungsinitiative zur Umsetzung einer Empfehlung der Enquete-Kommission »Kultur in Deutschland«

Cornelia Dümcke — Politik & Kultur 6/2008

»Transition« ist im Tanzberuf unvermeidlich. Die Mehrheit der Tänzerinnen und Tänzer muss sich nach einer relativ kurzen aktiven Zeit auf der Bühne beruflich neu orientieren. Jeder professionelle Tänzer wird daher im frühen Berufsalltag mit Umschulung und Weiterbildung konfrontiert.

Damit ist »Career Transition«, wie das Problem des Karriereübergangs im angloamerikanischen Bereich genannt wird, weltweit integraler Teil im Berufsleben von Tänzern. Gleichwohl scheint es ungeschriebene Gesetze zu geben, an denen Tänzer festhalten. Denn das Verständnis des Tanzberufs beruht auf anderen Ansprüchen und Kriterien als Einkommenshöhe oder Beschäftigungszeit. Dieser Zwiespalt hat das Phänomen von »Transition« im Tanzberuf lange Zeit auch tabuisiert.

Das Interesse der Autorin dieses Beitrags an »Transition« im Tanzberuf wurde vor ungefähr fünf Jahren durch eine Anfrage des »Research Center for Arts and Culture« der Columbia Universität mit Sitz in New York geweckt. Diese Anfrage hatte auch Sabrina Sadowska, heute Leiterin der Arbeitsgruppe (AG) Transition und soziale Aspekte der Ständigen Konferenz (SK) Tanz e.V. sowie stellvertretende Ballettdirektorin am Vorpommerschen Tanztheater Stralsund/Greifswald, erreicht. Angefragt wurde eine empirische Recherche zu »Transition« im professionellen Tanz in Deutschland, gedacht als deutscher Länderbeitrag in dem weltweiten Forschungsprojekt »aDvANCE: Making Changes – Facilitating The Transition Of Dancers To Post-Performance Careers«. Für eine bundesweite Recherche war damals weder eine politische Wahrnehmung noch eine Lobby für eine Finanzierung zu finden. Mittlerweile hat sich die Situation geändert.

Die AG Transition und soziale Aspekte der SK Tanz e.V. hat – den Bedarf erkennend – im Sommer 2007 eine Projektstudie zu »Transition« im Tanz in Deutschland in Auftrag gegeben. Die Studie wurde gefördert vom Fonds Darstellende Künste e.V. sowie von Akteuren der Tanzszene selbst. Mit der Untersuchung wurde Culture Concepts, ein unabhängiges Forschungs- und Projektentwicklungsbüro mit Sitz in Berlin, beauftragt.

Erstmalig konnten die Rahmenbedingungen und der Handlungsbedarf zu »Transition« im Tanz in Deutschland mit einer bundesweiten Befragung im freien und festen Tanzbereich untersucht und bewertet werden. Zugleich konnten erste Orientierungen für die Errichtung eines »Transition Zentrum TANZ in Deutschland« (TZTD) gegeben werden. Die Ergebnisse der Studie wurden im März 2008 im Max-Liebermann-Haus in Berlin auf einer Pressekonferenz vorgestellt.

Folgende Ergebnisse der Studie haben die politischen Argumente geschärft und einen Beitrag zur Konzeptionsbildung für ein TZTD geleistet: Das Konzept der »dualen Karriereplanung« – beispielsweise im Profisport in Deutschland praktiziert – wurde in Bezug auf den Tanzberuf bislang nicht umgesetzt. »Duale Karriereplanung« im Tanzberuf findet momentan keine Entsprechung in einem ganzheitlich konzipierten Modell, das die »strukturelle Lücke« zu »Transition« im Tanz schließt. Warum soll jedoch das bei Profisportlern praktizierte Modell der »dualen Karriereplanung« nur auf den Sport beschränkt bleiben? Im Ausland existieren Modelle einer professionellen Begleitung von Tänzern in den »zweiten Beruf« (z. B. »Transition«-Zentren in Holland, England, Kanada und den USA). Sie haben uns Anregung dafür gegeben, auch in Deutschland ein erkennbares Zentrum für »Transition« im Tanzberuf zu schaffen. Die Forschung zur Wirksamkeit der »Transition«-Zentren im Ausland zeigt, dass der Schlüssel zu einer »erfolgreichen Transition« darin liegt, im Tanzberuf auf Veränderungen vorbereitet zu sein und begleitet zu werden. Die Ergebnisse der Befragung deuten an, dass in Deutschland zersplittert Angebote unterbreitet werden, für Tänzer aber schwer zu identifizieren und wahrzunehmen sind.

- Die Untersuchung gibt mit Daten und qualitativen Bewertungen von insgesamt 940 Tänzern und Choreografen – das sind ca. 25 % der ca. 3.800 Tanzschaffenden im freien und festen Tanzbereich in Deutschland – einen Aufschluss über die gegenwärtige Lage. Die Befunde deuten, was Einkommen, Versichertenstatus, Möglichkeiten der Vorsorge, Transparenz und Akzeptanz der bisherigen Angebote, Bewusstseinsbildung in Bezug auf »Transition« im Tanzberuf anbelangt, bislang nicht auf eine Verbesserung der Lage. Eher das Gegenteil ist der Fall. Mangel an Informationen und Zersplitterung der Szene kommen hinzu.
- Folgende Auswahl der empirischen Untersuchungsergebnisse begründet den Bedarf: Auszugehen ist nach Hochrechnungen von ca. 80 abhängig beschäftigten Tänzern sowie ca. 60 selbständigen freien Tänzern und Choreografen in Deutschland, die jährlich in »Transition« gehen. Zwei Drittel der Befragten fester Kompanien bewerten die Möglichkeiten zum Verbleib am eigenen Haus als verschlechtert. Der allgemeine Stellenabbau und die Schließung von Tanzsparten wurden als Hintergründe benannt. 45 % der befragten freien Tänzer und Choreografen bewerten die Rahmenbedingungen und Hilfestellung zu »Transition« negativ, die Übrigen mit »ich weiß nicht«. Zwei Bewertungen ließen sich schlussfolgern: mangelnde Aufklärung, Information und Sensibilisierung durch die gegenwärtig zuständigen Institutionen, aber auch eine Verdrängung der Herausforderung von »Transition«, besonders in der jungen Generation von freien Tänzern und Choreografen. Gleichwohl haben alle Tänzer und Choreografen fester Kompanien sowie ca. 90 % der freien Kompanien den Bedarf für die Errichtung eines TZTD als hoch bewertet.
- Wie international die freie und feste Tanzszene in Deutschland ist, wird mit der Befragung deutlich: Ca. 75 % der befragten Tänzer in den Kompanien der Staats- und Stadttheater sind nicht deutscher Herkunft. Unterstellt man, dass ein Großteil dieser Tänzer in Deutschland bleibt, sollte die Schaffung verbesserter struktureller Voraussetzungen für »Transition« im Tanzberuf auch als ein Beitrag zur Integration gesehen werden.

- Die Studie gibt erste Orientierungen für die Errichtung eines TZTD. Das Leitbild und ein Leistungsportfolio eines TZTD, das Tänzern und Choreografen im freien und festen Bereich offen stehen soll, werden beschrieben. Für Organisation und Finanzierung werden erste Orientierungen gegeben. In Szenarien werden die »Eckwerte« einer zu errichtenden Stiftung TZTD bestimmt, um eine Vorstellung von zu erwartenden Größenordnungen zu geben. Der Klärungsbedarf zur Weiterentwicklung des Modells wird benannt sowie eine »Roadmap« für nächste Schritte vorgeschlagen.

Die Enquete-Kommission des Deutschen Bundestages »Kultur in Deutschland« hat in ihrem Abschlussbericht – mit Bezug auf Ergebnisse der Studie – dem Bund und den Ländern die Empfehlung gegeben, »Tänzer während und nach der Tanzkarriere durch die Einrichtung einer entsprechenden Stiftung ›Transition‹ ... zu unterstützen.« (Bundestagsdrucksache 16/7000, 321)

Zu weiteren Schritten ermutigt haben neben dem Enquete-Bericht auch die aktuellen tanzpolitischen Initiativen. Wir gehen davon aus, dass das Projekt zur Gründung eines TZTD über den »Tanzplan Deutschland« hinaus Nachhaltigkeit gewinnen kann. Damit ist unser Ziel bestimmt: Für den Tanz in Deutschland wollen wir eine erkennbare und nachhaltig wirksame Struktur schaffen, die mit einem ganzheitlichen Ansatz das Potenzial von Tänzern und Tänzerinnen in »Transition« erkennt und nutzt. Tänzer und Tänzerinnen können aus ihrem erworbenen Beruf viel zurückgeben.

Die aktuelle Projektphase beinhaltet zum einen die Vorbereitung und Durchführung eines zielorientierten Workshops zur Koordinierung und Vernetzung relevanter Akteure in Sachen Aus- und Weiterbildung sowie Umschulung im Dezember 2008. Hier wird es entscheidend darauf ankommen, bei relevanten Partnern auf Bundesebene (z. B. Bundesministerium für Arbeit und Soziales, Bundesministerium für Bildung und Forschung, Bundesagentur für Arbeit, und andere mehr) das Interesse zu wecken und Kooperationsbereitschaft für strategische Partnerschaften zu erzeugen. Parallel werden zum anderen rechtliche Prüfungen und das Fundraising für ein Stiftungsmodell vorangetrieben, das gegenwärtig als Vorzugsvariante für die Gründung des Zentrums gilt.

Die Gründungsinitiative braucht Partner innerhalb und vor allem außerhalb des Tanzbereichs. Die Umsetzung des ambitionierten Vorhabens wird nicht ohne ein Interesse am Tanz und ein klares politisches Votum gelingen.

Zwischen Melonen und Kulturen
Ist die »Gastliteratur« in den deutschen Literaturbetrieb integriert worden?

Imre Török — Politik & Kultur 6/2008

»Überall bin ich der Fremde. Ich wünsche mir so sehr, alles zu umarmen. Aber alles entgleitet mir.« Sätze eines deutschsprachigen Literaten nicht-deutscher Herkunft. War er ein Verfasser von Ausländer- oder Gastarbeiterliteratur? Von polynationaler, multikultureller oder interkultureller Literatur? Ein Schriftsteller der Betroffenheit, der Fremde, der Migration?

Die meisten dieser zeitgenössischen Bezeichnungen könnten treffend und wahr sein. Und doch führen sie auf einen Holzweg. Etwa wie die Märchen des »einzigen Kaffeehausgeschichtenerzählers Deutschlands«. Der heißt Jusuf Naoum, ein gebürtiger Libanese, dessen Stories in Beirut und Bagdad ebenso wie in Washington und Berlin spielen. Jener andere Fremde aber, der alles umarmen wollte, floh rund zwei Jahrhunderte früher aus seiner Heimat Frankreich nach Preußen, erlangte 1814 Weltruhm mit »Peter Schlemihls wundersame Geschichte« und ist unter seinem Künstlernamen Adelbert von Chamisso bekannt.

Zurück in die Jetztzeit. Die Dresdner Poetikdozentur wird von Trägern des renommierten Chamisso-Preises der Robert Bosch Stiftung bestritten: Yüksel Pazarkaya, Carmine Gino Chiellino, Adel Karasholi, Ilma Rakusa. Türkische, italienische, syrische, ungarischslowakische oder deutsche Literaten? Hat die literarische »Hochzeit der Kulturen« (Pazarkaya) tatsächlich stattgefunden? Oder kann man, so der Schriftsteller Rafik Schami in einem Interview Ende 2004, »nie zwei Wassermelonen in einer Hand tragen«?

Arbeitskräfte aus dem Ausland brauchte das deutsche Wirtschaftswunderland, doch es kamen Menschen. Und nicht nur das, sie schrieben sogar. Manche mehr als nur Briefe in ihre Heimatländer. Schrieben Lyrik und Prosa, in der und sehr wohl für die fremde »kalte« Heimat. Man sprach zunächst, bei den ersten Deutschschreibern fremder Zunge, von Gastarbeiterliteratur oder Literatur der Betroffenheit. Heute leben an die 400 Vertreter der noch oft so genannten »Ausländerliteratur« in Deutschland, bevorzugt bezeichnen sie sich als interkulturelle Schriftsteller.

Wegmarken einiger der Betroffenen: Der heutige Schriftsteller und Diplompsychologe Franco Biondi kam aus Italien, arbeitete seit 1965 zunächst als Chemie- und Fließbandarbeiter in Deutschland. Ab 1970 begann er zu schreiben, war 1980 Mitbegründer der Literaturgruppe »südwind gastarbeiterdeutsch«, Mitinitiator des »Polynationalen Literatur- und Kunstvereins (PoLiKunst)«, der die Interessen von Schriftstellern der Migration vertrat. In den 1980er-Jahren erhielt Biondi die Ehrengabe der Bayerischen Akademie der

Schönen Künste und wurde mit dem Adelbert von Chamisso-Preis ausgezeichnet. Auch der aus Syrien stammende Rafik Schami engagierte sich bei »südwind« und »PoLiKunst«, stritt für die Eigenart einer zwischen den Kulturen beheimateten Literatur. Sein poetisches Werk ist mittlerweile vielfach preisgekrönt, mit dem Adelbert von Chamisso-Preis, dem Hermann Hesse-Preis, dem Prix de Lecture, dem Thaddäus Troll-Preis, dem Hans Erich Nossack-Preis. Der aus Italien stammende Lyriker und Essayist Carmine Gino Chiellino, heute Professor für Vergleichende Literaturwissenschaft an der Universität Augsburg, zählt ebenfalls zu den Mitbegründern von »PoLiKunst«, der allerdings nur von 1980 bis 1987 aktiv war. Chiellino hat sich auf die Kultur der Migration konzentriert und das Standardwerk »Literatur und Arbeitsmigration« (Chiellino, 1995) herausgegeben. Er sagt, dass die Hoffnung vieler gehört zu werden, sich nicht erfüllt habe. Seine Ansicht begründet er damit, dass »die Sprache der Gastgesellschaft nicht vorbereitet ist, um Fremde aufzunehmen. Es ist eine Sprache, die eigentlich nur die deutsche Kultur in sich trägt.«

Zeigen die genannten Beispiele, die Poetik-Dozenturen und Auszeichnungen, nicht das Gegenteil, dass nämlich die »Gastliteratur« (Chiellino) sehr wohl in den deutschen Literaturbetrieb integriert ist? Die Frage zielt auf einen wunden Punkt, der seit Jahrzehnten diskutiert wird. Bei den Literaturtagen in Sindelfingen 1985 war ich Mitorganisator, ein Themenschwerpunkt hieß »Deutsche Literatur in einem fremden Land«. Rafik Schami, Sinasi Dikmen, Zacharias Mathioudakis, José Oliver und andere nahmen teil. Heftig diskutiert wurde in jener Zeit über sprachliche Normen und Freiheiten. Dikmen etwa wollte in seinem literarischen Schreiben seine türkische Denkweise bewahrt wissen, ließ deshalb Ausdrucksfehler nicht korrigieren. Mancher empfand Stilkorrekturen von Lektoren gar als deutsches Obrigkeitsdenken. Verbunden mit sprachlichen Aspekten wurde so auch die Frage nach der gesellschaftlichen Relevanz und der Möglichkeit der Gesellschaftskritik in einer Literatur der Fremdheitserfahrung gestellt. Spielt diese Sichtweise, die Schau von innen und gleichzeitig von außen, heute noch eine prägende Rolle? Oder sind Wogen geglättet und die »Ausländerliteratur« integriert worden?

Damals in Sindelfingen las Keko einen bissig ironischen Text über Deutschland, über die »Ureinwohner des Wiwulandes«. Seine Geschichte »Ach wie gut, dass jeder weiß, dass auch ich Kanake heiß!« löste bei der kleinen, aufgeschlossenen Zuhörerschaft verhaltene Heiterkeit und nachdenkliche Betroffenheit aus. Eine beachtliche öffentliche Resonanz gab es nicht, Gleichgesinnte dies und jenseits des Lesetischs waren und blieben weiter unter sich. Keine 20 Jahre später ist regelmäßig eine Kolumne in der BILD-Zeitung zu lesen, unter dem Titel »Voll krass Kanakisch«, und der Einheimische amüsiert sich köstlich. Worüber eigentlich?

»Türkendeutsch« ist angesagt, weisstu, Mann! Mehr von solch klischeebehafteten Persiflagen z. B. in dem Buch »Wem is dem geilste Tuss in Land? Märchen auf Kanakisch un so«, aus der Feder des voll krass Kolumnisten Michael Freidank. Nicht dass ich sauertöpfisch erscheinen will. Ich schmunzele bei den Comedykünstlern Dragan und Alder auch. Aber die Frage sei erlaubt, ob das die einzigen Ziele waren, die mein Schriftstellerfreund Dikmen und all die andere Kollegen erreichen wollten? Es gibt natürlich poetischere, anspruchsvolle Töne in Kanakien der Enkelgeneration von Aras Ören. Feridun Zaimoglu, 1964 im anatolischen Bolu geboren, Mannheimer Theaterdichter, Chamisso-Preisträger 2004, hat das Buch »Kanak Sprak« (Zaimoglu, 1995) geschrieben. Diskriminierung von Minderheiten ist in den Büchern von Zaimoglu nach wie vor ein vorrangiges Thema. Mit »Kanak Sprak« ist er zum Kultautor geworden. Und türkischstämmige Jugendliche verwenden das Schimpfwort »Kanake«, so die Sprachwissenschaftlerin Inken Keim vom Institut für deutsche Sprache in Mannheim, längst selbstbewusst für sich selbst.

Was also gibt es in Sachen Migrantenliteratur noch zu kritteln und zu meckern, Herr Kanake aus dem Ungarnland (Török heißt übersetzt Türke)? Welchen wunden Punkt gäbe es doch noch zu finden? Irmgard Ackermann, die zahlreiche Artikel und Bücher zur »mehrkulturellen Literatur« in Deutschland publiziert hat, wirft in ihrem Beitrag für das Buch »Schreiben zwischen den Kulturen« (Lützeler, 1996) eine Frage auf: »Wenn man die angeführten Beispiele aus der deutschen Literatur von Autoren anderer Herkunft (...) mit der Darstellung der multikulturellen Realität in Deutschland in den Werken deutscher Autoren vergleicht, so ist nicht zu übersehen, dass die hier lebenden Ausländer in diesen Werken – von Nadolnys exemplarischem Selim oder die Gabe der Rede einmal abgesehen – kaum zur Kenntnis genommen wurden. Wenn Literatur unter anderem auch als Seismograph für gesellschaftliche Entwicklungen gesehen werden kann, so scheint hier ein blinder Fleck zu sein.« Ein blinder Fleck vieler Schriftsteller deutscher Muttersprache? Oder der Verlagsprogramme, von denen sie abhängig sind? Oder ein Verdrängungsmechanismus in einer Gesellschaft, die sich über Türkensprache gut amüsieren kann, aber arg viel mehr über Fremdheit im Eigenen auch nicht wissen will?

Nach wie vor gibt es vor allem kleine und nur einige große Verlage, die Literatur von Migranten publizieren. Und wohl niemand wünscht sich die Zeit zurück, als jeder Betroffenheitsschmerz reihenweise gedruckt wurde. Doch wie groß ist das Interesse an kritischen, heiklen und bohrende Fragen aufwerfenden Themen, wie sie in den Anfängen der Mirgantenliteratur auf der Tagesordnung waren? Punktet nur noch das Exotische? Und hier und da eine poetische Spitzenleistung interkultureller Schriftsteller? Und die anderen bleiben mit ihren Manuskripten zwischen Melonen, Kulturen und allen Stühlen sitzen.

Aber, wird man sagen, die Verlage müssen marktorientiert produzieren. Also liegt es am Publikum? In ihrem Vortrag »Migration und Kultur«, während der Tagung »Mainzer Migranten Litera-Tour« 1996, ging die Schriftstellerin Christa Dericum auf Sigmund Freud ein, der uns gelehrt habe, dass wir die Fremden seien. Sie fuhr fort: »Wenn wir das Fremde als Teil unseres eigenen Unbewussten erkennen, schwinden die Ängste und das Fremde (als Wesentliches am anderen) wird vertraut, integraler Teil des Selbst. Welche Chance für das Zusammenleben, welche Bereicherung des Lebens und der Kultur! Aber dieses Land ist immer wieder das Deutschland aus Heinrich Heines Versen, das alte, unbewegliche, wehrige Deutschland. (...) Wir sind die Fremden! Wir werden erst zu Hause sein, wenn die Hunde zahm und die Tore offen sind, wenn Menschenrechte und Freundschaft keine leeren Formeln bleiben. Eine Utopie? Gewiss. Es geht jedoch darum, die Utopie in die Topie zu überführen.« Menschenrechte, Utopie, Freundschaft – davon fehlt mir etwas, wenn es um die Literatur von Migranten geht. Von Integration wird viel geredet. Aber von Freundschaft? Yüksel Pazarkaya thematisiert in seinem Essay über »Die Hochzeit der Kulturen« die Janusköpfigkeit der gegenseitigen kulturellen Durchdringung, da es »dafür in einer Gesellschaft wie der unsrigen einer gewaltigen Kraftanstrengung bedarf. Diese Energie wäre besser investiert, wenn man sich einbringt und zugleich Originalität, Eigenständigkeit bewahrt. Ich will damit auf eine bekannte Gefahr hinweisen, dass Impulse von außen zwar verändern, jedoch selber verschlungen werden und eingehen. Im kulturellen Geflecht besteht diese Gefahr der Nivellierung auch und gerade bei gut gemeinter Pflege. Nicht einer besonderen Pflege bedarf also das Zusammenleben und Zusammenwirken, sondern Anerkennung und Akzeptanz im Sinne der Gleichberechtigung …« Originalität, Gleichberechtigung – ja, davon haben viele geträumt, als sie die »kalte« neue Heimat explizit beim Namen benannten. Und Integration – bedeutet das nicht die Wiederherstellung des Ganzen, die Herstellung einer Einheit? Im Wortursprung schon!

Chamissos Peter Schlemihl gibt seinen Schatten für ein Glückssäckel her. Doch seine Schattenlosigkeit wird ihm zum Verhängnis. Bis er schließlich den vermeintlichen Glücksspender wegwirft. Auch fortan muss er zwar schattenlos leben. Doch indem der lange Gedemütigte das bürgerliche Glück in der Gesellschaft nicht mehr vermisst, wird er wahrhaft frei für die Erforschung der Welt, und lässt an seinen wunderbaren Erkenntnissen alle Menschen teilhaben. Ein utopisches Märchen? Gewiss. Aber ein zuversichtliches. Und wenn den Enkeln Chamissos die Hoffnung zwischendurch versiegt, bleiben noch immer die Worte des in der Champagne geborenen, in Berlin gestorbenen Dichters: »Überall bin ich der Fremde. Ich wünsche mir so sehr, alles zu umarmen …«

Die Verlage sind nicht unser Feind

Barbara Haack im Gespräch mit Imre Török — Politik & Kultur 6/2008

Der Verband deutscher Schriftsteller (VS) ist Teil der Gewerkschaft ver.di, vertritt aber keine Angestellten. Inwieweit verstehen Sie sich als Gewerkschaft, wo liegen Ihre spezifischen Aufgaben?
Der Verband deutscher Schriftsteller vertritt in der Tat ausschließlich Schriftsteller, die in dieser Tätigkeit freiberuflich arbeiten. Viele von ihnen haben aber zusätzlich einen »Brotberuf«, weil das Schreiben sie nicht ernährt.

Das heißt, der VS ist keine Gewerkschaft im herkömmlichen Sinne, um zum Beispiel Tarife zu verhandeln?
Das stimmt so nicht ganz. Im rein gewerkschaftlichen Sinne machen wir keine Tarifverträge. Aber wir streben an, mit der Verlegerseite Honorarregelungen für die Mitglieder auszuhandeln. Die sind vergleichbar mit Tarifen. Wir haben sowohl für die literarischen Übersetzer als auch für die Schriftsteller Tarifkommissionen. Diese Kommissionen führen die Vorverhandlungen. Die beiden Verbände, also der Börsenverein des deutschen Buchhandels (Börsenverein) bzw. die Verlage einerseits, und der Schriftstellerverband andererseits, verhandeln die Honorartarife dann weiter. Es gibt Normverträge zwischen Verlagen und Schriftstellern, die schon vor mehr als 20 Jahren ausgehandelt wurden. Und seit der Neuregelung des Urheberrechtsgesetzes ist es geboten, auch über Honorarfragen miteinander zu sprechen. Das ist vergleichbar mit Tarifverhandlungen.

In der Neuregelung gab es plötzlich die gesetzliche Forderung, dass angemessene Vergütungen zu zahlen seien bzw. zwischen den Verbänden verhandelt werden sollten. Ist das im Fall des VS geglückt?
Wir haben schon vor einigen Jahren eine Honorarvereinbarung für die Belletristik getroffen. Das war schwierig, und beide Seiten sind viele Kompromisse eingegangen. Aber wir haben – nach einer Mediation durch das Justizministerium – eine gemeinsame Vergütungsregelung unterzeichnet. Das heißt: Es gibt jetzt eine eindeutige Regelung für belletristische Autoren.

Sind Sie damit zufrieden?
Es sind Mindeststandards. Ich bin damit zufrieden, weil damit auch anerkannt worden ist, dass wir Vertragsparteien und auch Partner sind, die eben miteinander sprechen, miteinander Lösungen finden müssen. Die Verlage und der Börsenverein sind nicht unser Feind. Sie sind für uns wichtige Verwerter. Sie vertreten ihre Interessen, und wir als VS vertreten die Interessen der Urheber. Da-

zwischen muss man sich bewegen. Vor dem neuen Urhebergesetz war das überhaupt nicht möglich. Jetzt haben wir einen Mindeststandard, und nach zwei oder drei Jahren muss man sich wieder zusammensetzen und schauen, ob man Verbesserungen erreicht.

Sind diese verhandelten Ergebnisse denn verbindlich?
Die sind verbindlich. Ob sie eingehalten werden, das kann ich nicht in allen Einzelfällen nachprüfen. Aber sie sind auf jeden Fall rechtsverbindlich, d. h. die Autoren können sie vor Gericht einklagen.

Den Übersetzern geht es nicht so gut in dieser Hinsicht?
Die literarischen Übersetzer sitzen ja auch bei uns im Boot. Sie sind Teil des Schriftstellerverbandes, haben aber einen eigenen Status, gerade in Honorarfragen. Ihre Arbeitsweise, ihre Arbeitsbedingungen weichen von denen der Schriftsteller ab. Wir kämpfen Seite an Seite. Die Verhandlungen zwischen Übersetzern und Verlegern haben jetzt fünf oder sechs Jahre gedauert, es ging auf und ab, bis schließlich ein Kompromiss gefunden wurde. Bei den Übersetzern gab es allerdings Meinungsverschiedenheiten: Das eskalierte dann; bei einer Mitgliederversammlung im September hat die Mehrheit »Nein« gesagt. Ich kann nicht verhehlen, dass ich ein bisschen traurig bin. Aber es war wohl eine strategische Entscheidung: Einigen wir uns jetzt auf einen Abschluss und verbessern ihn dann in den nächsten Jahren? Oder wollen wir gleich bessere Bedingungen erreichen? Die Übersetzer haben sich für den zweiten Weg entschieden. Jetzt kann ich den Übersetzern nur viel Erfolg bei den weiteren Verhandlungen wünschen.

Wir sind hier auf der Buchmesse. Was bedeutet diese Messe für die Schriftsteller. Ist sie ein bedeutendes Forum, ein wichtiger Marktplatz? Oder ist das eher eine Sache der Verlage?
Nein, die Messe ist ganz gewiss nicht nur für die Verlage wichtig. Für die Verlage ist sie ein Marktplatz. Für uns Schriftsteller ist sie ein Ort der Begegnungen, des Informationsaustauschs. Und natürlich wollen wir unsere Bücher präsentieren. Es gibt ja auch Lesungen, Veranstaltungen. Es sind unsere Werke, es ist unser geistiges Eigentum, das hier vermarktet wird. Wir brauchen Messen, wir brauchen Verlage, die dafür sorgen, dass das, was wir schreiben, auch unter die Leute kommt. Darüber hinaus ist es schön, ich treffe hier sehr viele Kollegen, mit denen ich sonst nur selten zusammenkomme. Orhan Pamuk hat die Eröffnungsrede zur Messe gehalten, und er hat damit angefangen, was ihn an der Buchmesse stört. Das sei ihm erst nach vielen Jahren klar geworden, nämlich dass die Buchmesse den einzelnen Schriftsteller erdrückt. Die ganze Atmosphäre ist wunderbar, sie ist toll. Aber nach zwei Tagen ist man ganz klein in dieser Vielfalt an wundervollen Ergebnissen schriftstellerischer Tätigkeit. Und – das sagt jetzt wieder Imre Török – es erzeugt auch ein gewisses Gefühl von Demut vor der Mannigfaltigkeit an guten Publikationen. Man sieht: Ich bin ein Teil davon, aber es gibt Hunderte und Tausende, die ihre Emotionen, ihren Intellekt in das Schreiben von Büchern stecken. Das zu erleben ist einerseits berauschend und andererseits erdrückend.

In der Literaturszene gibt es eine Vielfalt an Preisen. Marcel Reich-Ranicki hat uns gerade wirkungsvoll gezeigt, wie man Preise in der Öffentlichkeit kritisiert. Der Deutsche Buchpreis spielt sicher in einer anderen Kategorie als der Fernsehpreis. Trotzdem wird er vielfach kritisiert. Auch der VS – als Mitträger des Deutschen

Literaturfonds – vergibt Preise und Stipendien. Was bedeuten diese Preise für die Schriftsteller?
Der Deutsche Literaturfonds vergibt in erster Linie Förderungen, aber auch zum Beispiel den Celan-Preis. Grundsätzlich finde ich Preise und Auszeichnungen ganz wichtig. Zum einen, um in der Öffentlichkeit auf Literatur und Bücher aufmerksam zu machen. Zum anderen, weil diese Preise als geldwerte Leistungen auch für viele Schriftsteller ihre Arbeitsexistenz erleichtern. Sie sind ein sehr wichtiges Zubrot für viele. Dass man über Preise geteilter Meinung sein kann, ist sicher richtig. Manche Preise befriedigen mehr die Eitelkeit der Preisgeber als dass sie wirklich einem nützlichen Zweck dienen. Aber auf die Diskussion, die auf die Behauptung hinausläuft: »Es gibt in Deutschland so viele Literaturpreise, man soll sie ja abschaffen«, würde ich mich auf keinen Fall einlassen. Das ist eine fatale und ganz falsche Sichtweise. Ich wehre mich dagegen, wenn es heißt, die Schriftsteller würden nur auf die Preise hin schreiben. Das geht an der Realität vollkommen vorbei und diese Behauptung ist sehr gefährlich. Ich glaube in der FAZ wurde die Diskussion geführt, man solle die Schriftsteller doch lieber aushungern und die Preise abschaffen, dann würden sie besser schreiben. Das ist ein Urteil der Satten. Zum Deutschen Buchpreis: Mich freut es sehr, dass Uwe Tellkamp diesen Preis bekommen hat. Nach wie vor ist es sehr wichtig, dass wir die Entwicklungen im Osten, in der früheren DDR genauer beleuchten, dass diese Geschichte immer wieder thematisiert wird. Ich gratuliere Uwe Tellkamp von Herzen. Diesen Preis hat der Richtige bekommen.

Das E-Book war – vor allem auch in den Medien – als das zentrale Thema der diesjährigen Buchmesse angekündigt. Wie stehen die Schriftsteller dazu: Ist das E-Book überhaupt ein Thema, oder warten Sie einfach ab, weil Sie ja direkt gar nicht davon betroffen sind, auf welchem Weg Ihre Werke zum Leser kommen?
In erster Linie freuen wir Schriftsteller uns über jede gute Vervielfältigungsmöglichkeit, die von den Kunden angenommen wird. Da kann es nicht genug geben. Das Hörbuch finden die Schriftsteller mehrheitlich sicher sehr gut. Vor einigen Jahren gab es viele Diskussionen über Vorgängermodelle des E-Book. Dann hieß es, das würde nicht angenommen. Jetzt also ein erneuter Versuch, es gibt zudem Podcast und den Roman auf dem Handy und vieles mehr. Für mich sind das erst einmal Spielereien mit technischen Möglichkeiten. Und wenn sie sich tatsächlich bewähren werden und die Leute gerne auch auf diese Weise lesen, dann ist es gut so. Ich glaube, dass das ganz normale Buch zum Blättern, das man im Bett und auf der Wiese lesen kann, noch eine sehr, sehr lange Zukunft hat.

Das Partnerland der Buchmesse ist in diesem Jahr die Türkei. Gibt es einen intensiven Austausch zwischen türkischen und deutschen Schriftstellern? Zwischen den Verbänden?
Es gibt beides. Den Austausch zwischen den Schriftstellern und auch den zwischen Verbänden. Wir haben schon im Vorfeld der Buchmesse zusammen mit einem türkischen Schriftstellerverband vier Veranstaltungen durchgeführt – in Berlin, Darmstadt, Köln und Hamburg. Hier auf der Buchmesse gibt es eine gemeinsame Veranstaltung zwischen literarischen Übersetzern aus Deutschland und der Türkei. Diese gemeinsamen Veranstaltungen mit türkischen Autoren sind gut angekommen. Wir hatten einen interessanten Austausch, bei dem auch über Probleme und über Aufgaben gesprochen wurde. Die

Begegnungen haben bewirkt, dass die beiden Verbände gesagt haben: Das soll nicht einmalig bleiben, wir werden vielmehr in den nächsten Jahren darauf hinarbeiten, dass wir diese Brückenbaufunktion, die die Literatur hat, ausweiten. Es gibt natürlich seit langem spannende Berührungspunkte zwischen den Literaturen, und zwar dadurch, dass wir im VS etliche Autoren haben, die aus der Türkei stammen, inzwischen aber auch auf Deutsch schreiben. Einige Dutzend türkischstämmige Schriftsteller, die Mitglied im Schriftstellerverband sind. Die bilden natürlich eine besonders wichtige Brücke zur türkischen Literatur.

Imre Török ist ja nicht im Hauptberuf Vorsitzender des VS, sondern in erster Linie Schriftsteller. Haben Sie – neben Ihrer Verbandsarbeit – überhaupt noch Zeit zum Schreiben?
Eine schmerzliche Frage ... Es bleibt zu wenig Zeit. Das belastet mich, weil die Kreativität darunter leidet. Das Schreiben, die Kreativität ist ja etwas, das einem im Blut liegt, und wenn man so etwas immer wieder zurückstellen muss, tut das nicht gut. Auf der anderen Seite habe ich mich dazu bereit erklärt, und ich stehe dazu. Auch die Verbandsarbeit mache ich mit Herzblut. Es sind diese zwei Seelen in der Brust, und es ist schwierig, beide zusammenzubringen. Ich habe jetzt ein Buch hier zur Buchmesse veröffentlicht, zusammen mit dem Fotografen Helmut Hirler: »Great Landscapes«. Aber für die schriftstellerische Tätigkeit müsste viel mehr Zeit bleiben. Ich wünsche, dass ich die Lebenskurve zum literarischen Schreiben intensiv hinsteuern werde.

Das ist vermutlich auch eine Frage des eigenen geistigen Freiraums?
Der VS-Vorsitz ist traditionell ein Ehrenamt. Leider ist das so. Inzwischen ist dieser Aufgabenbereich so angewachsen, dass es eine Halbtagsstelle ist. Das kann schon zum Problem werden. Wenn man jetzt nur die Arbeitsstunden nimmt, könnte man sagen: Er arbeitet 20 Stunden pro Woche, da hat er ja noch viel Zeit zum Schreiben. Aber mental sind es manchmal 80 Stunden pro Woche. Wenn ich 15 Minuten für den VS telefoniere, kann das im Kopf noch mal 2 Stunden zusätzliche Arbeit bedeuten. Und an der Spitze weht manchmal – wie auch sonst in den Bergen – ein etwas kälterer Wind. Man muss einiges aushalten. Die Aussicht bietet nicht nur das Schöne. Ich muss mich mit Gesetzen beschäftigen, mit dem Urheberrecht, habe mit juristischen und sozialen Fragen zu tun, auch mit Zwistigkeiten. Auf meinen Schreibtisch kommen meist die ungelösten Fälle. Zeitweilig schafft das ein Gefühl: »Ich manage ja nur noch den Schriftstellerverband.«

Auf Ihrer Webseite bezeichnen Sie sich als Publizist, als Kultur-Arbeiter, der hier und da auch »Schrift-Entsteller« oder »ungarer Deutscher« genannt wird. Wie sehen Sie sich und Ihre Arbeit im Spektrum der deutschen Literatur?
Ich habe ungarische Wurzeln, die Kindheit und Jugend habe ich in Ungarn verbracht. Auch wenn diese Wurzeln immer weiter zurückliegen, wirken sie noch. Ich lese bis heute gerne ungarische Literatur in der Originalsprache. Aber ich fühle mich nicht zwischen den beiden Kulturen, sondern lebe in beiden Kulturen. Ich finde es höchst spannend, zwei Kulturen so intensiv zu kennen. Sie streiten sich auch manchmal etwas oder sie ergänzen sich. Dem Schreiben kommt das auf der einen Seite zu Gute. Auf der anderen Seite muss ich aber auch gewisse Vorsichtsmaßnahmen geltend machen. Wenn ich versuche, ungarische Mentalität in das Schreiben zu integrieren, muss ich dies noch einmal »übersetzen«. »Ungarer Deutscher«

ist ein Zitat. So bin ich einmal spaßeshalber in irgendeiner Zeitschrift genannt worden. Das hat mir gut gefallen. Ein Buch von mir heißt »Un-GAR.« Das ist einer, der trotz Studium der Philosophie, der Germanistik, der Geschichte von sich meint, er müsse immer dazulernen. Das passt zu mir.

Vielen Dank für das Gespräch.

Herausforderungen und Fährnisse eines Berufs
Gedanken zum Freien Lektorat

Carla Meyer — Politik & Kultur 6/2008

Am Anfang steht zwar immer noch der Text, am Ende jedoch längst nicht mehr in allen Fällen das Imprimatur, das klassische »wird gedruckt«. Ersetzen könnte man den Begriff mit »Publicatur – wird veröffentlicht«, in welcher Form auch immer, als Buch, als Hörbuch, CD-ROM, im Internet, in Dialogsequenzen untergliedert, auf Beipackzetteln, Reklametafeln, Firmenflyern, in Fachzeitschriften, als Gebrauchsanweisung und vieles mehr.

Das Tätigkeitsfeld Freies Lektorat hat sich im Laufe der letzten zwanzig Jahre enorm gewandelt. Ursprünglich hervorgegangen aus dem klassischen Verlagslektorat, unterstützt das Freie Lektorat heute nicht nur Verlage, sondern auch sonstige Unternehmen, Institutionen und Verbände aller Art sowie Agenturen oder Einzelpersonen, ihre Texte, Schriften, Publikationen korrekt, inhaltlich nachvollziehbar und sachdienlich im Hinblick auf Textgenre, Medium und Zielgruppe aufzubereiten. Im Freien Lektorat werden heute Texte verschiedenster Art gemäß dem Medium, das sie transportiert, bei ihrem Werdegang hin zum »Publicatur« mitgestaltet, werden Projekte abgewickelt, die weder etwas mit der Buchproduktion noch mit Printmedien generell zu tun haben. Als eigenständiger Dienstleister ist das Freie Lektorat inzwischen also nicht mehr nur Teil der Buch-, sondern der gesamten Medienbranche. Analog zu den Anforderungen unterschiedlichster Auftraggeber, Medien und Zielgruppen haben sich so auch seine Dienstleistungen und Kernkompetenzen mit der Zeit sehr stark erweitert.

Wurden dem Freien Lektorat im Bereich der Buchproduktion bzw. der Printmedien ursprünglich vor allem Einzeltätigkeiten übertragen, etwa Manuskriptbearbeitung, Recherche, Schlussredaktion, so werden ihm heute von Verlagen zum Teil ganze Projekte überantwortet, beginnend bei der Akquise von Autorinnen bzw. Übersetzern über die Bildbeschaffung, die Erstellung von Grafiken, die Einholung von Rechten, die Abwicklung von Lektorat bzw. Redaktion, Korrektorat und Index-Erstellung bis hin zum Schreiben von Klappen- und Werbetexten. Als weitere Dienstleistung über das Freie Lektorat hinaus wird das Ganze dann druckreif, das heißt gesetzt, layoutet, digitalisiert, und selbstverständlich termingerecht der Druckerei XY online übersendet. Gefragt sind hier also zusätzliche Kompetenzen, etwa im Bereich Produktmanagement, Kommunikation, Teamkoordination; wichtig sind zudem gute Kontakte zu Autoren, Übersetzerinnen, Grafikerinnen, Indexern, Herstellerinnen, zu Kolleginnen, Kollegen, die ggf. einen Teil der Lektoratsarbeit übernehmen.

Manche Aufträge wiederum sind eher »kleinteilig«, z. B. wenn es gilt, ein paar Zeilen Text auf einem reich bebilderten Werbeflyer kritisch zu prüfen, auch nachts noch, zwischen zwölf und zwei – im Werbelektorat, in der Zusammenarbeit also mit Werbeagenturen, keine Seltenheit. Für einen Online-Redakteur hingegen hat »kleinteilig« eine ganz andere Bedeutung: Texte »web-userfreundlich« aufzubereiten, so etwa Teaser schreiben, Seiten verlinken, entscheiden, wie weit zu scrollen dem Leser, der in diesem Falle »Nutzer« heißt, zuzumuten ist.

Freie Lektorinnen und Lektoren sind selbstständige Unternehmerinnen und Unternehmer, die nicht nur sich, sondern auch ihr Unternehmen zu unterhalten haben. Gerade in den Verlagshäusern jedoch, dem, historisch betrachtet, »Mutterboden« des Freien Lektorats, wird dies kaum gesehen. Als »Nährboden« für freie Lektorinnen und Lektoren sind Verlage nämlich nur bedingt geeignet – so das Ergebnis der großen Honorarstudie des VFLL (Verband der Freien Lektorinnen und Lektoren e.V.) aus dem Jahr 2005: Buchverlage haben lediglich einen Anteil von 26 % an der Gesamtzahl jener Auftraggeber, die ein gutes bis sehr gutes, jedoch einen Anteil von 55 % an jenen, die ein schlechtes oder sehr schlechtes Honorar zahlen. Was in diesem Fall »gut«, was »schlecht« ist, verdeutlicht der mittels genannter Studie festgestellte Stundensatz, der im Freien Lektorat für alle für unterschiedlichste Auftraggeber erbrachten Leistungen durchschnittlich erzielt wird: 22,04 Euro.

Diesen Einnahmen stehen Ausgaben gegenüber, die gerne übersehen werden: die Kosten für Büro, Büroausstattung, der Zeit- und somit Kostenaufwand für Auftragsakquise, Kundenpflege und Büroorganisation, für Fortbildungen, Tagungen und Messen. Hinzu kommen die Aufwendungen für Sozialversicherungen, für zusätzliche Altersvorsorge, für den Fall der Berufsunfähigkeit oder einer Schadenshaftung (Vermögensschadenhaftpflichtversicherung), für Steuerberatung sowie ggf. juristische Beratung/Unterstützung und natürlich der Steuerabzug. Ein Großteil der freien Lektorinnen und Lektoren ist über die Künstlersozialversicherung versichert, und anders böte das Freie Lektorat für viele auch keine Existenzgrundlage. Denn von einem Stundensatz von 22 Euro bleiben KSK-Versicherten im Freien Lektorat nach Abzug aller genannter Kosten (mit Ausnahme Steuerberatung und juristische Beratung/Unterstützung) durchschnittlich etwa 7 Euro. Bei über zwei Dritteln der an das Freie Lektorat vergebenen Aufträge besteht jedoch bezüglich des Honorars nur wenig Verhandlungsspielraum.

Einer der Gründe hierfür ist mit Sicherheit, dass »Lektorin/Lektor« kein Ausbildungsberuf ist, keine akademisch zertifizierte Tätigkeit und somit auch keine geschützte Berufsbezeichnung. Mit anderen Worten: Wer will, der kann – und dies ganz offensichtlich nicht nur theoretisch, denn der Markt ist groß – und unübersichtlich. Wie viele freie Lektorinnen und Lektoren es tatsächlich gibt, kann niemand sagen, jedoch ist die Fluktuation im Kreis der Anbieter freiberuflicher Lektoratsarbeit signifikant – so der Erfahrungswert des VFLL. Ein weiterer Erfahrungswert: Auf diesem Markt behaupten kann sich nur, wer sich dort professionell bewegt, das heißt, wer Qualität liefert, als Unternehmerin bzw. Unternehmer handelt und sich auf bestimmte Fachgebiete bzw. technologische Arbeitsmittel (z. B. Computerprogramme) spezialisiert. Denn die Redaktion eines zehnbändigen Lexikons oder eines mit vielen Fotos und Grafiken ausgestatteten, großformatigen Ausstellungskatalogs erfordert jeweils völlig andere Spezialkenntnisse und technologische Arbeitsmittel als das Lektorat einer 1.200-Seiten-Biografie in Übersetzung, das einer wissenschaftlichen Arbeit, eines Beipackzettels oder die Projektbetreuung der Online-Präsentation eines Museums.

Die meisten freien Lektorinnen und Lektoren sind Einzelunternehmerinnen bzw. -unternehmer, nicht wenige jedoch arbeiten mit einem Partner, einer Partnerin oder in einer Bürogemeinschaft. Etwa 700 freie Lektorinnen und Lektoren, darunter rund 80 % Frauen, sind Mitglied im VFLL, dem im deutschsprachigen Raum diesbezüglich einzigen Netzwerk und Berufsverband. Sein Augenmerk gilt unter anderem der Qualität freiberuflicher Lektoratsarbeit: Ein lektoratsspezifisches Wiki, Checklisten für die Auftragsabwicklung, die Festlegung von Qualitätskriterien und ein breit gefächertes Angebot an Seminaren, auch für Berufsanfängerinnen und -anfänger, sind beispielsweise Leistungen für seine Mitglieder – im Interesse einer qualitativ hochwertigen Medienproduktion. Wichtiger Bestandteil der Verbandsarbeit sind jedoch auch jene Fragen, die die wirtschaftliche und soziale Situation im Freien Lektorat betreffen. Gerade auf steuerpolitischem Gebiet gibt es z. B. eine für unzählige freie Lektorinnen und Lektoren existenzbedrohende Gefahr, nämlich die Einstufung als Gewerbetreibende und nicht als Freiberuflerinnen bzw. Freiberufler. Bislang sind dies Einzelfälle, jedoch: Anlass genug, auf politischer Ebene dringendst darauf hinzuwirken, dass »Freie Lektorin/Freier Lektor« als Katalogberuf gemäß § 18 EStG anerkannt wird. Gelingt dies nicht, droht freien Lektorinnen und Lektoren neben einer ggf. zusätzlichen Steuerbelastung der Ausschluss aus der Künstlersozialkasse, und das könnte für die Existenz dieses Berufsstandes das Ende sein.

Vom Verlag zum Medien-Unternehmen
Rolle und Aufgaben von Verlagen im digitalen Zeitalter aus Sicht eines kleinen Fachverlags

Barbara Haack — Politik & Kultur 2/2009

Kennzeichen aller Phänomene, die wir unter dem Begriff Digitalisierung zusammenfassen, ist, dass sich die Dinge sehr schnell verändern. Bestanden im vor-digitalen Zeitalter die Hauptaufgaben des Verlegers darin, gute oder gutverkäufliche Autoren zu entdecken und zu verpflichten, lang anhaltende vertragliche Bindungen zu ihnen aufzubauen, ihre Werke mit Hilfe von Setz- und Druckmaschinen herzustellen oder herstellen zu lassen, um sie schließlich auf etablierten, durch kontinuierlich gewachsene Kundenbeziehungen gepflegten Vertriebswegen in den Handel zu bringen, so hat sich zu diesen verlegerischen Aktivitäten in den letzten Jahren eine technische Komponente gesellt, die Kapazitäten in erheblichem Maß bindet.

Ein kleiner Verlag, wie er hier exemplarisch im Zusammenhang mit Veränderungen und Anforderungen der Digitalisierung dargestellt werden soll, hat im Stellenplan keinen IT-Beauftragten vorgesehen, schon gar nicht eine IT-Abteilung, wie sie sich Großverlage inzwischen leisten. Dennoch braucht ein Medienunternehmen– sei es nun klein, mittel oder groß – Köpfe, die zusätzlich zu den eigentlichen Aufgaben mit Interesse und Ausdauer technische Entwicklungen verfolgen – ist doch die Produktion und Verbreitung von Informationen und Daten unterschiedlichster Art nach wie vor die Kerntätigkeit von Verlagen. Die unternehmerische Aufgabe besteht dann unter anderem darin, zu entscheiden, welche dieser Entwicklungen für den eigenen Arbeitsbereich relevant sind, welche man gleichsam als Pionier in den Anfängen realisieren möchte, welche man abwartend einführt, nachdem andere sich daran probiert haben, welche man als unnötig abtut. Für einen kleinen Verlag, für den eine »digitale Investition« immer eine enorme Ausgabe bedeutet, können solche verlegerischen Entscheidungen über Gedeih oder Verderb, über den Gesamterfolg des Unternehmens bestimmen.

Revolutionierung der technischen Abläufe

Das beginnt bei der Ausstattung mit Hard- und Software. Die zur Weltanschauung gewordene Frage, ob Apple oder PC beinhaltet eine Vorentscheidung für bestimmte Grafik-Programme. Ein Klein-Verlag wie ConBrio, bei dem relativ wenig Mitarbeiter unterschiedlichste Aufgaben bewerkstelligen, muss praktisch alle Arbeitsplätze mit einem solchen Grafikprogramm ausstatten. Der Wechsel von einem Programm wie PageMaker zum wesentlich leistungsfähigeren InDesign, wie ihn der Verlag vor einigen Jahren vollzogen hat, stellt also einen wirtschaftlichen wie organisatorischen Kraftakt dar. Digitalisierung bedeutet ja nicht nur technische Neuerung. Sie hat eine radikale Veränderung von Arbeitsplatzbeschreibungen und Workflows ebenso mit sich gebracht wie den Wegfall vieler Arbeitsschritte und Aufgabenbereiche. Waren noch vor wenigen Jahren regelmäßig Mitarbeiter damit beschäftigt, Texte zu erfassen oder Bilder einzuscannen, so erreichen heute über 90 % aller zu verarbeitenden Daten per E-Mail den zuständigen Lektor oder Redakteur. Dieser wiederum ist in der Lage, Zeitungs-, Magazin- oder Buchseiten selbständig am Bildschirm zu »bauen«, ohne einen Setzer oder Grafiker hinzuziehen zu müssen. Fertige Seiten, die früher in der Lithographie belichtet und als Platten zur Druckerei gebracht wurden, sind heute in kürzester Zeit als PDF-Datei vom Bildschirm der Redaktion zu dem der Druckerei gebeamt. Die technischen Voraussetzungen und Gegebenheiten der Kommunikationsvermittlung verändern sich so schnell, dass Mitarbeiter eines Unternehmens, das mit der Kommunikation sein Geld verdient, stets flexibel und offen gegenüber Veränderungen sein müssen. Letzter Coup der Branche ist die Erfindung des E-Book. Schon seit vielen Jahren auf der Agenda der Verlage und dabei mehrfach totgesagt, beginnt das elektronische Lese-Gerät, das das gedruckte Buch ersetzen soll, offenbar gerade seinen Siegeszug – so machen es einem die Medien wenigstens glauben. Die tatsächlichen Absatzzahlen der Geräte, vor allem aber der über sie digital vermittelten Inhalte, bewegen sich selbst im Geburtsland des E-Books, den USA, offenbar noch im einstelligen Prozent-Bereich. Es scheint jedoch, als lasse es sich nicht aufhalten (und schon diese – gern und häufig gebrauchte– Formulierung zeigt die Skepsis, mit der hierzulande dem elektronischen Lesen begegnet wird). Um der Allmacht von amazon oder Google zu begegnen, die – vorausschauend und sicher mit entsprechenden Investitionsetats für Forschung und Entwicklung ausgestattet – am liebsten das Geschäft mit den elektronischen Inhalten unter sich aufteilen würden, hat der Börsenverein des Deutschen Buchhandels eine eigene Plattform entwickelt. »libreka!« soll zumindest den deutschsprachigen Buchmarkttechnisch liberaler und offener gestalten. Die Skepsis in der Branche spricht allerdings noch ihre eigene Sprache.

Verlegerische Netzwelt

Viel umwälzender als jede rein technische Neuerung aber wirkt sich die veränderte (oder erweiterte) Form der Kommunikation aus, die das Internet geschaffen hat. Die Möglichkeit, die sich im Laufe weniger Jahre perfektioniert hat, Informationen und Nachrichten weltweit und unvorstellbar umfassend abzurufen, trifft den Kern des verlegerischen Geschäfts. Gerade in einem Fachverlag, dessen ursprüngliche Kompetenz in der gründlichen und relativ termindruckfreien Recherche von Themen, Informationen, Hintergründen liegt, stellt die tages- oder stundenaktuelle Informationsproduktion eine immense Herausforderung dar. Und doch stellen sich die Fachverlage schon lange darauf ein. So sehr sie am Buch oder der Fachzeitschrift in gedruckter Form festhalten, so genau wissen sie auch, dass es damit alleine nicht mehr getan ist. Wurde in den Anfängen des Internets die jeweilige Verlagswebseite neben einer erhofften Marketing-Wirkung eher als Verdopplungs-Medium zum Printprodukt genutzt (der ConBrio Verlag stellt seit Ende der 1990er-Jahre seine Zeitungen und Zeitschriften als Volltext ins Netz), so hat es sich heute zum – häufig sehr eigenständigen– Ergänzungsprodukt entwickelt. Nachricht, Information, Kommentar, Bericht – Text, Bild, Film: In der Regel verfügen die Verlage inzwischen über eigene Internet-Redaktionen. Der Spiegel und Spiegel Online haben es vorgemacht. Der kleine Fachverlag allerdings sieht sich hier vor die Frage gestellt, wie lange der investorische Atem reicht: Die Einrichtung einer zeitgemäßen, interaktiven und flexiblen Web-Präsenz und die Aufrechterhaltung eines immer attraktiven und aktuellen Angebots finden wirtschaftlich zunächst keine Amortisation. Der online-Werbemarkt freut sich zwar über wachsende Umsätze, aber in einem eher konservativ orientierten Kundenkreis wie dem eines Kulturverlags sind Online-Umsätze recht mühsam zu generieren. Dass sich ConBrio (ebenso wie zahlreiche andere Fachverlage) trotzdem zu dieser Investition entschlossen hat (das Ergebnis lässt sich auf *www.nmz.de* in allen Facetten überprüfen), entspringt der Einsicht in die kommunikative Notwendigkeit wohl ebenso wie der Lust an neuen, schnellen, interaktiven Kommunikationsmitteln. Ein kleiner Exkurs zu den öffentlich-rechtlichen Medien sei erlaubt: Was wirtschaftlich, aber eben auch stark inhaltlich orientierte Fachverlage, aus selbst erwirtschafteten Mitteln (vor-)finanzieren, um wiederum das erfolgreiche Fortbestehen ihres Unternehmens zu sichern, wird dort mit den Mitteln der Gebührenzahler ermöglicht. Dass die Verleger hier von Wettbewerbsverzerrung sprechen, ist sicher nicht aus der Luft gegriffen.

Zurück zum digitalisierten Verlag. Ein Trend unter anderem: das bewegte Bild. Video-Sequenzen, Info- oder Werbefilme gehören in der Netzwelt schon zur Normalität. Ein Fachverlag mit funktionierendem Netzwerk und entsprechender Kompetenz kann das neue Medium gleich doppelt nutzen: als Anbieter neuer Inhalte – und als Produzent im Auftrag Dritter (siehe auch *www.nmz.de/media*). Denn die mediale Kompetenz hört nicht beim Print auf, sie schließt mehr und mehr andere journalistische Ausdrucksformen ein.

Selbstverständnis der Verlage

Bleibt die Frage: Welches ist in einer Zeit, in der Nachrichten und Informationen in Überfülle und jederzeit lieferbar sind, in der jeder sein eigenes Buch am Bildschirm produzieren und es dann in 1-, 5- oder 10-facher Auflage sowie guter Qualität drucken lassen kann, in der Blogger millionenfach die Welt an ihren Erlebnissen, Gedanken und Gefühlen teilhaben lassen, das Selbstverständnis des Verlegers? Das ist – natürlich – die Kombination aus inhaltlicher (Fach-) und journalistischer (Medien-)Kompetenz. Beides zusammen erzeugt Glaubwürdigkeit und schafft Orientierung. Es ist auch der Gedanke der Vernetzung – von Wissen ebenso wie von Menschen und Institutionen –, der so einen Fachverleger prägt. Es ist das Heraustreten aus der Masse und gleichzeitig eine Ent-Individualisierung des im Netz les- und erfahrbaren: von der persönlichen Botschaft des einzelnen zur qualifizierten Information. Denn der Verleger handelt leser- bzw. nutzerorientiert. Im Idealfall handelt er auch im Bewusstsein seiner gesellschaftlichen Schlüsselposition und der damit verbundenen Verantwortung. Zumindest haben die großen Verleger-Vorbilder in früheren Zeiten das getan. Und daran wiederum muss die Digitalisierung nicht unbedingt etwas ändern.

Aus den Fehlern der Musikindustrie lernen

Barbara Haack im Gespräch mit Alexander Skipsis — Politik & Kultur 6/2008

Welche Rolle spielt die Frankfurter Buchmesse für den Buchmarkt?
Die Frankfurter Buchmesse ist die weltgrößte Messe für Bücher. Von daher ist sie natürlich der maßgebliche Wirtschaftsfaktor, in deren Mittelpunkt das Buch als Wirtschaftsgut steht. Es ist aber zugleich auch Kulturgut. Die Protagonisten unserer Branche sind Menschen, die sich Inhalten und Werten verpflichtet fühlen, die Anliegen haben und sie auch mitteilen wollen. Dies macht unsere Branche so einzigartig und auch im weiteren Sinne sehr politisch.

Hat sich an dieser Bedeutung im Laufe der vergangenen Jahre etwas verändert?
Der Meinung bin ich nicht. Allerdings verändern sich Diskussionen und Schwerpunkte um das Buch in dem Maße, wie sich unsere Gesellschaft verändert. So war zum Beispiel in den 1960er-Jahren die Buchmesse ein Ort der intensiven gesellschaftlichen und politischen Auseinandersetzung. Hier verschieben sich Akzente. Aber gerade in diesem Jahr haben wir mit unserem Gastland Türkei auch die große politische Brisanz erlebt, die mit dem Anspruch auf die freie Verbreitung des geschriebenen Wortes verbunden ist. Orhan Pamuk hat in der Eröffnungsveranstaltung eine Rede gehalten, die enorm mutig war. Er hat ganz klar gesagt, dass die Lage in der Türkei solange inakzeptabel ist, solange Schriftsteller noch verfolgt werden und solange der Wissenszugang dadurch beschränkt wird, dass bestimmte Internet-Plattformen in der Türkei nicht zugelassen werden. Er hat das in Anwesenheit des Staatspräsidenten Abdullah Gül gesagt, der sich auf diese Fragen sehr diplomatisch eingelassen hat. Die Türkei sei noch nicht ganz so weit, aber habe die Hürden bereits gesenkt. Die Türkei sei deshalb auf einem guten Weg. Ich persönlich finde es unerträglich, Schriftsteller wegen ihrer Arbeit zu verfolgen. Genauso unerträglich ist es, wenn man den Zugang zu Informationen, die weltweit verfügbar sind, beschränkt. Das ist mit einem freiheitlich-demokratischen Staat nicht zu vereinbaren.

Die Buchmesse hat also auch eine kulturpolitische Funktion?
Auf jeden Fall. Ich denke, diese Funktion muss sie auch haben. Man kann keine Messe für Bücher veranstalten und das ausschließlich unter dem Wirtschaftsaspekt sehen. Die Frankfurter Buchmesse muss auch Ort der Auseinandersetzung sein, in deren Zentrum Inhalte stehen.

In den Medien wurde in den letzten Tagen das E-Book als zentrales Thema

der Buchmesse bezeichnet. Sehen Sie das auch so? Ist das E-Book hier auf der Messe das zentrale Thema?
Die starke Resonanz der Medien auf das Thema E-Book in den letzten Wochen und Monaten ist sehr gut nachvollziehbar. Die E-Reader haben einen technischen Standard erreicht, der jetzt marktfähig ist. Ich denke, wir werden spätestens im nächsten Jahr die ersten E-Books in Deutschland auf dem Markt haben. Der Börsenverein hat mit der Plattform libreka! genau die Voraussetzungen geschaffen, um elektronische Inhalte auf diese neuen Lesegeräte schnell herunterladen zu können – und zwar unter Beachtung des Urheberrechts. Da sind wir mit Sicherheit einen wesentlichen Schritt weiter, als es vor ein paar Jahren die Musikindustrie war.

Libreka! ist ein Instrument des Börsenvereins, um sich zum Beispiel gegen amazon oder Google zu behaupten. Sehen Sie sich als Konkurrenten zu diesen Anbietern?
Nein, wir betreiben eine Plattform, die ausschließlich vermittelt. Wir wollen weder unseren Mitgliedern noch anderen Anbietern Konkurrenz machen. Aber wir streben einen offenen Markt an. Deshalb setzen wir uns vehement für offene Formate ein, die von verschiedenen Geräten gelesen werden können. Wir wollen keine Verhältnisse haben, in denen ein Anbieter den ganzen Markt beherrscht. Und das Urheberrecht muss ganz klar beachtet werden. Insofern werden wir in aller Schärfe gegen Plattformen vorgehen, die dies nicht beachten.

Sie wollen auch hier das vermeiden, was die Musikindustrie falsch gemacht hat.
Ja, wir haben daraus gelernt. Ich halte die Entwicklung des E-Books in unserem Bereich für eine große Chance, weil so die Verbreitung und die Verfügbarkeit von Büchern rasant zunehmen wird. Es können relativ schnell weltweit Inhalte auf dem E-Book zur Verfügung gestellt werden, wodurch die Leser unmittelbaren Zugang zu mehr Literatur erhalten. Das ist durchaus vergleichbar mit der Revolution, die vor über 500 Jahren mit der Erfindung des Buchdrucks einherging. Damals hat diese Technik dazu geführt, dass Inhalte sehr schnell verbreitet worden sind. Ohne diese Technik wären die Aufklärung und die großen Entwicklungen der Gesellschaft gar nicht denkbar gewesen. Vielleicht stehen wir heute an einer Schwelle, die zumindest vergleichbar ist.

Ist das das Ende des gedruckten Buchs?
Das halte ich für Unsinn – nicht weil ich in dieser Beziehung ein Romantiker bin, sondern weil beides, gedrucktes Buch und E-Book, dem Leser bestimmte Vorteile bietet. Und der wird situationsbedingt entscheiden, was er nutzt.

Vor acht bis zehn Jahren war das E-Book bereits totgesagt. Was ist eigentlich der Unterschied der heutigen Geräte zu denen, die den Durchbruch nicht geschafft haben?
Damals waren es noch unhandliche Geräte mit schwer lesbaren Bildschirmen. Heute spricht man von E-Ink oder elektronischem Papier. Das sind keine Bildschirme mehr, die hinterleuchtet sind, sondern Folien, die Partikel enthalten, die durch elektrische Impulse entweder auf schwarz oder weiß gedreht werden. Dadurch entsteht das Bild, das dann statisch ist, es fließt dabei kein Strom mehr. Man kann mit diesem Gerät wunderbar in der Sonne oder mit der Taschenlampe unter der Bettdecke lesen, weil eben der Schirm nicht hinterleuchtet ist, sondern wie ein Blatt mit elektronischer Tinte wirkt. Hinzu

kommt, dass sich unsere Gesellschaft in der Zwischenzeit viel mehr an die Nutzung von solchen elektronischen Geräten gewöhnt hat. Sie sind mittlerweile zu normalen Arbeitswerkzeugen geworden. Allerdings haben die heute verfügbaren Lesegeräte aus meiner Sicht noch einen Nachteil: Für den großen Durchbruch sind sie noch nicht »sexy« genug. Am Design muss also noch ein wenig gearbeitet werden. iPod und iPhone haben uns gezeigt, wie es geht. Sobald die Anbieter da noch weiter sind, wird es richtig »in« sein, so ein Gerät zu nutzen.

Die Einführung des E-Books wirft gesetzgeberische Fragen auf, mit denen der Börsenverein sich auseinandersetzen muss. Zum Beispiel die Buchpreisbindung: Wird es die auch für das E-Book geben?
Sie gibt es bereits. Das gegenwärtig gültige Preisbindungsgesetz enthält bereits die Preisbindung für E-Books. Wir haben das in einem Schreiben an die Verlage sowie in Presseerklärungen bereits ausgeführt. Es ist jetzt Sache der Verlage, die Preise für die von ihnen angebotenen E-Books festzulegen. Die Preisbindung des E-Books ist vom Gesetzeswortlaut her eindeutig und liegt auch in der Intention des Gesetzgebers. Die Preisbindung soll die kulturelle Vielfalt, sowohl die Vielfalt der Verlagsprodukte wie die Vielfalt eines Buchhandelsnetzes erhalten. Die Preisbindung erfüllt diese Intention des Gesetzgebers und muss deshalb natürlich genauso für das E-Book gelten.

Kritische Stimmen in diesem Zusammenhang verlauten, dass es schwierig sein wird zu unterscheiden: Welche digitalen Dokumente sind E-Books, welche nicht?
Das ist richtig. Wir haben zur Abgrenzung gesagt: Es kommt darauf an, dass das E-Surrogat, also das Surrogat des Buches, sehr nah an dem physischen Buch ist. Es muss tatsächlich ein Eins-zu-eins-Ersatz sein.

Stichwort Mehrwertsteuer: Da gilt im Moment für das E-Book die volle Mehrwertsteuer, also 19 %.
Das bedarf noch einer gesetzlichen Regelung, vor allem auf europäischer Ebene. Wir setzen uns für den verminderten Steuersatz auch für E-Books ein.

Den Buchhandel haben Sie im Zusammenhang mit dem E-Book schon erwähnt. Er ist schon heute in einer nicht ganz einfachen Situation, weil eine starke Konzentration von Buchhandelsketten in Deutschland zu beobachten ist. Haben kleinere Buchhändler, Nischenbuchhändler überhaupt noch eine Chance in der Zukunft?
Natürlich stellt das E-Book auch eine Herausforderung gerade für die Buchhandlungen dar. Es bietet aber auch die Chance, mit veränderten oder ergänzten Geschäftsmodellen diese erfolgreich zu nutzen. Die Nachfrage für Beratung und persönliches Gespräch wird es mit Sicherheit auch in Zukunft geben. Übrigens auch eine Erfahrung aus der Musikindustrie, die einen Großteil ihres Vertriebsnetzes verloren hat und genau diese Nachfrage kaum befriedigen kann. Es ist aber richtig: Der Konzentrationsprozess, der übrigens durch die Preisbindung zumindest verlangsamt wird, ist in unserer Branche weiter im Gange. Trotzdem gilt auch da: Mit einer starken Kundenorientierung, zusätzlichem Service und Dienstleistungsangeboten sowie ggf. der Erweiterung des Sortiments um Nonbooks hat unsere Branche gute Entwicklungschancen.

Auch in Zeiten von Online-Buchhandel und E-Book? Was können Buch-

händler konkret tun, um nicht aus dem Vertriebssystem herauszufallen?
Der Mehrwert der Buchhandlung besteht in der persönlichen Beratung, Orientierung und der Auswahl; dazu kommt der technische Service. Ich stelle mir das so vor: Sie gehen in die Buchhandlung, nehmen Ihr E-Book oder iPhone und der Buchhändler lädt Ihnen auf Ihre Plattform das, was Sie haben wollen. Jedes Buch, das Sie sich wünschen ... Das ist ein Service, den es zurzeit überhaupt nicht gibt, auch nicht in der Musikindustrie.

Der Börsenverein ist Dachverband für Verlage, Buchhandel und Zwischenbuchhandel. Es ist sicher nicht immer ganz einfach, die Interessen unter ein Dach zu bringen?
Das ist in der Tat nicht immer einfach, weil es bei einer so breiten Palette unterschiedlicher Unternehmen zum Teil widerstreitende Interessen gibt. Deshalb besteht auch ein Großteil unserer Arbeit darin, auf verschiedenen internen Plattformen Interessen zu formulieren, sie zu diskutieren und zu einem Ausgleich zu bringen. Seit 1825 klappt das gut – obwohl es gelegentlich die Vorstellung gibt, man müsse sich separieren. Aber die Vernunft hat sich immer wieder durchgesetzt. Das hat einen guten Grund: Der Börsenverein des Deutschen Buchhandels spricht mit einer Stimme für die gesamte Branche. Nicht zuletzt deshalb haben wir ein enormes Gewicht in Gesellschaft und Politik. Je partikularer Interessen vertreten werden, umso schwieriger sind sie in der Politik durchzusetzen.

Zurück zum Internet: Piraterie spielt auch im Buchmarkt inzwischen eine Rolle. Wie gefährlich ist das?
Das ist die ganz große Herausforderung, vor der wir heute stehen. Schon jetzt gibt es eine Fülle illegaler Downloads von Hörbüchern, aber auch physischer Bücher. Das Thema wird sich in Kürze verschärfen, wenn die elektronischen Reader auf dem Markt sind. Dann wird es eine sprunghaft ansteigende Nachfrage nach elektronischen Buchinhalten geben. Alle Erfahrungen zeigen, dass die zweifelhaften Plattformen, die illegale Downloads anbieten, ihr Angebot auf diesem Sektor noch viel stärker ausweiten werden. Genau das macht uns im Moment zu schaffen und genau das wird auch der Gesellschaft sehr stark zu schaffen machen, wenn durch die fortschreitende Internetpiraterie intellektuelle und kulturelle Inhalte gefährdet sind. Ein Land, dessen Ressourcen fast ausschließlich aus geistiger Leistung bestehen, sollte es sich sehr gut überlegen, ob es diese im Internet schutzlos preisgibt. Die Politik, genauer gesagt das Bundesjustizministerium, unterstützt die Rechteinhaber da nicht wirklich und trägt zum Errosionsprozess des Urheberrechts durch Unterlassen bei.

Wie könnte die Lösung aussehen?
Wir schlagen eine vergleichbare Vereinbarung wie das Olivennes-Modell in Frankreich vor. Kurz gesagt geht es dabei darum, dass der Provider bei Urheberrechtsverstößen, über die er durch die Rechteinhaber aufmerksam gemacht wird, eine Warnmail an den jeweiligen Verletzter schickt. Bei mehrmaligem Verstoß müssen Sanktionen greifen, wie z. B. die Verminderung der Bandbreite bis hin zur zeitweisen Abschaltung. Untersuchungen zeigen, dass dies schon über 80 % der Nutzer veranlasst, rechtstreu zu bleiben. Nur für einen kleinen meist gewerbsmäßig agierenden Kern würden die Rechteinhaber auf zivilrechtliche und strafrechtliche Verfahren als Ultima Ratio zurückgreifen. Der französische Staatspräsident Nicolas Sarkozy bezeichnete dieses Verfahren als den Beginn des »zivilisierten Internets«. Es hätte den weiteren Vorteil, dass die Rechteinhaber, da sie dann

von einem rechtmäßigen Umgang mit ihren Urheberrechten ausgehen können, weit umfangreichere digitale Angebote im Internet machen könnten. Ein solches Vorgehen hätte darüber hinaus den Vorteil, dass die Namen derjenigen, die rechtswidrig Dateien herunterladen, immer anonym bleiben. Nur der kleine, übrig bleibende Kern müsste mit zivilrechtlicher oder strafrechtlicher Verfolgung rechnen. Voraussetzung für ein solches Verfahren ist eine Vereinbarung zwischen Rechteinhabern und Providern. Letztere sind allerdings noch nicht dazu bereit.

Ist es da nicht auch nötig, eine Art pädagogisches Programm aufzulegen, um ein Bewusstsein für den Wert des geistigen Eigentums, für das Urheberrecht zu schaffen?
Ja, so etwas machen wir gerade. Aber, bei der derzeit so unbefriedigenden rechtlichen Situation für die Rechteinhaber gehen wir im Moment ebenso mit aller Härte gegen solche Urheberrechtsverletzungen vor, das heißt, wir versuchen unseren Auskunftsanspruch gegenüber den Providern über die Namen der jeweiligen Urheberrechtsverletzer zu realisieren.

Was ist der entscheidende Wunsch des Börsenvereins an die Politik?
Der zentrale Wunsch ist, dass sich die Politik den drängenden Fragen, die sich mit dem Internet für das Urheberrecht ergeben, stellt und nicht an Einzelsymptomen herumkuriert. Wir brauchen eine Gesamtstrategie für den Schutz des geistigen Eigentums im Internetzeitalter. Im Übrigen ist die Verletzung des Urheberrechts, also die Rechtswidrigkeit der Downloads, ja nur ein Teil der Rechtsbrüche und Straftaten, die im Internet passieren. Denken Sie zum Beispiel an die Verletzungen des Persönlichkeitsrechts oder die gesamten Vermögensstraftaten. Das Thema heißt »Rechtsfreie Räume«, eine Fragestellung, die über unseren Kernbereich Urheberrecht hinausgeht. Mein Wunsch an die Bundesregierung: Sie soll sich diesen Fragen wirklich inhaltlich stellen und nicht vor technischen Möglichkeiten oder populistischen Ansprüchen kapitulieren.

Kunst für die Öffentlichkeit
Der Bund und die Kunst am Bau

Werner Schaub — Politik & Kultur 3/2010

Im Jahr 2000 startete das Bundesministerium für Verkehr, Bau- und Wohnungswesen – so die damalige Bezeichnung – die »Initiative Architektur und Baukultur«. Dazu wurde eine Lenkungsgruppe installiert, in der alle am Bauen beteiligten Sparten vertreten waren: Architekten, Ingenieure, Landschaftsarchitekten, Denkmalschützer und Künstler, für die der Bundesverband Bildender Künstlerinnen und Künstler (BBK) und der Deutsche Künstlerbund in dieses Gremium berufen wurden. Am 10. Januar 2001 organisierte der BBK im Rahmen dieser Initiative im Auftrag des Bauministeriums ein Symposion, bei dem Architekten, Künstler und Vertreter des Ministeriums über verschiedene Aspekte zum Thema Kunst am Bau diskutierten: Über das Wettbewerbswesen ebenso wie über die Frage nach der eigentlichen Intention von Kunst am Bau.

Bereits 1953 hatte Bayern über den Bundesrat eine Gesetzesinitiative eingebracht, die zu der Verordnung K7 führte, die Kunst am Bau regelte. Ursprüngliche Motivation zu dieser parlamentarischen Initiative war der Gedanke, den finanziell schlecht gestellten Künstlerinnen und Künstlern zu Einnahmen zu verhelfen. Dieses Verständnis von Kunst am Bau als Fördermaßnahme für darbende Künstler hielt sich in der Folgezeit hartnäckig. Noch auf dem besagten Symposion in Bonn formulierte der im Ministerium zuständige Ministerialdirigent: »Der Förderzweck war und ist bis heute der primäre Ansatz der Mittelbereitstellung für Künstler bei Neu- und Umbauten des Bundes. Dies bedeutet z. B., dass vornehmlich solchen Künstlern eine Möglichkeit geboten werden muss, jeweils zum Zuge zu kommen, die einer Förderung bedürfen: Also junge, noch nicht allseits anerkannte und etablierte Künstler.«

Vor diesem Hintergrund ist es nicht weiter verwunderlich, dass Kunst am Bau bisweilen zumindest zwiespältig gesehen wurde: von manchen Architekten, die ihr Bauwerk bereits selbst als Kunstwerk sahen, von Kunstkritikern, die Kunst am Bau als »Auftragskunst« abqualifizierten von Künstlern selbst, die ihre künstlerische Leistung nicht als bloße Dekoration verstanden wissen wollten.

In der Realität allerdings steht der Fördergedanke allein schon lange nicht mehr an erster Stelle. Häufig wurden Aufträge »freihändig« vergeben, also ohne Wettbewerb, zum Zuge kamen nicht selten bereits etablierte Künstler. Ein grundsätzliches Umdenken setzte zu Beginn der 1990er-Jahre ein: Im Rahmen des Umzugs von Regierung und Parlament nach Berlin berief der seinerzeit zuständige Minister Klaus Töpfer nach einem Fachgespräch mit dem BBK einen Kunstbeirat, der in dreijähriger Arbeit ein Konzept für die Kunst an und in den Regierungsbauten in der neuen Hauptstadt erarbeitete. Der Fördergedanke aus den 1950er-Jahren fand dabei insofern Beachtung, als einerseits auch offene Wettbewerbe ausgeschrieben wurden, einer davon ausschließlich für Studenten der deutschen Kunstakademien, und andererseits etwa 10 % des Gesamtvolumens von annähernd 15 Millionen DM für Ankäufe von Arbeiten auf Papier zur Verfügung gestellt wurden. Auch zu den beschränkten Wettbewerben wurden neben bekannten Künstlerpersönlichkeiten auch weniger renommierte eingeladen, und da diese Wettbewerbe anonymisiert waren, bekamen durchaus auch weniger etablierte Künstlerinnen und Künstler den Zuschlag. Dass überhaupt Kunst realisiert wurde, hing nicht selten davon ab, ob sich in den Arbeitsetagen des Ministeriums jemand dafür einsetzte. Bisweilen wurden solche zusätzlichen Mittel für die Kunst auch von den Architekten des Gebäudes abgeschöpft, etwa mit der Applikation einer zusätzlichen Säulenreihe vor dem Bau. Oder aber der Bau selbst wurde zu teuer, die Kunst kurzerhand ersatzlos gestrichen. Oder die Mittel für die Kunst wurden eingesetzt, um restauratorische Arbeiten zu finanzieren.

Nach dem Abschluss der erfolgreichen Arbeit des Kunstbeirates wurde beim Ministerium ein Sachverständigenkreis »Kunst am Bau« eingerichtet, in dem neben Vertretern von BBK und Deutschem Künstlerbund zwei Professorinnen von Akademien, der Vertreter eines Museums, ein Architekt und eine Kulturjournalistin vertreten sind, außerdem Mitarbeiterinnen des Ministeriums und des Bundesamtes für Bauwesen und Raumordnung (BBR) sowie des Kulturstaatsministers (BKM). Unter der Mitarbeit dieses Gremiums wurden vom Bundesministerium für Verkehr, Bau und Stadtentwicklung (BMVBS) bisher acht öffentliche Werkstattgespräche zu spezifischen Fragen zu Kunst am Bau veranstaltet und etliche Studien verschiedener Thematik in Auftrag gegeben, so etwa zur Akzeptanz von Kunst am Bau oder zur historischen Entwicklung oder zu Perspektiven.

Auch das eingangs erwähnte Symposion, das der BBK 2001 in Bonn durchführte, wurde in diesem Sachverständigenkreis angedacht, die Ergebnisse später weiter entwickelt, bis schließlich 2005 der »Leitfaden Kunst am Bau« formuliert wurde, mit dem der Bund erstmals detailliert die Kunst am Bau regelt. In diesem Leitfaden, der ein Erlass und damit verbindlich ist, sind auch die Ziele deutlicher formuliert als in der früheren Verordnung K7: »Die öffentliche Hand steht mit ihren Bauwerken in besonderer Weise im Blickfeld der Öffentlichkeit. Ihr kommt eine baukulturelle Verantwortung und Vorbildfunktion zu. Der Bund bekennt sich zu dieser Verantwortung. Seine Bauwerke sollen, insbesondere wenn sie herausgehobenen gesamtstaatlichen Funktionen dienen und an exponierten Standorten stehen, das baukulturelle Niveau und Verständnis in unserem Land widerspiegeln und nationale Visitenkarte sein. Kunst am Bau ist ein Element von Baukultur, das deren Qualität und Ausdruckskraft mitprägt. Kunst am Bau ist daher ein integraler Bestandteil der Bauaufgabe und Bauherrenverantwortung.«

Dieses klare Bekenntnis des Bundes zur Kunst am Bau beendet die bisweilen erkennbare Konkurrenzsituation zwischen Architekten und Künstlern, und dies vor allem dadurch, dass bereits im Wettbewerbsverfahren für die Architekten schon darauf hingewiesen wird, dass Kunst am Bau vorgesehen ist; die Architekten sind dann im nachfolgenden Kunstwettbewerb immer im Preisgericht vertreten. Diese Praxis hat mit dazu beigetragen, dass die früheren Vorbehalte mancher Architekten gegenüber der Kunst am Bau nicht nur seltener zu Tage treten, sondern dass sich viele von ihnen aktiv in die Wettbewerbsprozesse zur Kunst in den von ihnen entwickelten und realisierten Bauten einbringen.

Der »Leitfaden Kunst am Bau« hat nicht nur dann Gültigkeit, wenn der Bund selbst baut, also bei Regierungs- oder Parlamentsgebäuden, bei deutschen Botschaften und Schulen im Ausland, bei zahlreichen Bundesbehörden und Forschungseinrichtungen, sondern auch dann, wenn der Bund sich an Bauten der Länder finanziell beteiligt.

Vor allem aber sieht sich der Bund in einer Vorbildrolle den Ländern gegenüber und erwartet von dort entsprechende Bemühungen. Etliche der Länder werden dieser Erwartung auch gerecht wie etwa Sachsen, Rheinland-Pfalz, Bayern und Baden-Württemberg, andere dagegen weniger bis gar nicht.

Das Ergebnis einer Umfrage, die der BBK in den 1990er-Jahren zusammen mit dem Münchener ifo-Institut durchgeführt hat, macht deutlich, dass im Vergleich mit anderen künstlerischen Sparten wie etwa Malerei, Grafik oder Fotografie die Künstlerinnen und Künstler im Bereich Kunst am Bau die solidesten Einkünfte haben. Das bedeutet zwar nicht, dass sie sich völlig und ausschließlich darauf spezialisiert haben – Kunst am Bau wird immer nur ein Teilbereich künstlerischer Arbeit sein. Aber die Erkenntnis aus dieser Umfrage zeigt, dass die ursprüngliche Intention der früheren Verordnung K7, auch wenn sie nicht mehr im Vordergrund steht, doch mit dazu beitragen kann, Künstlerinnen und Künstler in die Lage zu versetzen, nicht ausschließlich abhängig zu sein vom rein kommerziellen Erfolg beim Verkauf ihrer Werke auf dem Kunstmarkt. Und deshalb sind die Maßnahmen von Kunst am Bau in Bund und Ländern auch eine besondere Form der Förderung und Unterstützung der Kulturszene in Deutschland.

Die Teilnahme an einem Wettbewerb zu Kunst am Bau ist für Künstlerinnen und Künstler eine ganz besondere Herausforderung, natürlich immer zielgerichtet in der Hoffnung, am Ende den Zuschlag zu bekommen. Für viele ist aber auch die Teilnahme schon ein Gewinn, die Auseinandersetzung mit einer besonderen Aufgabe scheint für nicht Wenige auch fruchtbar zu sein für ihre künstlerische Entwicklung. Denn die meisten Beiträge in den Wettbewerben zeigen, dass kaum jemand sich künstlerisch verbiegt, vielmehr stehen die eingereichten Ideen fast immer im Kontext zur übrigen künstlerischen Sprache der Bewerber. Aber im Gegensatz zur sonstigen künstlerischen Produktion wird die Kunst für den Bau nicht für die Abgeschlossenheit eines Museums oder den individuellen Sammler entwickelt. Kunst am Bau steht der Öffentlichkeit zur Verfügung, sie erreicht damit auch ein Publikum, das sonst eher selten mit zeitgenössischer Kunst in Berührung kommt. Und damit verifiziert die Kunst an den öffentlichen Bauten für alle sichtbar das Postulat, Deutschland sei eine Kulturnation.

Galeristen: Viel Glanz – viel Schatten
Im Alter zu oft Havarie – Schluss mit lustig

Bogislav von Wentzel — Politik & Kultur 3/2003

Im Optimismus bestärken sich Galeristen und Künstler, eine momentane Ebbe in der Kasse sei halb so schlimm, aber sicher die Möglichkeiten der Zukunft doppelt so gut. Doch jenseits der 65 oder gar 70 bekommt die Zukunft immer kürzere Beine.

Wie verheerend die Situation für alte, meine alten Kollegen sein kann, erschlug mich auf der Art Cologne. Nach außen war die Messe noch nie so herausgeputzt. Presseverlautbarungen und Werbung versprachen hinreißend Erlesenes für die Schönen, die Mächtigen, einer picobello Welt. Dass der Schotter stottert, war perfekt weggeschminkt. Trotzdem, die Galeristen bewegen sich wie Stars, ihre durchgestylten Galerien, ihre ästhetische Koje muss, ja muss mit den Designern der Schönen, der Reichen mithalten oder aus … – das »13. Monatsgehalt« musste verdient werden.

Doch hinter dieser prächtigen Kulisse offenbarten sich beklemmende Schicksale. Kollegen – nun grauhaarig – aus der »guten« alten Zeit (als ich noch Vorsitzender war und niemand an das Alter dachte) nahmen mich an die Seite und klagten über die existenzvernichtende Situation, dass sie keinen Ausweg wüssten, um aufhören zu können.

Eine Galerie kann nicht einfach verkauft werden, da der Wert einer Galerie auf dem Vertrauensverhältnis zwischen dem Galeristen und dem Sammler beruht. Die Verzweiflung aus dem Arbeitsleben bis zum Lebensende nicht ausscheiden zu können, hat – bei jedem anders – zwei Hauptgründe: die Steuer und mangelnde Vorsorge. Wenn beides zusammen kommt, ist das ein Desaster.

Ein Beispiel – nicht erfunden: Ein Galerist, anerkannt, der nie die kurzen Moden ritt, aber deswegen immer hochgelobt über 30 Jahre zu seinen Künstlern stand und diese durch dick und dünn durchzog, steht vor einer ausweglosen Situation. In guten Zeiten hat er gerade soviel Kapital ansammeln können, um die schlechten Zeiten überleben zu können. Immer wenn dann in den schlechten Zeiten die Steuern für die guten Zeiten zu zahlen waren, hat er seine Lebensversicherungen auflösen müssen. So blieb die Hoffnung vom Lager als Alterssicherung überleben zu können.

Welch ein Trugschluss! Im Lager liegen wie Blei die Arbeiten von Künstlern, die sich schon seit Jahren nicht verkaufen ließen und nun mit einem gewandelten Geschmack, neuen Moden auch kaum verkaufen lassen werden. Das Finanzamt aber käme bei Betriebsaufgabe und verlangt den Aufgabegewinn, das heißt wenn die Bilder von der zu schließenden Galerie an den Ex-Galeristen fallen, ca. 25 % des Buchwertes. Diesen Aufgabegewinn kassiert das Finanzamt nicht in

Bildern, sondern in bar. Der Galerist würde diese Kröte schlucken, aber er kann nicht, denn er hat kein »Cash«. Eine Neubewertung des Lagers nimmt das Finanzamt fast nie hin, für sie wird Kunst immer nur teurer. Einen Prozess vor dem Finanzgericht kann der Galerist kaum durchhalten, da er länger als drei Jahre dauert. So ist er gezwungen weiterzumachen, wie immer alt oder krank; kommt er zu Tode, ist die Familie im Konkurs, nur die Sozialhilfe bleibt.

Seine Künstler sind vergleichsweise besser dran, sie sind in der Künstlersozialversicherung. Dass der Galerist dies mit seinem »Arbeitgeberanteil« finanzierte, hilft ihm nicht. Einen Fond beim Bundespräsidenten gibt es nur für »Künstler in Not«. An die Öffentlichkeit gehen die existenzbedrohten Galeristen auch nicht, weil es den Ruf der Galerie schädigen würde. Sogar der eigene Verband hat sich bisher nicht gekümmert, er hat bisher nur Existenzgründungsseminare durchgeführt, sich um das dicke Ende nicht gekümmert.

Was nun, sprach Zeus? Messeglanz hin und her, mir ist die Verzweiflung in den Magen geschlagen.

Qualität statt Hype
Spitzenstellung deutscher Galerien

Stefanie Ernst im Gespräch mit Klaus Gerrit Friese — Politik & Kultur 5/2010

Bevor wir ins Detail gehen: Welche übergeordneten kulturpolitischen Ziele verfolgt der Bundesverband Deutscher Galerien und Editionen (BVDG)?
Der BVDG ist der weltweit größte Zusammenschluss von Galerien und Editionen. Innerhalb des kulturpolitischen Sektors gibt es eine Vielzahl von Themen, die nur ein Verband hinreichend bearbeiten kann. Das betrifft vor allem die Verbesserung der Rahmenbedingungen für Galerien und Editionen. Beispiele sind unter anderem der halbe Mehrwertsteuersatz auf Kunstwerke, das Folgerecht, die Künstlersozialkasse und die Messeförderung. Momentan konzentriert sich das Bundesministerium für Wirtschaft und Technologie sehr stark auf die Kultur- und Kreativwirtschaft. Die Kreativwirtschaft wird endlich als bedeutender Teil der deutschen Wirtschaft angesehen. Wir als Verband haben dafür zu sorgen, dass das große Kreativwirtschaftspotential der Galerien als solches erkannt wird und entsprechende Beachtung findet.

Berlin hat die höchste Galeriendichte und Bundespolitik wird natürlich in der Hauptstadt gemacht. Welche Erwartungen knüpfen Sie darüber hinaus an den kürzlich vollzogenen Umzug des BVDG von Köln nach Berlin?
Eine der wesentlichen Aufgaben des Verbandes bestand in der Gründung der Art Cologne im Jahr 1967. Durch die Etablierung dieser Kunstmesse konnte der Kunstmarkt positiv verändert werden. Inzwischen hat sich der Charakter von Kunstmessen vollkommen anders entwickelt, so dass sie in eine eigene Regie übergegangen sind und ein Verband hier keine strukturierende Funktion mehr hat. Insofern war es folgerichtig, aus dieser sehr wichtigen Tradition des Rheinlandes, in der ein Großteil unserer Mitglieder ansässig ist, den Schritt nach Berlin zu vollziehen. Der Umzug wäre selbst dann notwendig gewesen, wenn es überhaupt keine Galerien in Berlin geben würde. Ausschlaggebend war nicht die Galeriendichte der Stadt, sondern die Nähe zu den politischen Entscheidungsträgern. Bereits nach den ersten Monaten in Berlin merken wir, dass die Kommunikation sehr viel natürlicher und selbstverständlicher funktioniert und wir als Verband unsere Positionen mit noch mehr Nachdruck vertreten können als das zuvor der Fall war. Der Wert der Vermittlungsarbeit der Galerien – denn genau darin besteht ihre kulturelle Leistung – muss viel stärker in das politische Bewusstsein getragen werden. Dieses Umdenken zu bewerkstelligen, gelingt viel besser, wenn man bei den Bundespolitikern ›vor Ort‹ ist. Es ist unsere Aufgabe, noch stärker als bisher

zu verdeutlichen, was Galeriearbeit eigentlich bedeutet und welche Funktion sie für die Bildende Kunst und für die Gesellschaft hat.

Geht es folglich darum, diese Zwitterstellung der Galerien zu erklären und darauf aufmerksam zu machen, dass Galerien einen wertvollen Beitrag für die Kunst und die Gesellschaft liefern und gleichzeitig Unternehmen sind?
Die Galeristen vergessen häufig, dass sie Unternehmer sind. Ebenso vergessen Politiker gerne, dass Galeristen mehr sind als bloße Unternehmer und stellen den händlerischen Aspekt sehr stark in den Vordergrund, weil ihrer Ansicht nach die eigentliche künstlerische Leistung ausschließlich von den Künstlern gemacht wird. Vielmehr ist es doch so, dass das Stärken eines neu entdeckten Künstlers über Jahre hinweg nirgendwo so konsequent und umfassend betrieben wird wie im Galerienbereich. Selbst wenn diese ›Entdeckung‹ letzten Endes nicht erfolgreich sein sollte. Wie viele junge Künstler sind von Galeristen entdeckt worden, als sie noch nicht bekannt waren. Man hat jahrelang miteinander durchgehalten. Wird dann plötzlich die kulturelle Leistung eines Künstlers erkannt, wird leider häufig die Arbeit des Galeristen, der den Künstler finanziell mitgetragen und dadurch seine Kunst erst ermöglicht hat, vergessen. Genau für diese ›Zwitterstellung‹ der Galerien, die sich zwischen den Bereichen der kulturellen Vermittlungsarbeit – die sich doch im Übrigen von musealer Vermittlungsarbeit deutlich unterscheidet – und der ökonomischen Notwendigkeit bewegt, müssen wir ein neues Bewusstsein in der Politik schaffen. Wir sind ein wichtiger Teil der Kultur und dürfen von dieser in den Debatten nicht abgetrennt werden. Und ein Punkt wird in der Debatte um die Bedeutung von Galerien meist komplett vergessen: Der Galerist verfügt in der Regel über eine intime Kenntnis des Werks der von ihm vertretenen Künstler. Dieses Wissen wird für Expertisen und in kunsthistorischen Zusammenhängen noch viel zu selten genutzt. Dabei haben wir mit der Gründung des ZADIK, des weltweit einzigen Spezialarchivs für die Geschichte des Kunsthandels in Köln, einen wesentlichen Grundstein für die Erforschung der zeitgenössischen Kunstgeschichte auf der Basis der Dokumente des Kunsthandels gelegt.

Klappt die Zusammenarbeit mit den Ministerien oder gibt es Probleme im Sinne von noch zu leistender Aufklärungsarbeit?
Es gibt Bereiche, in denen wir wunderbar zusammenarbeiten. Dies trifft besonders auf die Entwicklung des Kreativwirtschaftsbereichs zu. Hier läuft die Zusammenarbeit sowohl mit dem Beauftragten für Kultur und Medien als auch mit dem Bundesministerium für Wirtschaft und Technologie sehr gut. Was für uns allerdings sehr kurios war, war das Problem, dass die Auslandsmesseförderung, die ein sehr wichtiges Marktöffnungsinstrument ist, vom zuständigen Bundesministerium für Wirtschaft mit Kriterien ausgestattet wurde, die es zukünftig unmöglich machen, deutsche Galerien zu fördern. Hier muss darüber nachgedacht werden, dass es nicht sinnvoll sein kann, nur Galerien zu fördern, die nur mit deutschen Künstlern arbeiten. Eine solche Einschränkung hätte negative Auswirkungen auf den Status der deutschen Galerien als Weltmarktführer. Gerade in den deutschen Galerien bündelt sich wirtschaftliches Know-how mit sehr guter Vermittlungsarbeit. Zu dieser Qualitätsleistung sind die deutschen Galerien nur in der Lage, weil sie auch internationale Künstler vertreten. Erst der Vergleich von deutschen und internationalen Künstlern schafft diese herausragende Stellung im internationalen Vergleich. Über Hintergründe wie diesen

muss man in den Ministerien aufklären und ein Bewusstsein für die Arbeit von Galerien schaffen.

Der BVDG tritt für Künstlerförderung ein und bemüht sich zudem, dass Galerien im Wettbewerb stehen können. Ist das nicht ein Dilemma? Zum Teil scheinen sich die unterschiedlichen Positionen gegenseitig auszuschließen. Man denke nur an die Künstlersozialkasse (KSK), die Sie als Wettbewerbsnachteil für die Galerien bezeichnen. Wie schwierig ist die Bündelung der unterschiedlichen Interessen?
Zu Themen wie Folgerecht oder Künstlersozialkasse gibt es tatsächlich entgegengesetzte Meinungen zu den Interessen der Künstlerverbände. Wir glauben, dass wir als Verwerter gut daran getan haben, gegen die Sonderbelastungen durch die Künstlersozialkasse und das Folgerecht zu opponieren. Und tatsächlich haben wir es in den letzten Jahren erreicht, dass die Belastung erträglicher wurde. Die Wettbewerbsfähigkeit darf im europäischen Kontext nicht zu unseren Ungunsten eingeschränkt sein. Allerdings sollten wir heutzutage nicht mehr in der Entgegensetzung von Künstler und Galerist denken. Grundsätzlich ist es dieselbe Klientel, dieselbe Geschichte, an der wir arbeiten, wenn auch mit unterschiedlichen Interessen im Hintergrund. Letztlich sind aber die Verwerter immer dann glücklich, wenn sie viele Honorare an Künstler zahlen können. Das Instrument der Künstlersozialkasse, das ja sicher kein wegdiskutierbares Phänomen mehr ist, ist aber nur deswegen erträglich geworden, weil in den letzten Jahren die prozentuale Belastung der Galeristen so deutlich gesunken ist.

Sie erwähnten bereits die Zusammenarbeit mit den Kunstmessen. Ende 2010 läuft der Vertrag mit der Kölner Kunstmesse aus. Fanden mittlerweile Gespräche mit dem Berliner Art Forum statt?
Die Beendigung der exklusiven Zusammenarbeit mit den Kölner Kunstmessen ist eine logische Konsequenz, die aus der Überlegung herrührt, dass man nicht wirklich repräsentative Lobbyarbeit für den ganzen Kunsthandel treiben kann, wenn man sich an nur eine Messe bindet. Wir setzen die Zusammenarbeit mit der Kölnmesse in drei klar definierten Projekten fort, aber eben nicht mehr exklusiv. Momentan befinden wir uns noch nicht in Gesprächen mit anderen Kunstmessen, können uns aber vorstellen, dass wir auch mit anderen Kunstmessen Formen der Zusammenarbeit finden, die für beide nützlich sind. Als Verband haben wir die Möglichkeit, ein Programm in Zusammenarbeit beispielsweise mit dem BKM auf die Beine zu stellen, was uns für Kunstmessen attraktiv macht. Dies geschieht zum Beispiel im Rahmen der Art Cologne mit dem Künstlerförderprogramm New Positions. Wenn andere Messen an einer Zusammenarbeit interessiert sind, steht dem nichts entgegen.

Wo Sie gerade die Förderung junger Künstler erwähnten: Ich frage mich immer, was eigentlich mit den älteren Künstlern passiert. Förderprogramme für junge Künstler gibt es in großer Zahl. Aber die Alten, aus denen kein zweiter Bisky oder Rauch geworden ist, wer fördert die eigentlich noch?
Hier sind wir mit einer relativ bitteren Tatsache konfrontiert, die aber weder gegen die Ausbildung an Akademien noch gegen die Existenz von jeglicher Art von Künstlern spricht. Ein Großteil der Künstler, ohne diesen prozentual beziffern zu wollen, kann tatsächlich nicht gut von der eigenen Kunst leben. Es gibt ca. 40.000 Künstler, die in der Künstlersozialkasse registriert sind. Diese

Künstler verteilen sich auf eine relativ geringe Zahl von Galerien. Der Markt für Kunst ist nicht so groß, dass er mit der Anzahl der Künstler harmoniert. Galerien ist es nicht möglich, diese Schieflage auszugleichen. Die Künstlersozialkasse suggeriert, ein Instrument zu sein, das dieser Armutsbedrohung einen Riegel vorschiebt. Dabei wissen wir alle, dass die späteren Rentenzahlungen aus der KSK für gering verdienende Künstler praktisch bei Null liegen. Es handelt sich also nur um ein scheinbares Instrument. Vielleicht ist es an der Zeit, wirkungsvollere Methoden zu überlegen, mit denen man Künstlern helfen kann. Trotzdem ist die Kulturleistung von Künstlern nicht hoch genug einzuschätzen. Das Risiko, als Bildender Künstler zu leben, beinhaltet aber auch gleichzeitig ein ungeheures Privileg von Freiheit und Unabhängigkeit. Ein Künstler muss mit den Konsequenzen, die aus dem Entschluss, diesen Berufsweg einzuschlagen, resultieren, in einer gewissen Weise leben wollen.

Viele arme – wenn auch gute – Künstler bedeuten im Umkehrschluss viele arme Galeristen. Müsste es nicht ausreichende staatliche Maßnahmen geben, um Kunst- und Kulturvermittlern stärker unter die Arme zu greifen?
Der Umkehrschluss ist genau richtig. Einer Studie über den Berliner Kunsthandel zufolge machen von den ungefähr 400 Berliner Galerien ca. 200 weniger als 50.000 Euro Umsatz im Jahr. Solche Zahlen verdeutlichen, worum es hier geht. Ich finde es wahnsinnig wichtig, dass wir nicht die politische Forderung erheben, dass Galeristen unbedingt in große Förderprogramme hineinkommen müssen. Denn das würde wiederum andere Komplikationen nach sich ziehen. Umso wichtiger erscheint es mir, dass wir als selbstverständlicher Teil der Kultur weiter im Genuss der halbierten Mehrwertsteuer bleiben, der den Buchverlegern und den Musikveranstaltern ohne jedes Zögern zugesprochen wird. Wir reden in der Bildenden Kunst leider viel zu viel über ein paar 100-Millionen-Umsätze und leider viel zu wenig darüber, dass es auch ein Bereich ist, in dem die Bäume nicht in den Himmel wachsen, auch wenn die Kunst in den Himmel wächst. Es ist unsere Aufgabe, als Verband gegenüber dem Feuilleton der großen Zeitungen zu betonen, dass es eben nicht nur um das Vermelden von Rekordpreisen auf Auktionen geht.

Der ganze Hype tut also weder den Künstlern noch den Galeristen besonders gut. Andererseits muss den Sammlern und Interessierten immer mehr geboten werden, um als Galerist im Gespräch zu bleiben. Für Berlin ist nun eine App (ein Anwendungsprogramm für Smartphones) erhältlich, durch die Wissenswertes über den Berliner Kunsthandel abzurufen ist. Der Nutzer kann sich eine virtuelle Galerienroute zusammenstellen. Und für Stuttgart haben Sie gemeinsam mit weiteren ortsansässigen Galeristen einen Ausstellungsrundgang konzipiert. Ist die Kunstszene anspruchsvoller geworden?
Das größte ideologische Potenzial, das wir im Moment im Umgang mit Zeit haben, ist, dass wir immer weniger davon besitzen. Daraus muss jeder von uns Konsequenzen ziehen. Deswegen sind die Kunstmessen so wichtig, weil sie den Sammlern einen geordneten Überblick über ein bestimmtes Qualitätsniveau bieten. Aus diesem Grunde sind auch die Rundgänge von Galerien wichtig. Sie liefern auf kurzen Wegen einen relativ schnellen Überblick über eine bestimmte Anzahl von Positionen in einer Stadt. Und wenn wir als Galeristen und Verwerter nicht in der Lage sind die Dinge so vorzustrukturieren, dass die Sammler die Möglichkeiten haben,

aus den vorgegebenen Strukturen ihre Wünsche zu destillieren, haben wir etwas falsch gemacht. »Ich stehe hier und kann nicht anders«, das gibt es im Kunsthandel nicht mehr. Wir müssen uns natürlich auf die Bedürfnisse von Sammlern, Museumsmenschen und all den anderen, die unsere Kunst sehen wollen und sollen, einrichten.

Weniger Zeit, mehr Pragmatismus. Harald Falckenberg merkte jüngst in einem Interview an, dass der »Decade of Desire«, als welche er die 1980er-Jahre charakterisierte, die »Decade of Greed« folgte. Beobachten Sie als Galerist ähnliches? Wird Kunst weniger aus Lust und, verschärft durch die Finanzkrise, primär aus Kalkül gekauft?
Falkenberg ist ein wunderbarer Zuspitzer. Und in einem hat er Recht: Bis ins Jahr 2006/ 2007 existierte parallel zu dem Hype um Bildende Kunst ein sehr großes Kalkül um deren Wertsteigerungspotential. Die sehr großen Erwartungen der Sammler sind vom Kunstmarkt in gewisser Weise enttäuscht worden. Denn der Kunstmarkt funktioniert nicht so, wie man es sich wünscht und vorstellt. Inzwischen ist es tatsächlich so, dass die, die Geld haben, ein wenig mehr darauf achten als sie das vor drei, vier Jahren taten. In den kommenden Jahren ist aber eine angemessene Werthaltigkeit zu erwarten. Darunter leidet natürlich auch das, was Falkenberg als Lust an der Kunst bezeichnet. Junge Künstler werden es schwerer haben, ihre Kunst zu verkaufen, denn niemand kann mit Sicherheit sagen, ob daraus eine gute Anlage wird oder nicht.

Das Scheitern einer Galerie hängt von dem Geschmack und dem Gespür des Galeristen für gute Kunst ab. Ist das nicht eine ziemlich riskante Voraussetzung für Erfolg?
In dem Moment, in dem sich ein Geisteswissenschaftler oder ein Betriebswirtschaftler dazu entschließt, eine Galerie zu eröffnen, stellt er sich einem Markt voller Unwägbarkeiten, der nicht systematisiert werden kann. So wie es Künstlerkarrieren gibt, über deren positive Entwicklung ich mich bis heute wundere, gibt es andere, auf die man total gesetzt hat und die eben nicht funktioniert haben. Und das ist auch genau der Punkt, der das Geschehen absolut spannend macht. Als Galerist können Sie nicht nach Rezeptbuch vorgehen.

Welches Ihrer Talente setzten Sie als Galerist ein, welches kommt bei der Verbandsarbeit zum Tragen?
Durch meine Arbeit im Verband habe ich gemerkt, wie sehr sich meine Position zur Verbandsarbeit geändert hat. Anfänglich war ich im Verband sehr stark auf die Grundsätze von Folgerecht, Künstlersozialkasse und Mehrwertsteuer fixiert. Bei der Arbeit im Verband kommt einem aufgrund der vorgegebenen Strukturen Sisyphos als ein wirklicher Leichthandwerker vor. In den letzten Jahren habe ich gemerkt, dass, wenn ich als Repräsentant des Verbandes erfolgreich arbeite, alles, was ich als Galerist bin und vermittle, in die politische Kultur hineintragen kann. Und das ist mein eigentlicher Impuls. Meine Aufgabe ist es, zu verdeutlichen, was die Galeristen leisten und was der ungeheure Wert dieser Vermittlungsarbeit von Bildender Kunst in ökonomisch ausgerichteten Zusammenhängen bedeutet. Bei Kunst und Wirtschaft handelt es sich in Bezug auf die Galerien eben nicht um zwei verschiedene Seiten einer Medaille. Vielmehr verschmelzen sie zu einer. Die Arbeit als Vorsitzender eines Verbands ist unheimlich interessant. Um sicher auf dem politischen Parkett zu sein und dort Erfolge zu erzielen, ist es meiner Meinung nach von großem Vorteil, wenn man diese Leidenschaft des Galeristen einsetzen kann.

Gerät nach Berlin nun auch Brüssel stärker in das Visier des BVDG? Haben Sie eine Dependance in der europäischen Hauptstadt oder planen Sie, dorthin zu ziehen?
Die Aktivitäten in Brüssel beobachtet unser Verband seit ungefähr zehn Jahren sehr genau. So haben wir zum Beispiel sehr stark auf die Harmonisierung des Folgerechtes in der EU gesetzt. Denn auch in Deutschland ist eine substantielle Reduktion des Folgerechts – wie es bis dato das folgerechtsfreie England genossen hat – wünschenswert. Bislang ist aber noch keine Verbesserung eingetreten. Ich gehe davon aus, dass die von der EU vorangetriebene Harmonisierung frühestens in vier bis fünf Jahren wirkliche Wettbewerbsgleichheit hergestellt haben wird. Allerdings wird in nächster Zeit eine Revision bzw. erst einmal eine Begutachtung der Auswirkung der EU-Harmonisierung des Folgerechts vollzogen werden. Die Vorgänge in Brüssel müssen also genauestens beobachtet werden. Aus diesem Grund arbeiten wir sehr eng mit dem europäischen Galeristenverband in Brüssel zusammen. Ein Umzug ist aber nicht geplant. Generell konzentriert sich der BVDG in erster Linie auf die Angelegenheiten in Deutschland, ohne Brüssel dabei zu vernachlässigen.

Was sich alles ändern muss
Ein Plädoyer aus Galeristensicht

Klaus Gerrit Friese — Politik & Kultur 3/2011

Als vor einigen Jahren das Konzept der Initiative zur Kreativwirtschaft durch das Bundeswirtschaftsministerium und den Kulturstaatsminister entwickelt wurde, glaubten wir an einen Aufbruch. Genau dieses mit relevanten finanziellen Mitteln ausgestattete Instrument einer institutionalisierten Zusammenarbeit von Politik und Kulturwirtschaft erschien dem Bundesverband Deutscher Galerien (BVDG) als stilbildend und konzeptionell richtig.

Jetzt müssen wir ein erstes Resümee ziehen, das mit folgender Frage beginnt: Warum sind Galerien nicht in die Fördermaßnahmen zur Kreativwirtschaft einbindbar?

In regionalen und überregionalen Wettbewerben gab es einige Anträge von Galerien, die allesamt nicht zum Zuge kamen. Viel bedauerlicher aber ist: Durch die im Bereich dieser Initiative gesetzten Ausschreibungsbedingungen sind Galerieanträge – die eine in der Regel eigene Struktur haben, die ich gleich an einem Beispiel erläutern will – von vorneherein unmöglich. Sie sind zum Scheitern verurteilt.

Ritualisierte Antragslyrik der intendierten Clusterbildung hingegen – allein schon dieses unsinnliche Wort verdeutlicht das Problem – erhielt unabhängig von der Qualität des Projekts, den geringen Realisierungschancen und der geringen Überlebensfähigkeit im Markt gerne einen Zuschlag, weil sie mit dem Zauber des Kulturübergreifenden, Branchenübergreifenden die Jurys lockte.

Der BVDG stellte ein klares mehrstufig gegliedertes, ineinander verwobenes Projekt vor: ein Kunsthandelsstudium – die Ausbildung von zehn bis zwölf Studierenden in einem Masterstudiengang –, verbunden mit der Möglichkeit von Projekträumen für die Studierenden; die finanzielle Förderung des ZADIK, des weltweit einzigen Spezialarchivs für die Geschichte des Kunsthandels – sozusagen eine der Studiumsgrundlagen und eine Veranstaltungsreihe »Über Kunst«, die die inhaltliche Diskussion über Kunst mit allen relevanten Gesprächspartnern aus dem Bereich der Museen, der Sammler, der Kuratoren, der Künstler in die Galerien selbst zurückholt.

Der Leser erkennt schnell: Dieses Konzept bietet viel, strukturiert die Voraussetzungen für den Markt der Galerien auf eine schlüssige Weise, ohne zu viel zu versprechen. Vor allem verspricht es nicht, dass Freie Gruppen, innovative Medien-Start-ups, Kunsthandwerker und Spitzenklöpplerinnen in eine nachhaltige Struktur softer Kultur eingebunden werden. Nein, unser Bereich ist eben so speziell, wie aus meiner Sicht, wenn sie denn hochklassig ist, jede kulturelle Äußerung, die entsteht, ist. Dadurch fielen wir aus dem Förderschema – die beantragte Summe war vergleichsweise gering – einfach heraus. Das ist Bildung, zu wenig Wirtschaft, hochinteressant, aber gehen Sie damit woanders hin, hieß es.

Das ist es natürlich nicht, antworte ich, es ist genuine Wirtschaftsförderung, mit Geduld und Sinn. Wir treten also sinnlos, frustrierend und unangenehm auf der Stelle, und nehmen auf diese Weise schlecht belehrt wieder einmal zur Kenntnis, dass es Galerien in der Geschichte der Bundesrepublik nicht gelungen ist, ihre besondere Funktion als Wirtschafts- und Kulturunternehmen in einem in unverrückbarer Innigkeit in das Bewusstsein aller zu bringen.

Ich wiederhole stanzenartig die wichtigsten Dinge: Der internationale Erfolg deutscher Kunst seit den 1960er-Jahren beruht im Wesentlichen auf der Arbeit der Galerien. Jeder Künstler von Rang und Gewicht zeigte und zeigt seine Dinge zunächst in Galerien. Die ersten Vermittlungen von Künstlern in die Institutionen hinein – und natürlich nicht nur die ersten – werden von Galeristen geleistet. Damit will ich es bewenden lassen, denn die Implikationen der Sache liegen auf der Hand: Die Entwicklung der Bildenden Kunst in Deutschland – und in der Welt – ist ohne die Dynamik von Galerien undenkbar.

Wo also liegt das Problem? Wir alle wissen durch die wenigen greifbaren Studien, dass es um die ökonomische Situation der Galerien in der Regel nicht gut bestellt ist. Den wenigen zurecht hocherfolgreichen Galerien steht die den Humus der Kultur bildende große Zahl der sogenannten kleinen Galerien gegenüber, die mit Mühe sich selbst reproduzieren können.

Aber unausrottbar ist das ja an sich wünschenswerte Bild des reichen Galeristen, das nur ein Zerrbild der Realität ist, die die Mühsal des Täglichen zur Genüge kennt. In diesem Irrglauben liegt ein Grund für die nicht adäquate Wahrnehmung von Galeriearbeit.

Ebenso unausrottbar scheint bedauerlicherweise die Dichotomie von Galeristen und Künstlern zu sein. Diese – mit ihren Verbänden die Nähe zur Politik seit langem kennend und gestaltend – nutzen dies zum Beispiel zur Bestärkung der unsäglichen, Galeristen ausschließenden Vergabepraxis der Gelder für Kunst am Bau mit den beklagenswert sichtbaren Konsequenzen. Ein anderes Beispiel mit großen Folgen: Die Künstler erreichten die in unnachahmlicher deutscher Konsequenz durchgeführte Einführung des Folgerechts mit seit 30 Jahren perpetuierten Wettbewerbsnachteilen für sie und den Kunsthandel im europäischen Kontext.

Weiter: Die Künstlersozialkasse wird von der Politik als in Europa einzigartige Sozialleistung für die Kulturschaffenden stets als modellhaft dargestellt. In Wahrheit ist sie mit bald 170.000 Versicherten – unter ihnen Scheinkünstler, Webdesigner, Begräbnisredner und Visagisten – jenseits jedes Sinns und ihrer Durchführbarkeit angelangt. Und sie potenziert mit ihrer gerade im Bereich der Bildenden Kunst hohen, an der Künstlerprovision prozentual ausgerichteten Belastung die ohnehin evidenten strukturellen Probleme des Kunstmarkts. Und noch vieles Schlechte wäre zu nennen: Statt einer klaren gemeinsamen Linie des Miteinander wurde ein künstliches schädliches Gegeneinander aufgebaut. Damit sollten wir im Interesse aller Marktteilnehmer schleunigst aufhören. Die Politik kann dies simpel bewerkstelligen durch die Beteiligung von Galerien und ihrem Verband an den Wirtschaftsförderprogrammen der Bundesregierung, durch die selbstverständliche Teilnahme von Galeristen an Kunst am Bau-Programmen, durch die Erweiterung von Künstlerstipendienprogrammen auf Galerien.

Dies alles ist kein Hexenwerk, erfordert mehr guten Willen als Geld und dient einem: der Förderung der Kunst.

Die Gesellschaft, die in ihrem Wiederaufbauwillen nach der Wirtschaftskrise 2008 die ökonomische Gesundung mit Riesenschritten feiert, vergisst in ihrer scheinkonservativen Rückbesinnung auf Bekanntes die junge, nicht auf den ersten Blick eingängige, noch nicht durchgesetzte Kunst. Die Erfolge der sicheren Werte auf den Auktionen, in den Galerien dürfen nicht darüber hinwegtäuschen, dass die zarte Pflanze der Avantgarde, die die uns Folgenden in 50 Jahren als selbstverständliche Kultur erleben werden, der Pflege und des Hinschauens bedarf. Sie ist besonderen Belastungen ausgesetzt: Der schnelle Hype bis 2008 hat Spuren im Bewusstsein der Sammler hinterlassen, die wir Galerien selbstkritisch hinterfragen müssen. War jeder Preis angesichts der heute Aufgerufenen gerechtfertigt? Müssen wir in der Auswahl und der Präsentation nicht auch sprachlich präziser werden? All das muss von uns Galerien analysiert und beachtet werden und wir müssen die richtigen Antworten im Rahmen unserer Gestaltungsmöglichkeiten in den Galerien, auf den Messen, im Umgang mit den Sammlern und Kuratoren finden. Sie liegen, wie ich auszuführen versuchte, im kulturpolitischen Bereich auf einer bisher vernachlässigten Hand. Man muss nur zugreifen, um im Kunstmarkt substantiell das Bessere zu bewirken. Das wird, so denn das Positive umgesetzt wird, in unserem wunderbaren Markt dazu führen, dass manches klarer ist, vermittelbarer wird und der Kulturarbeit des Galeristen eine größere Anschauung und Wirksamkeit gibt.

Was sich alles ändern muss – Eine Replik
Eine Künstlersicht auf eine Galeristensicht

Ulla Walter — Politik & Kultur 4/2011

Der Auftakt in der letzten Politik & Kultur-Ausgabe verspricht fast »alles«, hält aber dieses Versprechen nicht, und so scheint es, als ob in der Hauptsache staatliche Fördermaßnahmen und deren Vergabepolitik den Autor Klaus Gerrit Friese verärgert haben. Nur so lässt sich die Unausgewogenheit seines Plädoyers erklären. Dabei geht es ihm um die akuten Problemsituationen der, von ihm so bezeichneten großen Zahl, sich nur mit Mühe selbst reproduzierender Galerien. Als Galerist äußert er sich verständlicherweise nur behutsam zum Bewusstsein der Sammler. Weshalb benennt er aber die Finanzakrobaten und die Spekulanten nicht – diesen eigentlichen Keim – mitten im ganz großen, vollkommen ungehemmten, Kunstmarkttreiben?

Sicher ist, und hier möchte ich ihm beipflichten: Mehr kulturpolitische Pflege für die seriöse, kunstfördernde Galeristenarbeit wäre wünschenswert. Dass man aber dann nur noch zugreifen müsse, um im Kunstmarkt substantiell das Bessere zu bewirken, wie der Autor schreibt, lässt sich schwer glauben – denkt man allein über den Filz in dieser Geldumwälzmaschine nach, der kaum einen fairen Wettbewerb zu ermöglichen scheint. Dort gibt es Anzeichen von Schwarzen Löchern, die, mit erstaunlichem, gesellschaftlichen Beifall, obskure Summen schlucken. Vom »erwirtschafteten« Gewinn des aufgepeitschten Hochpreismarkts fließt im Verhältnis viel zu wenig in die gesamte Kunstlandschaft ein. Es ist eine kontraproduktive Kluft entstanden, und es gibt keine Gesetzesauflage, die weitere Eskalation reguliert. Der Staat, da er ja milliardenschwer die Fahrlässigkeit von Banken stützt und zusehends verarmt, streicht in der Kunst- und Kulturförderung Mittel. Überraschend wird von Klaus Gerrit Friese ein merkwürdiger Gegenvorschlag unterbreitet. Als staatliche Geldreserve fällt ihm dazu ausgerechnet die Künstlersozialkasse ein – die, nach seiner Ansicht, die ohnehin evidenten strukturellen Probleme des Kunstmarkts, nur belaste. Mit grobgestricktem und recht arrogantem Pauschalurteil fordert er die Abschaffung dieser absolut notwendigen und vorbildlichen Einrichtung für die Kulturschaffenden – lässt sich so zum Futterneid verleiten –, wobei er andererseits die Hochpreisgalerien hofiert. Die fatale Zuordnung: Nur wer erfolgreich ist, sei ein guter Künstler, wurde von ehrgeizigen Händlern geschürt. Doch der Satz taugt nichts, und Künstler bleiben auch dann Künstler, wenn sie damit keinen Cent verdienen; denn sie gehören ebenfalls zu den »gnadenlosen Individualisten« und »schlechten Unternehmern«, wie es Olaf Zimmermann in »Mehr Gerechtigkeit für Galerien!« schreibt.

Das Interview mit Michael Werner in Politik & Kultur zum Thema zeigt außerdem die Gratwanderung, mit der er, als leidenschaftlicher Galerist, zuvor unbekannte Künstler ins »Kunst-Licht« holte, und dafür waren beidseitig gezielte Strategien nötig. Ein »gesunder« Kunstmarkt, da hat Klaus Gerrit Friese recht, funktioniert demzufolge nur miteinander.

Die eigentliche Misere ist die Preis- und Imagedroge, die eine enorme Aufmerksamkeit auf sich zieht. Und es ist kein Wunder, wenn immer neue Galerien und Kunstkäufer – hier lässt sich schließlich nicht vom wahrhaften Sammler ausgehen – aus dem gewinnversprechenden Boden schießen, die aber (möglichst) weggelenkt und unbeeindruckt von selten gewordenen, wirklich fundierten Kunst- und Qualitätskriterien agieren. Ehrbare Galeristen und Kunstschaffende schmerzt es jedoch gleichermaßen, sich die Beliebigkeitsschwemme im Kunstangebot der letzten Jahre anzusehen – und, mag es auch dazwischen erfrischende und witzige Ideen geben – flackern diese oft nur kurz im Design-Effekt. Kunst hat nur noch selten mit nachhaltiger Tiefe zu tun. Vordergründig interessieren die kaum nachvollziehbaren Wertsteigerungen auf schwindelerregenden Auktionen, die Klaus Gerrit Friese leider nicht in ihren augenfälligen Zusammenhängen thematisiert. Zitiert sei dafür eine Szene aus dem Film »Super Art Market« mit Martin Eder: »... warum Kunst nichts mit Kunst zu tun hat ... fiel mir zum ersten Mal auf, als ich auf einer Kunstmesse war ... die Menschen rennen wie verrückt auf die Stände zu ... Jetzt könnte man ja denken, das ist total positiv ... wenn man dann so mitkriegt, dass Kunstwerke von Leuten, die man kennt, für wenig Geld gekauft und dann für das Dreihundertfache verkauft werden, und man ... kriegt die Strategien mit ... dann wird eben Kunst ganz schnell zur Handtasche, zum Accessoire ... das ist sehr frustrierend für jemanden, der etwas herstellen will. Diese Art von Welt muss man sich hygienisch, wie Zahnbelag, fernhalten.«

Diese Hochpreiskunst, mit ihrem Druck auf Budgets, hat bereits manchem Museumsdirektor Bereiche seines ureigenen Spielraums abgekauft und ihm stattdessen aufzuwertende Händlerware in seinen zuvor noch unantastbaren Tempel geladen. Möglicherweise können daher nur engagierte, qualitätsinteressierte Kunstkritik und fundierte Kunsthandelskenntnisse dem irrwitzigen Hype eine solide Schulung verabreichen, damit er sich, sinnvoll sortiert, endlich im Überschaubaren wiederfindet. Der Galerist Friese ließ hierzu, wie er schreibt, im Sinne der Initiative zur Kreativwirtschaft, eine Ausbildung im Kunsthandelsstudium als Projektidee entstehen, um »den Humus der Kultur bildenden große Zahl der sogenannten kleinen Galerien« zu stärken, der »den wenigen zurecht hocherfolgreichen Galerien« gegenübersteht. Das klingt sehr vernünftig und, diese Idee zu nutzen, wäre überlegenswert. Noch mehr wäre es dann aber die Anmerkung im Folgeartikel von Hans-Joachim Otto »Fokus auf den Kunstmarkt«, wonach schon die Kunststudenten zu Strategien zur Selbstvermarktung und zur Präsentation während ihres Studiums angeleitet werden. Für die Ausschüttungen von Jungkünstlern durch die Hochschulen und die Entwicklung der Bildenden Kunst in Deutschland und in der Welt und auch für den Gewinn für die Gesellschaft bleibt selbstverständlich weiterhin die Dynamik von Galerien unverzichtbar. Aber der eigentliche Humus des Kunstbetriebs wird immer die große Zahl der ernsthaft arbeitenden Künstler sein! Der Trend, das zu übersehen, lässt sich vermutlich mit dem Generationenwechsel von Galeristen erklären. Und auch dieses Übersehen ist es, was es zu verändern gilt.

Wer gegen wen?
Eine Antwort auf einen Text von Klaus Gerrit Friese in Politik & Kultur 3/2011

Werner Schaub — Politik & Kultur 4/2011

In der Ausgabe 3/2011 von Politik & Kultur war ein Artikel vom Vorsitzenden des Bundesverbandes Deutscher Galerien und Editionen, Klaus Gerrit Friese zu lesen: »Was sich alles ändern muss«. Klaus Gerrit Friese bemängelt in seinem Text, dass im Rahmen der »Initiative Kultur- und Kreativwirtschaft« der Bundesregierung unter der Federführung des Wirtschaftsministeriums die Szene der Galerien so gut wie nicht vorkommt. Schließlich sei der Kunsthandel ein nicht unwesentlicher Wirtschaftsfaktor, und deshalb sei es völlig unverständlich, weshalb sämtliche Anträge von Galerien bei entsprechenden regionalen wie überregionalen Wettbewerben nicht zum Zuge kamen – im Gegensatz zu »Kunsthandwerkern und Spitzenklöpplerinnen«. Vor allem echauffiert sich Friese über die Begründung, mit der ein Studienprojekt des Galeristenverbandes BVDG abgelehnt wurde: »Das ist Bildung, zu wenig Wirtschaft ...« Die Aufregung von Klaus Gerrit Friese ist verständlich, und er hat in diesem Punkt völlig Recht: Nicht nur dass der Kunsthandel ein nicht zu unterschätzender Wirtschaftsfaktor ist, auch eine breit angelegte Bildung ist Voraussetzung für eine florierende Wirtschaft. Frieses Vorschlag, »die Galerien und ihren Verband an den Wirtschaftsförderprogrammen der Bundesregierung zu beteiligen«, geht in die richtige Richtung.

Indes steht Galerist Friese nicht allein mit seiner Kritik: Auch die Künstlerinnen und Künstler finden sich kaum wieder in der »Initiative Kultur- und Kreativwirtschaft«. Viel Wirtschaft, aber wenig Kultur. Das kann man in diesem Zusammenhang geltend machen für alle kulturellen Sparten. Entsprechend – wenn auch etwas zaghaft – hat der Deutsche Kulturrat reagiert in seiner Stellungnahme zum Grünbuch der EU zur Kultur- und Kreativwirtschaft. Denn Kultur schafft Werte, die nicht allein mit den Parametern rein wirtschaftlichen Erfolges zu bewerten sind.

Bis hierhin kann man Klaus Gerrit Friese nur zustimmen. Aber nicht weiter! Natürlich ist es verständlich, wenn der Vorsitzende des Bundesverbandes Deutscher Galerien und Editionen dazu neigt, die Rolle der Galerien in der Kunstszene besonders herauszustellen. Aber er versteigt sich zu Behauptungen, die mit der Realität kaum kongruent sind: »Die Entwicklung der Bildenden Kunst in Deutschland – und in der Welt – ist ohne die Dynamik von Galerien undenkbar.« Und: »Der internationale Erfolg deutscher Kunst seit den 1960er-Jahren beruht im Wesentlichen auf der Arbeit der Galerien.«

Als gäbe es nicht das Engagement hunderter Kunstvereine in Deutschland. Als gäbe es nicht die Konzepte für zeitgenössische Kunst unzähliger kommunaler Galerien. Als gäbe es nicht Einrichtungen wie etwa Kunsthallen, die der Öffentlichkeit aktuelle Kunst vermitteln. Und schließlich: Als gäbe es keine Künstlerinnen und Künstler, diejenigen also, die in der »Wertschöpfungskette« immerhin den Anfang bilden und ohne deren Arbeit sämtliche Galerien überflüssig wären. Eine Binsenweisheit, stimmt. Nicht wirklich weiterführend, stimmt auch. Wahr ist: Beide, Künstler wie Galeristen, sitzen im gleichen Boot. Und beide rudern. Man muss sich nur abstimmen, in welche Richtung. Aber: »Statt einer gemeinsamen klaren Linie des Miteinander wurde ein künstliches schädliches Gegeneinander aufgebaut«, meint Klaus Gerrit Friese.

Dass dieses »Gegeneinander« schädlich ist, stimmt ohne Zweifel. Dass es auch künstlich sei, mag man bezweifeln. Aber dass dieses »Gegeneinander« konkret ist, dafür liefert der Beitrag von Klaus Gerrit Friese den besten Beweis: So wird etwa die Künstlersozialkasse infrage gestellt, weil sie angeblich den Kunstmarkt belastet.

Auch das Folgerecht wird abgelehnt, das die Künstlerinnen und Künstler an entsprechender Steigerung des Wertes ihrer Werke prozentual beteiligt – wenn auch nur marginal. Da das Folgerecht inzwischen in der EU zwingend eingeführt wird, liegt Klaus Gerrit Friese auch falsch, wenn er hier von einer Wettbewerbsverzerrung im europäischen Kontext schreibt.

Dass Galeristen nicht in Jurys bei Kunst am Bau berufen werden, ist nicht den Künstlerinnen und Künstlern anzulasten, sondern den Auslobern. Diese ihrerseits begründen diese Praxis damit, dass sie Interessenskonflikte ausschließen möchten. Damit liegen sie ja nicht so falsch. Regelmäßig aber sind neben Kunstschaffenden selbst etwa Kunsthistoriker, Museumsdirektoren, Leiter von Kunstvereinen und andere »Sachverständige« in den Preisgerichten vertreten. Es ist nicht so, dass ausschließlich Galeristen urteilsfähig wären, was gute Kunst ist. Wie Frieses Forderung auszulegen ist, »Künstlerstipendienprogramme auf Galerien auszuweiten«, erschließt sich aus dem Text nicht. Künstlerstipendien sind nun mal für Künstlerinnen und Künstler gedacht, sonst würden sie anders heißen. Oder könnte etwa gemeint sein, dass Galeristen darüber entscheiden sollten, an welche Künstlerinnen und Künstler Stipendien vergeben werden dürfen?

Derartige Forderungen jedenfalls sind nicht geeignet, das »schädliche Gegeneinander« abzubauen, vielmehr legt Klaus Gerrit Friese mit seinem Beitrag noch ordentlich nach. Hilfreich ist das nicht für die geforderte »gemeinsame Linie des Miteinander.«

Die Feststellung Frieses, das Bild des reichen Galeristen sei nur ein Zerrbild der Realität, das der Mühsal des Täglichen in keiner Weise entspreche, trifft ganz sicher zu. Es entspricht indes auch vollkommen dem gängigen Zerrbild des Künstlers, der erst gegen Mittag aufsteht, nach dem Brunch einige geniale Pinselstriche auf die Leinwand zaubert, und am Abend von einem Sammler einen dicken Scheck dafür bekommt. Oder gar Bares in der dicken Aktentasche, wie sich das manche Finanzbeamten gelegentlich so vorstellen. Die Realität sieht aber ganz anders aus. Das weiß auch Klaus Gerrit Friese.

Und deshalb gibt es die Künstlersozialkasse. Zum Beispiel. Herr Friese, Klaus Gerrit, lassen Sie uns die von Ihnen beschworene »gemeinsame Linie des Miteinander« finden. Wenn nicht im Gleichschritt, so doch wenigstens in die gleiche Richtung.

Mehr Gerechtigkeit für die Galerien!
Galeristen sind: gnadenlose Individualisten, schlechte Unternehmer und absolut unverzichtbar

Olaf Zimmermann — Politik & Kultur 3/2011

Was ist eine Galerie? »Eine Kunstgalerie ist keine Studierstube, in der über das höhere Streben der Menschheit nachgedacht wird. Eine Kunstgalerie ist ein Laden«, meinte Peter Watson 1993 in seinem Buch »Sotheby's, Christie's, Castelli & Co.« Auf den ersten Blick scheint es wirklich eine überflüssige Frage zu sein. Galerien sind Geschäfte, in denen Kunst ausgestellt und verkauft wird. Galerien sind Unternehmen, die einen Gewinn erwirtschaften müssen, um zu überleben.

Doch für den Gründer der legendären Galerie nächst St. Stephan in Wien, den Theologen Otto Mauer (1907–1973), sollte eine Galerie ein Unternehmen sein, das auf keinen finanziellen Gewinn ausgerichtet ist. Dem primären Aspekt der Qualität sollten keine finanziellen Gesichtspunkte übergeordnet sein. »Eine Galerie«, so Mauer, »interessiert sich nicht für das Gängige, leicht an den Mann zu bringende Material. Sie lässt sich durch die hohen Preise von Stars nicht in ihrem kritischen Urteil beirren. Sie verabscheut Cliquenwesen, das auf Grund von Partei- und Freundschaftsbindungen Konzessionen in Hinsicht künstlerischer Qualität macht«. »Naturgemäß«, so Mauer, »soll die Galerie dem Kontakt zwischen Kunst und Publikum dienen und eine Verbalisierung von Kunst betreiben.« Paul Maenz, der Endecker der deutschen »Neuen Wilden« und einer der erfolgreichsten internationalen Galeristen der 1980er-Jahre des letzten Jahrhunderts hat auf die Frage, was ein Galerist idealerweise für seiner Beruf mitbringen sollte, geantwortet: »Ein bisschen Geld, ein bisschen Glück und ein tiefes Hingezogensein zur Kunst«. Für ihn lag die ideale Galerie in der Nähe des Kunstwerkes: »Der erste Schritt eines Werkes führt in die Galerie, was man sich ruhig wie eine Geburt vorstellen darf: Indem das Werk nämlich aus dem privaten Schutzbereich des Ateliers in den öffentlichen Rahmen kultureller und gesellschaftlicher Bedingungen hinüberwechselt, ähnelt es tatsächlich einem Neugeborenen: zwar an allen Gliedern fertig, aber ohne weiteres Wachstum und Einführung in die Welt hilflos.«

Das hört sich gut an, doch warum sind viele Künstler trotzdem nicht gut auf die Händler zu sprechen? Marcel Duchamp nannte die Kunsthändler sogar »Läuse auf dem Rücken der Künstler«. Das Problem liegt, so glaube ich, daran, dass Galeristen keine Kunsthändler sind und schon gar keine vernünftigen Geschäftsleute. Galerien sind natürlich auch Unternehmen, die auch Kunsthandel betreiben. Aber im Gegensatz zum Kunsthändler ist der Verkauf nicht der Maßstab für ihren Erfolg. Jeder Ökonom wird mir Recht geben, dass, wenn der Verkauf und damit der Umsatz und so auch der Gewinn nicht die erste Priorität besitzen, diese Galeristen auch keine guten Unternehmer sind. Umso mehr können sie, müssen aber nicht, gute Galeristen sein.

Was ist ein »guter« Galerist? 1991 habe ich in meinem Buch »Im Bermudadreieck des Kunstmarktes« den Versuch gemacht, eine Charakterisierung des guten Galeristen vorzunehmen: Gute Galeristen sind Unternehmer, »die in einem engen Verhältnis mit Künstlern Kunsthandel betreiben und regelmäßig Ausstellungen organisieren. Bei der Zusammenarbeit mit Künstlern beschränken sie sich auf eine bestimmte Gruppe, die das Programm der Galerie bestimmt. Der Verkauf von Kunstwerken ist nur ein Tätigkeitsbereich einer Galerie. Mindestens genauso wichtig ist der Bereich der persönlichen Betreuung des Künstlers. Zu dieser Betreuung gehören die Karriereplanung und die Vertretung der Künstler gegenüber dem Kunsthandel, den Sammlern, den Museen und der Presse. Und nur wenn beide Bereiche gleichermaßen berücksichtigt werden, wird aus einem Kunsthändler ein Galerist«.

Diese »guten« Galeristen sind oftmals »verhinderte« Künstler und fast immer gnadenlose Individualisten. In keinem anderen kulturwirtschaftlichen Bereich habe ich einen solch ausgeprägten Willen zur Abgrenzung untereinander erlebt. Das Spannungsfeld zwischen der Liebe zur Kunst und dem wirtschaftlichen Überleben bringt es mit sich, das jeder einigermaßen erfolgreich arbeitende Galerist die Charakterzüge von Dr. Jekyll und Mr. Hyde in sich trägt. Und dieser Mr. Hyde ist es dann wohl auch, der Marcel Duchamp zu dem unfreundlichen Zitat veranlasst haben mag.

Doch ebenso wahr wie diese dunkle Seite des Galeristen ist eben auch seine helle Seite. Ohne Galeristen können Künstler nur selten erfolgreich ihre Werke der Öffentlichkeit präsentieren und noch seltener vom Verkauf ihrer Werke dauerhaft leben. Ohne Galeristen würde dem Publikum ein Blick auf zeitgenössische Tendenzen der Kunst dauerhaft verwehrt werden. Galeristen zeigen nicht nur junge noch unbekannte Kunst, sie sind auch der Marktplatz, den die Museen und Kuratoren intensiv nutzen, um in ihren Einrichtungen und Ausstellung Neues zu präsentieren. Galeristen leisten für die kulturelle Grundversorgung unserer Gesellschaft beträchtliches.

Mit über 400 professionellen Galerien gehört Berlin mit London und Paris zu Europas Spitze. Im letzten Jahr hat das Institut für Strategieentwicklung (IFSE), Berlin in Kooperation mit dem Neuen Berliner Kunstverein (n.b.k.) unter anderem die Leistungsfähigkeit und die wirtschaftliche Situation der Berliner Galerien untersucht. Das IFSE hat festgestellt, dass die Berliner Galerien mehr als 3.000 Ausstellungen im Jahr mit mehr als 5.000 Künstlern auf einer Ausstellungsfläche von über 45.000 qm präsentieren. Die Berliner Galerien haben zusammen pro Jahr über eine Million Besucher. Im Durchschnitt hat eine Galerie in Berlin zweieinhalb Mitarbeiter, alle Galerien zusammen schaffen damit etwas mehr als 1.000 Arbeitsplätze in der Hauptstadt. Die wirtschaftliche Situation wird von dem IFSE nicht so rosig gesehen.

Der Verkauf von Kunstwerken ist nur ein Tätigkeitsbereich einer Galerie.

Die Hälfte aller Berliner Galerien erzielt nur einen Umsatz unter 50.000 Euro im Jahr, bei einem Drittel von allen liegt der Umsatz sogar unter 17.500 Euro im Jahr.

Galerien sind, das zeigt die Untersuchung deutlich, ein unverzichtbarer Teil der kulturellen Infrastruktur, die oftmals mit erheblichen wirtschaftlichen Problemen zu kämpfen haben. Es ist schon sehr erstaunlich, dass diese Bedeutung der Galerien bei den Kulturpolitikern nur so mangelhaft anerkannt wird und die Nöte der Branche nicht angemessen wahrgenommen werden.

Vollständig anders ist die Situation bei anderen kulturwirtschaftlichen Bereichen: Der Filmwirtschaft wird gerade von der Bundesregierung laufend der rote Teppich ausgerollt. Die Filmförderung des Kulturstaatsministers Bernd Neumann ist beispielhaft und notwendig. Der Musikwirtschaft wird zum Beispiel mit der »Initiative Musik« mit Millionenbeträgen unter die Arme gegriffen. Die »Buchpreisbindung« nützt den deutschen Verlagen und Buchhandlungen kolossal. Die Computerspieleindustrie wird mit dem »Deutschen Computerspielpreis« gefördert. Und die deutschen Galerien?

Ein bisschen mehr Gerechtigkeit für die Galerien bei der Verteilung von Kulturfördermitteln würde der Politik gut anstehen.

»Ich wollte meine eigenen Hierarchien«

Birgit Maria Sturm im Gespräch mit Michael Werner — Politik & Kultur 3/2011

Michael Werner zählt zu den einflussreichsten Kunsthändlern weltweit. Mit seinen Ausstellungen und Publikationen setzt er seit fast 50 Jahren Maßstäbe für Galeriearbeit auf höchstem Niveau. Durch seine Aktivitäten hat er wesentlich zur internationalen Etablierung seiner deutschen Künstler – vor allem in den USA – beigetragen. Für seine herausragenden Leistungen als Kunstvermittler erhielt er den Art Cologne-Preis 2011. Im Gespräch mit Birgit Maria Sturm gibt Michael Werner einen Einblick in seine Anfänge, seine Einsichten und Strategien als Kunsthändler und Galerist.

Herr Werner, Sie arbeiten seit Jahrzehnten mit einer sehr erfolgreichen Gruppe von Künstlern zusammen – mit Georg Baselitz, A. R. Penck, Markus Lüpertz und Per Kirkeby; Jörg Immendorff und Sigmar Polke gehörten auch dazu. Wie muss die Beziehung von Künstler und Galerist beschaffen sein, um so viele Jahre zu halten?
Es ist nicht so, dass da eine Gruppe operiert; es gibt kein Organisationsprinzip und kein Geheimnis. Die Künstler sind einzelne Individuen, die sich über die Zeit durch mich als Katalysator akkumuliert haben. Meistens funktioniert die Zusammenarbeit schlechter als es aussieht, denn es gibt immer Auseinandersetzungen. Mich faszinieren die Exzentriker, die schwierige und interessante Kunst machen. Im Grunde genommen war ich so eine Art legale Mätresse der Künstler. Ich war immer mit ihnen zusammen, habe intellektuell und emotional mit ihnen gekämpft – es war ein Äquilibrium. Mein Prinzip war allerdings, dass ich nur Künstler vertreten habe, die nur mit mir gearbeitet haben. Baselitz spielte eine besondere Rolle, er war von Anfang an der Motor, der Pusher für mich.

Wie war Ihre erste Begegnung mit Georg Baselitz?
Ich war seit 1958 Adlatus von Rudolf Springer, der eine Galerie am Kurfürstendamm hatte. Eines Tages kamen zwei Jungen mit einer Riesenrolle unter dem Arm herein. Offensichtlich Künstler: lange Haare bis auf die Schulter, lange Mäntel bis auf die Füße, beide kreidebleich. Ein Plakat mit viel Text kündigte ihre Ausstellung in einem Abrisshaus am Fasanenplatz an. Und weil mein Chef verreist war und ich der größte Kunsthändler aller Zeiten, habe ich ihr Manifest an das Schaufenster geklebt. Sie schauten zu und rauchten Kette. Nach höflichem Dank verschwanden sie wieder. Ich sah mir die Sache genauer an und dachte: so ein reaktionäres Zeug! Berlin war damals eine interessante Insel mit vielen Verrückten. Einige davon fre-

quentierten die Galerie, darunter ein Reporter namens Martin Buttig. Er kam kurz nach den beiden, schaute auf das Plakat und sagte, dass ich mitkommen sollte – zur Ausstellung von Georg Baselitz und Eugen Schönebeck. Sie waren hochneurotische junge Männer und hatten eine Abmachung: so lange zu zweit ausstellen, bis sie berühmt sind. Dann bekam Schönebeck von der Stadt eine Einzelausstellung angeboten, was ihm Baselitz so übel nahm, dass er den Kontakt abbrach. Mit Schönebeck hatte ich später meinen ersten Vertrag, was ganz naiv und sinnlos war, denn ich verdiente gar kein Geld.

Was war entscheidend dafür, dass Sie Kunsthändler oder Galerist werden wollten?
Mein Zeichenlehrer Johannes Gecelli hat mich auf diese Idee gebracht. Ich komme aus dem Kleinbürgertum, wir hatten drei Bücher zu Hause. Das war eine entsetzliche Realität und ich hatte eine große Sehnsucht nach dem Guten und Schönen. In der Galerie von Rudolf Springer war ich zumindest an der Peripherie zum Großbürgertum und Springer wurde über viele Jahre sozusagen mein Ersatzvater. Er stammte aus einer großen Verlegerfamilie, die sich auch für Kunst interessierte und schon in den 1920er-Jahren ein Buch über die Prinzhorn-Sammlung verlegt hatte.

Welche ersten Erfahrungen haben Sie in dieser Zeit über die Funktionsweisen des Kunstbetriebs gemacht?
Bis in die frühen 1950er-Jahre gab es noch eine klassische Rezeption und Einflussnahme über gewisse Kunstgesellschaften, die aus Museumsleuten, Kritikern, Intellektuellen, Künstlern und Sammlern bestanden. Will Grohmann war einer von dieser alten Garde, ein toller Mann; er hat nichts Falsches über irgendwen gesagt – uns galt er trotzdem als alter Schuh. Innerhalb dieser Gruppen wurde also geklärt, welche Künstler wichtig sind und welche nicht. Die Sammler waren bei dieser Entscheidung nur indirekt beteiligt, indem sie gekauft haben. Eine andere Schlüsselerfahrung war, dass alle deutschen Händler damals die Kunst aus Paris bezogen. Mir wurde klar, dass im Nachkriegsdeutschland keine Künstlerhelden wie in Italien oder in Frankreich erwachsen konnten. Hinzu kam, dass – bis heute – in Deutschland das künstlerisch Herausragende nicht erkannt, sogar zu zerstören versucht wird. Das zeigte sich zum Beispiel an Ernst Wilhelm Nay, dem bedeutendsten Maler Deutschlands nach dem Krieg. Er wurde mit einem Schlag von dem Kritiker Hans Platschek gefällt, der in einem Artikel die Kreise in Nays Bildern gezählt und ihn lächerlich gemacht hat. Das ist das Modell für die Kunstrezeption in Deutschland: Das Herausragende ist missliebig.

Da wehte in der Galerie Springer sicher ein anderer Wind. Wie ging es dort weiter?
Das habe ich schon oft erzählt.

Aber nicht den Lesern dieser Zeitung.
Ich bin nach zwei Jahren bei Springer herausgeflogen, weil ich zu arrogant geworden war. Über seine Ausstellung mit Uwe Lausen sagte ich zu Springer: Das ist völliger Unsinn. Ich hatte damals Franz Dahlem kennen gelernt, der Beziehungen zu den untergründigsten Leuten hatte, auch zur Hochfinanz. Er schickte einige von ihnen in die Galerie, damit sie ein paar hundert Mark für ein Bild von jungen Künstlern ausgeben. Der Chef war wieder einmal auf Reisen. Eines Tages kam der Industrielle Harald Quandt herein. Ich sagte zu ihm: Den Lausen brauchen Sie gar nicht anzugucken, das ist alles Mist. Er hat nichts gekauft. Kurz darauf kam Rudolf Augstein; das Spiel wiederholte sich und

auch Augstein hat nichts gekauft. Als mein Boss zurückkam, meinte er, es sei an der Zeit, dass wir uns trennen.

Danach haben Sie mit Benjamin Katz als Partner 1963 eine eigene Galerie gegründet, die einen recht spektakulären Anfang hatte.

Benjamin Katz wollte eine Galerie eröffnen, wusste aber nicht, wie das geht – aber ich wusste es. Er stand unter der Kuratel eines reichen Onkels und war immer umgeben von merkwürdigen Figuren, die von ihm lebten. Wir eröffneten unsere Galerie schräg gegenüber von Springer auf dem Kurfürstendamm. Nach der Baselitz-Eröffnung saß ich mit Martin Buttig in einer Kneipe. Es wurde viel Bier und Schnaps getrunken und irgendwann sagte er: Noch nie ist irgendein Künstler ohne Skandal berühmt geworden, wir brauchen einen Skandal. Wie er das machen wollte, frage ich ihn. Das sei relativ einfach. Er ging zum Telefon, kam zurück und sagte: Wir haben den Titel! Ich hatte nicht verstanden und um Mitternacht gingen wir nach Hause. Um fünf Uhr rief er an: Ob ich schon Zeitung gelesen hätte? Ich sagte: Nein, ich bin gerade eingeschlafen, sind Sie verrückt geworden? Morgens lese ich dann in der Berliner Zeitung: »Skandal, Pornographie in einer Galerie am Kurfürstendamm – Staatsanwalt beschlagnahmt zwei Bilder.« Das war eine Erfindung. Ich gehe zur Galerie, der Staatsanwalt steht schon vor der Tür und nimmt pflichterfüllt zwei Bilder mit, eines war »Die große Nacht im Eimer«.

Das war also reine Inszenierung?

Ja, der Staatsanwalt kam erst aufgrund des Artikels. Aber der Skandal war echt und es kam auch zu einem Gerichtsverfahren. Auch Baselitz wusste nichts von der Inszenierung. Die Sache wurde sehr unangenehm und wir mussten einen Anwalt nehmen. Baselitz wurde panisch und nahm das Namensschild von seiner Wohnungstür ab. Ich war auch aufgeregt, aber als Fatalist sagte ich mir: Damit muss man umgehen, das ist besser als gar nichts. Wir hängten die Ausstellung um und hunderte Schaulustige kamen. Aber ich konnte nur ein einziges Bild verkaufen, ausgerechnet an meinen Ex-Chef Rudolf Springer. Nach ein paar Monaten – die Einrichtung der Galerie war noch nicht bezahlt – kam ich nicht mehr herein, weil der Onkel und Finanzier meines Partners das Türschloss ausgebaut hatte.

Ihre zweite Galerie hieß »Orthodoxer Salon« – eine Kampfansage gegen die Idee der Avantgarde mit ihren Präferenzen der informellen und konzeptuellen Kunst in jenen Jahren. Sie sind dann von Berlin ins Rheinland gegangen, nach Köln, in das Zentrum des deutschen Kunsthandels.

Der Galeriename und die Kunst, die ich zeigte, waren Provokation. Es ging der Kunstwelt vollends gegen den Strich, dass ein Künstler, Baselitz, in einem scheußlichen Atelierton wie im 19. Jahrhundert gemalt und bei seinen Figuren auch noch die Geschlechtsteile gezeigt hat. 1968 habe ich Berlin verlassen, weil ich dort nichts verdienen konnte. Ich erfuhr durch Christoph Joachimides von einer Kölner Galerie, die halb pleite war. Ich bin hingefahren und habe dem Inhaber gesagt: In drei Monaten schreibe ich schwarze Zahlen. Ich hatte 50 Mark, 12 Bilder von Baselitz, 10 Bilder von Penck und 6 von Lüpertz. Ich habe im Galeriekeller geschlafen und ging zum Duschen ins Agrippa-Bad. Ich kannte niemanden, war völlig isoliert und musste noch ein paar Monate das alte Programm dieser Galerie Hake durchziehen, unter anderem mit Objekten der Ehefrau von Mauricio Kagel. Das hatte mit mir gar nichts zu tun, ich habe das alles erlitten. Ich bat Markus Lüpertz, für den ich ein schönes Atelier gefunden hatte, ebenfalls nach Köln zu kommen. Aber das lief nicht lange gut, weil ich mich mit seiner Frau zusammengetan habe und er mich totschlagen wollte. Er ging zurück nach Berlin und ich verlor ihn für ein paar Jahre an eine andere Galerie. Auch Baselitz war in dieser Zeit in einer anderen Galerie untergebracht, bei Heiner Friedrich. Man brauchte ja Geld – es ging immer darum, Geld zu beschaffen. Geld für Ausstellungen, für Ankäufe, für die Künstler. Und Heiner Friedrich hatte Geld.

Was haben Sie unternommen, um Ihre Künstler nach vorne zu bringen?
Das war ein langer Prozess. In der rheinischen Szene wurde in den 1960er- und 1970er-Jahren richtig viel verdient, vor allem mit Zero-Kunst. Die Künstler, mit denen ich mich umgab, wollte kaum jemand – sie galten dieser Kunstwelt als Arschlöcher. Ich habe ganz naive Dinge angestellt, um sie in die Szene zu integrieren. Zum Beispiel zeigte ich in einer Zero-Gruppenausstellung auch Bilder von Baselitz. Meine Illusion war: Wenn ich mit Uecker befreundet bin, dann ist auch Baselitz automatisch integriert. Als ich Ausstellungen mit Konzeptkunst organisierte – mit Daniel Buren und Niele Toroni –, wurde Baselitz stocksauer. Jahrelang war er der Einzige – zusammen mit Lüpertz, Penck und Höckelmann. Nun sah er, dass ich mit einem Stall von Künstlern arbeitete. Konzeptkunst war für ihn die reine Aberration. Und ich wollte ja eigentlich seine Kunst durchbringen, denn auch mich interessierte es nicht, wenn einer nur Dreiecke verschiebt. Ich habe mich immer dagegen gewehrt, dass man uns, also meine Künstler, verachtet hat. Dagegen setzte ich die Methode des konstanten Behauptens, der konstanten Wiederholung, des konstanten Ausstellens. Wenn beispielsweise jemand behauptet hat: Fred Thieler ist ganz groß – dann habe ich gesagt: Kann sein, aber Baselitz ist größer. Scheinbar erklärte es sich von selbst, wer ein großer Künstler wird, die Zeit machte das schon irgendwie. Ich wollte aber keine zehn Jahre warten, bis sich etwas bewegt. Es hat sich immer nur das bewegt, was ich selbst initiiert habe. Ich wollte die Hierarchien der anderen nicht, ich wollte meine eigenen Hierarchien. Ich war damals in Deutschland der einzige Händler, der die Weltklasse seiner Künstler offensiv behauptet hat. Heute macht sich jeder seine eigenen Künstler – aber es ist sinnlos, weil der Markt segmentiert ist und es hunderte Galerien und tausende bedeutende Künstler gibt, die aber keiner kennt. Das System ist pervertiert und nur dazu da, sich selbst zu stützen. Meine Vorbilder waren die deutschen Ausnahme-Kunsthistoriker Hugo von Tschudi und Julius Meier-Graefe, die 1906 die Große Kunstausstellung in Berlin organisierten. Sie haben strategisch versucht, deutsche Malerhelden wie den vergessenen Caspar David Friedrich oder Karl Blechen gegen Kaiser Wilhelms Vorlieben – die ganzen Kaulbachs und die Historienmaler – zu inthronisieren. Die haben eine ganz neue Haltung gesetzt und davon profitierten auch die Zeitgenossen, beispielsweise Hans von Mareés, der zwischenzeitlich leider auch wieder verschwunden ist.

Ihre Methode der insistierenden Behauptung hatte spätestens mit Beginn der 1980er-Jahre Wirkung und Sie fingen an, Ihren Aktionsradius systematisch auf internationales Terrain auszudehnen.
Mir wurde klar, dass ich im Ausland bekannt werden musste, um im eigenen Land Erfolg zu haben. Alle meine Künstler, Penck ausgenommen, galten in Deutschland als reaktionär und ich konnte nur wenig verkaufen, eine quälende Situation. Zunächst hatte ich Kontakte in die Schweiz, hauptsächlich zu

Johannes Gachnang, ein alter Freund aus der Berliner Zeit. Er war ein Künstlernomade, Architekturzeichner bei Scharoun, Kurator und Verleger. Er lebte in Paris, in der Türkei, in Amsterdam. Durch ihn entstand mein Kontakt nach Holland und zu Rudi Fuchs, der für mich sehr wichtig wurde. Mit beiden habe ich Ausstellungen gemacht. Die Kontakte wurden immer internationaler, es war ein sehr dynamischer Prozess, mit vielen Zufällen natürlich. Kasper König kam hinzu, mit ihm organisierte ich Penck-Ausstellungen in den USA. Die documenta 1982 war der Auslöser für den Amerika-Boom und brachte auch für die neue deutsche Malerei den Durchbruch. Für die Etablierung der Neofiguration gab es in dieser Zeit noch andere, essentiell wichtige Ausstellungen, etwa 1981 »A New Spirit in Painting« in der Londoner Royal Academy.

Sie haben Ihre Künstler gezielt im amerikanischen Kunstmarkt platziert. Wie verlief dieser Weg bis zur Gründung Ihrer eigenen Galerie 1990 in New York?
Baselitz, Lüpertz, Penck und Immendorff hatten bereits alle ihre großen Galerien in den USA. In den amerikanischen Galerien läuft es so: Bei der ersten Ausstellung ist der Künstler ein Genie, alles wird ausverkauft. Bei der zweiten Ausstellung ist der Künstler noch interessant, aber es wird nur noch die Hälfte verkauft. Bei der dritten Ausstellung ist das Interesse dann vorbei. Das wollte ich für meine Künstler nicht. Durch Sigmar Polke lernte ich meine spätere Frau kennen, Mary Boone. Polke hat dafür gesorgt, dass ich in Berlin nach der Eröffnung der Zeitgeist-Ausstellung alleine mit ihr im Taxi sitze. Mit ihrer Galerie habe ich dann zusammengearbeitet. Alle New Yorker Händler wurden informiert, dass meine Künstler ab sofort von der Galerie Mary Boone vertreten werden. Das war eine strategische Entscheidung, die ich meinen Künstlern klarmachen musste. Ich war mit ihnen am Aufsteigen und wollte die Kontrolle.

Wie haben Sie den amerikanischen Kunstbetrieb, der mit New York den Markt bis heute dominiert, erlebt?
Der Kunstmarkt in den 1950er- und 1960er-Jahren mit seiner Pariser Dominanz war im Vergleich zum amerikanischen Markt harmlos und biedermeierlich. Für die Amerikaner zählt in der Kunst einzig und allein der Aspekt des Neuen. Inhalte interessieren nicht. Natürlich geht es auch um die Persönlichkeit des Künstlers, aber was primär zählt, ist der Erfolg. Erfolg bedeutet Umsatz. Erfolg bedeutet möglichst viel Geld. Ich habe das immer kritisch gesehen, aber die Kunstwelt hat sich genau in diese materialistische Richtung entwickelt. Es gibt viele sympathische Amerikaner, auch Kenner unter den Sammlern. Aber es gibt kaum Austausch und die Leute hören einem nicht zu. Kommt eine Krise, verkaufen sie ihre Sammlung auf Auktionen, auch zum halben Preis. Ich habe Sammler unter Druck gesetzt und gefordert, dass sie meine Künstler nicht zur Auktion bringen – anderenfalls würden sie kein einziges Bild mehr von mir bekommen. Manche haben dann Arbeiten an Museen verschenkt. Dagegen hatte ich natürlich nichts.

Kürzlich starb die Rocklegende Captain Beefheart. Er wird unter seinem eigentlichen Namen Don van Vliet von Ihrer Galerie als Maler vertreten. Wie haben Sie ihn entdeckt?
Beefheart verdanke ich Penck. In der DDR gab es einen lebendigen LP-Schwarzmarkt und die Platten von Beefheart waren die teuersten überhaupt. Penck war – auch als Musiker – ein großer Fan von Beefheart und sagte mir eines Tages, dass der auch malt. Also habe ich Kontakt zu ihm aufgenommen. Er

hatte mit der Musik aufgehört, weil er den Musikmarkt hasste. Er war als Maler absolut authentisch, aber niemand nahm das so richtig ernst. Zu seinen Ausstellungen kamen unglaubliche Freaks, Rockfans; da werden auch mal ein paar Bilder verkauft. Aber es ist mir nicht gelungen, ihn zu positionieren, bisher gab es nur eine einzige Museumsausstellung in San Francisco. Ich habe ihn ein paar Mal in Kalifornien besucht. Dort lebte er in einem Holzhaus, saß immer auf der Veranda und schaute aufs Meer hinaus. Einmal fragte ich ihn, was er sieht. Er sagte: »Seals, seals, sometimes it looks like a seal, but it's a surfer. And then a shark gets him.«

Sie standen im Zentrum einiger Auseinandersetzungen, die auch politische Konsequenzen hatten, beispielsweise im Kontext der documenta 1977, auf der erstmals offizielle Künstler der DDR gezeigt wurden.

Alle meine Künstler waren zur documenta 6 eingeladen, auch Penck. Es wurde ein Leihvertrag unterschrieben für ein nicht sehr großes, zehnteiliges Bild, das er zeigen wollte. Doch Kommissarin Evelyn Weiss erschien und sagte uns, dass es leider keinen Platz mehr geben würde. Penck war ja Abweichler und hatte das DDR-Regime gegen sich. Wir haben uns angeschrien und dann vorgeschlagen, das Bild knapp unter die Decke zu hängen, damit die Funktionäre es nicht sehen – auch das ging nicht. Manfred Schneckenburger und Evelyn Weiss ließen sich vom politischen Druck platt machen, haben das später aber immer bestritten. Daraufhin habe ich mit meinen Künstlern gesprochen und alle zogen ihre Arbeiten zurück. Es gab also keinen Baselitz, keinen Immendorff, keinen Penck – und einen großen Skandal. Auch Gerhard Richter blieb weg, weil er aus dem Osten kam und über die Vorgänge empört war.

In den 1980er-Jahren gab es eine Reihe großer Übersichtsausstellungen, angefangen mit der »Westkunst« bis zum »Bilderstreit«. Der Kölner Bilderstreit gab schon vor der Eröffnung das Stichwort für eine heftige Debatte, in der Ihnen Einflussnahme auf diese Ausstellung vorgeworfen wurde.

Bilderstreit war eine unkonventionelle Ausstellung, die mit subjektivem Blick die Korrespondenzen, die Provokationen der damaligen Kunst aufgezeigt hat. Solche Ausstellungen gibt es heute leider nicht mehr. Sie wurde von Johannes Gachnang und Siegfried Gohr, Eröffnungsdirektor des Kölner Ludwig-Museums, organisiert. Peter Ludwig übte großen Druck auf Gohr aus, denn er wollte, dass in dem nach ihm benannten Museum auch DDR-Künstler – die er sammelte – gezeigt werden. Aber Gohr äußerte in einem Zeitungsinterview: So lange ich Direktor bin, kommt hier keine DDR-Kunst rein. Da sah Peter Ludwig rot. Er nutzte gezielt den Presse-Rundgang durch Bilderstreit, um Siegfried Gohr loszuwerden und kommentierte, was er sah: Viele Bilder stammten von Michael Werner und Gohr stünde auf der payrole meiner Galerie. Das wurde von der Presse sofort aufgegriffen und es gab ein großes Rumoren unter den Kölner Kollegen, allen voran Rudolf Zwirner. Es wurden Protestbriefe gegen mich und gegen die Ausstellung unterschrieben. Natürlich gab es von mir Leihgaben – wie von anderen Galerien auch. Warum Kunstwerke sonst woher beschaffen, wenn man sie vor Ort haben und Kosten sparen kann? Gohr war ein sensibler Typ, der sich gegen den Skandal nicht wehren konnte. Er arbeitete später als Professor an der Karlsruher und Düsseldorfer Kunstakademie. Einen Museumsjob hat er nicht mehr bekommen, aber wir haben später noch einige fabelhafte Ausstellungen zusammen gemacht.

Sie haben sich in den letzten 20 Jahren sehr auf den Kunsthandel mit deutschen Klassikern der Moderne wie Wilhelm Lehmbruck, Max Beckmann und Hans Arp konzentriert. Hingegen haben Sie relativ wenige jüngere Künstler in Ihr Programm aufgenommen – warum?
Ich habe Zeit meines Lebens geschaut und schaue immer noch, aber ich habe zuletzt nicht mehr viel gefunden. Es werden in Deutschland jedes Jahr x-Künstler produziert, denen nichts beigebracht wird. Markus Lüpertz hat 20 Jahre mit der Politik um die Autonomie der Düsseldorfer Akademie gekämpft. Er hat eine Klasse für Aktzeichnen eingeführt, seine Studenten mussten da teilnehmen. Ihm ging es um die Tradition und zeichnen zu können, ist ja nicht strafbar. Jetzt ist er draußen, aus der Akademie wurde eine Hochschule und zeichnen ist out. Mein letzter Zugang war Per Kirkeby. Ich hätte gerne mehr Künstler gehabt, das macht die Sache einfacher, aber ich konnte mich nie durchringen. Außerdem wollte ich die Künstler alleine vertreten und das wurde im Lauf der Zeit immer schwieriger. Ich bin ein Liebhaber der Malerei, aber es gibt heute eigentlich nur noch fotobasierte Malerei. Peter Doig ist einflussreich – ansonsten sehe ich keine Malerei, die traditionell fundiert ist. Das sind auch Auswirkungen dessen, was ich System nenne.

Wie ist das zu verstehen, was meinen Sie mit »System«?
Ich habe alle meine Entscheidungen an dem Ziel ausgerichtet, eine deutsche Situation in der Kunst zu schaffen. Obwohl die deutschen Künstler sehr erfolgreich sind, gibt es immer noch keine deutsche Situation. Das liegt daran, dass sich alle Instanzen dem System angeschlossen haben. Das ist schwierig zu erklären. Als ich anfing, waren der Künstlerbund und die Museen mit ihren mehr oder weniger gebildeten Direktoren noch mächtig. Man konnte miteinander reden, einen Austausch pflegen. Heute haben weder einzelne Institutionen noch Künstler oder Händler einen Einfluss: Alles ist System geworden, alle passen sich daran an. Auch der Künstler agiert innerhalb dieser Machtstruktur, in diesem vernetzten System. Darin lässt sich nichts revolutionieren, darin sind keine künstlerischen Ausnahmen mehr erlaubt. Wenn der Künstler das System bedient, kommt er herein. Wenn nicht, fliegt er raus. So simpel ist das. Die Kuratoren sind heute die eigentlichen Künstler, sie bedienen das System und sorgen dafür, dass es funktioniert. Ich habe kein einziges gutes Wort zu irgendjemandem zu sagen.

Kommen wir zum Thema Kunst und Wert. Vor fast 50 Jahren haben Sie die ersten Bilder von Baselitz für 3.000 Mark verkauft. Können Sie den Bogen erklären, der von hier aus zu den heutigen Hochpreisen führt?
Ein berühmter Künstler ist ein teurer Künstler und Geld ist das Synonym für Erfolg. Das ist mit allem so. Mehr gibt es dazu nicht zu sagen.

Aus der Perspektive Ihrer Galerie – einmal abgesehen von den langwierigen institutionellen Anerkennungsprozessen einer künstlerischen Position – gibt es dazu bestimmt noch etwas zu sagen.
Der Kunsthändler muss Zeit seines Lebens billig einkaufen und teuer verkaufen – das ist der Kern des Kunsthandels. In der Zeit dazwischen muss man arbeiten und auf Erkenntnisse setzen, die eine Wertsteigerung befördern. Voraussetzung ist, dass eine Galerie über einen Eigenbesitz an Kunstwerken verfügt. Kunsthandel kann nur erfolg-

reich sein, wenn er gesetzlich in die Lage versetzt wird, agieren zu können – aber die Gesetze sind in Deutschland so, dass ein Lager mit Kunstwerken steuerlich bestraft wird. Die meisten Galerien arbeiten deshalb heute auf Kommissionsbasis – was keinen Sinn hat. Ich habe immer direkt von den Künstlern viel gekauft und jede Menge Bilder verkauft. Weil man ständig Geld für die Galerie braucht, kann man nicht viel behalten. Mit den Bildern, mit denen ich damals nach Köln ging, wäre ich heute Millionär. Aber davon habe ich keins mehr, weil es opportun war, bestimmte Bilder an bestimmte Leute zu verkaufen. Ich habe zum Beispiel jahrelang versucht, Herrn Flick dazu zu bringen, Baselitz zu kaufen. Dann habe ich den Bann gebrochen mit einem Bild aus der Helden-Serie, das er bei mir erworben hat. Aber es hat nicht viel genutzt, er ist nicht auf meine Seite geschwenkt, ich konnte ihn nicht als Sammler gewinnen – ich habe das Bild sozusagen geopfert.

Als renommierter Kunsthändler arbeiten Sie mit internationalen Museen zusammen. Wie nehmen Sie aus dieser Binnenperspektive die Entwicklung der Museumslandschaft wahr?

Die meisten Museen haben nur noch ein paar Tausend Euro Ankaufsetat – das ist Schwachsinn, da kann man sie auch gleich schließen und die Bestände verauktionieren. Mit ihren Museumsnächten und Ähnlichem beugen sie sich mehr und mehr dem Druck in Richtung Eventkultur. Der Anfang vom Ende aber ist die Kunst in der Fabrik. Auch mein Freund Nic Serota hat die Tate-Gallery mit einer Fabrik erweitert, ein absoluter Fehler. Und das unter der Vorspiegelung, dass die Kunst in dieser Fabrik etwas zu sagen hätte. Da geht man jetzt durch den Hintereingang, wo früher die Kohle angeliefert wurde. In die Museen werden sinnlos Installationen und Objekte hereingekarrt, die alle irgendwann verschwinden werden. Der wahnwitzige populäre Erfolg der Kunst bedeutet nicht, dass die Leute eine Vorstellung haben, worum es eigentlich geht. Hier wird ein Leiterwagen mit Wassereimer bewundert, dort ein Wassereimer mit Bowlingkugeln auf einem Tisch. Erstaunlich, dass keine Fragen gestellt werden. Alle lassen alles über sich ergehen. Museumsleute sind auch immer weniger kunsthistorisch gebildet – wobei Kunsthistoriker fast nie eine wirkliche Beziehung zur Kunst haben. Der Direktor der Berliner Nationalgalerie beispielsweise ist Autodidakt – nicht schlimm – aber mit einer sehr schmalen Biographie. Wie soll der Mann in der Lage sein, irgendetwas Sinnvolles in der Nationalgalerie zu bewegen? Jahrelang war er Kunstvereinsleiter in Köln – ich habe dort die Elite der deutschen Kunst vertreten und er kam nie in meine Galerie. Aber er darf ignorant sein, man fordert das geradezu. Im Hamburger Bahnhof hat er lebende Elche eingesperrt und Leute konnten da gegen Bezahlung übernachten – dazu kann man sich gar nicht mehr äußern. Meine größte Beschwerde ist, dass es keine künstlerbezogene Theorie mehr gibt – eine kunsthistorische Katastrophe. Natürlich gibt es eine Menge Literatur, Lexika und Generalinterpretationen, aber es gibt nichts über die deutsche Malerei der letzten Jahrzehnte, nichts Substantielles mit einer intellektuellen Einordnung. Nicht mal über Richter gibt es ein lustiges Buch oder eine Biographie. Ansonsten nur soziologisches, verstiegenes, furchtbar langweiliges Zeug.

Vor welchem kulturpolitischen Horizont wird sich die Kunstlandschaft aus Ihrer Sicht entwickeln?

Ich bin kein Prophet. Ich habe es aufgegeben, darüber nachzudenken. Da ist nichts mehr durchführbar, überall passiert nur Abbau. Ein Zurückdrehen der Situation wäre vonnöten, aber das können Sie niemandem verkaufen. Der Kunstbetrieb spaltet sich einerseits in das, was ich System, Eventstruktur nenne. Brot und Spiele – das begeistert die Politiker, da können sich auch die Kulturmanager betätigen. Studiengänge für Kulturmanager, das müsste eigentlich verboten werden, das macht überhaupt keinen Sinn. Die Leute wollen Vernebelung, Lichtgeflimmer auf Fassaden und künstliche Wasserfälle. Das wollen auch die Zeitungen, die nehmen das ernst, sie schreiben über die Wasserfälle – ich kann das alles nicht mehr lesen. Ich bin wahrscheinlich auch die falsche Person, um über solche Sachen zu reden. Auf der anderen Seite wird die an der Tradition gebundene Kunst an einigen wenigen Orten irgendwie doch noch produziert. Bestimmte Formen werden immer bleiben und was selten ist, wird auch teuer gehandelt. Das ist auch eine Frage der Elite. Wenn es keine gesellschaftliche Elite mehr gibt, dann gibt es auch keine Kunst mehr. Als Politiker würde ich gezielt intelligente Leute suchen, die Vorstellungen haben, was für die Kultur der bildenden Kunst unserer Tage notwendig ist. Wenn es weitergehen soll, dann müssen Lehren aus der Geschichte gezogen werden und man muss erkennen, dass das Prinzip der Abstimmung für viele Gebiete funktioniert, für einige wenige allerdings gar nicht.

Arbeitsmarkt Baukultur: Wie sieht er wirklich aus?
Hintergründe und Analysen

Thomas Welter — Politik & Kultur 3/2010

Die öffentliche Wahrnehmung des Arbeitsmarktes Baukultur ist gespalten. Zum einen wird sie geprägt vom eigenverantwortlich und fachlich unabhängig handelnden Architekten, der innovative Projekte im Interesse seines Auftraggebers und der Allgemeinheit realisiert. Zum anderen vom prekär beschäftigten Kreativen, der nachts Taxi fahren oder Zeitungen austragen muss, um tagsüber unbezahlte Planungsleistungen zu erbringen. Doch wie sieht der Arbeitsmarkt Baukultur wirklich aus?

Die Finanz- und Wirtschaftskrise hat die Architekturbüros zwar getroffen, aber nicht katastrophal. Doch vor allem den Inhabern vieler kleiner Büros geht es schlecht: Sie verdienen wenig, aber zum Teil kalkulieren und kontrollieren sie ihre Arbeit auch mangelhaft. Das sind Ergebnisse der jüngsten Analyse der Büro- und Kostenstruktur unter den freischaffenden Mitgliedern der Architektenkammern der Länder im Auftrag der Bundesarchitektenkammer.

Knapp die Hälfte aller freischaffenden Architekten hat negative Folgen der Krise gespürt, doch nur rund 20 % beschreibt diese Folgen als beträchtlich. Ein Drittel registriert keine Rückgänge in den Auftragsbüchern; ein weiteres Drittel rechnet auch mittelfristig nicht damit. Und die Konjunkturpakete der Bundesregierung haben offenkundig gewirkt: Bei gut einem Viertel aller Büros und sogar bei der Hälfte der großen Büros haben sich aus den Programmen zusätzliche Projekte ergeben.

Damit konnten viele das verbesserte Auftragsniveau der Vorjahre halten. Nach einem beispiellosen Niedergang der Planungs- und Bauwirtschaft seit Mitte der 1990er-Jahre hat sich seit 2006 die Auftragslage bis zur Wirtschaftskrise deutlich gebessert. Heute gilt die Regel: Je größer das Büro, desto besser bewerten die Inhaber die wirtschaftliche Lage. Große Büros mit mindestens 10 Vollzeitbeschäftigten sind besser ausgelastet als mittlere und kleine.

Nach wie vor kann aber keine Rede davon sein, dass es dem Berufsstand der Architekten unterm Strich gut geht. Der Anteil der freischaffenden Architekten, die lediglich einen Überschuss bis zu 30.000 Euro erreichen, betrug 2008 noch 39 %. 2006 waren es zwar fast 50 % gewesen, doch auch heute ist der Anteil noch zu hoch. 30.000 Euro entsprechen dem Einkommen eines Hausmeisters im öffentlichen Dienst – und viele Architekten verdienen noch weniger.

Ein Fünftel aller Büros, unter den Einpersonenbüros sogar ein Viertel, erwirtschaftete auch 2008 nur Überschüsse unter 15.000 Euro. Ihre Situation kann nur als prekär bezeichnet werden. Die Ursachen liegen zum

Großteil am Markt, doch einige Schwachstellen sind auch hausgemacht. Eine der größten ist nach wie vor die Unterschätzung betriebswirtschaftlicher Grundlagen. Nur in jedem fünften Architekturbüro werden die Arbeitszeiten der Angestellten erfasst; nur in jedem zehnten Büro die der Inhaber. In weniger als der Hälfte der Architekturbüros in Deutschland wird ein Bürostundensatz kalkuliert. Dabei lässt sich nur damit ermitteln, ob ein Büro rationell arbeitet oder seine Inhaber sich faktisch für wenige Euro pro Stunde aufreiben. Selbst in jedem fünften größeren Büro mit zehn und mehr Vollzeitbeschäftigten weiß man nichts über die Bürostundensätze.

Und wie geht es den angestellten Architekten? Von den rund 123.000 zu Beginn des Jahres 2010 in die Kammerlisten eingetragenen Architekten, Innenarchitekten, Landschaftsarchitekten und Stadtplaner sind rund die Hälfte angestellt tätig. Der Arbeitsmarkt für Architekten ist durch ein starkes Überangebot an Arbeitskräften gekennzeichnet. Die Anzahl der Architekten und Stadtplaner ist seit Mitte der 1990er-Jahre um rund 30.000 Personen gestiegen. Jedes Jahr scheiden zwischen 2.500 und 3.500 Berufsangehörige altersbedingt aus dem Berufsleben aus.

Die offizielle Arbeitslosenquote ist niedrig, doch die inoffizielle Quote liegt bei rund 10 Prozent.

Gleichzeitig strömen jährlich zwischen 5.000 und 6.500 Absolventen aus den Universitäten und Fachhochschulen auf einen regional unterschiedlichen Arbeitsmarkt. Die offizielle Arbeitslosenquote ist niedrig, doch die inoffizielle Quote liegt bei rund 10 %. In Ballungszentren liegt sie deutlich darüber. In Berlin ist beispielsweise jeder fünfte Architekt ohne regelmäßige Beschäftigung.

Aufgrund des angespannten Arbeitsmarktes stehen die Gehälter der angestellten Architekten und Stadtplaner seit Jahren unter Druck. Gleichzeitig sind die Angestelltenverdienste in Deutschland regional und nach Berufserfahrung stark differenziert. Verallgemeinernd verdienen angestellte Architekten im Süden Deutschlands mehr als im Norden. Dies gilt ebenso im Vergleich der östlichen mit den westlichen Bundesländern. Wer in der Bauausführung und -überwachung arbeitet oder die Termin- und Kostenkontrolle meistert, verdient mehr als wer sich auf die Gestaltung konzentrieren möchte.

Die schwierige Arbeitsmarktlage bekommen vor allem Absolventen und ältere oder arbeitslose Architekten und Stadtplaner zu spüren. Die Einstiegsgehälter sind prekär niedrig. Und die Anforderungen an die Qualifikation sind in den vergangenen Jahren kontinuierlich gestiegen. Vor allem Berufserfahrungen, die dem Tätigkeitsbild der zu besetzenden Stelle entsprechen, werden vorausgesetzt. Routinierte Kenntnisse in den gängigen EDV-Anwendungen werden ebenso gefordert wie Teamfähigkeit, selbstständiges und zielorientiertes Arbeiten, Einsatzbereitschaft, Belastbarkeit bei Termin- und Kostendruck und Durchsetzungsfähigkeit und souveränes Auftreten.

Dies führt dazu, dass es mehr als doppelt so viele Menschen gibt, die einen akademischen Abschluss im Bereich der Architektur in der Tasche haben (ca. 350.000) als Architekten, die auch in dem Bereich tätig sind oder waren (ca. 150.000).

Die Hintergründe der schwierigen wirtschaftlichen Situation sind vielfältig: Architekten und Stadtplaner agieren auf einem durch sehr hohe Konkurrenz und starke Konjunkturabhängigkeit gekennzeichneten

Markt, der mittelfristig durch Stagnation und Strukturwandel der Nachfrage nach klassischen Architekturaufgaben geprägt sein wird. Viele Marktsegmente stehen unter Konkurrenzdruck aus anderen Berufen.

Eine Analyse der Determinanten wirtschaftlichen Erfolgs von Architekturbüros zeigt, dass zum einen eine Konzentration auf die klassische Architektentätigkeit im Rahmen der Honorarordnung und zum anderen eine Konzentration auf öffentliche Auftraggeber die Wahrscheinlichkeit höherer Erträge verbessert. Beide Marktsegmente schrumpfen seit Jahren.

Im Umkehrschluss scheinen Architektur- und Stadtplanungsbüros in Deutschland bei der Entwicklung neuer Tätigkeitsfelder nicht erfolgreich zu sein, da die Analyse der Determinanten wirtschaftlichen Erfolgs von Architekturbüros ebenfalls zeigt, dass Büros, die neuen Tätigkeiten nachgehen, weniger erfolgreich sind als Büros mit klassischen Architektentätigkeiten.

Schon erwähnt wurde der Umstand, dass für einen großen Teil der Architektur- und Stadtplanungsbüros die betriebswirtschaftliche Führung des Büros einen geringen Stellenwert hat. Die Architektenkammern der Länder verfolgen zwar seit längerem das Ziel, bei ihren Mitgliedern das Bewusstsein für notwendige Änderungen im Bürobetrieb und in der Bürostruktur zu fördern und ihre Mitglieder durch Information, Beratung und Fortbildung zu unterstützen. Doch viel zu häufig werden Seminare und andere Fortbildungsangebote nicht in Anspruch genommen. Auch die – zum Teil durch Landes- und Bundesmittel geförderten – Einzelberatungsangebote werden nur von wenigen Kammermitgliedern genutzt. Aus diesem Befund ergeben sich berufspolitische Konsequenzen: Die Auftragslage der Architekten muss verbessert werden, die Akteure in den Architekturbüros brauchen politische und gesellschaftliche Unterstützung – und als Grundlage für mehr Erfolg künftiger Architekten sind die Ausbildungsinhalte stärker auf die Praxis auszurichten.

Außerdem sind Architekten und Stadtplaner aufgefordert, ihr bisheriges betriebswirtschaftliches Denken und Handeln zu hinterfragen und sich gegebenenfalls neu auszurichten.

Arbeitsmarkt Denkmalpflege

Nicoline-Maria Bauers und Titus Kockel — Politik & Kultur 3/2010

180.000 Pfund Sterling kostete die Studie, und ihr Ergebnis war niederschmetternd: Großbritannien, das Land der ungebrochenen Tradition seit Wilhelm dem Eroberer, hat nicht genügend qualifizierte Handwerker, um sein bauliches Kulturerbe zu erhalten. Über Jahrzehnte hinweg hatte man die Aus- und Fortbildung schlicht verschlafen. Die nationale Denkmalbehörde National Heritage und die Bildungsbehörde für die Bauberufe Construction Skills riefen daraufhin eine gemeinsame Ausbildungsplattform ins Leben, um Handwerker für die Denkmalpflege zu qualifizieren. Doch wird es noch Jahre dauern, bis das Land die nötigen Fachkräfte einsetzen kann.

Was in Großbritannien im Hauruckverfahren die öffentliche Hand leisten muss, schafft das Handwerk in Deutschland seit Jahren aus eigener Kraft. Seit 1985 bilden sich Handwerker denkmalfachlich zum »Restaurator im Handwerk« fort. Mit dem in Großbritannien propagierten Ausbildungsstandard – entsprechend einem Gesellenbrief – wären die deutschen Buchbinder, Gold/-Silberschmiede, Holzbildhauer, Maler und Lackierer, Maurer, Metallbauer, Orgelbauer, Parkettleger, Raumausstatter, Steinmetze, Stuckateure, Tischler, Vergolder und Zimmerer übrigens glatt unterfordert. Wer Restaurator im Handwerk werden will, muss bereits Meister sein. In ca. 600 Stunden werden fachübergreifende und fachspezifische Denkmalinhalte gelehrt. Die Prüfungsordnungen werden von den zuständigen Landesministerien genehmigt.

In ihrer Freizeit und auf eigene Kosten besuchen die Meisterinnen und Meister zwei Jahre lang die Fortbildungszentren. Aber es lohnt sich. Gerade kleineren Betrieben bringt die Spezialisierung im Denkmalbereich einen Wettbewerbsvorteil, denn hier zählen nicht teure Maschinen, sondern Fertigkeiten und Verantwortung im Umgang mit der Bausubstanz. Seit 1985 haben sich rund 5.000 Restauratoren im Handwerk ausbilden lassen. Auf den Denkmalbaustellen nehmen sie die Schlüsselposition bei der Ausführung der Baumaßnahmen ein und arbeiten Hand in Hand mit akademischen Restauratoren und Architekten. Mit ihrer Material- und Technikkenntnis sind sie es, die die Möglichkeiten für die praktische Umsetzung erarbeiten – wie jüngst bei der Restaurierung des Neuen Museums in Berlin. So tragen sie einen Gutteil dazu bei, dass das bauliche Kulturerbe unseren Nachkommen in vernünftigem Zustand übergeben wird.

Das war nicht immer so. Nach dem Zweiten Weltkrieg beherrschte das Leitbild der autogerechten modernen Stadt die städtebaulichen Planungen. Abriss, Neubau in

Billigbauweise und Verwendung von Industriebauteilen sollten preisgünstigen neuen Wohnraum schaffen. Der Wandel kam schrittweise. Elf Jahre liegen zwischen der Charta von Venedig (1964) und dem Europäischen Jahr des Denkmalschutzes (1975), doch in diesen elf Jahren vollzog sich ein Paradigmenwechsel. Die Öffentlichkeit begann, die negativen Seiten des Abriß- und Neubaubooms zu erkennen und entdeckte

1 Euro öffentlicher Investitionen zieht durchschnittlich 9 Euro privater Investitionen nach sich.

den Wert der historisch gewachsenen Umgebung. Eine Reihe staatlicher Förderungsmaßnahmen rund ums Baudenkmal wurde in Gang gesetzt: Städtebauförderung, Dorferneuerung, Zuschüsse der Denkmalbehörden, Gewährung von Steuervorteilen. Zwar stimmten bald die Rahmenbedingungen, jedoch waren dem Handwerk inzwischen die traditionellen Techniken und das Wissen im Umgang mit historischen Materialien verlorengegangen. Daher wurden im Deutschen Zentrum für Handwerk und Denkmalpflege in der Propstei Johannesberg in Fulda und in der Akademie des Handwerks Schloss Raesfeld erste Fortbildungskurse angeboten. Mitte der 1980er-Jahre wurde dann die Fortbildung »Restaurator im Handwerk« für Handwerksmeister eingeführt.

Doch während man auswärts neidisch auf unsere Handwerker schaut, haben sie hierzulande mit immer größeren Problemen zu kämpfen. Zum einen schwelt seit Jahren der leidige Abgrenzungsstreit zwischen den Diplomrestauratoren und den Handwerkern. Theoretisch ist es ganz einfach und 1996 in einer Kooperationsvereinbarung zwischen VDR (Verband der Restauratoren) und ZDH (Zentralverband des Deutschen Handwerks) festgehalten: Die akademischen Restauratoren sollen wissenschaftlich arbeiten, die Handwerker praktisch. Trotzdem gibt es Überschneidungen bei den Ausführungsleistungen. Mit Praktikanten als billigen Arbeitskräften liegen Diplomrestauratoren bei den Angeboten dann deutlich günstiger als Restauratoren im Handwerk, die für ihre Fachkräfte höhere Gehälter kalkulieren müssen und nicht von der Gewerbesteuer befreit sind.

Überhaupt bietet die Vergabepraxis bei öffentlichen Bauvorhaben in der Denkmalpflege kaum Anlass zum Jubel. Die VOB (Verdingungsordnung für Bauleistungen) schreibt vor, dem »wirtschaftlichsten Angebot« den Zuschlag zu geben. Angesichts leerer Kassen wird dies in vielen Fällen als das »billigste Angebot« interpretiert. So werden Betriebe mit fragwürdiger Qualifikation auf das Kulturerbe losgelassen, wo sie dann aus blanker Unkenntnis Schäden verursachen, deren Reparatur enorme Kosten verschlingt, wenn sie denn überhaupt noch möglich ist. So wird billig schnell zu teuer. Für die Restauratoren im Handwerk wirkt sich die gute Qualifikation zum Nachteil aus, weil sie mit ihren realistischen Kalkulationen selten zu den billigsten Anbietern gehören.

Nicht genug, dass solche Marktverzerrungen Existenzen bedrohen. In den letzten Jahren sind auch die Aufgaben der Denkmalämter beschnitten worden. Stellen wurden abgebaut und die Zuschüsse, die die Ämter vergeben, wurden gestrichen. Diese Politik signalisiert, dass die Denkmalpflege hinter andere Interessen zurückzutreten hat. Noch vor zehn Jahren war es viel attraktiver, sich denkmalfachlich zu qualifizieren. Ohne kontinuierliche Fortbildung können aber die traditionellen Techniken und das Materialwissen irgendwann nicht mehr weitergegeben werden.

Dabei ist die Denkmalpflege ein aussichtsreicher Wirtschaftsfaktor:

- Revitalisierte Altstädte beleben Einzelhandel und Gastronomie und machen Städte attraktiver. Unternehmen siedeln sich an, der Wohnwert steigt. Denkmalerhaltung schafft Standortqualität. Substanzerhaltende Sanierungen steigern außerdem den Wert der Altbauten.
- Die historische Bausubstanz gibt den Städten ein Gesicht. Das lässt sich vermarkten und lockt Touristen an. Jeder zehnte Europäer lebt heute vom Tourismus, und die Branche wächst.
- Dass traditionelle Baumaterialien und Techniken umweltverträglich und nachhaltig sind, haben sie über Jahrhunderte bewiesen. Wer historische Gebäude erhält, nutzt bereits vorhandene Ressourcen und braucht keine Energie, um neue Materialien herzustellen, von denen man nicht weiß, wie schädlich sie vielleicht sind. Restauratoren im Handwerk entwickeln ständig innovative Lösungen, die Einsparung von Energie am Altbau möglich macht, ohne die Substanz zu schädigen.

Besonders positiv aber sind die Auswirkungen der Denkmalpflege auf die Wirtschaft. Öffentliche Investitionen in der Denkmalpflege haben einen starken Multiplikatoreffekt: 1 Euro öffentlicher Investitionen zieht durchschnittlich 9 Euro privater Investitionen nach sich. Staatliche Ausgaben haben eine wichtige Initialwirkung, sichern und schaffen rund 100.000 Arbeitsplätze pro Jahr – den Markt der Stadterneuerung und Altbausanierung noch nicht einmal berücksichtigt.

Gleiches gilt für die Steuereinsparungen für Denkmaleigentümer. Die Einnahmeverluste des Staates von jährlich rund 119 Millionen Euro werden durch mindestens 260 Millionen Mehreinnahmen aufgrund der durch die stimulierten Investitionen fälligen Umsatz-, Lohn-, Gewerbe- und Einkommenssteuern nicht nur gedeckt, sondern sogar in Mehreinnamen verwandelt.

Auch dem Handwerk entstehen positive Effekte. In der Denkmalpflege werden 90 % des Bauvolumens für die Herstellungskosten benötigt, von denen 75 % auf Personalkosten und nur 25 % auf Materialkosten entfallen. Im Neubau dagegen machen die Personalkosten lediglich ca. 50 % der Herstellungskosten aus. Durch die hohe Arbeitsintensität ist die Förderung von denkmalpflegerischen Maßnahmen also ein besonders nachhaltiges Mittel zur Sicherung von Arbeitsplätzen.

Investitionen in die Denkmalpflege kommen der einheimischen Bauwirtschaft und dem regionalen Arbeitsmarkt zugute – nach einer Analyse des Landesdenkmalamts Berlin stammen rund 90 % der Rechnungen für denkmalpflegerische Zuwendungen von Handwerksbetrieben, Baufirmen und Architekten aus der Region Berlin-Brandenburg. Nicht nur die Baudenkmale profitieren von der staatlichen Denkmalpflege, sondern vor allem auch die regionale Wirtschaft. Nur wenn der Denkmalmarkt funktioniert, kann das Fachwissen angewandt und an künftige Generationen weitergegeben werden – das hat die Nachkriegszeit gelehrt. Wird die Nachfrage nicht stimuliert, bricht der Markt ein. Die Folge ist der Verlust von Baudenkmalen, Geschichte, Wissen, Kompetenzen und Tausenden von Arbeitsplätzen.

National Heritage und Construction Skills sind bei der systematischen Analyse der Gegenwart nicht stehen geblieben. Sie planen die Ausweitung der denkmalgesetzlichen Qualifikationsbestimmungen für den gesamten vor 1919 entstandenen Altbaubestand. Einen ersten entsprechenden Vorstoß haben sie im vergangenen Jahr im Unterhaus vorgenommen. Sollte der Plan aufgehen, wird dies den britischen Denkmalmarkt und damit die Aussicht auf sichere, nachhaltige Arbeitsplätze auf einen Schlag verzehnfachen.

In Deutschland ist man dagegen weit davon entfernt, die Denkmalpflege als Zukunftsmarkt wahrzunehmen, geschweige denn zu erforschen und zu fördern. Dabei liegen hier die Dinge weitaus günstiger, und entsprechend größere wirtschaftliche Effekte stehen zu erwarten.

Etwas mehr Weitsicht und Entschlossenheit wäre auch hierzulande zu wünschen. Die Aufgabe, für die Denkmalpflege zu werben, den Markt zu erforschen und zu fördern, betrifft aber die ganze Gesellschaft, nicht nur das Handwerk. Schließlich geht es um unsere Kultur, unsere Geschichte – und unsere Zukunft.

Kulturberuf zwischen Wissenschaft und Kunst
Fällt die Berufsgruppe der Restauratoren durchs Raster?

Michael C. Recker — Politik & Kultur 5/2004

Der Deutsche Kulturrat hat in der Stellungnahme zur sozialen Sicherung der Künstlerinnen und Künstler (2004, Anm. d. Red.) den Deutschen Bundestag und die Bundesregierung aufgefordert, »bei anstehenden Änderungen der sozialen Sicherungssysteme die spezifische Situation der freiberuflichen Künstlerinnen und Künstler zu berücksichtigen«. Der Verband der Restauratoren (VDR), der als Mitglied im Deutschen Kulturrat an der Entwicklung dieser Stellungnahme im Rahmen einer Arbeitsgruppe mitgearbeitet hat, unterstützt das Papier voll und ganz. Gleichwohl entstehen daraus für die Berufsgruppe der Restauratoren etliche Fragen. Der Beruf des Restaurators ist ein Kulturberuf. Er, der Restaurator wird allgemein auch als eine »Art« Künstler angesehen. In den berufspolitisch relevanten Strukturen findet das aber keinen Niederschlag. Es besteht die Gefahr, dass der Begriff Künstler entlang des Künstlersozialversicherungsgesetzes (KSK-Gesetz) definiert wird und dabei der Restaurator wieder einmal durch das »Raster« fällt.

Im Folgenden möchte ich versuchen die spezielle Lage der Restauratorinnen und Restauratoren in Deutschland darzustellen. Diplom-Restauratorin Dr. Katrin Janis fasste kürzlich in einem Vortrag über Berufsethik die Entwicklung des Restauratorenberufes treffend zusammen: »Die Herausbildung eines eigenständigen Berufs des Restaurators ist angesichts vielfältiger und verschiedener Traditionen schwer zu fassen. In den 1930er-Jahren entstanden erste Studienorte an Universitäten in London und Brüssel, sowie an der Akademie der Bildenden Künste in Wien. An diese Entwicklung anknüpfend begann man in den 1970er-Jahren in Ost- und Westdeutschland mit der Einrichtung zahlreicher Hochschul-Studiengänge für Restauratoren an Kunstakademien und seit den 1980er-Jahren auch an verschiedenen Fachhochschulen. Die Aufgaben und Ziele der Restaurierung und Denkmalpflege sind in allgemeiner Form in einschlägigen Chartas und Kodizes fixiert, zum Beispiel die »Charta von Venedig 1964« und die »Berufsrichtlinien für bewegliche Kulturgüter«, die 1993/94 durch die »Europäische Vereinigung der Restauratorenverbände« (ECCO) definiert wurden«.

Heute lässt sich feststellen, dass die Ausbildung für Restauratoren in Deutschland mit dem Abschluss als Diplom-Restaurator auf sehr hohem Niveau stattfindet. Zum »Verband der Restauratoren«(VDR) schlossen sich im September 2000 per Fusion die bisher in verschiedenen Verbänden Deutschlands organisierten Restauratoren zusammen. Die 3.800 Mitglieder sind in Fach- und Ländergruppen tätig. Schwerpunkte der Verbandstätigkeit sind neben berufspolitischen

Aktivitäten der interdisziplinäre Austausch und die fachliche Weiterbildung. Restauratoren gehen als hochqualifizierte Spezialisten regelmäßig mit Kunst- und Kulturgut um. Kunst- und Kulturgüter vermitteln als materielle Zeugnisse des kulturellen Erbes einen lebendigen Einblick in die Vergangenheit. Für die Gesellschaft ist es von besonderer Bedeutung, die Kulturgüter zu bewahren und weiterzugeben. Die Restauratoren übernehmen mit ihrer Arbeit eine besondere Verantwortung für das Kulturgut gegenüber der Gesellschaft und der Nachwelt. Ihre Aufgabe ist der Schutz, die Erhaltung und die Restaurierung des Kulturgutes im Respekt des ganzen Reichtums seiner Authentizität und unter Wahrung seiner Integrität. In diesem Sinne sind Kunst- und Kulturgüter keine gewöhnliche »Handelsware«. In der »Erklärung von Cancùn« zur kulturellen Vielfalt der ARD, des Deutschen Kulturrates, der Heinrich-Böll-Stiftung und des International Network for Cultural Diversity vom September 2003 erklären die unterzeichnenden Mitglieder unter anderem, »dass kulturelle Dienstleistungen einzigartige gesellschaftliche Werte widerspiegeln und vermitteln, die weit über kommerzielle Interessen hinausgehen und dass entsprechende handelspolitische Maßnahmen diese Werte voll berücksichtigen müssen«.

Restauratoren sind in vielen Fachbereichen mit ihrem Spezialwissen tätig. Sie erfüllen Aufgabenbereiche, die berufssoziologisch eindeutig zu den freien Berufen zählen. Ein hohes Maß an Eigenverantwortung und Unabhängigkeit ist hier das prägende Merkmal. Im Restauratorengesetz von Mecklenburg-Vorpommern heißt es in §1: »Der Restaurator betreibt kein Gewerbe«. Die wissenschaftliche Tätigkeit, und meines Erachtens nach auch die künstlerische Tätigkeit spielen außerdem eine gewichtige Rolle. Der Restaurator ist unzweideutig nicht künstlerisch eigenschöpferisch tätig. Alles, was er »händig« tut, hat nichts mit eigenschöpferischer Gestaltung im Sinne von Kunst zu tun. Ein Teil seiner Tätigkeit ist aber sehr wohl künstlerisch zu nennen, denn Konservierung und Restaurierung bedeuten mehr als die Rettung eines Objektes vor weiterem Verfall. Die Erstellung eines Restaurierungskonzeptes nach eingehender Voruntersuchung dient unter anderem dazu, die materielle und immaterielle Substanz des Kunstwerkes zu erkennen, zu beurteilen und parallel dazu die künstlerische Intention zu erfassen. Gerade dieser Prozess beinhaltet oftmals das Nachempfinden des Schaffungsprozesses, den der Künstler vollzogen hat. Fehldeutungen, die entstehen können, wenn das Kunstwerk vor einer Konservierung/Restaurierung nicht ausreichend untersucht wird, werden dem Künstler und dem Kunstwerk nicht gerecht oder führen sogar zu folgenschweren Fehldeutungen. Das Einfühlen in die künstlerische Intention ist für eine Restaurierung zwingend erforderlich, damit keine Verfälschungen am Kunstwerk entstehen. Zum Beispiel werden bei zeitgenössischen Kunstwerken die noch lebenden Künstler interviewt, um Informationen über den Herstellungsprozess zu erhalten und der künstlerischen Intention auf die Spur zu kommen. Die Verfälschung der künstlerischen Intention geschieht dann, wenn diese vom Restaurator sowohl auf technischer als auch auf künstlerischer Ebene nicht erkannt wird.

Die Fähigkeit des Restaurators, die künstlerische Absicht und Bedeutung erfassen zu können, ist untrennbar und wechselseitig mit seinen anderen Tätigkeiten verknüpft. Eine ganzheitliche Herangehensweise ist ein Faktor, der den nachhaltigen Erfolg einer Restaurierung/Konservierung mitbestimmt. Darum ist der Restaurator meines Erachtens nach nicht nur Anwender wissenschaftlicher Techniken, sondern auch Künstler.

Betrachtet man die soziale Lage und das berufspolitische Umfeld der Diplom-Restauratoren, so muss man feststellen, dass sowohl für die selbständigen als auch für die angestellten Restauratoren in verschiedenen Bereichen Handlungsbedarf der Politik angemahnt werden muss:

- In keinem Bundesland, außer in Mecklenburg-Vorpommern, wo es ein Gesetz über die Führung der Berufsbezeichnung »Restaurator« seit 1999 gibt, ist die Berufsbezeichnung »Restaurator« geregelt. Dieses Ansinnen mag in Zeiten von Deregulierungsdiskussionen unzeitgemäß erscheinen. Aber gerade anlässlich europaweiter Harmonisierungsbestrebungen besteht die Notwendigkeit zu Qualitätsprädikaten, um unser kulturelles Erbe vor unsachgemäßer Handhabung zu schützen und auf Dauer zu erhalten.
- Einer Entwicklung, bedingt durch allgemeine Sparmaßnahmen der öffentlichen Hand, welche die Zahl der verfügbaren Stellen für Museumsrestauratoren reduziert, ist Einhalt zu gebieten. Je nach Größe der Institution müssen die jeweiligen Restauratoren zunehmend interdisziplinäre oder sogar nichtrestauratorische Tätigkeiten ausüben. Dies widerspricht unter anderem der berufsständischen Entwicklung mit einer akademischen und stark differenzierten Ausbildung, die der hohen Verantwortung bei der Bewahrung und Erhaltung von Kulturgütern gerecht werden muss.
- Der Bund und die Länder müssen den Erhalt und die Bewahrung des Kunst- und Kulturgutes mit geeigneten Mitteln nachhaltig fördern und kontinuierlich ausbauen. Laut einer Pilotstudie über die wirtschaftlichen Auswirkungen der Denkmalpflege beziffert die »Europäische Union des Handwerks und der Klein- und Mittelbetriebe« den Umsatz deutschlandweit auf rund 3,5 Milliarden Euro für den Bereich der Denkmalpflege. Im hessischen Kulturwirtschaftsbericht von 2003 wird der Umsatz im Bereich der Gesamtunternehmen »Kulturelles Erbe in Deutschland« für das Jahr 2000 auf 11 Milliarden Euro beziffert. Die bundesweit ca. 2.000 hochspezialisierten restauratorischen Kleinbetriebe bewegen sich in diesem Marktsegment in Konkurrenz zum Handwerk und anderen Anbietern. Freiberufliche Restauratoren sind in weiten Teilen abhängig von öffentlichen Aufträgen.
- Zumindest im öffentlichen Bereich sollten Ausschreibungsverfahren zur Konservierung und Restaurierung bundesweit in einer Art und Weise erfolgen, die das Kulturgut nicht als Bauleistung jeder Art betrachtet, sondern Restaurierungsleistungen als besondere Dienstleistungen ansieht.
- Die steuerliche Veranlagung von Restaurierungsleistungen zur Gewerbesteuer sollte einheitlich geregelt werden. Restaurierungs- und Konservierungsleistungen müssen dabei einheitlich betrachtet werden und nicht getrennt in zum Beispiel Wandmalerei (bauverbunden – gewerblich) und Leinwandmalerei (Kunst – freiberuflich).
- Durch die weitgehende Abhängigkeit von öffentlichen Auftraggebern (Museen, Denkmalämter und Kirchen) liegt ein Argument vor, den Restauratoren die Mitgliedschaft in der KSK zu ermöglichen.

Auseinandersetzung mit dem Original
Zur Situation der Restauratoren in Deutschland

Volker Schaible — Politik & Kultur 6/2009

Für unsere Gesellschaft ist es von besonderer Bedeutung, ihre Kulturgüter zu bewahren und an künftige Generationen weiterzugeben. Angesichts einer zunehmenden Bedrohung geschützter Kulturgüter und ganzer Sammlungsbestände auch in Friedenszeiten wächst die Bedeutung derer, die sprichwörtlich zum Wohle der Erhaltung unserer Kunst- und Kulturgüter Hand anlegen und mit dem kulturellen Erbe umzugehen wissen. In diesem Zusammenhang sei nur an das Elbehochwasser in Sachsen im August 2002, die Brandkatastrophe der Herzogin Anna Amalia Bibliothek in Weimar im September 2004 und an den Einsturz des Kölner Stadtarchivs im März 2009 erinnert.

Nach heutiger Auffassung besteht die Tätigkeit des Restaurators in der Erhaltung, Pflege, Restaurierung und technologischen Erforschung von Kunst- und Kulturgut. Für eine angemessene Beurteilung der restauratorischen Tätigkeit und ihres Stellenwertes muss die besondere Verantwortung berücksichtigt werden, die dem Restaurator daraus erwächst, dass er es mit unersetzbaren Originalen zu tun hat. Diese besitzen oft einen hohen künstlerischen und stets einen kulturellen, gesellschaftlichen, wissenschaftlichen und/oder ökonomischen Wert. Der Verband der Restauratoren e.V. (VDR) ist der Berufs- und Fachverband der Restauratoren in Deutschland. Sein Hauptanliegen ist der Schutz und die sachgerechte Bewahrung des Kunst- und Kulturgutes unter Respektierung seiner materiellen, historischen und ästhetischen Bedeutung. Um Kunst- und Kulturgut wirksam schützen zu können, fordert der VDR seit Jahren, dass nur qualifizierte Restauratoren am Kulturgut tätig werden dürfen. Er hält die Wahrung der fachlichen Standards für unverzichtbar und fordert Maßnahmen des gesetzlichen Berufsschutzes in Deutschland ein. Dabei geht es nicht um die Etablierung von Privilegien für die »Zunft der Restauratoren«, sondern um die Sicherung von Qualität und den Erhalt unschätzbarer materieller und ideeller Werte.

Ein kurzer Blick in die Geschichte des Restaurierwesens macht den enormen Wandel des Berufsbildes und das heutige Selbstverständnis der Restauratoren deutlich. Um 1900 begann sich für die Restauratoren in Deutschland die Aufgabenstellung zu verändern, die letztlich den Weg zur heutigen Konservierungs- und Restaurierungswissenschaft bahnte. Bis dahin war der Restaurator ein vor allem künstlerisch ausgebildeter Fachmann, der die Wiederherstellung eines vermuteten ursprünglichen Zustandes anstrebte. Weil dabei die Objekte oft bis zur Unkenntlichkeit verändert wurden und von der originalen materiellen Substanz nicht mehr viel übrig blieb, begann sich immer häufiger Widerstand gegen diese Verfahrensweise zu regen. Statt Objekte zu renovieren oder rekonstruieren, wurden die Spuren der Geschichte und der natürlichen Alterung mehr und mehr respektiert. Die Aufgabenstellung der Restauratoren bestand zunehmend in der Erforschung und dem Erhalt der ihnen anvertrauten Objekte. Der Beginn der kunsttechnologischen Forschung und der Entwicklung geeigneter Konservierungs- und Restaurierungstechniken, ergänzt durch naturwissenschaftliche Untersuchungsmethoden, war eingeleitet.

Aus dieser geschichtlichen Entwicklung leitet sich die Forderung nach einer wissenschaftlich fundierten Ausbildung auf dem Gebiet der Konservierung und Restaurierung ab: Jeder konservatorischen oder restauratorischen Behandlung muss eine methodisch-wissenschaftliche Auseinandersetzung vorausgehen, die das Objekt in allen relevanten Dimensionen erfasst und dokumentiert. Diese ist zugleich die Voraussetzung für ein Maßnahmenkonzept, welches die Konsequenzen eines jeden Eingriffes rechtzeitig abwägt. Vergleichbar mit einem Chirurgen, dessen Studium einerseits eine umfassende theoretische Schulung und andererseits die Praxis spezielle Operationstechniken beinhaltet, setzt auch die Qualifikation zum Restaurator eine angemessene, systematische und wissenschaftlich fundierte Ausbildung auf Hochschulniveau voraus. In den letzten 30 Jahren hat sich in Deutschland für die praktische und theoretische Ausbildung zum Restaurator eine geregelte Hochschulausbildung mit Diplomabschluss etabliert. Die Qualität und Dichte der Restauratorenausbildung an bundesdeutschen Hochschulen ist vorbildlich und findet in internationalen Fachkreisen Anerkennung und Beachtung.

Europa ist zweifellos die Wiege der Kultur.

Mehrere Entwicklungen in der jüngsten Vergangenheit sind jedoch alarmierend und besorgniserregend. Ein erster gravierender Einschnitt in die positive Entwicklung der letzten Jahrzehnte war die seitens der Bildungspolitik umgesetzte Hochschulreform im Zuge des sogenannten Bologna-Prozesses. Ungeachtet der seitens des Verbandes der Restauratoren vorgetragenen Sachargumente verordnet die Bildungspolitik den ersten berufsqualifizierenden Abschluss Bachelor als Regelabschluss. Damit fördert sie Kurzzeitstudiengänge, welche die Befähigung zu einer verantwortungsvollen Tätigkeit an historischem Kunst- und Kulturgut nicht vermitteln können. Neben nichtkonsekutiven Studiengängen werden neuerdings auch internetbasierte Fernstudien im Fachbereich Konservierung und Restaurierung angeboten. Derartige Ausbildungsmodelle bergen unserer Meinung allerdings die Gefahr in sich, dass der Verbraucher – und hiezu zählt auch die öffentliche Hand als Auftraggeber – nicht mehr klar erkennen kann, welche Kenntnisse und Fähigkeiten hinter der nach wie vor in Deutschland ungeschützte Berufsbezeichnung »Restaurator« stecken. Diese Entwicklung gefährdet nicht nur unseren Berufsstand, sondern logischerweise auch den Erhalt unsers kulturellen Erbes. In anderen Mitgliedsstaaten der Europäischen Union hat die Erhaltung des nationalen kulturellen Erbes einen höheren Stellenwert. Hier wurden trotz Implementierung des Bologna-Prozesses Ausnahmeregelungen im Sinne einer Qualitätssicherung für die Hochschulausbildung der Restauratoren zugelassen.

Ende 1999 verabschiedete das Bundesland Mecklenburg-Vorpommern als erstes und als einziges Bundesland ein sogenanntes »Restauratorengesetz«. Hier wurde geregelt, dass sich nur diejenigen »Restauratoren« nennen dürfen, die ihre Qualifikation und Erfahrung nachgewiesen haben. Im Zuge der Umsetzung der EU-Dienstleistungsrichtlinie wurde nun von der Landesregierung in Mecklenburg-Vorpommern ein Gesetzentwurf erlassen, um dieses Restauratorengesetz wieder abzuschaffen. Die EU-Dienstleitungsrichtlinie berücksichtigt nur Gesetzgebungen, welche auf nationaler Ebene vor Inkrafttreten der Richtlinie Bestand hatten. Aufgrund der föderalistischen Struktur der Bundesrepublik Deutschland mit der sogenannten »Kulturhoheit der Länder« blieb und bleibt weiterhin versteckt, was in anderen europäischen Nationen groß herausgestellt wird. Von Italien, Frankreich, Portugal, Spanien bis Griechenland – überall schützt man stolz das nationale kulturelle Erbe. Hier wurden vor Inkrafttreten der Dienstleistungsrichtlinie auf nationaler Ebene entsprechende Gesetze erlassen. In der Bundesrepublik Deutschland sieht man nichts dergleichen. In diesem Zusammenhang sei der deutsche Schriftsteller Oskar Maria Graf zitiert: »Europa ist zweifellos die Wiege der Kultur. Aber kann man sein ganzes Leben in der Wiege verbringen?« Unsere Bemühungen zum Schutz und zur Anerkennung unseres Berufsstandes mögen dazu beitragen, dass auch die Bundesrepublik Deutschland in Sachen Wertschätzung ihres kulturellen Erbes endlich erwachsen wird.

Erhaltung und Pflege des Kulturerbes
Der Beruf des Restaurators

Mechthild Noll-Minor — Politik & Kultur 3/2010

Das Berufsbild und das Tätigkeitsfeld des Restaurators werden in der Öffentlichkeit nur sehr verschwommen und oft falsch wahrgenommen. Der Restaurator wird zuweilen als Künstler oder als Handwerker bezeichnet. Während der Künstler jedoch neue künstlerische Objekte erschafft und der Handwerker Objekte herstellt bzw. in funktioneller Hinsicht unterhält oder repariert, deren Gebrauchswert im Vordergrund steht, hat der Restaurator die Aufgabe, Kulturgüter zu erhalten. Kulturgüter bilden ein materielles und kulturelles Erbe, das von Generation zu Generation weitergegeben wird. Da sie von der Gesellschaft der Obhut des Restaurators anvertraut werden, trägt dieser Verantwortung nicht nur für das Kulturgut, sondern auch dem Eigentümer oder Träger, dem Urheber oder Schöpfer sowie der Öffentlichkeit und der Nachwelt gegenüber.

Der Restaurator agiert meistens in einem Team von Fachleuten verschiedener Spezialisierungsrichtungen und kommuniziert mit verschiedenen Interessensgruppen, zu denen neben den Eigentümern und Nutzern auch Vertreter der Denkmalpflege, Museen und Geldgeber gehören. Er übernimmt die Verantwortung für die Untersuchung, die Konservierungs- und Restaurierungsarbeiten an dem Kulturgut sowie die Dokumentation aller Verfahren und führt sie persönlich, eigenverantwortlich und fachlich unabhängig aus. Weitere Aufgaben des Restaurators sind die Erstellung von Restaurierungskonzepten, die Beratung und technische Unterstützung bei der Restaurierung von Kulturgütern, die Ausarbeitung von technischen Berichten über Kulturgüter ohne Berücksichtigung ihres Marktwerts, die Durchführung von Forschungsarbeiten zum Thema Restaurierung, die Ausbildung im Bereich der Restaurierung und die Publikation von Erkenntnissen aus Untersuchungen, Behandlungen oder Forschungsarbeiten.

Es gibt eine Grundsatzvereinbarung zwischen dem Verband der Restauratoren und dem Zentralverband des Handwerks, in der neben der gegenseitigen Anerkennung der Berufsbezeichnungen die Abgrenzung und Überschneidungen der Tätigkeitsbereiche von Restauratoren und Restauratoren im Handwerk formuliert sind. Rekonstruktionen, Ergänzungen und Neuschöpfungen in historischen oder modernen Techniken, sowie auch die Wiederaneignung und Vermittlungen historischer Techniken und die Dokumentation dieser Aufgaben gehören zu den Schwerpunkttätigkeiten der Restauratoren im Handwerk.

Der Verband der Restauratoren (VDR) ist der Berufs- und Fachverband der Restauratoren in Deutschland. Er ist Mitglied im Deutschen Kunstrat. Seine Hauptanliegen sind der Schutz und die sachgerechte Bewahrung des Kunst- und Kulturgutes unter Respektierung seiner materiellen, kunsthistorischen und ästhetischen Bedeutung. Der VDR vertritt zurzeit rund 3.000 Restauratoren, die in verschiedenen Sparten der Denkmalpflege, in Museen, Ausbildungsstätten oder freiberuflich tätig sind. Zu den Zielen und Arbeitsschwerpunkten des Verbandes gehören neben der berufsständischen Interessenvertretung der Restauratoren auf Bundes- und Landesebene vor allem der effektive Schutz und die sachgerechte Bewahrung des Kunst- und Kulturgutes durch eine Verknüpfung des Rechtes auf Führung der Berufsbezeichnung »Restaurator« mit nachzuweisenden hohen Qualifikationskriterien entsprechend der nationalen und internationalen Berufsrichtlinien und -definitionen.

Der VDR fördert die wissenschaftliche Entwicklung des Berufsfeldes allgemein sowie die fachliche Qualifikation seiner Mitglieder und des beruflichen Nachwuchses sowie insbesondere die Hochschulausbildung für Restauratoren. Er setzt sich zudem für die Pflege und den Ausbau des fachlichen Austausches auf nationaler und internationaler Ebene mit dem Ziel des Berufs- und Kulturgutschutzes sowie für die Förderung des öffentlichen Verständnisses für das Berufsbild des Restaurators ein. Der Verband ist Mitglied im Europäischen Dachverband der Restauratorenverbände (ECCO) und trägt mit bei zum gemeinsamen europäischen Prozess der Weiterentwicklung und Profilierung des Berufs Restaurator (bzw. »Conservator-Restaurator« im internationalen Sprachgebrauch). Um den komplexen Anforderungen des Berufs und seinem interdisziplinären Charakter gerecht zu werden, hat sich seit mehreren Jahrzehnten auch international eine umfassende theoretische und praktische Ausbildung des Restaurators mit einem Abschluss auf Hochschulniveau etabliert. Das Studium, dem einschlägige Vorpraktika vorausgehen, erfolgt in den verschiedenen Fachrichtungen entsprechend der Vielzahl von Objektgattungen. Spezialisten gibt es unter anderem für die Konservierung und Restaurierung von Gemälden, Möbeln und Holzobjekten, Wandmalereien und Architekturoberflächen, Textilien, Musikinstrumenten, polychromen Bildwerken, moderner Kunst, technischem Kulturgut, archäologischem Kulturgut, ethnografischen und kunsthandwerklichen Objekten, Grafik, Archiv- und Bibliotheksgut, Glas, Leder und Steinobjekten und für archäologische Ausgrabungen.

Jährlich werden in Deutschland ca. 150 bis 200 Studenten immatrikuliert und haben an mindestens acht Hochschuleinrichtungen die Möglichkeit zu einem grundständigen Studium in den verschiedenen Fachrichtungen der Konservierung und Restaurierung von Kunst- und Kulturgut. Die drei universitären Studiengänge in Dresden, Stuttgart und München besitzen seit einigen Jahren das Promotionsrecht. Im Rahmen des Bologna-Prozesses wurden und werden alle Studiengänge modularisiert und mit Ausnahme des Studiengangs Restaurierung an der Akademie der Bildenden Künste in Dresden auch in Bachelor- und Masterstudiengänge umgewandelt. Bei der Umstellung wurde durch den Verband der Restauratoren und den Europäischen Dachverband der Restauratorenverbände ECCO in Positionspapieren deutlich gemacht, dass in der gesamten Ausbildung praktische und theoretische Lehrinhalte vermittelt werden müssen und erst der Master-Abschluss bzw. eine gleichwertige Qualifikation zur voll verantwortlichen, unabhängigen Tätigkeit auf dem Gebiet der Restaurierung befähigt. Die Studiengänge wurden dementsprechend auch konsekutiv eingerichtet, so dass in der Regel nur der Bachelor-Abschluss in der Fachrichtung Konservierung/Restaurierung auch zur Aufnahme eines Masterstudienganges in der Fachrichtung Konservierung/Restaurierung berechtigt. Es gab bisher auch nur eine sehr geringe Zahl von Studienabgängern mit dem Bachelor-Abschluss. Die meisten Studenten streben mit dem Master-Abschluss die volle Anerkennung in ihrem Beruf an. Dennoch ist damit zu rechnen, dass in Zukunft mehr Bachelor-Absolventen direkt in die Berufspraxis gehen und als günstige Arbeitskräfte sowohl als Angestellte als auch selbständig arbeiten werden. Für eine allgemeinere Formulierung und Darstellung der erforderlichen Kompetenzen für den Berufseinstieg und die Berufsausübung des Restaurators wurde vom Europäischen Dachverband der Restauratoren ein Kompetenzprofil in der Sprache des Europäischen Qualifikationsrahmens erarbeitet. In diesem Dokument werden für die Niveaustufen 6 (entspricht dem Bachelor), 7 (entspricht dem Master und dem Berufseinstieg des vollverantwortlichen tätigen Restaurators) und 8 (entspricht der Promotion) die entsprechenden Kompetenzen formuliert, die im komplexen Prozess der Konservierung und Restaurierung erforderlich sind. Dieses Kompetenzprofil wird eine Rolle bei der Konzeption und Überprüfung sowohl grundständiger Studiengänge als auch von Weiterbildungsangeboten spielen. Nicht zuletzt wird es jedem Restaurator – auch langjährig den Beruf ausübenden Restauratoren ohne einschlägige akademische Ausbildung – ermöglichen, sich anhand der selbstständig erworbenen Kompetenzen innerhalb des Kompetenzprofils einzuordnen.

Im Gegensatz zum Ausbildungsstand und dem Berufsethos der Restauratoren stehen die Bedingungen für die Ausübung des Berufes auf dem Arbeitsmarkt. In Deutschland kann sich noch immer jedermann »Restaurator« nennen, ohne irgendeine Qualifikation nachweisen zu müssen. Für die Öffentlichkeit ist kaum erkennbar, wer fachlich wirklich qualifiziert ist. Bisher existiert nur ein Gesetz zum Schutz der Berufsbezeichnung »Restaurator« in Mecklenburg-Vorpommern.

Die Analyse der Gesetzeswerke zum Erhalt des kulturellen Erbes in verschiedenen Ländern Europas weisen Lücken sowohl in Bezug auf die Konzeption, die Durchführung als auch die Qualitätssicherung von Erhaltungsmaßnahmen auf. Im Rahmen eines europäischen Projektes »Die Akteure in der Denkmalpflege und die Gesetzgebung« wurden daher von den beteiligten Institutionen verschiedener europäischer Länder im Jahr 2001 gemeinsame »Empfehlungen und Richtlinien zur Erlangung gemeinsamer Prinzipien bei der Konservierung und Restaurierung des Kulturerbes Europas« verabschiedet. Zu den Empfehlungen gehören unter anderem folgende Forderungen: Aus dem Projektentwurf für eine Konservierung oder Restaurierung muss klar ersichtlich sein, dass nur Bewerbungen von Restauratoren in Frage kommen sollten, die eine hohe berufliche Qualifikation aufweisen. Konservatorische und restauratorische Leistungen sind freiberufliche Leistungen. Im Falle der Planung, der Ausschreibung und der Vergabe muss gewährleistet sein, dass sowohl während des Auswahlverfahrens wie auch in der Auftragsformulierung für den Vertragspartner der Qualitätsgedanke über den finanziellen Erwägungen steht. Ein Restaurator muss im Planungsprozess und Vorauswahlverfahren eingebunden sein, um die fachliche Qualität der Ausschreibungen zu gewährleisten. Nach Abschluss eines Restaurierungsprojektes sind Maßnahmen der Wartung und Pflege einzuplanen, um durch eine Kontrolle des Zustandes und der Erhaltungsbedingungen kurze Restaurierungszyklen zu vermeiden und die gemeinsame Verantwortung von Eigentümern, Nutzern und Restauratoren wahrzunehmen.

Wir nennen es Armut
Zum Einkommen von Kommunikationsdesignern

Henning Krause — Politik & Kultur 2/2010

Was hat es im abgelaufenen Jahrzehnt nicht alles gegeben an Diskussionsbeiträgen zur Zukunft der Erwerbstätigkeit in den hoch entwickelten Ländern. Ob »Digitale Bohème«, »Urbane Penner«, »Kreative Klasse« oder »Avantgarde des Sozialraubs«, an künstlerisch wertvollen Schlagworten herrschte wahrhaftig kein Mangel. Die Designwirtschaft stand und steht bei diesen Betrachtungen stets im Mittelpunkt. Tatsächlich war die Designwirtschaft der stärkste Antreiber des Wachstums der Kultur- und Kreativwirtschaft. Drei aufeinanderfolgende Jahre wuchs der Umsatz in der Designwirtschaft zweistellig, bis die Wirtschaftskrise nun dem Jobmotor der Wissensgesellschaft Sand ins Getriebe streute. Die drastischen Folgen bei den Designern enthüllt eine Online-Umfrage, die der Berufsverband der Deutschen Kommunikationsdesigner e.V. (BDG) unter angestellten und freiberuflichen Kommunikationsdesignern vom 13. bis zum 19. Januar 2010 durchgeführt hat.

In dieser Befragung gab über ein Viertel der Kommunikationsdesigner an, weniger als 15.000 Euro netto im Jahr zu erwirtschaften. 15.000 Euro pro Jahr, das sind 1.250 Euro monatlich für eine Berufsgruppe, die durchaus ein gewisses gesellschaftliches Ansehen genießt und die überwiegend mit einem Hochschulabschluss ins Arbeitsleben gestartet ist. Das ist ernüchternd. Denn der Riss geht durch die gesamte Branche, ob angestellt oder selbstständig. Dabei hat ohnehin nur noch ein Drittel der Befragten angegeben, ausschließlich in einem Angestelltenverhältnis zu stehen. Ein Drittel bezeichnet sich rein selbstständig, das übrige Drittel arbeitet in einer Mischform aus Selbstständigkeit und Anstellung.

Dabei bemerken wir ein seltsames Ungleichgewicht: Design ist innerhalb der Kulturwirtschaft ein gewichtiger Faktor geworden. Nach einem Forschungsgutachten, das der Kulturwirtschaftsforscher Michael Söndermann im Auftrag des Bundesministeriums für Wirtschaft und Technologie erstellt hat, verzeichnete im Jahr 2006 der Bereich Kommunikationsdesign einen Umsatz in Höhe von 12,6 Mrd. Euro. Doch diese Summe ist unendlich weit von der Lebenswirklichkeit der meisten Designer entfernt. Lediglich ein Drittel der 1.016 Teilnehmer der Umfrage gab an, mehr als 25.000 Euro jährlich zu verdienen. Offenbar kommt das Geld nicht bei denen an, die die Leistungen erbringen.

Nach Söndermann bewegten sich im Jahr 2006 120.000 Designer auf dem Markt, darunter waren in etwa 92.000 Kommunikationsdesigner. Rechnet man die Zahlen der Umfrage des BDG hoch, so ist davon auszugehen, dass rund 23.000 Kommunikationsdesigner jährlich weniger als 15.000 Euro netto verdienen. Dafür arbeiten die Designerinnen und Designer laut den Ergebnissen des BDG durchschnittlich 43 Stunden die Woche.

7 % der Teilnehmer (das wären hochgerechnet 6.440 Designerinnen und Designer) gaben gar an, dass sie lediglich Nettoeinkünfte zwischen 0 und 5.000 Euro jährlich erzielen. Selbst in diesem untersten Segment des Armenviertels, in dem ein Überleben nicht mehr nur mit Ach und Krach, sondern nur noch mit Hartz IV und Wohngeld möglich ist, waren die Vollzeitbeschäftigten in der deutlichen Mehrheit, nur rund ein Sechstel der Befragten in diesem Segment gab eine Arbeitszeit von weniger als 30 Stunden an. Selbstständige sind in diesem Segment leicht überrepräsentiert. Zwar stehen uns keine Vergleichszahlen zur Verfügung, doch die Rückmeldungen, die wir aus der Branche erhalten, legen die Vermutung nahe, dass besonders die Freiberufler in der Krise die bittersten Einbußen hinnehmen. Das ist nicht nur ernüchternd, das ist bitter.

Sicher, die Umfrage war nicht repräsentativ, dennoch gibt sie eine Tendenz wieder, die sich auch mit unseren Beobachtungen deckt. Mit aller gebotenen Vorsicht weisen wir noch auf eine zweite Tendenz hin: Nur etwa ein Fünftel aller Teilnehmer konnte auf mehr als 10 Jahre Berufserfahrung zurückschauen. Für die meisten scheint nach einer vergleichsweise kurzen Zeit der Beruf keine ausreichenden Perspektiven mehr zu bieten. Natürlich ist nicht auszuschließen, dass sich weniger Kollegen und Kolleginnen, die älter als 35 Jahre sind, an der Umfrage beteiligt haben, unsere Beobachtungen bestätigen jedoch auch hier die Zahlen. Schon lange lautet die Faustregel: Spätestens mit 40 Jahren ist man als Designer selbstständig – freiwillig oder unfreiwillig. Ein Angestelltenverhältnis winkt allenfalls jungen Designerinnen und Designern zu eher moderaten Gehältern – nach ausgiebiger Praktikumszeit. Im Beruf alt zu werden, gelingt nur wenigen.

Die plausibelste Erklärung für diesen erschreckenden Zustand des Arbeitsmarktes Design ist, dass die Nachfrage nach Design für die Anzahl der Anbieter zu gering ist. Da der Markt in den vergangenen Jahren kräftig gewachsen ist, kann das wiederum nur heißen, dass noch über das Marktwachstum hinaus Anbieter in den Markt eingetreten sind. Tatsächlich haben wir verstärkt »Einwanderer« aus benachbarten Berufsgruppen zu verzeichnen, nicht nur von Produkt- und Modedesignern sondern auch beispielsweise von den Architekten. Den Architekten geht es nach Zahlen der Architektenkammer nämlich noch schlechter, hier liegt rund ein Drittel nahe Hartz-IV-Niveau – Hobbyisten bereits heraus gerechnet.

Das heißt: Wir leisten uns einen Arbeitsmarkt Designwirtschaft, in dem junge Menschen zunächst eine kostspielige akademische Ausbildung erhalten, anschließend in ein benachbartes Berufsfeld auswandern, dort eine zeitlang zu selbstausbeuterischen Gehältern oder Honoraren arbeiten, um dann nach spätestens 20 Jahren den Beruf zu verlassen, um die restlichen 20 Berufsjahre in Gebäudereinigung, im Buchantiquariat oder im Callcenter zu arbeiten. Und das in einem Wirtschaftssegment, das völlig unstreitig eine enorme Bedeutung für die Volkswirtschaft einnimmt. Denn Design ist aus wirt-

Eine große Zahl von Hungerleidern steht einer geringen Zahl gut verdienenden Kollegen gegenüber.

schaftlicher Sicht weit mehr als das »Anhübschen« von Drucksachen und Objekten. Design hat in erfolgreichen Unternehmen höchste strategische Bedeutung, ist in obersten Managementebenen verankert. Dennoch stellt sich zunehmend ein Marktbild ein, dass uns auch hinlänglich von anderen kulturwirtschaftlichen Bereichen bekannt ist: Eine große Zahl von Hungerleidern steht einer geringen Zahl gut verdienenden Kollegen gegenüber. Die Frage, wie in einem weitgehend atomisierten, von Regelarbeitsverhältnissen entkernten Markt dauerhaft existenzsichernde Einkommen erzielt werden können, scheint weiterhin unbeantwortet.

Wir bedauern es außerordentlich, dass es bislang keine repräsentativen, also belastbare und aktuelle Untersuchungen gibt, die Auskunft Erteilen über Verdienst und Lebensumstände von Designerinnen und Designern. Hier sehen wir eindeutig die Regierung in der Pflicht endlich für valides Zahlenmaterial zu sorgen. Wer seine Hoffnungen auf die Wachstums- und Beschäftigungsmöglichkeiten in der Designwirtschaft setzt, sollte gemeinsam mit den Designerverbänden das Bild des Arbeitsmarktes Design näher in Augenschein nehmen als aus der Vogelperspektive volkswirtschaftlicher Zahlen. Es wird Zeit, ein realistisches Bild vom Traumberuf Kommunikationsdesigner zu malen.

Neue Deutsche Medienmacher

Marjan Parvand — Politik & Kultur 4/2011

Ein Café in Kreuzberg, das Büro einer freien Kollegin im Wedding, der Konferenzraum der Initiative gegen Antisemitismus und das Bildungswerk – beides in Kreuzberg, die Büroräume der türkischen Unternehmer und Handwerker in Neukölln – die Geschichte der Neuen Deutschen Medienmacher ist eng verwoben mit Berlin und seinen von der Mehrheitsgesellschaft sogenannten Problembezirken. Wollte man also einen Gründungsmythos etablieren, müsste man von einer handvoll Journalisten mit Migrationshintergrund schreiben, die sich regelmäßig in Kreuzberg, Wedding und Neukölln trafen und nach und nach merkten, dass sich nur dann etwas an ihrer Situation in den Redaktionen sowie an der Berichterstattung über Migranten ändern wird, wenn sie sich selbst zu Wort melden. Wollte man den Mythos ein wenig lüften, müsste man schreiben: Kemal, Özlem, Mina, Mely, Rana, Aziz, Eva, Maricel, Bernd, Ali, Madjid, Sineb, Aycan und Marjan haben sich getroffen, gut gegessen, leckeren Wein getrunken und viel geredet. Denn auch wenn wir heute zum Integrationsgipfel im Bundeskanzleramt eingeladen werden, als Experten auf Podien zum Thema Migration und Integration sitzen, oder diese selbst veranstalten, geplant war das nicht, zumindest nicht am Anfang!

Lachen und lästern

In wechselnder Besetzung traf sich also die bunte Truppe in den herrlich vielfältigen Bezirken Berlins, redete, lachte, wunderte und beklagte sich über biodeutsche Kollegen und freute sich gleichzeitig endlich, andere gefunden zu haben, denen es in Redaktionen genauso erging wie einem selbst. Ausnahmslos alle freien Kollegen kannten beispielsweise die Erfahrung der »Migrant vom Dienst« zu sein. »Es geht um Türken, ruf' doch 'mal den Fareed an!« Dass Fareed ein studierter Politologe ist und seine Magisterarbeit über die Geschichte der konservativen Parteien in Deutschland geschrieben hatte, interessierte die biodeutschen Redakteure nicht. Die Festangestellten unter uns erzählten wiederum davon, welche Kämpfe sie in Konferenzen kämpfen mussten, wenn es um die Bildauswahl für Fernsehbeiträge über Migration bzw. Integration ging. »Es müssen mehr Bilder von Kopftuch-Frauen in den Beitrag. Der Zuschauer braucht das, sonst weiß er nicht, dass wir über Migranten reden«, poltert der Blondschopf vom Dienst und zuckt nicht einmal mit der Wimper, obwohl sein Gegenüber eine Deutsch-Libanesin ohne Kopftuch ist! Als wir uns diese und ähnliche Geschichten erzählten, war es nicht nur befreiend, sondern auch ernüchternd. Wollen wir dass es dabei bleibt? Wollen wir weiterhin, dass jeder als Einzelkämpfer gegen diese Vorurteile kämpft? Die klare Verneinung beider Fragen und die allmähliche Einsicht, dass es nichts nützt, tatenlos zuzusehen, ermutigten uns zum Handeln. Es kristallisierte sich eine Erkenntnis heraus, woran wir als »Neue Deutsche Medienmacher« nach wie vor fest glauben. Es bringt nichts zu schweigen und die Dinge hinzunehmen. Veränderungen gibt es nur dann, wenn wir das Einzelkämpfertum aufgeben und gemeinsam gegen die gängigen Vorurteile, Ressentiments und auch den Rassismus in den Redaktionen vorgehen.

Bloß kein Verein!

Doch auch wenn wir wussten, dass wir gemeinsam handeln mussten, waren die Vorbehalte, einen Verein zu gründen unter den Mitkämpfern der ersten Stunden sehr groß. Auf den bürokratischen Aufwand hatte keiner von uns Lust. Wir hatten auch alle keine Zeit dafür. Schließlich standen wir alle voll im Berufsleben. Sitzungsprotokolle, Geschäftsberichte, Antrag auf Gemeinnützigkeit, Jahresabrechnungen und nach den Vereinsstatuten ordentlich einberufene Mitgliederversammlungen klangen in unseren Ohren wie Horrorszenarien. Außerdem war das alles so »deutsch«! Wir waren doch keine Vereinsmeier, sondern ein Truppe von Journalisten, die sich einmischen und wegen ihrer Vielfalt und ihres multikulturellen Wissens ein Plus für die Redaktionen der Republik sein wollte. Anstelle eines Vereins entstand also zunächst die Idee, einen losen Verbund von Journalisten mit Migrationshintergrund zu gründen, eine Art Netzwerk. Aber auch ein Netzwerk muss seine Ziele und Ideen benennen, sonst ist es schwer, andere für sich zu begeistern. Aber welche Ziele hatten wir genau? Wie wollten wir andere Kollegen von unseren Ideen überzeugen, wenn wir diese noch gar nicht formuliert hatten? Anekdoten und ähnliche Erfahrungen sind unterhaltsam und können Menschen miteinander verbinden, sie reichen aber nicht aus, um andere für die Sache zu gewinnen. Was wir brauchten waren politische Ziele, klar formuliert.

Ein Sommertag im Wedding

An einem heißen Sommertag im Juli 2008 traf sich der sogenannte harte Kern im Büro einer freien Kollegin in Berlin-Wedding. Wir hatten uns einen eintägigen Workshop verordnet und am Ende des Tages waren folgende Fragen beantwortet: Wer sind wir? Ein bundesweiter Zusammenschluss von Journalisten mit Migrationshintergrund. Was meinen wir? Jeder fünfte Einwohner in Deutschland hat einen sogenannten Migrationshintergrund, aber nur jeder fünfzigste ist Journalist. In den Redaktionen der Republik fehlen oftmals die Perspektiven von Migranten und hinreichende Kompetenz für die Darstellung gesellschaftlicher Vielfalt. Was wollen wir? Wir wollen mehr Kolleginnen und Kollegen mit Migrationshintergrund nicht nur vor der Kamera und hinter dem Mikrophon, sondern auch in den Planungsstäben, Führungsetagen und Aufsichtsgremien. Wir wollen mehr interkulturelle Kompetenz und Sensibilität in der journalistischen Arbeit und Berichterstattung und in der Aus- und Fortbildung der Medienberufe. Und wir wollen uns einmischen: für eine sensible und faire Berichterstattung über Integration und Migration; uns wehren gegen diskriminierende und stereotype Berichterstattung. Was tun wir? Wir sind Ansprechpartner für interkulturellen Journalismus. Wir treten gezielt diskriminierender Berichterstattung entgegen. Wir bieten ein Forum für Information und Austausch und last but not least: wir fördern den journalistischen Nachwuchs mit Migrationshintergrund. Als die Antworten auf diese Fragen an diesem Sommertag im Juli 2008 formuliert und aufgeschrieben waren, veränderte sich einiges. Wir hatten uns ein politisches Profil verpasst, nun ging es darum, dieses Profil auch nach Außen zu repräsentieren und dafür zu werben. Ein guter Freund erklärte sich bereit, uns einen neuen Internetauftritt zu verpassen – unentgeltlich. Die Tochter eines Mitstreiters entwarf als Grafikerin ein Logo für uns – umsonst. Parallel dazu gab es immer mehr Kollegen, die sich für die »Neuen Deutschen Medienmacher« interessierten und im Netzwerk mitarbeiten wollten. Besonders geholfen hat uns dabei wohl auch unser Name. Werbefachleute haben uns inzwischen bescheinigt, dass der Name ein kleiner Geniestreich sei, weil wir mit ihm eine klare umrissene Marke geschaffen und etabliert hätten. Fest steht jedenfalls, dass wir uns bei der Namenssuche sehr bewusst gegen Begriffe wie Migrant, Integration, Einwanderer oder Multikulti entschieden. Der Name sollte vielmehr verdeutlichen, dass wir Teil der deutschen Gesellschaft sind. An dieser Stelle möchte ich als Vorstandsvorsitzende auch entschieden dem Vorwurf entgegentreten, dass wir mit dem Namen eine Überidentifikation mit dem »Deutschsein« oder »Deutschland« an den Tag gelegt hätten. Die zündende Idee, sich »Neue Deutsche Medienmacher« zu nennen, hing in erster Linie mit der deutschen Musikgeschichte zusammen. So wie die »Neue Deutsche Welle« das miefige Volkslied und den peinlichen Schlager verdrängte und deutsche Texte auch für die jüngere Generation hörbar machte, wollten und wollen wir mit den »Neuen Deutschen Medienmachern« eine Welle der Veränderung auslösen.

Die Vereinsgründung oder ohne Moos nix los

Ohne Moos nix los. Diese Erkenntnis hat uns nicht gefallen, aber irgendwann mussten die Aktiven innerhalb des Netzwerkes einsehen, dass wir nur dann die vielen Ideen und das Engagement unserer Mitglieder in Taten umsetzen können, wenn wir Geld zur Verfügung haben. Bereits nach unserer ersten Pressekonferenz und der anschließenden Podiumsdiskussion im November 2008 merkten einige Mitglieder an, dass wir als Netzwerk relativ wenig erreichen könnten. Wie sollten wir in Zukunft Podiumsdiskussionen veranstalten, wenn kein Geld für die Bezahlung der Räume da war? Auch für Anträge an Stiftungen zwecks finanzieller Unterstützung war eine Rechtsform notwendig. Ähnlich verhielt es sich bei der Frage der Förderung des journalistischen Nachwuchses. Wir hatten als Netzwerk wenig Chancen, mit Bildungsträgern und Redaktionen in Kontakt zu treten. Schließlich waren es diese Einsichten, die uns dazu bewogen im März 2009 beim Amtsgericht Charlottenburg den Antrag für eine Vereinsgründung zu stellen. Seitdem ergänzen die beiden bürokratischsten Buchstaben der Welt unseren Namen: »Neue Deutsche Medienmacher e.V.«.

Doch trotz aller Bürokratie und der zusätzlichen Arbeit, die die Vereinsgründung für die Mitglieder des Vorstandes mit sich gebracht hat, sind wir froh, diesen Weg gegangen zu sein. Denn die Reaktionen der Mitglieder und unserer bisherigen Kooperationspartner haben gezeigt, dass wir auf dem richtigen Weg sind. Mittlerweile sind über 80 Personen dem Verein beigetreten und rund 330 sind im Netzwerk registriert. Es gibt viel Enthusiasmus und Einsatz in den Reihen der Mitglieder. Viele Stiftungen wollen mit uns kooperieren und fragen nach unserem Rat, wenn es um Integrationsprojekte geht. Mit regelmäßigen Podiumsdiskussionen, Workshops und Mentorenprogrammen tragen wir zu einem sehr viel sensibleren Umgang mit dem Thema Integration bei und gestalten so die deutsche Medienlandschaft aktiv mit.

Der Weg des Spiels auf den Spieltisch
Das Spiel auf dem Weg zum Spieler

Ulrich Blum und Andrea Meyer — Politik & Kultur 5/2010

Spiele werden von Spieleautorinnen und -autoren erdacht und entwickelt, von Redaktionen weiterbearbeitet, von Verlagen veröffentlicht. Soweit, so klar. Doch wie kommt das Spiel vom Verlag auf den Spieltisch?

Sommer in Berlin. Gerade ist die letzte Druckvorlage für die Dose von Hossa, einem Spiel, bei dem es Punkte fürs Singen und Mitsingen gibt, per E-Mail auf die Reise zum Spieleproduzenten in Bayern gegangen. Das Musterexemplar hatte leider noch ein paar Fehler, die in der pdf-Datei nicht erkennbar waren und nun hoffentlich ausgebügelt sind. Bald werden die Vorlagen für die Spielkarten und die Anleitung hinterher geschickt. Dann wird das Spiel 3.000-mal produziert, so dass es pünktlich zum ersten Besuchertag der Messe Spiel '10 im Oktober in Essen am Stand von Bewitched Spiele, einem Berliner Kleinverlag, über den Tresen gehen kann.

Diese Messe ist für kleine Verlage die Gelegenheit, neue Spiele vorzustellen und direkt zu verkaufen. Denn anders als bei der Spielwarenmesse in Nürnberg, die Fachbesuchern vorbehalten ist, sind die Türen in Essen auch für Otto-Normalspieler geöffnet. Um die 150.000 Besucherinnen und Besucher zählt die Messe jedes Jahr, und viele nutzen die Gelegenheit, zu speziellen Messepreisen einzukaufen. Doch sobald ein Verlag einmal über ein Produktionsvolumen von ein paar hundert Stück hinaus gewachsen ist, kann er seine Auflage nicht mehr komplett in Essen verkaufen. Wie also erreichen seine Spiele diejenigen, die nicht auf die Messe kommen?

Eine Möglichkeit für kleinere Verlage, ihre Spiele an den Mann und die Frau zu bringen, ist der Direktverkauf im Internet per Online-Shop. Dabei kommt jeder Verlagsinhaber irgendwann zu der Frage, ob man wirklich jeden zweiten Abend Pakete schnüren will, anstatt Spiele zu entwickeln. Andererseits ist die Gewinnspanne hier natürlich am größten, da der volle empfohlene Verkaufspreis verlangt werden kann. So bleibt die gesamte Marge direkt beim Verlag. Viele Verlage haben direkte Kontakte zu Spielwarenhändlern, seien es solche mit Ladengeschäft – deren Zahl leider abnimmt – oder solche, die über Onlineshops Spiele verkaufen. Sie bestellen direkt beim Verlag und kaufen zum sogenannten Händlernettopreis, der in der Regel etwa beim halben empfohlenen Verkaufspreis liegt. Wer nun denkt, dass ein Verlag palettenweise Spiele direkt an die Händler abgeben kann, der irrt. Der Spielemarkt ist heiß umkämpft, in dem jedes Spiel um Aufmerksamkeit buhlt. Die Zahl der Veröffentlichungen ist in den letzten Jahren stetig angestiegen und zwar tendenziell schneller, als neue Käuferschichten erschlossen wurden. Dieser harte Wettbewerb führt dazu, dass Händler oft nicht willens sind, auch nur eine komplette Verpackungseinheit abzunehmen. Diese enthält je nach Größe des Spiels meist 6 bis 12 Stück. Sie kaufen nahezu ausschließlich beim Großhändler, der ihnen oft unabhängig von Verpackungseinheiten individuelle Pakete mit Spielen verschiedenster Verlage schnürt. Der Verlag verkauft deshalb auch an den Großhändler, der natürlich einen Rabatt auf den Händlernettopreis verlangt, um seinerseits einen Schnitt zu machen.

Der Großhandel schmälert aber nicht nur den Gewinn der Verlage, für viele, besonders für die ganz kleinen Ein-Personen-Verlage, ist er die einzige Möglichkeit, überhaupt nennenswert wahrgenommen zu werden. Insbesondere ermöglicht er es dem Verlag, Auflagen von wenigen Tausend Stück abzusetzen. Die Erhöhung der Stückzahl von z. B. 500 auf 2.000 schlägt sich natürlich äußerst positiv im Produktionspreis des einzelnen Spiels nieder.

Das Problem des Verlags besteht jetzt aber darin, vom Großhandel gelistet zu werden. Hier helfen entweder gute Kontakte oder ein überzeugendes Produkt. Am besten natürlich beides. Insgesamt entwickelt sich dieser Bereich aber sehr erfreulich. Gleich mehrere Firmen haben es sich in den letzten Jahren zur Aufgabe gemacht, als Vertrieb von kleinen und sehr kleinen Spieleverlagen aufzutreten.

Ebenfalls zunehmend ist die Tendenz, Spiele für andere Märkte an andere Verlage zu lizenzieren. Dies geschieht besonders bei etablierteren mittelgroßen Verlagen. Diese suchen für jedes ihrer Spiele nach internationalen Kooperationspartnern, die eine fixe, sprachangepasste Menge der Erstauflage, welche zentral in Deutschland produziert wird, abnehmen. Die Vorteile liegen auf der Hand. Durch eine sofortige internationale Verbreitung lassen sich durchaus auch mal Startauflagen von 10.000 Stück realisieren, was in dieser Branche schon eine sehr ordentliche Menge ist. Gleichzeitig werden die Produktionskosten massiv reduziert. Zudem kann für den Vertrieb auf lokal ansässiges Know-how zurückgegriffen werden.

Was machen nun aber die großen Verlage wie Ravensburger oder Kosmos, bei denen 10.000 Stück eher das Minimum einer Produktion darstellen? Wie können diese so große Stückzahlen verkaufen? Der größte Unterschied zu kleineren Verlagen ist ihre Präsenz in Warenhäusern und großen Supermärkten. Ganz wie bei den in Mode gekommenen Shop-in-Shop-Läden, die inzwischen reihenweise in Warenhäusern zu finden sind, werden bei Karstadt & Co. Regalmeter für Spiele verkauft. Nur Verlage, die ein entsprechend breites Sortiment aufweisen können, können die damit verbundenen Anforderungen erfüllen. Darüber hinaus übersteigen die Rabattforderungen häufig noch jene von Großhändlern, sodass ein Verkauf in Kaufhäusern nur in Frage kommt, wenn große Auflagen mit günstigen Stückpreisen produziert werden. Dafür kaufen Warenhausbetreiber dann tatsächlich gleich palettenweise Spiele ein und verteilen sie über ihr eigenes Filialnetz.

Ebenfalls nicht zu unterschätzen sind Absatzquellen jenseits des Fachhandels, z. B. die kleine Spielwarenecke in einem normalen Supermarkt, Spiele im Buchhandel oder die Reisespiele an der Tankstelle. Auch hier funktioniert alles über fix verkaufte Regalmeter und zentrale Lieferanten mit breitem Sortiment. Diese Faktoren erklären dann auch, wieso ein Spiel wie Hossa kaum Chancen hat, in einem Warenhaus im Regal zu stehen, selbst wenn der zuständige Einkaufsleiter von dem Spiel überzeugt wäre.

Die meisten Spiele kommen übrigens ohne Fernsehwerbung aus, auch wenn es eine kollektive Erinnerung an den Jungen mit dem Gong gibt, der in den 1970ern und 1980ern für MB-Spiele warb. Wie aber erfahren potenzielle Käufer von Spielen, wenn nicht aus dem Fernsehen?

Rezensionen in Tageszeitungen, die lange Zeit eine der Hauptinformationsquellen waren, werden leider immer seltener. Die Akzeptanz von Spielen als Kulturgut hat die Gesellschaft und die meisten Redaktionen noch nicht wirklich erreicht. Hier positive Beispiele herauszustellen, hat sich der ALEX-Medienpreis der Spiele-Autoren-Zunft (SAZ) alljährlich zum Ziel gesetzt. Eine zentrale Rolle spielt die Mund-zu-Mund-Propaganda, die mit den neuen sozialen Netzwerken digitalisiert wurde und damit inzwischen weltweit funktioniert. Unter *www.boardgamegeek.com* und *www.spielbox.de* finden sich unzählige Statements, Einschätzungen, Fragen zu Spielen. Für den Kreis der informierten Spieler entscheidet sich hier zu einem nicht unerheblichen Teil, welche Spiele erfolgreich sind und was morgen schon wieder vergessen ist. Im Fachhandel kann man davon ausgehen, dass das Personal zu eben dieser informierten Gruppe gehört und eine entsprechend qualifizierte Beratung leisten kann. In Kaufhäusern und Ketten wird das Personal von Verlagen und Vertrieb gezielt mit Informationen versorgt. In jedem Fall wird ein Spiel wesentlich besser verkauft, wenn das Verkaufspersonal es auch kennt.

Wie auch immer ein Spiel nun den Weg zum Kunden gefunden hat, das Wichtigste ist, dass er Spaß daran hat. Nicht nur, weil das für ihn persönlich ein Gewinn ist. Wer Spaß an einem Spiel hat, kauft sich auch gern noch ein anderes, oder zwei, oder drei …

Dramaturgie der Gewalt
Betrachtungen eines Computerspiele-Entwicklers

Michael Bhatty — Politik & Kultur 6/2008

Die Liste der Pressemeldungen ist endlos: Echauffierte Meldungen aus Kultur und Politik, wieso denn Games auf einmal Preise erhalten sollen, als seien sie ähnlich wertvoll wie Buch, Film oder ausgesuchte TV-Produktionen; Forderungen nach Verboten von Computerspielen, die Gewalt darstellen, Medienberichte, die in einer vereinfachten Darstellung Gewaltinhalte mit soziopathischen Verhaltensweisen in Verbindung bringen und dann wieder Meldungen über Kulturfestivals, auf denen Games als neue Marktinstanz und Wirtschaftsfaktor diskutiert werden. Wahlverluste in Bayern, weil über eine Million Computerspieler sich mit der Kampagne »Ich wähle keine Spielekiller« gegen eine Politik der Verbote aussprechen …

Das »Schmuddelimage« von Games bröckelt in den vergangenen Jahren langsam. Nach und nach realisieren die Vertreter aus Medien, Kultur und Politik, dass wir es hier mit einem gesellschaftlichen Phänomen zu tun haben, welches weitreichendere Konsequenzen für die Rezeption unserer Gesellschaft haben wird – denn eines erkennen wir zunehmend: In 20 Jahren leben wir in einer Gesellschaft, deren Menschen mit Games aufgewachsen sein werden.

Gut und schön, doch gerade dann müssen wir Gewalt in Games doch verbieten (wie es unlängst wieder einmal aus südlichen Gefilden gefordert wurde), oder? Doch ich frage mich: Ist das die Lösung? Oder ist dies Aktionismus?

Im Jahr 1999 analysierte meine medienwissenschaftliche Dissertation »Interaktives Story Telling« die Mechanismen der Computer- und Rollenspiele, zeigte Ursprünge und polymediale Einflüsse anderer Medien aus Theater, Film und TV sowie Literatur auf und heute bin ich selbst ein Entwickler von Computerspielen: Story und Welt von SACRED (1), einem der international erfolgreichsten Computerspiele aus Deutschland, stammen aus meiner Feder, dazu die actionreichen Romane zur Games-Serie FarCry. Gewalt ist in diesen interaktiven Geschichten ein grundlegender Bestandteil. Produziere ich also »böse Spiele«?

Die Antwort ist nein, denn die Taten der antagonistischen Kräfte haben immer eine dramaturgische Funktion. Lassen Sie mich hier mit einigen Missverständnissen aufräumen. Zunächst einmal: Narrative Computerspiele sind keine wirklichen »Spiele«, sondern eine neue Medienform, die es erlaubt, eine vordefinierte Auswahl an Aktionen vom Spieler ausführen zu lassen. Also »Story Telling« in »interaktiver« Form – was bedeutet, dass narrative Games-Geschichten erzählen. Und gerade in Games zelebrieren viele dieser Geschichten Gewalt.

Stellen wir uns folgende Situation vor: Wir betrachten eine »Szene«, in der Menschen in Soldatenuniformen mit zuckenden Gliedern von Maschinengewehrfeuer zerfetzt werden. Körperteile werden abgerissen, Blut spritzt in Fontänen und darüber liegt das nicht enden wollende metallische Hacken des Gewehrfeuers.

Ein entsetzliches Game, sagen Sie? Nicht ganz, denn dies ist die Szene aus einem Film, der die Landung der Alliierten in der Normandie zeigt. Tom Hanks spielt hier in »Saving Private Ryan« einen Lehrer, der eben jenen Ryan finden soll, um ihm mitzuteilen, dass er in die Heimat zurückkehren kann, weil für ihn der Krieg vorbei ist. Zahlreiche Preise in den verschiedensten Kategorien hat der Film gewonnen. Ein Meisterwerk der Filmgeschichte.

Dagegen stehen die Computerspiele auf der anderen Seite; in vielen Augen verwerfliche (Mach-)Werke: »Killerspiele«. Meine Frage hierzu: »Haben Sie es denn selbst gespielt?« Die Antwort ist meist ein entrüstetes »Natürlich nicht!«

Aber wie beurteilt man eine interaktive Medienform, ohne sie selbst »interaktiv erfahren« zu haben? Ist das nicht so, als würde man einen Film beurteilen, ohne ihn gesehen zu haben? Ich sehe die große Gefahr, dass Games falsch wahrgenommen werden, denn Zugucken alleine reicht nicht. Sie müssen auch interaktiv ausgeführt werden.

Betrachten wir die rein technische Darstellung des Sterbens in der oben angeführten Szene. Sie ist mehr oder weniger die Gleiche, wie in vielen Games: Schonungslos, realistisch. Was ist also der Unterschied in der medialen Definition?

Der Kontext! Gerade im Games-Bereich ist sie ein oftmals unterschätztes Kriterium: Die zu erzählende Geschichte. Wir Menschen erzählen seit Jahrtausenden Geschichten. Geschichten, in denen gemordet, gefoltert, verraten und gemeuchelt wird. Gewalt in unseren Geschichten gehört offenbar zu den Grundlagen der westlichen Kultur; dies ist kein neues Phänomen, das auf die »Killerspiele« zurückgeht (die es übrigens in der Form gar nicht gibt, s.u.), sondern wir finden diese Themen bei Homer, Shakespeare, sogar Goethe, Tolkien, wir finden sie bei Peter Jackson und George Lucas. Wir bewundern Schauspieler wie Kiefer Sutherland für seine Darbietungen als Jack Bauer in der Echtzeitserie »24« und Jürgen Vogel in Dennis Gansels »Das Phantom«, die ihre »Opfer« foltern, um Informationen zu erhalten. Und letzterer Film erhielt sogar den Grimme-Preis.

Auch archaische Waffen sind überaus präsent in unserer Kultur. Wir jubeln Biathleten, Speerwerfern und Fechtern zu. Wir lieben James Bond, Schimanski, die Musketiere, Robin Hood. Wir spritzen uns im Sommer mit Wasserpistolen nass, was mit den heutigen Präzisions-»Waffen« auch eher an ein Zielschießen erinnert.

Doch Gewalt in Computerspielen macht vielen von uns Angst, sie wirkt bedrohlich, grausam und beinahe diabolisch. Sie wird effektreich dargestellt, die – wie im FarCry-Fall sogar technologische Innovationen darstellen, die dann jedoch der Zensur zu Opfer fielen, weil diese durch eine geschmacklose Anwendung der Spielenden missbraucht werden konnte: Spieler feuerten zum »Spaß« auf die toten Körper und ließen diese durch die korrekte physikalische Darstellung der Impulsgesetzte herumzucken – virtuelle Leichenschändung.

Auch im Film sind dies Effekte. Warum akzeptieren wir in Film und Buch abgeschlagene Köpfe, spritzendes Blut, Vergewaltigung oder auch Genozid als Bestandteile der zu erzählenden Geschichte und warum in Games nicht? Der Schlüssel ist wieder die Geschichte, in der die Gewalt dargestellt wird. Wir Menschen vermitteln mit jeder Geschichte ethische, ideologische, moralische, historische oder auch soziale Konzepte, kurz: Wir vermitteln die Werte der jeweiligen Gesellschaft! Und hier versagen viele (aber eben nicht alle) Games, denn das, was dort inhaltlich präsentiert wird, bietet zuweilen Inhalte, die besser ins Dritte Reich oder in die Ära des Kalten Krieges passen: Genozid, Einsatz von Nuklearwaffen sind in strategischen Spielen an der Tagesordnung. Doch diese stehen meistens nicht auf dem Indizierungsindex. Da finden sich eher Games, in denen wir Blut nach vom Spieler ausgeführten Aktionen sehen, also z. B. Schüsse auf einen Gegner.

Was zudem gänzlich bei allen Betrachtungen fehlt, ist die haptische Komponente. Wer einen Shooter spielt, pirscht sich an Gegner heran, zielt und schießt. Da man hier zumeist unsterblich ist, wird der »Erschossene« wieder auf einem Startfeld neu eingesetzt.

Von der Empfindung des Spielenden her handelt es sich hier eher um ein »Fangen spielen« oder um ein Schießen mit Wasserpistolen. Was sich jedoch unterscheidet, ist die Art der Darstellung. Waffen werden mit »coolen« Animationen und Spezialeffekten präsentiert. »Satter Sound«, blitzendes Mündungsfeuer und getroffene Körper, die unter den Einschlägen zucken. Gewalt wird hier tatsächlich affirmativ dargestellt. Oder man muss eher sagen, unreflektiert?

Wer einen Shooter spielt, pirscht sich an Gegner heran, zielt und schießt.

Denn die gleiche Darstellungsweise kann man auch in kritischen Filmen wie »Private Ryan« sehen. Und damit kann die Menge an Blut kein Kriterium sein. Ist sie zumindest im Filmbereich nicht, denn auch in den guten, alten britischen Komödien im »Monty Python«-Stil, finden wir das Herausschneiden von Organen lustig und makaber und sogar Tarantinos »Kill Bill« hat zahlreiche Auszeichnungen erhalten.

Es ist also offenbar nicht die Form der Darstellung, sondern der narrative Kontext. Die Wahl der Erzählperspektive ist eine dramaturgische Notwendigkeit und liegt immer beim Erzähler oder hier beim Game Designer, dem Autor und Regisseur. Die Erzählperspektive entscheidet darüber, wie eine Geschichte vom Rezipienten wahrgenommen wird; und dies bedeutet auch, dass die Verantwortung für die inhaltlichen Aussagen der Medienprodukte sehr wohl bei den Entwicklern liegt.

Der Kern einer jeder zu erzählenden, auch der interaktiven, Geschichte bildet immer der dramaturgisch auf die Spitze zu treibende Konflikt oder einfacher ausgedrückt: »Zwei Hunde, ein Knochen!« Die Kräfte der Antagonisten müssen dabei gegenläufig ausgerichtet sein; »Junge liebt Mädchen« ergibt eben keine Geschichte – »Junge liebt Mädchen, Mädchen liebt Junge nicht!« dagegen schon.

Die klassische Struktur des Story Telling ist – entgegen zahlreicher Behauptungen aus der Games Branche – absolut unabhängig von der Medienform; Aristoteles, Field, Campbell und Vogler funktionieren, wenn das Element der Interaktion berücksichtigt wird. Die Alpha-Handlung im Games-Bereich ist es, die die Zahl der Handlungsfreiheiten definiert, ihre Rezeption ist jedoch immer ebenfalls eine lineare.

»Die Killerspiele« sind übrigens ein Mythos. Es gibt sie nicht als »Spielgenre«, sondern es gibt nur einzelne Titel, die gewaltverherrlichende Darstellungen anbieten, in denen der Kontext nicht stimmt. Titel wie FarCry werden durch diesen Stempel leider leicht unterschätzt – letzteres wurde übrigens unlängst mit Til Schweiger in der

Hauptrolle verfilmt: Agentenaction mit einem renommierten deutschen Aushängeschild. Offenbar stimmte hier der Kontext, der genug Inhalt für eine unterhaltsame Geschichte bot ...

Die Produktion von Gewaltdarstellungen zu verbieten, die sich an eine mündige, erwachsene Zielgruppe richten, ist der falsche Weg. Wir müssen viel eher gezielt zusammenarbeiten, damit Kinder und Jugendliche geschützt werden, Eltern anleiten und auch in die Verantwortung nehmen und wir müssen auch als Entwickler Verantwortung übernehmen und die Inhalte unserer Titel deutlicher kennzeichnen.

Großer Erfolg auf tönernen Füßen
Karriere im Soziokulturellen Zentrum setzt Risikofreude voraus

Andreas Kämpf — Politik & Kultur 1/2005

Es ist nicht leicht ein Soziokulturelles Zentrum in freier Wildbahn anzutreffen, denn für gewöhnlich geben sie sich nicht als solche zu erkennen. Ganz gleich ob es sich um das »E-Werk« in Erlangen, die »Zeche Karl« in Essen, das »Osterfeld« in Pforzheim oder das »Waschhaus« in Potsdam handelt – allesamt Einrichtungen, die für sich zweifelsfrei beanspruchen soziokulturelle Arbeit zu machen – es findet sich zumeist nur die Bezeichnung »Kulturzentrum« oder auch »Kulturfabrik«, »Kulturwerkstatt«, sowie gelegentlich die Erweiterung zu »Kultur- und Kommunikationszentrum«. Der Begriff »Soziokulturelles Zentrum« gilt nicht als sexy. Die Landesverbände der Zentren in Niedersachsen, Sachsen und Hamburg arbeiten derzeit daran, dies zu ändern (»Soziokultur – Wow!«). Ob es gelingt, wird man sehen.

Wenn schon nicht im täglichen Leben, so hat sich die Soziokultur als Fachbegriff in der kulturpolitischen Diskussion seit den 1970er-Jahren zweifellos durchgesetzt. Ausdruck hiervon ist nicht zuletzt die Sektion »Rat für Soziokultur und Kulturelle Bildung« innerhalb des Deutschen Kulturrates. Doch jenseits aller Fragen der Begrifflichkeit, können die unter »Soziokulturelle Zentren« subsumierten Einrichtungen ohne Zweifel auf eine Erfolgsgeschichte zurück schauen. In der kürzestmöglichen Form ausgedrückt, bedeutet das: 27 Millionen Menschen fanden im Jahr 2002 den Weg in die Einrichtungen. Sie besuchten dort 85.000 Kulturveranstaltungen oder nahmen an den 100.000 Kurs- und Beratungsangeboten sowie diversen Gruppentreffs teil. Innerhalb der letzten zehn Jahre konnte der Besucherzustrom damit um 31 % gesteigert werden. Ein großartiger Erfolg, der allerdings unter höchst problematischen Bedingungen zustande kam.

Wie in Deutschland zumeist der Fall, gibt es die Erfolgsgeschichte der Soziokulturellen Zentren gleich in doppelter Ausführung. Die Variante West reicht bis in die 1960er-Jahre der alten Bundesrepublik zurück, als die allerersten Vertreter der Spezies die Szene betraten. Vor allem in den späten 1970er- und in den 1980er-Jahren entstanden dann zahlreiche Einrichtungen im Zusammenhang der damaligen Neuen Sozialen Bewegungen. In Ostdeutschland setzte ein Gründungsboom von Soziokulturellen Zentren nach der Wende ein. Getragen waren diese Neugründungen vom Geist der Bürgerbewegung. Heute kann man angesichts der 450 Mitgliedseinrichtungen der Bundesvereinigung Soziokultureller Zentren davon ausgehen, dass diese Einrichtungen relativ gleichmäßig verteilt in allen Regionen Deutschlands anzutreffen sind. Soziokulturelle Zentren finden sich in den großen Ballungsräumen, in

Stuttgart, Frankfurt am Main, in Leipzig und Hamburg, ebenso wie in der Uckermark oder im Schwarzwald. Sie gehören mittlerweile zur selbstverständlichen kulturellen Infrastruktur einer Kommune. Hier arbeiten sie in der Regel in enger aber unabhängiger Partnerschaft mit der jeweiligen Kulturverwaltung zusammen, denn freie Trägerschaft gehört zu den Essentials der Soziokulturellen Zentren.

Nun wusste schon Karl Valentin: »Kunst ist schön, macht aber viel Arbeit!« Als Frage formuliert, bedeutet das: Wer sorgt dafür, dass die 85.000 Veranstaltungen und 100.000 Kursangebote mit den 27 Millionen Besuchern zusammenkommen? Die mit Abstand größte Gruppe derjenigen, die hierfür verantwortlich sind, bilden die Ehrenamtlichen, die mit über 51 % die eindeutig größte Gruppe unter den Mitarbeitern in den Soziokulturellen Zentren stellen. Die Zentren sind somit klassische Orte des bürgerschaftlichen Engagements. Sie verdanken ihre Entstehung in der Regel einer Bürgerinitiative und schulden auch im laufenden Betrieb einen großen Teil ihrer Attraktivität jenen Menschen, die ihre Kreativität, ihre Erfahrungen und ihre ganz besonderen Interessen hier einbringen. Ein Soziokulturelles Zentrum ohne bürgerschaftliches Engagement würde seinem Begriffe nicht gerecht. Insofern ist der 51 %-Anteil an der Gesamtmitarbeiterschaft der Zentren unbestreitbar eine Erfolgsmeldung, wenngleich eine höchst ambivalente. Denn bei allen in den Zentren tätigen Menschen stehen den 51 % der Ehrenamtlichen ganze 13 % jener Glücklichen gegenüber, die über ein so genanntes unbefristetes, sozialversicherungspflichtiges Arbeitsverhältnis verfügen – kurzum das, was man gemeinhin ein »normales« Arbeitsverhältnis nennt. Nimmt man die 8 % hinzu, die über ein befristetes sozialversicherungspflichtiges Arbeitsverhältnis verfügen, so stehen immer noch ganze 21 % Hauptamtliche einer Mitarbeiterschaft gegenüber, die zu 51 % aus Ehrenamtlichen, zu 27 % aus geringfügig Beschäftigten, Honorarkräften etc. und zu 1 % aus Zivildienstleistenden besteht. Dass dies für Einrichtungen, von denen täglich hoch professionelle Arbeit erwartet wird, eine ausgesprochen problematische Zusammensetzung ihrer Mitarbeiterschaft ist, wird niemand bezweifeln. Es ist Alltag in den Soziokulturellen Zentren, dass Ehrenamtliche Arbeiten übernehmen müssen, die grundsätzlich nach dem Einsatz entsprechend qualifizierter Hauptamtlicher verlangen. Auf diese Weise wird ehrenamtliches Engagement überfordert und letztlich frustriert. Gleichzeitig wird die Arbeitsfähigkeit der Häuser in Frage gestellt. Das an sich essentielle Ehrenamt wird so für die Zentren zu Auftrag und Verhängnis zugleich.

Die leider immer noch ungenügende Unterstützung durch Kommunen und Länder hat es für die Soziokulturellen Zentren in den vergangenen Jahren unmöglich gemacht, einen Mitarbeiterstamm aus Hauptamtlichen aufzubauen, der den laufenden Betrieb der Häuser sicherstellt und den Ehrenamtlichen ein organisatorisches Gerüst für die Einbringung ihres Engagements bietet. Der große Erfolg der Zentren steht auf personalpolitisch tönernen Füßen.

Er steht auch auf sozialpolitisch tönernen Füßen, wie man unschwer feststellen kann, wenn man einen Blick auf die Art der Beschäftigung in diesen Einrichtungen wirft. Weniger als die Hälfte derjenigen, die über eine unbefristete sozialversicherungspflichtige Stelle verfügen, besitzt einen Vollzeitarbeitsplatz. Neben den Ehrenamtlichen stellen mit 27 % die geringfügig Beschäftigten, die Honorarkräfte und Jobber den größten Anteil der Mitarbeiter. Bei den 8 %, die über ein befristetes sozialversicherungspflichtiges Arbeitsverhältnis verfügen, kann nach bisheriger Praxis davon ausgegangen werden, dass es sich zum größten Teil um Stellen handelt, die über arbeitsmarktpolitische Programme finanziert werden (ABM/SAM/LKZ/ASS etc.). Natürlich stellt sich die Frage, welche Folgen die derzeitigen Reformprogramme der Bundesregierung in diesem Bereich hervorrufen werden. Dies wird aber erst in einiger Zeit zu ermitteln sein. Bisher finden wir in den Soziokulturellen Zentren typischerweise einen Mix aus ABM-Finanzierung, befristeten Honorartätigkeiten, geringfügiger Beschäftigung und Ehrenamt. Oft durchläuft ein und dieselbe Person all diese Stadien im Laufe einiger Jahre. Dabei entsteht der Kreislauf der sogenannten »ABM-Karrieren«, was heißt: Ein oder zwei Jahre eine relativ gut bezahlte Arbeitsbeschaffungsmaßnahme, danach offizielle Arbeitslosigkeit, aber unbezahlte, ehrenamtliche Weiterarbeit im Zentrum bis die Anspruchsdauer für eine erneute ABM-Stelle erfüllt ist. Also wieder zwei Jahre eine relativ gut bezahlte Stelle, im Anschluss vielleicht Lohnkostenzuschüsse für Langzeitarbeitslose oder Eingliederungsbeihilfen oder, oder, oder. In diesen Zusammenhang gehören natürlich auch Arbeitsverträge mit reduzierter Stundenzahl, bei deren Abschluss beide Parteien davon ausgehen, dass tatsächlich mehr gearbeitet wird und es gehören hierzu natürlich auch Nachtarbeit und Wochenendarbeit ohne jegliche Zuschläge. Am besten lassen sich die in den Soziokulturellen Zentren anzutreffenden Arbeitsverhältnisse als »Versteckte Ehrenamtlichkeit« beschreiben, man kann natürlich auch den ebenso zutreffenden Begriff der »Selbstausbeutung« verwenden. Sieht man sich die Altersstruktur der Mitarbeiter in den Zentren an, so trifft man auf immerhin einen Anteil von 30 %, der zwischen 41 und 60 Jahren alt ist. Das heißt, ein erheblicher Teil dieser Mitarbeiter wird in den nächsten 5 oder 10 Jahren das Rentenalter erreicht haben. Vielleicht auch schon früher als erwartet, was bei den oftmals strapaziösen Arbeitsbedingen in den Zentren nicht verwundern würde. Wie es um die Rentenansprüche von Menschen aussieht, deren ganzes Arbeitsleben von »versteckter Ehrenamtlichkeit« und ungesicherten Beschäftigungsverhältnissen geprägt war, dürfte relativ leicht vorstellbar sein. Grund zur Sorge ist zweifellos gegeben.

Wie schon erwähnt, ist durch die diversen Reformmaßnahmen der Bundesregierung bei den verschiedenen Instrumenten zur Beeinflussung des Arbeitsmarktes einiges in Bewegung. Letztlich dürfte dies am grundsätzlichen Befund jedoch nichts ändern: Auf Grund der ungenügenden Unterstützung ihrer Arbeit durch die Kommunen und die Länder sind die Soziokulturellen Zentren nicht in der Lage, einen ausreichend großen Stab aus gut qualifizierten, angemessen bezahlten und abgesicherten Mitarbeitern aufzubauen, der dem Stellenwert, den die Zentren heute im kulturellen Spektrum Deutschlands einnehmen, entspräche. Die Zuflucht zu ABM und ähnlichem geschieht in der Regel, da dringend erforderliche Stellen anders nicht zu finanzieren sind. Ändern sich die arbeitsmarktpolitischen Instrumente, so wird man versuchen auch bei diesen wieder sein Heil zu finden. Erweist sich dies als nicht mehr möglich, so werden die Zentren ihren Betrieb einstellen oder zumindest das Angebot drastisch reduzieren müssen. Dass die Kommunen als Retter auf den Plan treten werden, ist derzeit nicht eben wahrscheinlich. Unbestreitbar könnte allerdings von Seiten der Länder erheblich mehr getan werden. Hier ist das Engagement von Land zu Land sehr unterschiedlich.

Strategien zeitgenössischer Kunst
»Mobiles Atelier – Kunstprojekte für Kindergärten« in Hannover

Birgit Mandel und Nicole Kubasa — Politik & Kultur 2/2007

Vier Künstlerinnen aus Hannover machen ein Jahr lang für Kindertagesstätten ihre Ateliers »mobil«. In 16 Einrichtungen der Stadt und Region Hannover wird von Mai 2006 bis Juni 2007 zusammen mit Kindern und Erzieherinnen gemalt, geschnitten, geklebt, mit Licht und Dunkelheit experimentiert und an Rauminstallationen gearbeitet. Gemeinsam mit der Stiftung »Kulturregion Hannover« der Sparkasse und Region Hannover haben die Künstlerinnen Ute Heuer, Andrea von Lüdinghausen, Kirsten Mosel und Claudia Wissmann das Konzept »Mobiles Atelier – Kunstprojekte für Kindergärten« entwickelt.

Ziel des Modellprojekts ist die nachhaltige Verankerung künstlerischen Arbeitens in den Kitas. Die bisherigen Gestaltungsformen und -techniken im Kreativbereich sollen erweitert und den Erzieherinnen neue Sichtweisen von Kunst und kreativem Arbeiten vermittelt werden.

Das »Mobile Atelier« wurde vor dem Hintergrund der Diskussion um den Bildungsauftrag deutscher Kitas konzipiert. Seit der durch die Pisa-Studie angestoßenen Bildungsdebatte wird auch von Kindertagesstätten gefordert, sich neben der Betreuung und Erziehung von Kindern verstärkt für deren Bildung einzusetzen. Erziehung, Sprachförderung, Integrationsarbeit, Durchführung naturwissenschaftlicher Experimente und auch kulturelle Bildung – dies soll das pädagogische Fachpersonal in Kitas nun leisten. Die Erzieherinnen – die am häufigsten vertretene Berufsgruppe in Kitas – sind dadurch mit völlig neuen Aufgaben konfrontiert: Das erweiterte Anforderungsprofil verlangt entsprechende Fort- und Weiterbildungsangebote für das pädagogische Fachpersonal. Hier setzt das Konzept der »Mobilen Ateliers« an, als eine Chance, Erzieherinnen in der eigenen Kita durch Kooperationsprojekte mit professionellen Künstlern weiterzubilden.

Damit das Projekt auch über die beteiligten Kitas hinaus Wirksamkeit entfalten kann, wird es wissenschaftlich begleitet durch das Institut für Kulturpolitik der Universität Hildesheim. Durchgeführt wird die Evaluation unter Leitung von Dr. Birgit Mandel durch Nicole Kubasa in Form einer Langzeitstudie, die sämtliche Schritte des Projekts analysiert und in Form verschiedener Befragungen der Erzieherinnen und Künstlerinnen untersucht, was Kriterien sind für eine gelingende Kooperation mit nachhaltiger Wirkung. Wie lassen sich individuelle künstlerische Positionen auf die Arbeit mit Kindern übertragen? Wie können die Erzieherinnen konstruktiv in den Prozess eingebunden werden, wie gelingt es, sie dazu zu befähigen, im Anschluss an das Projekt selbst künstlerisch-kreative Prozesse anzuleiten?

Insgesamt haben sich 114 Kitas aus der Region Hannover für das Modellprojekt beworben, was zeigt, wie groß das Interesse der pädagogischen Einrichtungen ist, neue Herangehensweisen der kulturellen Bildung kennen zu lernen. Jede der beteiligten 16 Einrichtungen, die von einer Jury nach vorwiegend sozialen Kriterien ausgewählt wurden, wird von einer Künstlerin fünf Tage lang in ein »Atelier verwandelt« und somit in einen intensiven künstlerischen Arbeitsprozess eingebunden. In den Projektwochen arbeiten Kinder und Erzieherinnen mit Materialien und Fragestellungen, die sich aus den individuellen künstlerischen Positionen der Künstlerinnen ergeben. »Das Besondere am ›Mobilen Atelier‹ ist, dass es nicht auf einer pädagogischen Grundlage konzipiert wurde, sondern kreative Ansätze über unsere unterschiedlichen Künstlerpersönlichkeiten vermittelt. Bei jeder von uns ist die künstlerische Herangehensweise im Projekt ganz unterschiedlich«, so die beteiligten Künstlerinnen über den spezifischen Ansatz dieses Projekts. Ute

Es wird ihnen ein neues Verständnis von Kunst vermittelt …

Heuer beschäftigt sich etwa mit der konzeptionellen Farbmalerei, während ihre Kollegin Kirsten Mosel Pinsel und Farbe gegen Messer und Klebefolien eingetauscht hat. Seit einigen Jahren arbeitet sie ausschließlich mit sogenannten »Cutouts« – ausgeschnittenen, abstrakten Formen –, die sie auf Wänden, Decken und Böden installiert. Die Bildhauerin Andrea von Lüdinghausen setzt sich in ihrer Kunst mit dem Verhältnis von Körper und Raum auseinander. Claudia Wissmann arbeitet mit verschiedenen Lichtquellen, um Natur oder Architektur mit Hilfe von Beleuchtungskunst neu zu inszenieren.

In den fünftägigen Workshops erleben die Erzieherinnen und Kinder, was es heißen kann, künstlerisch zu arbeiten. »Wir vermitteln unsere persönliche künstlerische Position – nicht als Dogma, so ist es und nicht anders –, sondern als eine Möglichkeit, künstlerisch mit Material umzugehen und künstlerisch zu denken«.

Die Planung und Durchführung der Workshops wird von den Künstlerinnen und Erzieherinnen gemeinsam übernommen. Im Vorfeld werden die Erzieherinnen zu einem Atelierbesuch eingeladen, um die künstlerische Position kennen zu lernen. Durch das gemeinsame Gespräch über die Arbeiten werden Hemmschwellen überschritten und buchstäblich Türen aufgeschlossen, so die bisherigen Erfahrungen. Zusammen wird darüber beraten, welche Kunstprojekte sich aus dem Ansatz der Künstlerin ableiten lassen und wie diese an die Möglichkeiten und spezifische Infrastruktur der jeweiligen Kita angepasst werden können. »Von Anfang an werden die Erzieherinnen auf gleicher Augenhöhe miteinbezogen. Wir sind Expertinnen für künstlerisches Arbeiten. Sie sind Expertinnen für pädagogisches Arbeiten und wissen z. B. um die sprachlichen Fähigkeiten der Kinder, deren Reflexionsvermögen, um die Gruppendynamik und die Konzentrationsfähigkeit.«

Das »Mobile Atelier« soll die Erzieherinnen dafür qualifizieren, neue und kreative Handlungsmodelle in der Kita umsetzen und eigenständig weiterentwickeln zu können. Durch die Fortbildung des pädagogischen Fachpersonals in den Einrichtungen hat das Projekt die Chance, eine langfristige Wirkung in den Kitas zu entfalten und somit viele Kinder, über die Start-Gruppe hinaus, zu erreichen. »Die Kommunikation im Betreuungsteam ist ganz wichtig, was da erarbeitet wird ist das, was bleibt«, so die Künstlerinnen. Um eine weitere Auseinandersetzung mit künstlerischen Themen anzustoßen, kommen drei Nachbereitungsmodule zum Einsatz: Die Kitas bekommen von den Künstlerinnen sogenannte »MobilBoxen« mit Materialien und Arbeitsanregungen, um an den Ergebnissen des Projektes anzuknüpfen. Es findet eine gemeinsame Evaluation mit Erzieherinnen und Künstlerinnen statt, und es wird ein Folgeprojekt für jede Einrichtung geplant. Schon jetzt lässt sich als ein erstes generelles Ergebnis festhalten, dass die Nachhaltigkeit des Projekts in erster Linie von einem gelungenen Dialog zwischen Künstlerinnen und Erzieherinnen abhängt. Zentrale Voraussetzung ist es, die Erzieherinnen als gleichwertige Partnerinnen von Anfang an in die Planung und Durchführung der Kunstprojekte einzubinden und ihre Kompetenzen wert zu schätzen.

Für die Erzieherinnen ermöglicht die Erfahrung künstlerischen Denkens und Handelns, weit über handwerkliche Prozesse hinaus, »die Erkenntnis, dass Kunst mehr ist als ein gemaltes Öl- oder Aquarellbild, das an der Wand hängt.« Es wird ihnen ein neues Verständnis von Kunst vermittelt sowie das Selbstvertrauen »zukünftig ganz anders mit Kindern kreativ zu arbeiten und neue, spannende Kunstprojekte durchzuführen«, so eine der beteiligten Erzieherinnen.

Für die Künstlerinnen ist es wichtig, dass sie neben der Kooperation mit den Erzieherinnen regelmäßige Treffen mit den anderen beteiligten Künstlerinnen durchführen, wo sie sich beraten und coachen in methodischen und sozialen Fragen des Projekts.

Nicht zuletzt bietet die Arbeit mit den Kindern und die Kooperation mit den Erzieherinnen auch den Künstlerinnen neue Inspirationen für ihre künstlerische Tätigkeit. »Die Leichtigkeit, mit der die Kinder an die Arbeit rangehen, ist sehr anregend«, so die Künstlerinnen, und die Aufgabe, das Projekt in den Kitas so ernst zu nehmen wie andere künstlerische Aufträge, erfordere eine Neu-Reflexion der eigenen Strategie ebenso wie sie künstlerische Kreativität freisetze, um die Kunst in einen ganz anderen Kontext, die Kindertagesstätte, zu übertragen. Die Arbeitsergebnisse des Modell-Projekts sowie die Ergebnisse der Begleitstudie werden in einer Publikation dokumentiert, die es ermöglicht, die Arbeitsweise auch auf andere Kitas zu übertragen. Damit soll von der Stiftung Kulturregion ein Beitrag dazu geleistet werden, neue Modelle kultureller Bildung zu konzipieren und auf ihren Erfolg und Nachhaltigkeit hin zu überprüfen, verbunden mit der Hoffnung, dass diese von öffentlichen Bildungsverantwortlichen aufgegriffen und breitenwirksam umgesetzt werden.

Das Projekt zeigt, dass Künstlerinnen bereit sind, gesellschaftliche Verantwortung sehr konkret zu übernehmen und ihre künstlerischen Strategien in neue Kontexte einzubringen. Und es zeigt, dass Kitas und Erzieherinnen bereit sind, sich auf neue, künstlerische Herangehensweisen einzulassen, die ihnen helfen, zukünftigen Herausforderungen an ihre Tätigkeit gerecht zu werden.

Nähere Informationen zum Projekt sind auf der Website *www.mobilesatelier.info* zu finden.

3

Ausbildung in Kulturberufen

Mit Beiträgen von:

Olaf Bahner, Marcus Beiner, Susanne Binas-Preisendörfer, Thomas Bremer, Angelika Bühler, Udo Dahmen, Andreas Emminger, Karl Ermert, Christian Fischer, Ottmar Hörl, Dietrich Koska, Peter M. Lynen, Thomas Rietschel, Peter Schabe, Viola Schmidt, Wolfgang Schneider, Gabriele Schulz, Karin Stempel, Dieter Swatek, Margret Wintermantel, Hans Zehetmair und Olaf Zimmermann

Talent allein genügt nicht
Wie Künstler erfolgreich Karriere machen

Angelika Bühler — Politik & Kultur 5/2003

Die Absolventen künstlerischer Hochschulen streben mit den Fachqualifikationen, die sie während ihres Studiums erworben haben, in unterschiedliche und vielfältige Berufsfelder. Sie gehen ihren individuellen Weg als freie Künstlerin, Musiker, Sängerin, Designer, Mediengestalterin, Filmemacher und Schauspielerin oder – eher seltener – als Quereinsteiger in traditionellere Berufe; mehr als 50 % werden »selbständige Unternehmer« am Kunst- und Kulturmarkt. Ob sie sich dabei eher einem künstlerischen Beruf im engeren Sinne, einem marktnahen Kulturberuf, einem Kultur vermittelnden Beruf oder einem Kultur verwertenden Beruf zuordnen oder sich in diesen Sparten je nach Bedarf positionieren können, hängt mindestens genauso stark von ihrem künstlerischen Talent wie von ihren überfachlichen Kompetenzen ab, die allerdings noch nicht in den Curricula der Hochschulen zu finden sind.

Die Hochschulen entlassen auf den immer härter umkämpften Kultur- und Kunstarbeitsmarkt junge Menschen, die noch nie einen »Knebelvertrag« gesehen haben, die das Urheberrecht nicht verstehen, die sich hilflos fühlen, wenn sie den Antrag für die Künstlersozialversicherung ausfüllen sollen, die ihren Marktwert nicht benennen können, weil ihnen die Kriterien nicht bekannt sind, nach denen ein solcher gemessen beziehungsweise bestimmt wird, und die noch nie über den Spagat zwischen künstlerischer Identität und Marktkonformität nachgedacht haben. Sollten die künstlerischen Hochschulen nicht eher Künstler hervorbringen, die bereits eigene Strategien entwickelt haben, die eine Verbindung zwischen ihren künstlerischen Vorstellungen und den Anforderungen des Marktes ermöglichen? Sollten Künstler nicht bereits im Studium lernen, wie sie ihre Kunst präsentieren, wie sie mit Agenten, Mäzenen oder Sponsoren verhandeln? Sollten sie nicht wissen, dass dies ihre zukünftigen »Gesprächspartner« sind? Sollten sie diese Gespräche nicht schon mal im Rollenspiel erprobt haben? Darf er/sie wissen, wie lange es dauern kann, bis sich Existenz sichernde Erfolge einstellen, welche Abstufungen es gibt zwischen »unbekannt« und »weltberühmt«, welcher Prozentsatz der Kommilitonen es auf dieses Niveau schafft?

Dass Talent alleine nicht genügt, auch wenn es im Übermaß vorhanden ist, ist allgemeines Wissen. Sich darstellen, sich präsentieren, »netzwerken« können, ist ebenfalls eine »Kunst«, und sie ist erlernbar.

Nach dem Ende ihrer künstlerischen Ausbildung an der Hochschule sind die Absolventen meist unvorbereitet mit dem künstlerischen Markt konfrontiert. Sie stehen vor der Herausforderung, die kreative Tätigkeit und die eigene Existenzsicherung verbinden zu müssen, ohne die dafür notwendigen Kenntnisse zu besitzen.

Wie lassen sich die künstlerischen Interessen von Absolventen mit den Anforderungen des Marktes verbinden? Eine künstlerische Hochschule stellt sich dieser Verantwortung, wenn sie ihren Studierenden »Werkzeuge« zum Erwerb der notwendigen sozialen, organisatorischen und technischen Kompetenzen anbietet, die eine Existenzsicherung am Kunst- und Kulturmarkt ermöglichen.

Das Kursprogramm »Toolbox for Work and Living« der Berliner Universität der Künste (UdK) unterstützt die Studierenden, solche Kompetenzen zu erwerben. Die Toolbox wird durch das erst seit zwei Jahren bestehende, aus europäischen Fördermitteln und Eigenmitteln der Universität finanzierte Career Center umgesetzt.

Die Studierenden der UdK können gezielt Qualifikationen und »Werkzeuge« für ihren Berufseinstieg oder ihre berufliche Selbständigkeit erwerben; die Teilnahme wird durch ein Kompetenzen-Portfolio bescheinigt.

Die Toolbox for Work and Living umfasst Workshops, thematisch aufgeteilt in sechs Module, die individuell entsprechend dem eigenen Bedarf zusammengestellt werden. In den Workshops werden Themen behandelt wie Selbstdarstellung im Internet, Kontaktaufnahme mit und Bewerbung bei Agenturen, erfolgreiche Kommunikation mit Geschäftspartnern, Präsentations- und Verhandlungstechniken, Akquise. Beispielsweise unterstützen die Workshops im Modul »Existenzgründung« die Entscheidung, sich selbständig zu machen, sie vermitteln Kenntnisse über Rechtsformen für Gründungen, zum Aufbau von Netzwerken und erklären Finanzierungs- und Fördermöglichkeiten für junge Existenzgründer. Das Modul »Sponsoring« geht darauf ein, welche Möglichkeiten bestehen, durch Fundraising, Presse- und Öffentlichkeitsarbeit und Akquise die eigenen Projekte finanzier- und umsetzbar zu machen. Darüber hinaus wird vermittelt, wie Ausschreibungen von Wettbewerben und Stipendien zu lesen und zu nutzen sind. Durch das Modul »Recht« werden Wissen und Kenntnisse zu Vertrags-, Urheber- und Verwertungsrechten, Künstlersozialkasse, Verbandsmitgliedschaften vermittelt, damit kein(e) Absolvent/in mehr sagen muss: »Knebelvertrag? Noch nie gehört.«

Die Professionalisierung des Marktauftritts ist genauso Thema, wie »neue« Kunden zu finden, neue Beschäftigungsfelder auszuloten und die eigenen Präsentationstechniken wie -medien zu optimieren. Den Kunst- und Kulturmarkt zu »kennen«, zu wissen, welche Akteure ihn gestalten, wie Mittelflüsse verlaufen, welche Umgangsformen bestehen – all dies ist erlernbares Wissen, das das Career Center transferiert.

Parallel zum Kursprogramm Toolbox for Work and Living setzt das Career Center individuelle Einzelberatungen und Coaching ein. Die individuelle Beratung ist Ausgangspunkt für den Kompetenzerwerb und steht unter dem Motto: Welche Zusatzkompetenzen brauche ich? Wie sieht mein persönliches Kompetenzportfolio aus? Das Spektrum in den Beratungsgesprächen reicht von reinen Informationsfragen, der Erarbeitung von Recherche- und Einstiegsstrategien, Verbesserungsvorschlägen für bereits geplante Vorgehensweisen, bis hin zur Abgleichung zwischen Berufsvorstellungen und inhaltlicher und ökonomischer Realität am Kunst- und Kulturmarkt.

Das Career Center greift das Besondere auf und »matcht« es mit den allgemeinen Bedingungen des Kunst- und Kulturmarkts. Hier kann die Selbsteinschätzung einer Fremdbewertung gegenübergestellt werden und es kann diskutiert werden, welche weiteren zu erwerbenden Kompetenzen eher ein erfolgreiches Wirken am Kunst- und Kulturmarkt ermöglichen. Dies gelingt – kann nur gelingen – durch ein individualisiertes Konzept.

Weitere Infos zum Career Center der UdK Berlin: *www.careercenter.udk-berlin.de*

Vom Bohren dicker Bretter
Von der Erfolgsgeschichte der Bundesakademie Wolfenbüttel

Gabriele Schulz im Gespräch mit Karl Ermert — Politik & Kultur 6/2011

Die Bundesakademie für kulturelle Bildung Wolfenbüttel feiert in diesem Jahr ihr 25-jähriges Bestehen. Grund genug, einen kurzen Blick zurück zu werfen und auf die gegenwärtigen Herausforderungen zu blicken.

In diesem Jahr wird die Bundesakademie Wolfenbüttel 25. Nach den ersten Aufbaujahren haben Sie als Direktor die Bundesakademie deutlich profiliert, ihr ein Gesicht und Standing gegeben. Was war für Sie in der Rückschau eigentlich das Wichtigste in Ihrer Arbeit?
Zunächst einmal vielen Dank für das Kompliment! Die Bundesakademie insgesamt und speziell die Programmleiter haben schon zu der Zeit, als ich hier anfing, hervorragende Arbeit geleistet. Aber das Haus war damals eher noch ein weit verbreiteter Geheimtipp. Ich hatte mir vorgenommen, einerseits die Bundesakademie mehr in das allgemeine Bewusstsein zu bringen und andererseits das allgemeine Bewusstsein mehr in die Bundesakademie. Ein Beispiel hierfür ist der kulturpolitische Diskurs, für den ich als Direktor stehe. Zwar ist die übliche seminaristische Fortbildung in den verschiedenen Programmbereichen immer Kernarbeit der Bundesakademie geblieben, quantitativ und qualitativ, durch diese zusätzliche Dimension der Öffnung nach außen ist aber ein Feedback zustande gekommen, was für alle Beteiligten gut war. Die Bundesakademie wurde auf diese Weise anders wahrnehmbar und auch für andere Zielgruppen. Ein Übriges tun die Publikationen aus unserer Arbeit in unserer Reihe Wolfenbütteler Akademie-Texte, von denen seit 2000 inzwischen 50 Bände erschienen sind.

Haben Sie diese kulturpolitischen Tagungen als Ergänzung oder auch als Konkurrenz zu dem gesehen, was von versch. Fachverbänden angeboten wird?
Ich denke nicht in Konkurrenz zu den Kulturverbänden. Ich war und bin einfach der Überzeugung, dass die – auch öffentliche – kulturpolitische Reflektion in eine Einrichtung wie die Bundesakademie gehört. Ein Highlight sind dann solche Tagungen, bei denen sich Positionen ein bisschen verflüssigen. Ich erinnere mal an die Veranstaltung zum Thema Kulturstaatsziel, die wir beide miterlebt haben und in der das wirklich wunderbar passiert ist. Kulturleute, Kulturverbandsleute und Kulturpolitiker haben eine Menge gelernt von den Juristen, und diese aber auch umgekehrt. Das ist das, was man eigentlich immer sucht bei solchen Veranstaltungen.

In dem Quartett der Bundesakademien, also Remscheid, Trossingen, Rheins-

berg, Wolfenbüttel, wie würden Sie die Position von Wolfenbüttel beschreiben?
Trossingen und Rheinsberg haben insoweit eine Sonderstellung, weil sie sich ausschließlich um Musik kümmern. Sowohl in Remscheid als auch in Wolfenbüttel wird die gesamte Breite der Kulturarbeit bzw. der kulturellen Fortbildungsarbeit vertreten. Remscheid ist mit Blick auf seine Kapazität und seine Programmbereiche doppelt so groß wie Wolfenbüttel. Ich würde den Unterschied so formulieren, dass Remscheid auf die kulturelle Kinder- und Jugendarbeit ausgerichtet ist und dort vor allem die Menschen aus dem (sozial-) pädagogischen Bereich angesprochen und kulturpädagogisch qualifiziert werden. Wolfenbüttel ist dagegen stärker an der künstlerischen Tätigkeit selbst orientiert. Hier wird versucht, ausgehend von der künstlerischen Tätigkeit in Richtung Kulturvermittlung zu qualifizieren, und zwar für alle Altersgruppen.

In den 25 Jahren des Bestehens der Bundesakademie hat sich auch die Weiterbildungslandschaft stark verändert. Unter anderem wollen sich auch Hochschulen als Weiterbildungsanbieter profilieren. Wie sehen sie diese Entwicklung, erwächst hieraus eine neue Konkurrenz oder sind das eigentlich vollkommen getrennte Felder?
Zunächst einmal ist natürlich nichts voneinander strikt getrennt. Letztlich entscheiden die Interessenten, die Kunden, wo sie hingehen. Selbstverständlich ist der Markt endlich, und je mehr Anbieter es gibt, desto mehr Konkurrenz gibt es. Wir in Wolfenbüttel denken aber nicht in der Kategorie der Konkurrenz und richten unser Programm danach aus, sondern bieten das in möglichst guter Qualität an, was wir für richtig halten, und lassen dann den Markt entscheiden. Wenn ich mir die Geschichte der letzten Jahre und unsere Nachfrage angucke, komme ich zu dem Schluss, so schlecht liegen wir mit diesem Vorgehen nicht.

Sie vertrauen also ihrer Verankerung in der Szene und dass Sie merken, was die sich entwickelnden Bedarfe sind. Von außen betrachtet ist in meinen Augen das Thema demografischer Wandel ein gutes Beispiel für ein solches Vorgehen. Ich meine, Sie haben die ersten Tagungen zu diesem Thema zu einem Zeitpunkt gemacht, als noch kaum jemand darüber gesprochen hat.
Dem will ich nicht widersprechen. Ich denke, die Qualität der Arbeit der Bundesakademie besteht aus zweierlei: Einmal, dass wir uns tatsächlich auf Erwachsenenpädagogik einlassen. Wir nehmen unsere Teilnehmer ernst und beteiligen sie am inhaltlichen Geschehen. Ich glaube, es geht jedem erwachsenen Menschen so, der eine Fortbildung besucht hat, dass die Beiträge, die die Kolleginnen und Kollegen einbringen können, oft genauso wichtig sind wie das, was die Dozentinnen und Dozenten einbringen. Ich meine, wir sind in diesem Bereich ziemlich gut. Das andere ist die Frage der Themenwahl. Die Themenwahl hat natürlich damit zu tun, dass wir in einem permanenten Kommunikationsprozess zwar auch mit der Wissenschaft, aber eben vor allem mit der Praxisszene sind. Und, nichts gegen die Hochschulen, sie befinden sich im wissenschaftlichen Paradigma und haben darin ihre Stärken, aber genau diesen permanenten Kommunikationsprozess mit der Praxis haben sie nicht.

Wenn ich die letzten fünf Jahre zurückschaue, gibt es kein Thema, dass so an Wahrnehmung gewonnen hat wie die kulturelle Bildung. Spüren Sie diesen Boom der kulturellen Bildung?
Ganz eindeutig!

Noch einmal genauer nachgefragt, bemerken Sie ihn bei der Nachfrage oder insgesamt in den Debatten in Ihren Kursen und Seminaren?
Also zunächst, wir müssen unsere Teilnehmer nicht missionieren. Sie kommen gerade, weil sie sich für kulturelle Bildung interessieren. Aber Sie haben Recht, allgemein ist festzustellen, in den gesellschaftlichen und politischen Diskussionen, in der Literatur, dass das Thema kulturelle Bildung eine enorme Konjunktur erfährt. Zum Teil tatsächlich als Bildung, zum Teil als Vermittlung. Speziell die Notwendigkeit der Kulturvermittlung ist inzwischen z. B. auch in den Kultureinrichtungen angekommen. Das merken wir deutlich, und das schlägt sich natürlich auch in der Nachfrage nieder.

Macht sich das auch daran bemerkbar, dass Sie andere Teilnehmerkreise gewinnen können? Teilnehmer, die das Thema kulturelle Bildung jetzt erst für sich entdecken?
Aus dem Bauch heraus würde ich nicht sagen, dass plötzlich Teilnehmer kommen, die vorher gar nicht im Blick waren. Wir hatten schon immer Kulturschaffende aller Sparten, die sich in Fragen der Vermittlung qualifiziert haben. Aber Vermittlung ist nicht alles. Die Stärke von Wolfenbüttel liegt meines Erachtens darin, dass die Kulturvermittler, die kommen, auch künstlerisch arbeiten. Kunstlehrer beispielsweise, die sich künstlerisch fortbilden, die noch einmal zu ihrer künstlerischen Substanz zurückkehren.

Mal wieder Kraft tanken! Künstlerische Kraft tanken!
Genau das ist es. Was ich eben für die Kunstlehrer gesagt habe, gilt ebenso für Theaterpädagogen, für Musiker und Musikvermittler. Chorleiter lernen hier nicht nur Chor leiten, sondern sie singen wieder selbst, lernen neue Literatur kennen, arrangieren usw. Diese eigene künstlerische Erfahrung, die hier gemacht wird, kann anschließend zu Hause weitergegeben werden. Die methodische Schulung der Vermittlung ist also nur ein Aspekt, der andere, die künstlerische Arbeit, ist in meinen Augen genauso wichtig.

Das leuchtet mir sehr ein, weil ich mir vorstellen kann, dass gerade bei denjenigen, die längere Zeit im Beruf sind, die eigene künstlerische Ausbildung in den Hintergrund tritt und die Vermittlung an Bedeutung gewinnt. Bleiben wir noch bei den Künstlern. Sie bieten auch sogenannte Professionalisierungsseminare für Künstler an. Für Künstler, die bereits im Beruf tätig sind und die zusätzliche Qualifikationen erwerben wollen, um sich am Markt besser bewähren zu können. Ich persönlich denke inzwischen, dass dieser Weg vielleicht auch ganz gut ist, dass die Künstler in ihrer Ausbildung nicht sofort an den Markt denken, sondern erst einmal sich ausprobieren und ihren künstlerischen Weg suchen. Sehen Sie das ähnlich?
Ja, ich stimme Ihnen zu. Wenn Studierende in den künstlerischen Disziplinen sozusagen vom dritten Semester ab schon lernen müssten, was am Markt geht und was nicht, dann kann eigentlich gar nicht die Substanz ausgebildet werden, die später den eigenen Weg überhaupt eröffnet und, nebenbei gesagt, auch die Substanz darstellt, die dann vielleicht auf dem Markt untergebracht werden kann. Wenn Künstler gleich von vornherein marktgängig getrimmt werden, dann wird genau diese Chance vertan. Wir versuchen mit unseren Professionalisierungsseminaren, die zuerst im Bereich Bildende Kunst, jetzt auch im Programmbereich Musik angeboten werden, eine Brücke zu schla-

gen zwischen der künstlerischen Ausbildung und dem Marktgeschehen. Beides läuft gut. Die faktische Einschränkung liegt im Materiellen. In diesen Seminaren haben wir es mit einer Kundschaft zu tun, die so gar kein Geld hat. Wir können als Haus diese Seminare nur anbieten, wenn wir dafür eine zusätzliche Finanzierung aus Drittmitteln einwerben können.

Aber auch Kulturvermittler müssen die Seminare besuchen können. Haben Sie den Eindruck, dass sich die Finanznot von Kultureinrichtungen bemerkbar macht?
Nein, bislang schlägt das nicht durch. Die Nachfrage bei uns ist nicht zurückgegangen, sondern sie hat in den letzten Jahren sogar enorm zugenommen. Inzwischen liegen die Teilnehmerzahlen ein Drittel über dem, was noch vor einigen Jahren normal war. Hätte mir das jemand vor zehn Jahren gesagt, hätte ich dies für zu optimistisch gehalten. Die materielle Seite, also der Preis für Fortbildungsveranstaltungen, wirkt offenbar nicht als Hemmnis. – Allerdings muss man auch sehen, dass ein Seminarplatz an der Bundesakademie mit öffentlichen Mitteln ungefähr so gefördert wird wie ein Opernplatz, also 1:5 bis 1:6. Das ist in meinen Augen auch gut investiertes Geld für die Qualität der kulturellen Bildung als positivem gesellschaftlichen Faktor. Aber trotzdem, jeder Einzelne, der aus seiner privaten Tasche die Teilnahme bezahlen muss, muss den Betrag erst einmal aufbringen. Und das sind immerhin 60 % unserer Teilnehmer. Ich habe nur die allergrößte Hochachtung vor den Leuten, die hierher kommen, die sich erstens von zu Hause weg bewegen, die die Reisekosten und die Teilnahmegebühr bezahlen. Da kommen schnell mal für ein Wochenende 200 bis 400 Euro zusammen. Wir haben es eben hier immer mit Menschen zu tun, die wirklich etwas wollen. In unseren Teilnehmerbefragungen, die wir seit 2003 regelmäßig machen, haben wir aber auch festgestellt, dass im Laufe der letzten sieben, acht Jahre mehr Teilnehmer in Institutionen angestellt sind. Viele zwar befristet, aber immerhin sozialversicherungspflichtig beschäftigt. Dem entsprechend ist auch der Teil der Teilnehmer gestiegen, deren Fortbildungskosten ganz oder teilweise von ihren Arbeitgebern übernommen werden.

Ist der gestiegene Anteil an Angestellten aus Ihrer Sicht auch ein Indiz für eine Professionalisierung dieses Bereiches? Ein Hinweis darauf, dass bei den Arbeitgebern im kulturellen Bereich der Kulturvermittlung bzw. der kulturellen Bildung ein stärkeres Gewicht beigemessen wird?
Das meine ich schon. Zum einen gewinnt die Kulturvermittlung in den Kulturinstituten an Bedeutung. Das heißt auch, das Bewusstsein steigt, hier investieren zu müssen. Zum anderen nehme ich es als Kompliment auf, dass wir als Haus bei den Arbeitgebern angekommen sind. Den Mitarbeitern wird eine Fortbildung bei uns ermöglicht. In unseren Teilnehmerbefragungen konnten wir sehen, dass der Anteil derjenigen, die zum ersten Mal durch ihren Arbeitgeber von der Bundesakademie erfahren haben, kontinuierlich gestiegen ist. Das zeigt: unsere Arbeit diffundiert auch ins Bewusstsein der Arbeitgeber. Manchmal braucht es schlicht und ergreifend auch Zeit, um dort anzukommen, wo man heute steht.

Ja, glaube ich auch! Denn steter Tropfen höhlt den Stein.
Wenn ich mir als Beispiel den Programmbereich Museum anschaue, dann werden die ersten, die Kurse in Wolfenbüttel als Volontäre besucht haben, jetzt Museumsdirektoren. Die haben natürlich eine ganz andere

Verbindung zur Bundesakademie, als das in den Anfangsjahren der Fall war. Überhaupt ist das Thema Zeit unglaublich wichtig und meistens unterschätzt. Von politischen Diskussionen über Modellversuche und viele gute Beispiele, die sich dann entwickeln, bis dahin, dass etwas zum Standardprogramm, quasi Allgemeingut, geworden ist, das dauert einfach seine Zeit. Niemand kann davon ausgehen, dass nach einem guten Seminar, einer schönen Tagung – selbst guten Artikeln in Politik & Kultur – sich die Welt schon verändert. Wenn wir Glück haben, verändert sie sich ein wenig im Verlaufe der nächsten fünf Jahre.

Das kann ich vor dem Hintergrund meiner eigenen beruflichen Arbeit nur bestätigen. Als ich vor fast 20 Jahren an der Erstellung der Konzeption kulturelle Bildung II mitgearbeitet habe, war Kulturelle Bildung ein Nischenthema. Der Kulturrat, aber auch viele andere Institutionen haben immer wieder auf die Bedeutung der Kulturellen Bildung für die Persönlichkeitsentwicklung, aber auch als Zugangschance zur Teilhabe an Kunst und Kultur und damit an gesellschaftlicher Kommunikation allgemein hingewiesen. Heute können die Früchte dieser jahrzehntelangen Arbeit geerntet werden. Kulturelle Bildung gehört zu den Standardthemen im kulturpolitischen Kontext.
Inzwischen muss man schon fast Angst haben, dass es zu einer Übersättigung kommt. Aber Sie haben etwas ganz Wichtiges angesprochen. Wir bewegen uns ja ständig in einer Szene und unter Leuten, bei denen wir bestimmte Dinge als selbstverständlich voraussetzen können. Und nach einer gewissen Zeit hält man sie auch für selbstverständlich, bis zu dem Augenblick, in dem man außerhalb dieser Szene plötzlich bemerkt, das, was ich für selbstverständlich halte, ist es doch nicht. Ich behaupte mal, dass für die restlichen 90 % der Welt nichts von dem selbstverständlich ist, was wir in der Kulturszene für selbstverständlich halten. Wir müssen unsere Themen noch viel länger zäh und nachhaltig in die gesellschaftlichen Debatten – auch jenseits unserer Szene – einbringen, auch wenn wir sie selbst vielleicht schon gar nicht mehr hören können.

Erlauben Sie mir zum Schluss noch eine Zukunftsfrage, Sie werden demnächst in Ruhestand gehen. Was wünschen Sie Ihrem Nachfolger, Ihrer Nachfolgerin?
Ich wünsche ihr oder ihm, dass sie/er so viel Glück hat wie ich, gute Mitarbeiterinnen und Mitarbeiter z. B. und eine verlässliche Finanzierung. Aber dann kommt noch ein spezielles Glück dazu. Man denkt sich zwar Dinge aus und bringt sie auf den Weg und arbeitet dafür auch viel. Ob sie aber schließlich glücken, das hat man manchmal nicht selbst in der Hand. Dafür braucht man Glück, das Glück der Fügung, das man auch Fortüne nennt. Da, muss ich sagen, bin ich eigentlich ganz zufrieden mit der Zeit, die ich in Wolfenbüttel hatte. Und diese Fortüne wünsche ich meiner Nachfolgerin/meinem Nachfolger auch.

Herr Ermert, das ist ein schönes Schlusswort. Ich danke Ihnen herzlich für das Gespräch.

Vom Nutzen der Nutzlosigkeit

Olaf Zimmermann — Politik & Kultur 5/2007

Ihr Tun ist auf den ersten Blick zwecklos. Sie befassen sich mit den Hervorbringungen des menschlichen Geistes. Sie untersuchen und interpretieren Texte, Bilder, Musik, Theaterstücke, Filme, alte Urkunden, Münzen. Schon ihre Arbeitsgegenstände werden teilweise als Luxus bezeichnet, um wie viel mehr gilt dieser Vorwurf für Tätigkeit der Geisteswissenschaftler. Kann ein Kunstwerk noch jeden Einzelnen erfreuen, so richtet sich das geisteswissenschaftliche Werk zumeist nur an einen kleinen Kreis an Kenner. Und wie die Arbeit von Geisteswissenschaftlern auf den ersten Blick nutzlos erscheint, so erfuhren die Geisteswissenschaften in den letzten Jahren, in einer immer mehr am Nutzen orientierten Gesellschaft, vielfach Missachtung. Als größter Erfolg erschien, Absolventen geisteswissenschaftlicher Studiengänge vom eigenen Gegenstand wegzuqualifizieren und ihnen nach dem Studium etwas »Vernünftiges« beizubringen. Eine Zweitausbildung nach dem nutzlosen Studium schien erforderlich zu sein.

Die Geisteswissenschaften an den Universitäten, obwohl eigentlich besonders preiswerte Disziplinen, da kein großer Maschinenpark für die Forschung erforderlich ist, wurden ausgedünnt. Freiwerdende Lehrstühle wurden nicht wieder besetzt. Fächer wurden an einzelnen Universitäten geschlossen. So entstand eine Abwärtsspirale, mangelnde Wertschätzung von außen, ein teilweises sich zurückziehen in den Elfenbeinturm gepaart mit der Attitüde der »beleidigten Leberwurst«, so erschienen die Geisteswissenschaften eine Zeit lang.

Das Manifest der Geisteswissenschaften aus dem Jahr 2005 vorgelegt von Mitgliedern der Berlin-Brandenburgischen Akademie der Wissenschaften sprach hingegen eine andere Sprache. Nach Jahren am akademischen Katzentisch machten hier Geisteswissenschaftler deutlich, dass sie für die Weltdeutung unersetzlich sind und dass ihre Arbeit eben nicht nur in die Vergangenheit sondern auch in die Zukunft gerichtet ist. Sei es die Philosophie, sei es die Theologie, sei es die Geschichtswissenschaft, seien es andere Disziplinen. Sie befassen sich mit dem kulturellen Gedächtnis und ziehen hieraus Schlüsse für die Gegenwart und die Zukunft. Sie untersuchen die Wurzeln des Menschseins, materialisiert in Kunst. Das ist ihr Wert.

Anders als Studierende der Medizin oder der Chemie haben Studierende geisteswissenschaftlicher Fächer aber zumeist kein vorgegebenes Berufsbild. Ihr Studium war vor dem so genannten Bologna-Prozess das Sinnbild eines berufsfernen Studiums. Studierende der Geisteswissenschaften lernten vor allem Gegenstände – Texte, Musik,

Bilder, Artefakte – zu erschließen. Geisteswissenschaftler brauchen ein breit angelegtes Wissen. Ohne historische Kenntnisse ist eine Interpretation literarischer Werke kaum möglich, theologisches Hintergrundwissen hilft bei der Erschließung bildender Kunst, gesellschaftspolitisches Wissen erschließt die Kenntnis von Kulturmärkten, die sich ihrerseits auf die Werkproduktion auswirken. Die Besonderheit der Geisteswissenschaften besteht auf der einen Seite in der Breite des erforderlichen Wissens und die vielfachen Bezüge unter den verschiedenen Disziplinen. Auf der anderen Seiten laden gerade die Geisteswissenschaften dazu ein, sich ganz in ein Werk zu vertiefen, ein Thema ein gesamtes Forscherleben zu verfolgen, eine wissenschaftliche Schule auszubilden. Es entstand so ein unverwechselbares Profil der verschiedenen geisteswissenschaftlichen Fakultäten insbesondere an den Traditionsuniversitäten, aber auch an den in den 1970er-Jahren gegründeten Reformuniversitäten.

Gewiss, das vorherige geisteswissenschaftliche Studium darf nicht idealisiert werden. Gerade in »Massenfächern« wie Germanistik gab es zu viele Studienabbrecher. Nur wenige Studierende konnten sich profilieren, bei der Mehrzahl der Studierenden musste einzig die eigene Motivation durch das Studium tragen, Anregungen durch den Lehrkörper fehlten oft.

Auch ist es sicherlich problematisch, wenn ein großer Teil an Studierenden über einen mangelnden Praxisbezug klagt. Doch welcher Praxisbezug soll geboten werden? Bei den Geisteswissenschaftlern gibt es anders als in anderen Fächern keine vorgegebene Praxis. Geisteswissenschaftler können in einer Vielzahl von Berufen arbeiten und sie sind in der Regel hervorragend qualifiziert, wenn sie mit den Methoden des geisteswissenschaftlichen Arbeitens wirklich vertraut sind, wenn sie sich durch ein Studium »durchgebissen« haben und wenn sie in ihrem Studium die Chance genutzt haben möglichst viel zu lesen, zu erkunden, über den Tellerrand hinauszuschauen. Auch einmal ein Semester nur zum Nachdenken nutzen. Gerade in den Geisteswissenschaften sollte es nicht darauf ankommen, in möglichst kurzer Zeit eine vorgegebene Anzahl an Pflichtstunden zu absolvieren. Hier geht es um die Erarbeitung einer Haltung zum Gegenstand, um das Vertiefen in den Gegenstand und zugleich ein breites Wissen.

So ausgebildete Geisteswissenschaftler sind von großem Wert, denn sie helfen, die Welt zu verstehen, den Menschen und vor allem seine künstlerischen Hervorbringungen in seiner Zeitgebundenheit zugänglich zu machen. Damit schaffen sie Zugang zum Leben.

Vielleicht gerade weil ich kein Geisteswissenschaftler bin, bin ich vom Nutzen der Nutzlosigkeit und damit von der Bedeutung der Geisteswissenschaften alter Schule überzeugt. Der Bologna-Prozess mit seiner stärkeren Berufsorientierung ist gerade für die Geisteswissenschaften eine extreme Gefahr. Wenn die Geisteswissenschaften das nicht erkennen und sich dem internationalisierten Schmalspurpragmatismus nicht widersetzen, werden sie für die Gesellschaft letztlich ihren Nutzen verlieren.

Hohe Sichtbarkeit
Die Situation der Geisteswissenschaften in Deutschland

Margret Wintermantel — Politik & Kultur 5/2007

Das Jahr der Geisteswissenschaften, das vom Bundesministerium für Bildung und Forschung (BMBF) und der Initiative Wissenschaft im Dialog (WiD) initiierte Wissenschaftsjahr 2007, kann schon jetzt als großer Erfolg bezeichnet werden. In zahlreichen Vorträgen, Diskussionen, Ausstellungen, Lesungen, Performances, Wettbewerben und Publikationen stellen Historiker, Philosophen, Philologen oder Ethnologen ihre Leistungen in der Öffentlichkeit dar und sorgen dafür, ihre Fragestellungen, Forschungsergebnisse und Theorien auch außerhalb ihrer wissenschaftlichen Community stärker ins Gespräch zu bringen.

Und sie können diese Aktivitäten auf einer soliden Grundlage entfalten, denn ihre Arbeit findet weltweit hohe Anerkennung. Anfang 2006 hat der Wissenschaftsrat dies deutlich herausgestellt und das hohe Niveau der geisteswissenschaftlichen Forschung hervorgehoben: »Die Leistungen der Geisteswissenschaften sind in der Forschung ebenso wie in der Qualifizierung des wissenschaftlichen Nachwuchses sehr gut und international anerkannt. Sie werden in einem selbstverständlich gewordenen internationalen Austausch erbracht und setzen auf vielen Feldern Maßstäbe. Die Geisteswissenschaften gehören zu den Wissenschaftsbereichen, die international Ausweis der Forschungs- und Kulturnation Deutschland sind. Sie wirken gleichermaßen an der politischen und kulturellen Selbstvergewisserung Deutschlands und an der ökonomischen Wertschöpfung mit.« (Wissenschaftsrat, Empfehlungen zur Entwicklung und Förderung der Geisteswissenschaften in Deutschland, 27. Januar 2006).

Die Arbeit der geisteswissenschaftlichen Disziplinen in Deutschland ist also international durch eine hohe Sichtbarkeit und Reputation gekennzeichnet, obwohl, wie häufig zurecht beklagt, gerade die Geisteswissenschaften immer wieder ihre Legitimation unter Beweis stellen müssen, wenn es um die Zuweisung von Ressourcen geht und dabei die unmittelbare Verwertbarkeit der Forschungserkenntnisse eine hervorgehobene Rolle spielt.

Welche Faktoren tragen nun zum Erfolg der Geisteswissenschaften bei?

- Die wichtigste Voraussetzung des Erfolgs ist die Geltung hoher Qualitätsstandards, die innerhalb der community herausgebildet, von allen Wissenschaftlerinnen und Wissenschaftlern geteilt und ständig weiterentwickelt werden.
- Die Kommunikation und Kooperation in Forschergruppen stellt eine besondere Möglichkeit dar, interkulturelle Problemlösungen zu suchen und neuen Ideen

nachzugehen. Hier sind die vom Wissenschaftsrat in der o. g. Empfehlung vorgeschlagenen Forschungskollegs nach dem Vorbild der amerikanischen Institutes for Advanced Study ein geeigneter Weg, wie ihn jüngst z. B. die Freie Universität Berlin mit der Gründung der Dahlem Research School beschritten hat. Solche Forschungsverbünde liegen auch der Idee der Exzellenzcluster zugrunde, die im Rahmen der Exzellenzinitiative gefördert werden.

- Die Geisteswissenschaften stellen ihre Fragen vermehrt in den Kontext aktueller, gesellschaftlich relevanter Problembereiche und bringen so ihre Erkenntnisse in die gegenwärtig erklärungsbedürftigen Prozesse und Ereignisse ein.
- Entsprechend sind – ermöglicht durch die Bologna-Reform – solche Studiengänge besonders nachgefragt, die sich im Grenzbereich zwischen geistes- und wirtschaftswissenschaftlich Fragestellungen ansiedeln, wie z. B. der Masterstudiengang »Philosophy and Economics« an der Universität Bayreuth.
- Sie stellen ihre Ergebnisse und Leistungen, wie bereits oben erwähnt, stärker in der Öffentlichkeit dar und bedienen sich mehr als zuvor der Mittel einer modernen Öffentlichkeitsarbeit. Im Folgenden seien zwei besondere politische Auslöser genannt, die bei den Geisteswissenschaften zuletzt für Dynamik und Öffnung gesorgt haben.

Die Exzellenzinitiative hat mit ihrer Konzentration auf Graduiertenschulen und Exzellenzzentren das Nachdenken über die kooperative Erschließung und Bearbeitung von Forschungsgegenständen beschleunigt und die Bildung von thematisch kohärenten Forschungsbereichen angeregt. Damit hat sie der Exzellenzbildung auch in den geisteswissenschaftlichen Fächern einen starken Schub gegeben. Zwar war das Ergebnis der ersten Runde, das im Oktober 2006 bekannt gegeben wurde, für die Geistes- und Sozialwissenschaften eher ernüchternd, da sie bei den 18 geförderten Graduiertenschulen nur mit vier vertreten sind (die Graduate School of North American Studies an der Freien Universität Berlin, die Bonn Graduate School of Economics an der Universität Bonn, das International Graduate Center for the Study of Culture an der Universität Gießen und das Zentrum Empirical and Quantitative Methods in the Economic and Social Sciences an der Universität Mannheim) und von den 17 ausgewählten Exzellenzclustern nur eines, das Cluster Cultural Foundations of Social Integration an der Universität Konstanz, geisteswissenschaftlich ausgerichtet ist. Aber für die zweite Runde lassen die im Januar 2007 bekannt gegebenen Zwischenergebnisse einen größeren Erfolg erwarten und erhoffen. So gehören 14 der 44 Graduiertenschulen und 10 der 40 Exzellenzcluster, die zur ausführlichen Antragstellung aufgefordert wurden, den Geisteswissenschaften an.

Der Bologna-Prozess stellt für die Geisteswissenschaften deshalb eine besonders große Herausforderung dar, da bei Ihnen die Arbeitsmarktorientierung, die gefordert wird (employability), traditionell nicht so maßgeblich ist wie bei anderen Disziplinen. Zugleich stellt er aber auch eine große Chance dar, weil sich die herkömmlichen Inhalte mit der Vermittlung von Methoden- und Schlüsselkompetenzen konstruktiv und erfolgversprechend verbinden lassen und die Kooperation mit anderen Fächern, die durch die Modularisierung der neuen Studiengänge erleichtert wird, zu neuen fachlichen Impulsen führt.

Besonders ausführlich diskutiert wird im Rahmen des Jahres der Geisteswissenschaften die Situation der sogenannten Kleinen

Fächer, die mehr als die großen Fächer seit Jahren dem Rotstift der Länderministerien und der Hochschulleitungen ausgesetzt sind. Darunter sind Fächer meist geisteswissenschaftlicher Provenienz zu verstehen, die sich durch sehr wenige Standorte und eine sehr geringe Zahl an Studierenden und Lehrenden auszeichnen (z. B. Hethitologie, Indogermanistik, Mineralogie). Sie sind meist stark forschungsorientiert, arbeiten – oft nur durch wenige Experten bemerkt – mit großer Exzellenz und verkörpern eine wertvolle, besonders in Deutschland starke und bis in die Anfänge des 19. Jahrhunderts zu-rückreichende Tradition. Um den hochschulpolitischen Rahmen so zu gestalten, dass er der spezifischen Situation der Kleinen Fächer gerecht wird, hat die Hochschulrektorenkonferenz (HRK) im Februar 2007 eine Empfehlung veröffentlicht (siehe *www.hrk.de*) und wird Anfang 2008 eine kommentierte Kartierung aller Kleinen Fächer in Deutschland vorlegen. So hoffen wir, dass sich Leistung auch für die Vertreterinnen und Vertreter der Kleinen Fächer künftig in höherem Maße lohnen wird und ihre Standorte erhalten bzw. gestärkt werden. Die Geisteswissenschaften in Deutschland sind, so zeigen es die neueren Entwicklungen, im Aufbruch. Die HRK hofft, dass dieser Prozess zu einer weiteren Stärkung dieser Fächer führen wird!

Reflexion und Spitzenleistung
Vier Wissenschaftsförderer schaffen Erfolgsbedingungen »pro Geisteswissenschaft«

Marcus Beiner — Politik & Kultur 5/2007

Die Geisteswissenschaften legen seit Jahrzehnten hervorragende Forschungsergebnisse vor, ihre prominenten Vertreter sind in öffentlichen Debatten zu wissenschaftlichen wie gesellschaftlichen Fragen breit vertreten, sie haben in vielen Bereichen nach wie vor Weltgeltung, und sie üben eine geradezu magnetische Anziehungskraft auf Studierende aus. Die Geisteswissenschaften sind erfolgreich, präsent, bekannt und nachgefragt. Trotzdem sah es lange so aus, als seien sie unter die Räder gekommen; der Zug der Zeit schien bei ihnen vorbei gefahren zu sein. Sie haben vielleicht keinen großen Bahnhof gemacht. An ihre Leistungskraft und ihre Potentiale in der Wissenschaft wie ihre Wirkungsmöglichkeiten in der Gesellschaft gilt es daher zu erinnern. Dazu haben sich 2005 die VolkswagenStiftung, die Fritz Thyssen Stiftung sowie der Stifterverband für die Deutschen Wissenschaft und die Zeit Stiftung Ebelin und Gerd Bucerius zu der Initiative »Pro Geisteswissenschaft« zusammengeschlossen. Ziel war es, auf drei zusammenhängende Problembereiche zu reagieren, die dem Auseinanderfallen von Leistungsausweisen und öffentlicher Wertschätzung der Geisteswissenschaften zu Grunde lagen.

Das Wahrnehmungsproblem: Geisteswissenschaften sind reflektierende Wissenschaften, die breites Wissen vom jeweiligen Gegenstandsbereich genauso erfordern wie interpretatives Geschick und die Fähigkeit, Zusammenhänge zu erkennen und diese treffend auf den Punkt zu bringen. Ihre Ergebnisse lassen sich nicht in materiellen Produkten verwerten, ihre Forschungsstände sind immer auch Diskussionslagen in einem (wissenschafts-)öffentlichen argumentativen Prozess. Die wahrnehmbaren Ergebnisse geisteswissenschaftlicher Forschung sind nicht Entdeckungen natürlicher Phänomene, sondern Deutungen und Begriffsprägungen, die unsere Wahrnehmung verändern können. Erinnert sei beispielsweise an die Begriffe »kulturelles Gedächtnis« und »Erinnerungsorte«. Geisteswissenschaften verhandeln und reflektieren, wie wir die Welt sehen. Weil es dabei aber um Wahrnehmungsraster geht, die wir zwar in Anspruch nehmen, aber alltäglich nicht ausdrücklich thematisieren, fällt nicht mehr auf, woher sie kommen und welch prägende Kraft sie haben. Geisteswissenschaften spielen als reflektierende Wissenschaften eine Doppelrolle als kritische Instanz und wirksamer Entstehungsmechanismus für solche Begriffsprägungen. Das Problem der Geisteswissenschaften ist, dass ihre Reflexionsleistung nicht ausreichend wahrgenommen wird. Wenn sie wahrgenommen wird, dann als quasi-genialische Leistung einzelner Intellektueller, die als Personen hoch geachtet, in ihrer disziplinären Verankerung aber kaum erkannt werden. Dabei sind es zu großen Teilen Geisteswissenschaftler, die sich kompetent äußern, wenn es etwa um Fragen nach dem Lebensbeginn und dem Lebensende, um den freien Willen, um kulturelle und personale Identität, um das Verständnis anderer Kulturen und die Deutung der eigenen Herkunft geht.

Das strukturelle Problem: Die Geisteswissenschaften sind eine Gesamtheit von Fächern, deren Umfang nicht eindeutig definiert ist. An den Universitäten sind sie zu zumeist, aber längst nicht immer in den Philosophischen Fakultäten zusammengefasst. Es handelt sich um eine Fächergruppe, die auf der einen Seite außerordentlich groß und entsprechend heterogen ist. Auf der anderen Seite werden viele Fächer vor Ort nur noch von wenigen Personen getragen. Dieser Umstand trägt zur enormen Vielfalt bei, die die Geisteswissenschaften thematisch und methodisch abdecken. Er führt aber auch dazu, dass ihre Position im inneruniversitären Ringen um Ressourcen schwach ist. Und er führt dazu, dass Sparrunden in manchen Bereichen ein existenzbedrohendes Ausmaß erreichen – das nicht einmal intendiert sein muss, sich ohne Gegensteuerung aus der Universitätsspitze aber schnell einstellt. Das ist beispielsweise der Fall, wenn so gespart wird, dass Professuren nicht wiederbesetzt werden, die ohnehin allein oder mit einem oder zwei Kollegen ein ganzes Fach zu vertreten hatten. Dieses strukturelle Problem wird verschärft in Zeiten, in denen die Universitäten – durchaus nicht zu ihrem Schaden – über Exzellenzwettbewerbe, Rankings und wachsende autonome Steuerungsmöglichkeiten mehr oder minder sanft gezwungen werden, ihre jeweiligen Profile zu schärfen. Solchen Bemühungen fallen regelmäßig insbesondere kleinere geisteswissenschaftliche Fächer zum Opfer.

Problematische Förderformen: Wer heutzutage über Wissenschaftsförderung nachdenkt, der denkt üblicherweise in Kategorien von Sonderforschungsbereichen, Forschergruppen, Graduiertenkollegs, Wissenschaftler-Netzwerken und Exzellenzclustern. Er ist es ohnehin gewohnt, über ein elaboriertes Antragswesen nach Rechtfertigungen für geplante Forschungsaufgaben zu fragen. Denn die Frage nach Forschungsaufgaben ist immer auch die Frage nach Forschungsausgaben. Die damit verbundene wettbewerbsorientierte Vergabe von Forschungsmitteln trägt zweifelsohne zur Steigerung der Leistungsfähigkeit und zur Qualitätsverbesserung der wissenschaftlichen Arbeit bei. Damit findet jedoch ein Schwenk zu planbarer Großforschung statt, die der Arbeitsweise reflektierender Wissenschaften nicht per se entspricht. Wäre die personelle Grundausstattung an den Universitäten so, dass Geisteswissenschaftler das Feld der Drittmitteleinwerbung für die Grundlagenforschung ungestraft den experimentell arbeitenden und damit besonders teuren Wissenschaften überlassen könnten, so wäre die Lage unbedenklich. Faktisch ändert sich die Ausstattung von Universitäten aber so, dass immer größere Teile dessen, was früher zur Grundausstattung zählte, über Drittmittel eingeworben werden muss. Und dieser Zustand hat natürlich auch Rückwirkungen auf Fächer, in denen Spitzenleistungen nicht zwangsläufig mit der Höhe von Drittmitteln oder Patentanmeldungen korrelieren, sondern mehr mit einer soliden Basisfinanzierung und Forschungszeit für kreative Köpfe.

Auf diese drei Problemfelder reagiert das Programm »Pro Geisteswissenschaften«. Das Wahrnehmungsproblem wird mit Konferenzen angegangen, die sich an eine politische und gesellschaftliche Öffentlichkeit richten, sowie mit Streitgesprächen in einer Reihe von Landeshauptstädten, in denen ja in föderaler Vielfalt über die Forschungspolitik entschieden wird. Den strukturellen Problemen wird begegnet, indem für eine ungewöhnlich lange Projektlaufzeit Mittel für geisteswissenschaftliche Spitzenforschung bereitgestellt wird. Und den in ihrer Dominanz problematischen Verbund-Förderformen werden Angebote an die Seite gestellt, die sich in ihrem Zuschnitt an den Bedürfnissen der Geisteswissenschaften orientieren. Dabei ist es nicht so, dass es keine erfolgreichen geisteswissenschaftlichen Forschungsverbünde oder Sonderforschungsbereiche gäbe. Auch zeigen Hunderte von Geisteswissenschaftlern, dass es möglich ist, erfolgreich in Zwei- oder Drei-Jahres-Projekten zu arbeiten. Aber das Leistungspotential der Geisteswissenschaften wird eben nicht ausgeschöpft, wenn die heute dominierenden Förderformen auf die konkrete geisteswissenschaftliche Forschungsarbeit als Zwang zu Kurzatmigkeit und Oberflächlichkeit, als Druck auf möglichst schnelle Publizierbarkeit oder als Verhinderung von langfristigem Wissens- und Kompetenzerwerb oder eingehender Recherche wirken.

Zwei Förderformen machen die Initiative »Pro Geisteswissenschaften« aus. Sie sind im Format bewusst schlicht gehalten – um auf der anderen Seite an die Projekte selbst höchste inhaltliche Anforderungen zu stellen. Erfolgreichen Antragstellern wird in erster Linie Forschungszeit bereit gestellt, den promovierten »Dilthey-Fellows« zunächst fünf Jahre, freigestellten Spitzenforschern in der Programmlinie »opus magnum« bis zu zwei Jahre. In beiden Fällen sollen genuine Forschungsarbeiten ermöglicht werden, die als individuelle Leistung die Forschung auf neuen, kaum betretenen Feldern voran bringen. Es sind in den Geisteswissenschaften eben auch – das ist die Überzeugung der Projektpartner – einzelne Forscherpersönlichkeiten, die mit ihren Ergebnissen Diskurse in der Fachwelt wie in der Öffentlichkeit (mit-) bestimmen können. Förderangebote, die sich an die Geisteswissenschaften richten, müssen daher Freiräume zur Reflexion bieten und sich von allzu simplen Modellen eines linearen wissenschaftlichen Fortschritts fern halten. Mit den »Dilthey-Fellowships« und dem »opus magnum«-Freistellungsangebot sollen daher umfassende Syntheseleistungen und grundlegende Aufarbeitungen breiter Gegenstandsbereiche genauso Unterstützung finden können wie die pointierte Darlegung neuer Thesen oder die konsequente Weiterentwicklung eigener Zugänge zu einem neuen Forschungsbereich. Forschungsförderung in den Geisteswissenschaften bedeutet, ganz unterschiedliche Modelle des Arbeitens zuzulassen, Kooperation wie Konzentration, Verbünde und arbeitsteilige Vorhaben wie Individualforschung – und auch jene Form der Interdisziplinarität, die früher einmal Gelehrsamkeit hieß.

Wie wird dieses Förderangebot angenommen? In den beiden Programmlinien sind zu den beiden bisherigen Stichtagen rund 250 Anträge eingegangen, rund 100 Gutachter befragt und etwa 800 Stellungnahmen vorgelegt worden. 35 Projekte wurden bislang in die Förderung genommen, 17 in der Förderlinie »Dilthey Fellowships« und 18 in der Förderlinie »opus magnum«. Knapp 10 Millionen Euro haben die Volkswagen- und die Thyssen-Stiftung dafür zur Verfügung gestellt. Von daher lässt sich sagen: Inzwischen sind wir glücklich im »Jahr der Geisteswissenschaften« 2007 angekommen. Glücklich auch, weil es einige Indizien dafür gibt, dass die Geisteswissenschaften an einigen Stellen wieder ein wenig von der Wertschätzung erfahren, die durch ihre Forschungs- und Bildungsleistungen an den Universitäten gerechtfertigt werden. Neben der seit 2005 bestehenden Initiative »Pro Geisteswissenschaft« und nach einer bemerkenswerten

Stellungnahme des Wissenschaftsrates werden die Geisteswissenschaften auch von der Deutschen Forschungsgemeinschaft und Stellen wieder ein wenig von der Wertschätzung erfahren, die durch ihre Forschungs- und Bildungsleistungen an den Universitäten gerechtfertigt werden. Neben der seit 2005 bestehenden Initiative »Pro Geisteswissenschaft« und nach einer bemerkenswerten Stellungnahme des Wissenschaftsrates werden die Geisteswissenschaften auch von der Deutschen Forschungsgemeinschaft und Geisteswissenschaften in Teilen der Forschungsförderung und eines mancherorts drittmittelfixierten Universitätsmanagements abzubauen, steht freilich auf einem anderen Blatt. Zu einem Stimmungswechsel pro Geisteswissenschaft auch an diesen Stellen beizutragen, ist jedenfalls nicht das unwichtigste der Motive der vier privaten Fördereinrichtungen, welche die Initiative »Pro Geisteswissenschaften« auch über das Jahr 2007 hinaus tragen werden.

Bologna und die vielen Wege nach Rom

Warum die Kunsthochschulen einen Sonderweg brauchen

Hans Zehetmair — Politik & Kultur 5/2007

Der Bologna-Prozess, der auf die sogenannte Bologna-Erklärung aus dem Jahr 1999 zurückgeht und dessen Ziel die Schaffung eines europäischen Hochschulraumes ist, hat zur wohl größten Umwälzung im deutschen Studiensystem der letzten Jahrzehnte (und sicherlich nicht nur im deutschen Hochschulsystem) geführt. Das gilt zumindest für die Studiengänge an den wissenschaftlichen Hochschulen, den Universitäten und Fachhochschulen, wo sich die neuen gestuften Bachelor- und Masterstudiengänge immer mehr durchsetzen.

Der Bologna-Prozess soll eine verstärkte Internationalisierung der Hochschulausbildung durch Einführung international vergleichbarer Hochschulabschlüsse, Schaffung von Modulen und Leistungspunkten sowie anderen Elementen ermöglichen. Angestrebt wird, Schlüsselkompetenzen zu vermitteln, die es den Absolventen ermöglichen, auf dem europäischen und globalen Arbeitsmarkt bestehen zu können. Die Ziele des Bologna-Prozesses greifen angesichts der Globalisierung und des europäischen Einigungsprozesses zentrale Herausforderungen für das Hochschulsystem der Zukunft auf und sind daher für die wissenschaftlichen Hochschulen grundsätzlich zu begrüßen.

Natürlich wurden in der bisherigen intensiven Diskussion auch Kritikpunkte an der Umsetzung des Bologna-Prozesses in Deutschland vorgebracht. So wird zum einen die Gefahr eines »Wildwuchses« durch eine zum Teil unübersichtliche Vielzahl neuer Studienangebote, die im Rahmen des Prozesses neu geschaffen wurden, gesehen. Zudem ist manchmal fraglich, ob gleichlautende deutsche Abschlüsse v. a. im Bereich des Bachelors mit ausländischen Abschlüssen tatsächlich gleichwertig sind. Diese Kritikpunkte betreffen zwar nicht grundsätzlich die Ziele des Bologna-Prozesses, sind aber zur Gewährleistung eines wettbewerbsfähigen Niveaus von grundlegender Bedeutung. Man denke beispielsweise an die Aufgabe des weltweit angesehenen deutschen akademischen Diploms.

Die Situation an den Kunsthochschulen, also den Hochschulen für Musik, den Akademien der Bildenden Künste und den Filmhochschulen, unterscheidet sich, was den Bologna-Prozess anbelangt, deutlich von der an den wissenschaftlichen Hochschulen. Insbesondere im Bereich der künstlerischen Kernfächer (im Gegensatz etwa zu postgradualen Studiengängen) erfolgte die Einführung der Bachelor- und Masterstruktur bisher deutlich zurückhaltender. Zu den Kernfächern gehören an den Hochschulen für Musik z. B. Gesang, Komposition, Dirigieren sowie Instrumentalmusik, an den Akademien der

Bildenden Künste v.a. die Freie Kunst. Dies belegt auch eine Statistik der HRK (HRK-Hochschulkompass, 01.03.2007, Sommersemester 2007): Danach ist die Fächergruppe »Kunst und Musik« im Sommersemester 2007 von allen erfassten Fächergruppen diejenige mit dem geringsten Prozentsatz von Bachelor- und Masterstudiengängen am Gesamtstudienangebot (20,2 %). Zum Vergleich: Fächergruppen insgesamt 48,0 %; Sprach- und Kulturwissenschaften 30,5 %; Wirtschaftswissenschaften 67,2 %; Mathematik, Naturwissenschaften 48,9 %.

In den »Ländergemeinsamen Strukturvorgaben gemäß § 9 Abs. 2 HRG für die Akkreditierung von Bachelor- und Masterstudiengängen (Beschluss der Kultusministerkonferenz vom 10.10.2003 i. d. F. vom 22.09.2005)« wurde in der überarbeiteten Fassung ein Passus aufgenommen, der die Einführung der Bachelor- und Masterstruktur in den künstlerischen Kernfächern erleichtern soll: Abweichend von den allgemeinen Vorgaben in den genannten Fächern können konsekutive Bachelor- und Masterstudiengänge ausnahmsweise auch mit einer Gesamtregelstudienzeit von bis zu sechs Jahren eingerichtet werden. Damit hat man zwar auf die Kritik der Kunsthochschulen reagiert und insbesondere dem Umstand Rechnung getragen, dass die Ausbildung einer Künstlerpersönlichkeit längere Zeit als die Ausbildung in wissenschaftlichen Fächern in Anspruch nehmen kann und daher eine größere Flexibilität bei der Studienlänge notwendig ist. Gleichwohl bleibt kritisch anzumerken, dass die vorgegebene Umstrukturierung in zweistufige Studiengänge (Bachelor und Master) den grundlegenden Bemühungen um Einhaltung von Regelstudienzeiten zuwiderläuft.

Für die konkrete Situation an den deutschen Kunsthochschulen bedeutet dies: An den Hochschulen für Musik sind die Voraussetzungen für eine verstärkte Einführung von Bachelor- und Masterstudiengängen grundsätzlich zu begrüßen. Sie ermöglichen eine Studienstruktur, die nach drei bis maximal vier Jahren zum Bachelorabschluss führt. Darauf aufbauend kann ein Masterstudiengang durchlaufen werden, der den bisherigen Aufbaustudien und Meisterklassen (z. B. Sologesang) ähnelt. Dadurch können die deutschen Hochschulen für Musik, die schon jetzt stark international ausgerichtet sind, ein adäquates internationales Studiensystem anbieten.

Gründe hierfür sind in der Eigengesetzlichkeit der Freien Kunst und den Besonderheiten der Lehre an den Akademien zu sehen: Dort existiert ein sehr stark ausgeprägtes individuelles Verhältnis von Studierendem und akademischem Lehrer, das in dieser Form an anderen Hochschulen unbekannt ist und das in der Regel während des gesamten Studiums fortbesteht. Es gibt kein Kurs-, sondern ein Klassensystem, Lehre und Studium sind weniger auf Wissenserwerb, sondern auf die Ausbildung einer eigenen Künstlerpersönlichkeit und das Finden einer eigenen künstlerischen Position ausgerichtet. All dies veranschaulicht, dass die Lehre im Fach Freie Kunst weniger formalisiert und strukturiert ist. Auch eine Einführung von Leistungspunkten wäre daher problematisch. Zudem haben bisher akademische Grade im Bereich der Freien Kunst nur geringe Bedeutung gehabt, andere Bezeichnungen wie z. B. der Meisterschüler als Abschluss haben sich durchgesetzt. Deshalb sprechen gute Gründe dafür, die Freie Kunst aus dem gestuften Studiengangsystem auszunehmen.

Die Diskussion über Einführung der Bachelor- und Masterstruktur in der »Freien Kunst« ist derzeit aus den genannten Gründen noch voll im Gange, eine Entwicklung noch nicht abgeschlossen. Ich hoffe auf die alte Lebensweisheit: Auch von Bologna führen viele Wege nach Rom.

Transparenz und Zielorientierung in der Hochschulausbildung
Der Bologna-Prozess

Dieter Swatek — Politik & Kultur 5/2007

Als anstrengend aber notwendig bezeichnete jüngst die Präsidentin der Hochschulrektorenkonferenz Margret Wintermantel den gegenwärtig an den deutschen Hochschulen laufenden Bologna-Prozess. Und sie hat Recht: Arbeitsfähigkeit, Mobilität und die Orientierung am Lerner, das heißt vor allem am Ergebnis des Lernprozesses haben in der Vergangenheit bei der Gestaltung von Studiengängen zumindest explizit kaum eine Rolle gespielt Davon ausgenommen sind – wenn überhaupt – nur wenige Fächer.

In der öffentlichen Diskussion und insbesondere auch im künstlerischen Bereich spielt die mit dem Bologna Prozess verbundene Einführung des gestuften Studiensystems (Bachelor/Master) eine so übergewichtige Rolle, dass dabei die mit dem Bologna-Prozess verbundenen eigentlichen grundsätzlichen und zentralen Veränderungen des deutschen bzw. europäischen Studiensystems gelegentlich schlicht übersehen werden. Nicht nur die Stufung des Systems sondern besonders auch die bewussten zielgerichteten Veränderungen der Studieninhalte und -abläufe sind die entscheidenden Ansatzpunkte im Bologna-Prozess. Das haben im künstlerischen Bereich auch die Musikhochschulen erkannt und akzeptiert, während sich die Kunsthochschulen teilweise damit (noch) schwer tun, obwohl Sonderregelungen für besondere künstlerische Bedürfnisse möglich und mancherorts auch bereits realisiert sind.

Der Reihe nach: Im Juni 1999 unterzeichneten 29 europäische Bildungsminister die Bologna-Erklärung zur Schaffung eines europäischen Hochschulraums bis zum Jahre 2010 und zur Stärkung der weltweiten Wettbewerbsfähigkeit Europas als Bildungsstandort weltweit. Mittlerweile haben alle europäischen Staaten mit Ausnahme von Weißrussland diese Erklärung unterzeichnet. Bei Treffen der Bildungsminister der Unterzeichnerstaaten in zweijährigem Abstand in Prag, Berlin, Bergen sowie in London wurde der erreichte Stand des Prozesses überprüft und in gemeinsamen Erklärungen Beschlüsse zu den Prioritäten der weiteren Entwicklung gefasst. Mit dem Bologna-Prozess werden folgende Ziele verfolgt:

- Schaffung eines Systems leicht verständlicher und vergleichbarer Abschlüsse,
- Schaffung eines zweistufigen Systems von Studienabschlüssen (undergraduate/graduate),
- Einführung eines Leistungspunktesystems (nach dem ECTS-Modell),
- Förderung der Mobilität,
- Förderung der europäischen Zusammenarbeit durch Qualitätssicherung,

- Förderung der europäischen Dimension in der Hochschulausbildung.

Diese Ziele bestimmen die Inhalte des laufenden Prozesses und verändern die deutschen Hochschulen nachhaltig. Er wirkt sich auf die Studiengangsstruktur und die Studiengangsinhalte, auf Organisationsabläufe in den Hochschulen, auf Prozesse in den Verwaltungen und auf Entscheidungen der Studierenden aus. Mit der gegenwärtigen Einführung der Bachelor- und Masterstudiengänge – sozusagen dem Prozess treibenden »Umsetzungsmotor« – werden die damit zusammenhängenden Neuerungen: ECTS, Modularisierung, Output-Orientierung, Diploma Supplement, Akkreditierung an den Hochschulen implementiert.

Damit verbunden ist ein grundsätzlicher Perspektivenwechsel: Es steht nicht mehr die Orientierung an Semesterwochenstunden und somit der Aufwand des Lehrenden im Vordergrund, sondern der Lernende mit seinem Arbeitsaufwand und den Kompetenzen (learning outcomes), die er im Laufe des Studiums erlangt.

Eine Perspektive, die den Kunsthochschulen nach ihren eigenen Aussagen nahe liegen sollte: »Die als [...] künstlerische Disziplinen ausgerichteten Studiengänge sind von Beginn an auf die Person und die individuelle Entwicklung ihrer praktischen und künstlerischen Fähigkeiten gerichtet« (Erklärung der Rektorenkonferenz der deutschen Kunsthochschulen). Dass in diesem Zusammenhang auch noch über das ECTS-Verfahren festgelegt wird, welche Arbeitsbelastung (»workload«) seitens der Studierenden aufzuwenden ist, dient jedenfalls im nicht-künstlerischen Bereich sowohl der Vergleichbarkeit der zu erbringenden Studienleistungen als auch dem Schutz der Studierenden, die vor Überlastung geschützt werden sollen.

Um eine gewisses Maß an Einheitlichkeit zu wahren, sind folgerichtig die bisherigen Rahmenprüfungsordnungen der Kultusminister Konferenz (KMK) aufgehoben und durch einen strukturellen Rahmen für die Abschlüsse ersetzt worden. Dieser ist in den »Strukturvorgaben der Kultusministerkonferenz« festgelegt. An diese sind die Hochschulen gebunden und müssen ihre Einhaltung im Rahmen des Qualitätssicherungsprozesses der Akkreditierung ebenso nachweisen wie die Berücksichtigung der auf europäischer Ebene verabredeten European Standards & Guidelines (ESG) bzw. des Europäischer Qualifikationsrahmens (EQF) und der darin enthaltenen Dublin Descriptors (DD). Es wird also eine permanente in eigener Verantwortung zu vollziehende Qualitätssicherung eingerichtet, die bisher an den Hochschulen eher ausnahmsweise üblich war.

Am Beispiel des Akkreditierungsprozesses für einen Studiengang – so wie ihn die FIBAA, eine der beim Deutschen Akkreditierungsrat akkreditierten Akkreditierungsagenturen, insbesondere im wirtschafts- und sozialwissenschaftlichen Bereich durchführt – lassen sich die zentralen Aspekte des neuen Systems verdeutlichen: Im Rahmen der für die Akkreditierung von Studiengängen zu erstellenden Selbstdokumentation müssen die Hochschule bzw. die jeweilige Fakultät bzw. Fachbereich als Anbieter eines Studiengangs häufig erstmals darstellen, welche konkreten Ziele sie mit diesem Studiengang im Einzelnen verfolgt. Das ist – wie die Akkreditierungspraxis zeigt – wider Erwarten nicht immer einfach und verlangt zumindest eine umfassende Einbindung und Abstimmung aller Akteure. Die Festlegung der angestrebten Qualifikations- und Kompetenzziele fordert ein hinreichendes Nachdenken über das, worüber der Studierende nach Abschluss des Studiengangs verfügen sollte. Die erforderlichen Überlegungen der Hochschule zur Positionierung des Studiengangs sowohl im Bildungsmarkt als auch im Arbeitsmarkt machen u. a. bewusst, dass der Studiengang sehr konkrete Funktionen für die Studierenden zu erfüllen hat.

In der Konzeption des Studiengangs, das heißt in der Entwicklung der Struktur und der Inhalte des Studienangebots ist im Einzelnen darzulegen, was inhaltlich fachlich beherrscht und in welcher Struktur es erlernt werden soll. Die bisherigen Überschriften-Sammlungen in den Fächerkatalogen zu den Rahmenprüfungsordnungen werden dabei durch differenzierte (Modul-)Beschreibungen ersetzt, die insbesondere die geplanten Lehrinhalte, die verwendete bzw. zu erarbeitende Literatur und den geschätzten Lernaufwand enthalten sollen. Dass dabei auch die inhaltlichen Beziehungen zu den anderen Modulen beziehungsweise zu den übergeordneten Lernzielen des Studiengangs hergestellt werden sollen, versteht sich von selbst. Das Studium verliert damit seinen Blackbox-Charakter und wird für alle Beteiligten transparent.

Eine zentrale Rolle spielen im Akkreditierungsprozess die Fragen nach der so genannten »überfachlichen« Qualifikation: Dazu gehören u. a. die bewusste Befassung mit den Methoden des wissenschaftlichen Arbeitens und die Vorbereitung auf forschungsorientierte Aufgaben. Auch die Reflektion sozialen Verhaltens und die Einübung von Soft Skills wie Kooperation und Kommunikationsverhalten müssen als Inhalte des Studiengangs nachgewiesen werden. Schließlich ist darzulegen, wie die aus der Studiengangszielsetzung abgeleitete Berufsqualifizierung in das Curriculum eingeflossen ist. Hierzu dürfte in künstlerischen Studiengängen als zusätzliche erforderliche überfachliche Kompetenzen auch wirtschaftlich-kaufmännischer Aspekte gehören. Das Diploma Supplement, eine detaillierte Aufstellung über die im Rahmen des Studienprogramms erbrachten Leistungen der Studierenden und der damit verbundenen Qualifikationen erlaubt potentiellen Arbeitgebern aber auch anderen Hochschulen eine differenzierte und präzise Einschätzung der Studienleistungen und der im Studium erworbenen Kompetenzen.

Es versteht sich von selbst, dass im Rahmen der Akkreditierung auch die Ressourcen der Hochschule sowohl in personeller als auch in materieller Hinsicht überprüft und abgeschätzt werden, um sicherzustellen, dass das Studiengangsziel damit auch wirklich erreicht wird. Insgesamt führt der Bologna-Prozess dazu, dass die Studiengänge, für die erhebliche Mittel durch Hochschule und Staat aufgewandt werden und die zudem einen entscheidenden Lebensabschnitt der Studierenden bestimmen, nach rationalen Kriterien nachvollziehbar gestaltet und durchgeführt werden.

Es ist deshalb schwer zu verstehen, warum die Kunsthochschulen meinen, sich aus diesem Prozess ausklinken zu müssen. Zwar gehorcht die künstlerische Ausbildung unbestritten besonderen Gesetzen, doch findet in der überwiegenden Zahl der Fälle auch hier eine Ausbildung, d. h. eine Vermittlung von Kompetenzen auch deshalb statt, damit später, sei es auf dem Arbeitsmarkt, sei es auf dem Kunstmarkt, der eigenen Lebensunterhalt erworben werden kann. Und dies ist allen Hochschulen gemeinsam.

Die Modularisierung bleibt Work in Progress
Geistes- und Kulturwissenschaften im Bologna-Prozess

Susanne Binas-Preisendörfer — Politik & Kultur 5/2007

Noch vor Semester-Ende konnte die Pressestelle der Universität Oldenburg den ersten erfolgreichen Abschluss eines Bachelor-Studiums an der Uni melden. Im Wintersemester 2007 starten die Masterstudiengänge, darunter auch geistes- und kulturwissenschaftliche Angebote, wie z. B. Germanistik, Angewandte Musikwissenschaft, Museum und Ausstellung, Europäische Geschichte oder Kunst- und Medienwissenschaft.

Das Land Niedersachsen – respektive die Universität Oldenburg – gehörte zu den Pionieren des Bologna-Prozesses. Zum Wintersemester 2004/05 hatte man mit der Umstellung der Studiengänge begonnen, die ersten Erfahrungen sind gemacht, Vor- und Nachteile lassen sich deutlicher benennen als dies im Vorfeld möglich war.

Unter den ersten Jahrgängen von BA-Studierenden herrschte große Unsicherheit, Missverständnisse und ein erheblicher Informations- und Kommunikationsbedarf zur Studienstruktur, dem System von Modulen und Kreditpunkten, den jeweils Verantwortlichen der Universität und der bangen Frage, wird man am Ende des BA-Studiums einen Zensurendurchschnitt erhalten, der eine Bewerbung für ein Masterstudium möglich macht. Auf allen Seiten gab es Reibungsverluste. Lehrende mussten in einer Lehrveranstaltung verschiedene Studienmodelle integrieren: bspw. Magister Musik mit Lehramtsstudierenden der alten Prüfungsordnung und BA-Studierende, also Studierende mit unterschiedlichem Wissen und Erfahrungen gleichzeitig betreuen, motivieren, Raum zum Nachdenken und Präsentieren von Erarbeitetem geben, ganz zu schweigen von den Bewertungskriterien.

Kritiker des Bolognaprozesses führen die Dominanz formaler Aspekte bei der Studiengestaltung und den Sieg der Administration über die inhaltliche Neugestaltung an. Tatsächlich würde wohl kein Universitätsangehöriger von sich behaupten, dass die vergangenen Jahre universitärer Selbstverwaltung viel Freude gemacht hätten. Die zeitlichen Belastungen der Beteiligten überstiegen das Maß dessen, was angesichts des laufenden (doppelten) Studienbetriebes und der steigenden Erwartungen seitens der Universitätsleitung an die Forschungsaktivitäten der Professorinnen und Professoren vertretbar war. Eigens eingesetzte BA/MA-Stabsstellen (!) organisierten die Erarbeitung der neuen Studiengänge in Systemberichten, die gegenwärtig den Akkreditierungsagenturen zur Begutachtung vorliegen. Vokabular und Arbeitsweise trafen bei Geisteswissenschaftlern auf Skepsis und ließen an der eigenen Mündigkeit zweifeln: Studienverlaufsmodell, Berechnungen des workloads, hitzig geführte

Debatten zur Höhe der Kreditpunkte ... Auch Verweigerung tat Not, die Festlegung von Literaturlisten für einzelne Module wurde abgewiesen. Die Neuorientierung der geistes- und kulturwissenschaftlichen Fächer muss sich der Kanonisierung bestimmter Meinungen erwehren. Darin liegt ihre Chance. Darin ist die Legitimität der Reform aus Sicht von Geisteswissenschaften, Kulturwissenschaften und Künsten begründet. Im Rahmen der Umstellung auf BA- und MA-Studiengänge konnten Lehrinhalte überprüft und »entrümpelt« werden – für manchen Hochschullehrer mit unangenehmen Folgen, weil Steckenpferde und Vorlieben nun auch hinterfragt werden dürfen. Der laufende Prozess zwingt die Universitäten, Hochschulen und Fächer in unmittelbaren Kontakt zur Wirklichkeit zu treten. Sicher sind sie immer Teil der Wirklichkeit gewesen, haben aber in manchen kultur- und geisteswissenschaftlichen Disziplinen diesen Kontakt auch verloren, weil ihnen beispielsweise die musikalischen Praktiken mediatisierter Kulturverhältnisse weder theoretisch noch konzeptionell zugänglich sind. Der Kanon der »Disziplin« (z. B. Musikwissenschaft) blendet heute relevante Akteure des Musikprozesses schlichtweg aus, wenn er auf einem klassisch-romantischen Musikverständnis des 19. Jahrhunderts beruht. Insofern birgt die seitens der Hochschulen der Künste viel gescholtene Reform die Chance gesellschaftliche Bedeutung wieder für sich in Anspruch zu nehmen; Musiklehrerinnen und Musiklehrer, Kunstwissenschaftlerinnen und Kunstwissenschaftler, Germanistinnen und Germanisten, Künstlerinnen und Künstler, Musikwissenschaftlerinnen und Musikwissenschaftler werden als Kuratorinnen und Kuratoren, Redakteurinnen und Redakteure, Verlegerinnen und Verleger, Kulturpolitikerinnen und Kulturpolitiker oder Produktmanagerinnen und Produktmanager in einem Musikmajor diejenigen sein, die das kulturelle Leben und die Künste der Gegenwart und Zukunft und ihr Verhältnis zur Vergangenheit gestalten.

Vor allem in den Masterstudiengängen haben die Universitäten und Hochschulen die Möglichkeit, regional spezifische Profile zu entwickeln und damit zu wichtigen Synapsen in den Netzwerken vor Ort zu werden. Sie sollten und können sich mit ihren Studienangeboten von denen anderer Universitäten und Hochschulen unterscheiden. Die Modulstruktur ermöglicht sowohl die Vermittlung von grundlegendem Wissen als auch die Wahl zwischen verschiedenen Schwerpunkten. Da sich die Fächer in den vergangenen Jahren erheblich ausdifferenziert haben, macht Spezialisierung Sinn. Schon jetzt deuten die Bewerbungen auf die Masterstudiengänge an, was mit der Reform gewünscht war. Das Gros der Bewerberinnen und Bewerber auf die Master beabsichtigt einen Studienortswechsel innerhalb Deutschlands. Die Zweistufigkeit ermöglicht Berufstätigkeit nach dem BA, anschließend die erneute Aufnahme eines Studiums, dann eines spezialisierenden Masters, gegebenenfalls als Teilzeitstudium. Gerade für Geistes- und Kulturwissenschaftler könnte das eine sinnvolle Option sein.

Die Universitäten und Hochschulen übernehmen gegenüber Studierenden Verantwortung. Sie sollen sie auch – nicht nur – für eine existenzsichernde Tätigkeit vorbereiten. Wer derzeit mit der Generation der in den 1980er- und frühen 1990er-Jahren Geborenen zu tun hat weiß, wie pragmatisch diese eingestellt ist – junge Leute, die nicht nur völlig selbstverständlich mit Internet, MTV und Eventkultur aufgewachsen sind, sondern denen – ob durch die eigenen Eltern vermittelt oder in der Tagesschau thematisiert – Generationenkonflikt, Umbau der Sozialsysteme, Arbeitslosigkeit und Armut – ständige (mediale) Begleiter sind. Wer möchte ihnen verübeln, wenn sie ihre Studienwahl auch vor dem Hintergrund der Frage treffen, ob ein »gutes« Leben dadurch möglich wird. Für die Universitäten und Hochschulen heißt das, die verschiedenen Facetten eines »guten« Lebens anzusprechen und zu trainieren: Phantasie und Pragmatik, Diskursivität und Kanon, Neugierde und Sicherheit, soziales Engagement, Skepsis und Strategien, Fakten und Widersprüche. Zweifellos tut es mancher Universität und Hochschule gut, Leistungsanforderungen in diesen Spannungsspektren auch abzustimmen.

Nicht zuletzt den Geistes-, Sozial- und Kulturwissenschaften wurde nachgesagt, dass entsprechende Studien v.a. dem Wohlfühlfaktor dienlich seien, Professoren an ihren Büchern arbeiteten und Studierende die Früchte allein dieser Arbeit genießen mussten. Viele vermissten den »roten Faden« bzw. eine Art Systematik. Die Modularisierung des Studiums systematisiert Studieninhalte und Leistungsanforderungen. Es hat sich gezeigt, dass die anfangs engen Auffassungen über die Studiendauer eines Moduls bzw. die Verteilung von Kreditpunkten auch flexibel gehandhabt werden kann. Studienordnungen können von den Instituten in administrativ unaufwendigen Verfahren verändert, Fehler korrigiert werden. Ein solches Vorgehen – erinnert sich die Verfasserin – wäre jenseits der Reform nicht denkbar gewesen.

Als eigentliche Probleme erweisen sich im Rahmen des Bologna-Prozesses die Abstimmungsprozesse zwischen den Universitäten/Hochschulen und den zuständigen Landesministerien. Dies betrifft solche Studiengänge, die mit einem Staatsexamen abschließen, d. h. auch das weite Feld der Lehramtsstudiengänge. Hierbei wird die den Universitäten und Hochschulen zugestandene Autonomie bei der Gestaltung der BA- und MA-Studiengänge durch die Anforderungen an die Staatsexamina seitens der Länder konterkariert. Ein nach bestem Wissen und Gewissen gestalteter Master of Education widerspricht in seinem konsekutiven Aufbau (die Studierenden erhalten von Anbeginn des Studiums Benotungen, die in die Abschlussbewertung einfließen) den Forderungen der Länder nach einer mündlichen Abschlussprüfung. Angesichts dieser formalen Webfehler finden derzeit notwendige Abstimmungsprozesse zwischen den Universitätspräsidien und den Verantwortlichen auf Landesebenen statt.

Als eigentliche Probleme erweisen sich im Rahmen des Bologna-Prozesses die Abstimmungsprozesse zwischen den Universitäten/Hochschulen und den zuständigen Landesministerien. Dies betrifft solche Studiengänge, die mit einem Staatsexamen abschließen, d. h. auch das weite Feld der Lehramtsstudiengänge. Hierbei wird die den Universitäten und Hochschulen zugestandene Autonomie bei der Gestaltung der BA- und MA-Studiengänge durch die Anforderungen an die Staatsexamina seitens der Länder konterkariert. Ein nach bestem Wissen und Gewissen gestalteter Master of Education widerspricht in seinem konsekutiven Aufbau (die Studierenden erhalten von Anbeginn des Studiums Benotungen, die in die Abschlussbewertung einfließen) den Forderungen der Länder nach einer mündlichen Abschlussprüfung. Angesichts dieser formalen Webfehler finden derzeit notwendige Abstimmungsprozesse zwischen den Universitätspräsidien und den Verantwortlichen auf Landesebenen statt.

Pro und Contra Bologna – für die Geistes- und Kulturwissenschaften erweist sich die Reform als notwenige Erneuerung. Dieser Prozess braucht konstruktive Kritik.

Zum Stand der Dinge
Erklärung der Rektorenkonferenz der deutschen Kunsthochschulen

Karin Stempel — Politik & Kultur 1/2007

Am 18. Mai 2006 verabschiedete die Rektorenkonferenz der Deutschen Kunsthochschulen (RKK) in Halle folgende Erklärung: »Das deutsche Kunsthochschulsystem, das zu den erfolgreichsten der Welt gehört, ist durch Aspekte des Bologna-Prozesses in seiner Substanz bedroht. Gerade wegen der Ziele des Bologna-Prozesses müssen die Bundesländer den Sonderstatus für die Kunsthochschule aufrechterhalten bzw. aktiv vorantreiben. Nur so ist auch künftig die internationale Wettbewerbsfähigkeit der deutschen Kunsthochschulen und eine qualitätsvolle Weiterentwicklung künstlerischer Ausbildung gewährleistet!«

Diese gemeinsame Erklärung fußt auf einer intensiven Debatte, die ausgelöst durch den Bologna-Prozess über mehrere Jahre hinweg in unterschiedlichsten Gesprächsrunden geführt wurde.

In diesen Diskussionen ging es nicht darum, die Reformbedürftigkeit der Ausbildung an deutschen Kunsthochschulen generell in Abrede zu stellen, sondern es ging vor allem darum, deutlich zu machen, dass eine Verbesserung der Ausbildungssituation nur vor dem Hintergrund einer eingehenden Analyse der Schwächen und Stärken der bisherigen Praxis erreicht werden kann, bei der die Erfahrungen, Kommentierungen und Zielsetzungen der Beteiligten und Betroffenen ebenso berücksichtigt werden müssen wie die Tatsache, dass gerade das viel gescholtene Ausbildungsideal deutscher Kunsthochschulen offenbar große Attraktivität für Studierende und Lehrende nicht nur im europäischen Raum, sondern auch weit darüber hinaus hat.

Vorausgegangen war dieser Erklärung bereits im Jahre 2004 eine eindeutige Stellungnahme gegen die Einführung von Bachelor- und Masterstudiengängen in den künstlerischen Studiengängen, die auch von den Kollegen und Kolleginnen mitgetragen wurde und wird, die zwischenzeitlich zur Einführung von MA-/BA-Abschlüssen qua Verordnung und meist gegen besseres Wissen gezwungen worden sind. Der Wortlaut des Beschlusses lautete wie folgend: »Die Kunsthochschulrektorenkonferenz bekräftigt mit Nachdruck ihren Beschluss vom 13. Mai 2004. Die als eindeutig künstlerische Disziplinen ausgerichteten Studiengänge sind von Beginn an auf die Person und die individuelle Entwicklung ihrer praktischen und künstlerischen Fähigkeiten gerichtet. Dementsprechend findet sie in Deutschland in der Regel als Einzelunterricht und/oder in Klassen statt. Künstlerische Ausbildung ist daher weder modularisierbar noch international standardisierbar. Mit diesem einstimmigen Beschluss der Kunsthochschulrektorenkonferenz werden alle Kunsthochschulen aufgefordert, auf dieser Basis ihre Studienstrukturen umzusetzen bzw. fortzusetzen.«

Auf der Grundlage dieses Beschlusses führten Vertreter der RKK Gespräche mit der Kultusministerkonferenz (KMK), die dazu führten, dass für die künstlerischen Studiengänge ein Sonderstatus eingeräumt wurde, wobei es den Ländern anheim gestellt ist, darüber zu entscheiden, was ein künstlerischer Studiengang sei. Klar gilt dies für die freie Kunst, standortbezogen kann es für die visuelle Kommunikation gelten. Apodiktisch abgelehnt wurde es für den Bereich des Produktdesign und für die Kunstpädagogik und Kunstgeschichte, die als eindeutig wissenschaftliche Studiengänge angesehen werden, die demzufolge auf Gedeih und Verderb modularisiert werden müssen. Nimmt man die propagierten Zielsetzungen des Bologna-Prozesses ernst, erscheint auch diese Entscheidung als fragwürdig wie die nachhaltige Kritik der betroffenen Disziplinen verdeutlicht.

Die gegenwärtige Situation ist mehr als verwirrend: Es gibt im Grundsatz eine einvernehmliche Stellungnahme der deutschen Kunsthochschulen im Hinblick auf die Beibehaltung des Sonderstatus, es gibt verschiedenartige Diskussionsstände in den unterschiedlichen Ländern und es gibt unterschiedlich weit fortgeschrittene Umsetzungen des Bologna-Prozesses, der mehr Probleme schafft als zu lösen und mehr Fragen aufwirft als Klärungen herbeizuführen und eine zuweilen chaotische Argumentation, die deutlich macht, dass man sich nicht auf einer formalen Ebene qua abstrakter Beschlussfassung mit der MA-/BA-Problematik auseinandersetzen darf, sondern dass es um eine dezidiert inhaltliche Auseinandersetzung gehen muss und um eine eindeutig inhaltliche Positionierung. Die folgenden Ausführungen sollen verdeutlichen, mit welch fragwürdiger Logik hier ein vermeintliches Reformmodell umgesetzt wird, dass die scheinbar Handelnden entmündigt und die propagierten Ziele konterkariert.

Was auf der Strecke geblieben ist, sind die spezifischen Inhalte …

Was uns bewegt

Alle gegenwärtigen Debatten über die Reformbedürftigkeit der deutschen Bildungslandschaft, in der zum Beispiel die Hochschulrektorenkonferenz (HRK) mit der Parole »Mehr Engagement für Bildung, Wissenschaft und Forschung« antreten, reflektieren diese nichtsdestotrotz unter Gesichtspunkten eines mehr oder minder funktionierenden Wirtschaftsunternehmens zwischen Investition und Abschreibung und führen damit letztendlich buchhalterische Diskurse, die die Regeln für eine grundlegende Überprüfung der Bildungslandschaft festlegen. Regelgerecht ist damit, was den Regeln einer kaufmännischen Rechnungslegung entspricht und sich innerhalb dieses Bezugsrahmens behauptet: Grundlage des Rechnungswesens sind Quantitäten, ihr Ziel Profit.

Was damit um sich greift ist eine massive und massenhafte Marginalisierung der künstlerischen Inhalte der Bildung, die im Wesentlichen von Nicht-Kulturproduzenten und ihrem alles verschlingenden Regelwerken erzeugt wird.

Die Hochschulen sind demnach Anbieter, die Studierenden Konsumenten, die in einem Preis-Leistungsverhältnis stehen, das sich über credit points auf der einen Seite und teaching points auf der anderen Seite definiert. Was auf der Strecke geblieben ist, sind die spezifischen Inhalte, die sich vor dieser allgemeinen Folie nahezu eliminieren lassen, da es sich um zu vernachlässigende Größen handelt. Bildung wird auf Ausbildung reduziert, deren Parameter ein sich selbst regulierendes System bestimmt, der Markt, der als Deus ex Machina alle Probleme löst – sic erat demonstrandum. Wir bilden für Berufsfelder aus, die noch entwickelt werden müssen, der Markt wird's schon richten – und produzieren berufsbefähigende Abschlüsse, die zumindest im Falle der juristischen Ausbildung vor Gericht nicht standhalten. Wir lassen uns von privaten Gesellschaften akkreditieren nach Maßgaben eines obskuren Marktes, der womöglich überhaupt nichts mit unseren Märkten zu tun hat, mit Sicherheit aber nichts mit unseren Produkten.

Was nun?

Zu konstatieren ist eine gewisse Disparität zwischen dem Spektakel der Globalstrategien und der undurchdringlichen Realität von lokalen Taktiken, was noch dadurch befördert wird, dass umso mehr sich der Staat auf der Bundesebene aus dieser Sphäre zurück zieht, die Regelungsdichte auf Seiten der Länder umso stärker anschwillt.

Trotzdem – im Umgang mit dieser absurden Situation werden Handlungs- und Umgangsweisen sichtbar, innerhalb derer es gelingen kann die Funktionsweise des Vorgegebenen umzuorganisieren. All business is local. Eine Möglichkeit bietet die Kritik der verordneten Ideologien – das heißt eine kritische Würdigung der Ziele, die das verordnete Regelwerk der Rationalitäten für sich als Legitimation und Inhalt exklusiv in Anspruch nimmt – also Mobilität, Internationalisierung, Vergleichbarkeit und Wettbewerbsfähigkeit.

Ich glaube, es ist überflüssig, den Nachweis erbringen zu müssen, dass gerade im Bereich von Kunst und Kultur ein Höchstmaß an internationaler Mobilität Gang und Gäbe ist, ohne dass sich die Akademien und Hochschulen bislang als Touristikunternehmen und Reisebüros mit entsprechenden Transferleistungen verstehen mussten.

Ich glaube, es ist ebenso unnötig über Internationalisierung zu sprechen, denn Kunst und Kultur sind schon immer Vorreiter auf diesem Gebiet gewesen, was statistisch untermauert werden kann, aber nicht etwa wegen ihrer Vergleichbarkeit, sondern gerade wegen ihrer Unvergleichbarkeit.

Wettbewerbsfähig – auch wenn dies wie ein Abgleiten in eine populäre Ratio anmutet – ist man nicht, indem man das Gleiche anbietet, sondern indem man etwas anderes anbietet – allein auf welchem Markt? Es wäre hilfreich dies zu wissen, eh man sein Sortiment zusammenstellt. Nun ist mir durchaus bewusst, dass eine Kritik der Ideologie nichts an deren Funktionieren ändert, da sie nur den Schein von Distanziertheit innerhalb des Zugehörigkeitsbereichs erzeugt, aber gerade dieser Schein lässt das uns allen als allein seligmachendes Regelwerk Propagierte in einem anderen Licht, um nicht zu sagen Zwielicht erscheinen. Beispielsweise nicht als einzig mögliche Ordnung, mit der die definierten Ziele erreicht werden können, vielleicht sogar als ein in sich nicht konsistentes Regelwerk, das gerade das verhindert, was es zu betreiben vorgibt. Der Diskurs über die Reformbedürftigkeit der Hochschulen im Sinne von Bologna berührt diese nur marginal:

- Die Bezugspunkte der verordneten Regelwerke sind nicht aus der spezifischen Qualität und besonderen Aufgabenstellen abgeleitet.
- Das Denken und Handeln in Quantitäten erzeugt nicht notwendigerweise Qualitäten.
- Wettbewerb macht nur dann Sinn, wenn Unterschiede kultiviert werden,

d. h. wenn der Wettbewerb nach eigenen aus der Disziplin heraus entwickelten Kriterien erfolgt.
- Es gibt nicht einen Markt, sondern viele Märkte und
- will ich mich auf einem Markt beweisen, ist es gut, ihn zu kennen.
- Neben den Marginalien, über die im allgemeinen verhandelt wird, gibt es noch etwas anderes, über das geschwiegen wird, was aber das Eigentliche der gemeinsamen Produktion ausmacht bzw. wie ich meine ausmachen sollte, nämlich die Unterscheidung und die damit verbundenen Qualitäten.

Freie Kunst à la Bolognese
Die Tauglichkeit des Bachelor-Master-Systems für Studiengänge der Freien Bildenden Kunst

Peter M. Lynen — Politik & Kultur 1/2007

Nach der überdurchschnittlich einhelligen und weitgehend parteiübergreifenden Willensbildung in der bildungs- und kulturpolitischen Landschaft soll der Bologna-Prozess in Deutschland mit der Einführung des Bachelor-Master-Systems flächendeckend – d. h. in allen Ländern, Hochschularten und Studiengängen – und zeitnah abgeschlossen werden. Dabei hat ein speziell deutscher Weg durchaus Konturen angenommen. Ausnahmen davon sind sowohl möglich als auch politisch und rechtlich durchsetzbar. Strittig sind hier etwa noch Studiengänge mit Staatsexamina. In NRW hat das für die Kunsthochschulen derzeit geltende Hochschulgesetz in § 84 a zwar als Regelfall bestimmt, dass alle Hochschulen ihr Angebot an Diplom- und Magisterstudiengängen umstellen müssen, es sieht aber als insoweit einzige Ausnahme vor, dass »im Bereich der Freien Kunst weiterhin« die bisherigen Grade zulässig sind. Ein Vergleich der Systeme macht deutlich, warum dies richtig ist und auch andernorts gelten sollte.

Die Einführung des Bachelor-Master-Systems in Deutschland beruht auf Absprachen internationaler Bedeutung und nationaler Verbindlichkeit (innerhalb des deutschen Föderalismus), die und deren Umsetzung mit der Vokabel »Bologna-Prozess« verbunden werden. Materiell handelt es sich im Wesentlichen um die folgenden Ziele und Erwartungen, die mit der Einführung dieses Systems und der damit verbindlich werdenden Studienreform verknüpft sind:

- Es soll ein gestuftes System von Abschlüssen eingeführt werden, wonach eine große Anzahl der Studierenden mit dem Bachelorgrad als dem ersten berufsqualifizierenden Abschluss erfolgreich in die Berufswelt entlassen werden soll. Ein gewisser Anteil der Studierenden soll durch das Masterstudium weitere wissenschaftliche und berufsbezogene Qualifikationen erhalten, was auch Regelvoraussetzung für noch höhere akademische Grade (etwa den Doktorgrad) ist. Beiden Studiengängen liegt eine Gesamtstudienzeit von fünf Jahren zugrunde, wobei es zwei Modelle gibt (zum einen das, nach dem der Bachelorgrad in drei und der Mastergrad in zwei weiteren Jahren erworben wird, und zum anderen das, nach dem man Bachelor in vier Jahren und Master in einem weiteren Jahr werden kann).
- Das System soll für alle Hochschularten (Universitäten, Fachhochschulen, Kunsthochschulen) und prinzipiell für alle Studiengänge (mit der besonderen Problematik bisheriger Staatsexamina) gelten,

wobei künftig die bislang weitgehend gängige – wenn auch nicht unumstrittene – Aufteilung in stärker wissenschaftsorientierte Studiengänge an Universitäten und stärker anwendungsorientierte Studiengänge an Fachhochschulen keineswegs geboten ist. Der Masterstudiengang kann betonter konsekutiv (aufbauend auf den bisherigen Qualifikationen) oder betonter weiterbildend (mit Sonderqualifikationen) angelegt sein.
- Das System soll die internationale Vergleichbarkeit der Studiengänge und Abschlüsse erhöhen und zu einem größeren personellen Austausch (mit einer Erhöhung des Anteils ausländischer Studierender in Deutschland und leichteren Möglichkeiten des Studienortwechsels) führen.
- Prüfungen sollen im Wesentlichen studienbegleitend ablaufen und durch hochschulübergreifende vergleichbare und berechenbare Leistungspunktsysteme erfasst werden, welche die bisherige Notengebung ersetzen.
- Das bisherige ministerielle Genehmigungsverfahren von Studiengängen und ihren maßgeblichen Ordnungen wird durch ein Akkreditierungsverfahren ersetzt (bzw. ein solches Verfahren wird vorgelagert), das durch Akkreditierungsagenturen und von diesen eingesetzten Sachverständigenkommissionen durchgeführt wird.

Wenn es darum geht, die Tauglichkeit dieses Systems für die Studiengänge der Freien Kunst zu untersuchen, ist unerlässlich, die typischen Merkmale dieser Studiengänge und ihren historischen Kontext wenigstens grob zu skizzieren. Um Freie Kunst an einer Kunsthochschule (Kunstakademie) studieren zu können, müssen die später Studierenden ein Auswahlverfahren (zur »Feststellung der künstlerischen Eignung«) durchlaufen, wobei nur ein geringer Teil der Bewerbungen von Erfolg gekrönt ist (mancherorts nur wenige Prozent, höchstens ein Drittel). In Kunsthochschulen kommt man nur schwer hinein, dafür leichter hinaus. Bis in die 1970er- und 1980er-Jahre waren Abschlussprüfungen und entsprechende akademische Grade in Studiengängen der Freien Kunst nicht üblich. Erst infolge der damaligen Debatte um Diplome und andere berufsqualifizierende Hochschulgrade wurden solche Abschlüsse eingeführt. Damals war das Bestreben vorrangig, weder eine Segmentierung des Kunststudiums in künstlerische Einzeldisziplinen vorzunehmen, noch eine Verschulung mit einer Fülle von Leistungsnachweisen und punktuellen Prüfungen einzuführen. Das Kunststudium war durch die Ziele der Unterstützung künstlerischer Begabungen, der Förderung eines individuellen Werdeganges und der Entwicklung zur Künstlerpersönlichkeit geprägt. Berufsvorbereitung war nicht auf »Stellen« oder eingegrenzte berufliche Tätigkeitsfelder ausgerichtet, was angesichts des zu allen Zeiten schwierigen Marktes für junge Künstlerinnen und Künstler ein unrealistisches Unterfangen gewesen wäre. Die heutigen Abschlüsse werden an deutschen Kunsthochschulen unterschiedlich bezeichnet (vielfach als »Diplom«, aber auch durch spezielle Grade, wie den »Akademiebrief«). Zu diesen Abschlüssen kommt der besondere Titel des Meisterschülers. Hier gibt es zwei verschiedene Modelle. Zum einen das des Meisterschülers als persönliche Ehrung und Auszeichnung während des Studiums, die mit dem Namen und der Entscheidung einer Professorin oder eines Professors untrennbar verbunden sind. Zum anderen das des Meisterschülers als eines zweiten Abschlusses nach einem erfolgreichen Aufbaustudium, über dessen Zugang bei oder nach dem ersten Abschluss entschieden wird.

Im Zentrum der künstlerischen Studiengänge steht das Atelierstudium, das traditionell in Künstlerklassen mit einer ausgesprochenen Meister-Schüler-Beziehung stattfindet. Es wird dort weniger »gelehrt« als »geleitet«. Insoweit sind die Kunsthochschulen heute noch Horte eines Gedankenguts, das an den Universitäten mit dem Namen Wilhelm von Humboldts verbunden wird. Es geht um einen individuellen learning-by-doing-Prozess, der dem forschenden Lernen entspricht. Diese Art der persönlichen künstlerischen Auseinandersetzung im Verhältnis der Gegenseitigkeit, die von den Studierenden die Initiative und den Gestaltungswillen verlangt, die auch im späteren Berufsleben in der Kunst unerlässlich sind, steht einer konformistischen Studiengangsplanung diametral entgegen. Die hier angedeuteten Prinzipien werden nicht an allen Kunsthochschulen und in allen Studiengängen der Freien Kunst gleichermaßen angewendet. Sie sind auch nicht unumstritten. Gleichwohl ist dieses System der deutschen Kunsthochschulen insgesamt erfolgreich, sowohl im Wandel der Zeiten und Kunstauffassungen als auch im internationalen Vergleich. Zwar wird natürlich nicht jeder Kunsthochschulabsolvent auf dem Markt erfolgreich, aber der ganz überwiegende Teil der heute namhaften Künstlerinnen und Künstler hat ein Kunststudium durchlaufen. Der Anteil ausländischer Lehrender und Studierender an deutschen Kunsthochschulen ist beträchtlich (bei örtlichen Unterschieden liegt er nicht selten bei einem Drittel). Deutsche Kunsthochschulen genießen im Ausland einen sehr guten Ruf, was im Wesentlichen von der künstlerischen Bedeutung der an ihr Lehrenden abhängt, nicht von Abschlusstiteln oder Leistungspunkten.

Damit kann man zu vergleichenden Aussagen kommen: Einerseits gehen die Erwartungen des Bolognasystems an der Wirklichkeit der Kunsthochschulen vorbei bzw. diese haben solche Ziele bereits erfüllt. Die Kunsthochschulen haben keine Studentenmassen gestuften Abschlüssen und einer dementsprechenden Berufswelt zuzuführen. Kunsthochschulen selektieren vorher und sind alles andere als »Massenhochschulen«. Die Studierenden der Freien Kunst (pro Hochschule wenige Hundert) können nach dem bisherigen System bei Betreuungsrelationen, die denen amerikanischer Eliteuniversitäten gleichen oder sie sogar übertreffen, individuell künstlerisch betreut und gefördert werden. Wenn das nicht oder zu wenig geschehen sollte, ist das kein Systemfehler, sondern beruht auf Schwächen einzelner Personen. Auch das Ziel der Internationalität haben die deutschen Kunsthochschulen im Bereich der Freien Kunst längst erreicht, jedenfalls mehr als Universitäten und Fachhochschulen.

Anderseits besteht die große Gefahr, dass das Bolognasystem die notwendige Eigenart und die Vorzüge des Studiengangssystems der Freien Kunst schwer beeinträchtigt, wenn nicht gar völlig zerstört. Die mit der Aufteilung in ein Bachelor- und ein Masterstudium systemimmanent einhergehende Verschulung, die Aufsplitterung in künstlerische Teilgebiete und austauschbare Kurse sowie die Vergabe von allgemein gültigen und übertragbaren Leistungspunkten sind mit den bisherigen Zielen und der Methodik der Studiengänge in der Freien Kunst nicht zu vereinbaren (es sei denn, man betreibt Etikettenschwindel). Das Studium der Freien Kunst lebt auf beiden Seiten (Lehrende und Lernende) von subjektiven und unvertretbaren Entscheidungen und Bewertungen auf individueller Basis. Das erstreckt sich gerade auf die Fragen, wer bei wem wie lange was studiert und wie man den Erfolg dieser Bemühungen einschätzt. In einem Studiengangssystem der Freien Kunst sollten diese Offenheit und Unbestimmtheit nicht als Webfehler, sondern als Vorzüge betrachtet werden. Schließlich stellt das Akkreditierungsverfahren gerade in diesem Bereich eine erhebliche Verschwendung von Zeit und Geld dar. Die bisherigen nichtstaatlichen Agenturen sind fachlich-personell nicht gerüstet; sie müssten von den Kunsthochschulen (auf deren Kosten, also aus öffentlichen Haushaltsmitteln und gegebenenfalls Studiengebühren) erst in die Lage der Begutachtung versetzt werden. Das Ergebnis der langwierigen Begutachtung kann (siehe oben) nur in einer Verschlechterung der Studiengänge oder in dem augenzwinkernden Einverständnis bestehen, es »trotz Bologna beim Alten zu lassen«.

Als Fazit und Beantwortung des Titels des Beitrags lässt sich festhalten: Freie Kunst à la Bolognese ist ein bekömmliches Einheitsgericht, dessen Zubereitung nur zu noch schmackhaften Ergebnissen führen kann, wenn man sich gerade nicht an das Rezept hält. Im internationalen Vergleich würden die deutschen Kunsthochschulen an Sternen und Alleinstellungsmerkmalen verlieren.

Kompromisslos für die Kunst
Die Kunstakademie Düsseldorf

Dietrich Koska — Politik & Kultur 1/2012

Die Kunstakademie Düsseldorf ist seit ihrer Gründung im Jahre 1773 eine Akademie der Künstler. Dies bedeutet nichts weniger, als dass bei ihr immer die Freiheit der Kunst in den Mittelpunkt gestellt wird und an diesem Maßstab alle Entscheidungen gemessen werden. Das muss man sich aber auch leisten können.

Die Kunstakademie hat ihr Studienangebot nicht auf das Bachelor-/Mastersystem umgestellt, sondern bietet weiterhin den »Akademiebrief« als Studienabschluss an. Trotz einer Regelstudienzeit von zehn Semestern existiert in der Studienordnung keine Pflicht, in einer bestimmten Zeit zum Abschluss zu kommen. Ein Studium der freien Kunst braucht seine Zeit, die sich nicht pauschal vorschreiben lässt.

Im Studium muss es um die Entwicklung einer eigenen künstlerischen Persönlichkeit gehen, nicht vornehmlich um eine technische Ausbildung mit Kursen oder Scheinen. Ziel des Studierenden ist es, »sein« Thema zu finden, das ihn antreibt. Hierzu gehört das Experiment, das Ausprobieren – inklusive Irrwegen. Solch ein Prozess lässt sich nicht in »Creditpoints« abbilden. Dieser Weg muss geschützt werden, nur allzu leicht wird die Suche durch das erste verkaufte Bild, durch die erste Einladung eines Kurators zu einer Ausstellung in Gelsenkirchen abgebrochen. Damit ist noch nichts erreicht. Andererseits darf die Akademie auch kein Elfenbeinturm sein, wie sie es vielleicht gelegentlich war.

Der Lösungsvorschlag dazu ist das Vertrauen in die Funktionsfähigkeit des Systems Künstlerklasse. Die Studierenden schließen sich nach dem ersten sogenannten Orientierungsjahr einer der von einer Künstlerin (derzeit unter anderem Katharina Fritsch, Rosemarie Trockel und Katharina Grosse) oder einem Künstler (wie etwa Tony Cragg, Peter Doig oder Andreas Gursky) geleiteten 27 Klassen an. Darin sind Studierende unterschiedlichster Entwicklungsstufen zur aktiven Diskussion und Kritik der künstlerischen Arbeit verbunden. Da es hier immer um die eigene, künstlerische Persönlichkeit geht, ist dies ein absoluter Schutzbereich, der keinerlei fremde Einflussnahme verträgt. Wird diese, zum Beispiel durch Gastbesuche von Künstlerfreunden oder Ausstellungen gewünscht, so ergibt sich das stets aus der Klasse selbst.

Auch die Präsentation beim sogenannten »Rundgang« liegt völlig in der Hand der Klassen. In der Grundfunktion dient er dazu, die Arbeit innerhalb des Hauses kennen zu lernen, sich bei den anderen Klassen umzuschauen. Trotzdem ist dieses Ereignis auch Ausdruck der Kunstbegeisterung im Rheinland, welche den Rundgang alljährlich mit

40.000 Besuchern in einer Woche zur erfolgreichsten Ausstellung junger Kunst macht (übrigens komplett ohne Marketingaktivitäten). Dies funktioniert aber nur, da die Kunstakademie Düsseldorf auf keine Quote angewiesen ist, es geht immer um die Entwicklung der derzeit 575 Studierenden. Dadurch bleibt es eine wohltuend authentische Veranstaltung.

Am Ende dieses Studiums steht eine Persönlichkeit, die es gelernt hat, eine Position zu beziehen, eine Haltung künstlerisch umzusetzen. Es besteht ein künstlerischer Kern, der sich nach unserer festen Überzeugung nur durch das freie Experiment bilden kann, wozu an der Akademie die Voraussetzungen auch durch die Theorie geschaffen werden müssen. Nur darum muss es gehen, das Studium darf von diesem Ziel nicht durch Randaktivitäten ablenken, denn diese kostbare Freiheit wird nie wieder so sein.

Dass diese Haltung der Institution Kunstakademie so durchgehalten werden kann ist Verdienst der zahllosen erfolgreichen Absolventen. Die Kunstakademie Düsseldorf hat in der Nachkriegszeit mehrfach weltweit die Kunst entscheidend beeinflusst, statt aller sei hier nur Beuys genannt. Diese lange Erfolgsgeschichte hat der Akademie zu einer Position verholfen, die sie unabhängig macht. Auch lässt sich argumentieren, dass die Steuerzahlungen einiger erfolgreicher Absolventen ohnehin den Landeszuschuss von zehn Millionen Euro locker übersteigen. Aus dieser Stärke heraus konnte letztlich in NRW ein Kunsthochschulgesetz entstehen, welches den Kunst- und Musikhochschulen die Freiheit für Sonderwege sichert. Davon profitieren alle Hochschulen. Entscheidend ist jedoch, dass dies auch aktiv genutzt wird. Dies geschieht gerade bei der Neugestaltung des Lehramtsstudiums, wo es den freien künstlerischen Gehalt mindestens zu sichern gilt.

Ebenso hat die Akademie stets auf Studiengebühren verzichtet, denn ein Kunststudium ist durch die professionell teuren Materialien sehr kostspielig. Müssten die Studierenden auch noch für die Studiengebühren arbeiten, so hätten sie weniger Zeit für ihre künstlerische Arbeit. Im Interesse der Qualität konnten daher bestimmte zusätzliche Dinge nicht angeboten werden. Im Zuge der Abschaffung der Studiengebühren profitiert die Kunstakademie jedoch von der mutigen Entscheidung der Landesregierung in NRW, die Mittel zur Qualitätsverbesserung unter allen Hochschulen gerecht zu verteilen. Hier kann nun Einiges qualitätssteigernd verwirklicht werden, ohne zuvor die Qualität des Studiums beeinträchtigt zu haben. Wir konnten es uns leisten.

Freiraum zum Denken
Architektur studieren in Zeiten von Bologna

Olaf Bahner und Andreas Emminger — Politik & Kultur 3/2010

Vor über zehn Jahren starteten Bildungspolitiker optimistisch eine Reform, an deren Ende ein einheitliches europäisches Hochschulsystem stehen sollte. Die Bologna-Ziele – erleichterte Studienwechsel und die Anerkennung von Studienleistungen in den unterschiedlichen Ländern – sind einleuchtend. Jedoch waren sie politisch gedacht, losgelöst von den hierfür notwendigen personellen und finanziellen Ressourcen, um die Hochschule für ihre neuen Freiheiten auszustatten. Entsprechend differenziert und stellenweise auch enttäuscht war der Blick der Reformierten auf das Erreichte im Jahr 10 des Bologna-Prozesses.

Die sich damit stellende Frage nach dem weiteren Reformweg darf jetzt nicht zu einem politischen Aktionismus führen, der lediglich vordergründige Defizite behebt und die »Studierbarkeit« von Bachelor- und Master-Studiengängen verbessert. Vielmehr muss die Reform ihre wirkliche reformistische Kraft erst noch voll entfalten. Drei Punkte erscheinen dabei essentiell für das Weiterdenken des Bologna-Konzepts, die beispielhaft für das Architekturstudium erläutert werden.

Architekten müssen mehr denn je durch Lehre und Studium befähigt werden, ihren Beruf auf hohem Niveau auszuüben. Gute Architektur kann begeistern, kann Emotionen wecken, kann das Lernen befördern, kann Antworten auf soziale und ökologische Probleme geben. Das Studium der Architektur muss deshalb als interdisziplinares Lehrgebiet Geistes-, Sozial- und Naturwissenschaften mit Fächern der Technik und der Kunst vereinen. Die Ausbildung sollte daher auf ein generalistisches, alle relevanten Disziplinen umfassendes Wissen abzielen, um den Architekten zum interdisziplinären Arbeiten an komplexen Aufgaben zu befähigen.

Zwar ist das Studium der Architektur in Deutschland derzeit überwiegend in einen inhaltlich breit angelegten Bachelor-Studiengang und einen wissenschaftlich oder künstlerisch spezialisierenden Master-Studiengang unterteilt und entspricht damit weitestgehend diesem Ausbildungsverständnis. Dennoch sind deutliche Verbesserungen hinsichtlich der Freiräume für das Studieren und der ungehinderten Entfaltung wissenschaftlicher Begabungen zu erreichen. Denn wird das generalistische Ausbildungskonzept für den Aufbau eines Studiums ernst genommen, dann muss das Studium im Bologna-Verständnis mehr als eine effizient ausgestaltete Jagd nach Credit-Points sein: Es muss den Studierenden und den Forschern neuartige Bildungsfreiräume eröffnen. Studieren in Extremgeschwindigkeit überfordert Studenten psychisch, verschult und verengt das

Studium zu Lasten einer fächerübergreifenden Ausbildung und lässt den Studierenden weder Zeit noch Muße zum freien Denken. Ein entschleunigtes Studium und die damit einhergehende Anpassung der Lehrinhalte und der Studienkonzepte sind dringend erforderlich.

In diesem Sinn darf kein Widerspruch zwischen dem Humboldt'schen Studienkonzept und der Bologna-Reform konstruiert werden: Humboldts Bildungsideal steht für eine ganzheitliche Ausbildung des Charakters und die Förderung der Individualität, die durch die allgemeine Bildung erreicht werden kann – und das hat auch heute noch seine volle Berechtigung.

Um dies zu erreichen, ist ein zweiter Punkt für den weiteren Reformprozess entscheidend – die umfänglich praktizierte und finanzierte Autonomie der Hochschulen. Nach Abschaffung des Hochschulrahmengesetzes wurden die Hochschulen zwar aus der staatlichen Detailsteuerung entlassen und ihnen deutlich mehr Autonomie eingeräumt, jedoch konnten sie diese aufgrund finanzieller und personeller Engpässe gar nicht ausfüllen. Und dies mit negativen Folgen für die neuen Studiengänge: Statt die Studieninhalte entsprechend der neuen Studienstruktur inhaltlich zu reformieren und dabei das Humboldt'sche Ideal eines generalistischen Studiums weiterzutragen, wurden die Lehrinhalte in einem aufwändigen Verwaltungsakt in das zeitliche Bachelor-Master-Raster gepresst. Der Weg zu einer verbesserten Lehre führt aber auch über die verbesserte Mittelausstattung der Hochschulen. Eine so weitreichende Reform, wie sie die Bologna-Beschlüsse formulieren, kann nicht von der Politik verordnet werden und ihre Umsetzung anschließend allein auf dem Rücken der Hochschulen und ihres Lehr- und Verwaltungspersonal abgeladen werden.

Ein letzter Punkt geht damit einher – der einer strukturellen Reform: Deutschland verfügt im europäischen Vergleich über eine der höchsten Hochschuldichten. Allein das Fach Architektur wird in Deutschland an 62 Hochschulen gelehrt. Die Diskrepanz zwischen jährlich rund 6.000 Absolventen der Architekturfakultäten und einem altersbedingten Ausscheiden von jährlich 2.500 bis 3.000 Architekten und Stadtplanern zeigt die Gründe für die strukturelle Bedingtheit der derzeit hohen Arbeitslosenquote angestellter Architekten an. Der Ausweg, als freischaffender Architekt oder in branchenähnlichen Arbeitsfeldern tätig zu werden, bietet nur für eine relativ geringe Anzahl von Absolventen hinreichende Erfolgschancen.

Eine dem Studienbeginn vorausgehende Aufnahmeprüfung ist daher auch in Verantwortung gegenüber dem einzelnen Abiturienten und seinem zukünftigen Werdegang unabdingbar. Im Sinne einer Reform darf weitergedacht und nach der Reduzierung der Ausbildungskapazität gefragt werden. Ist es nicht sinnvoller, weniger Hochschulen finanziell und personell für eine exzellente Ausbildung zu unterstützen, als weiterhin eine Vielzahl von Hochschulen als Ausdruck einer regionalen Gießkannen-Strukturpolitik zu erhalten?

Reformen erfordern Ausdauer, aber auch Mut, um tiefgreifend Entscheidungen zugunsten des Neuen zu treffen. Dies zu tun, obliegt nicht nur den Hochschulen; hier ist gerade die Politik gefordert, um die Rahmenbedingungen der Reform nachzujustieren – im Sinne der Studierenden, die dem europäischen Hochschulraum eine menschliche Gestalt verleihen.

Ressentiments gegenüber dem Bologna-Prozess
Was spricht für, was gegen die Umstellung der künstlerischen Studiengänge

Christian Fischer — Politik & Kultur 1/2007

Ohne Zweifel, aus dem Blickwinkel einer großen und international renommierten künstlerischen Hochschule wie der Universität der Künste Berlin liegen die Vorteile der herkömmlichen Studiengänge und Abschlüsse an künstlerischen Hochschulen darin, dass man sie kennt und seit Jahrzehnten mit einer Ausbildung in Kunst, Musik, Gestaltung und Darstellender Kunst von höchster Qualität verbindet, und das nicht nur in Deutschland, sondern auch und vor allem im Ausland. Es wird allzu häufig übersehen, dass es sich bei den künstlerischen Studiengängen in weiten Bereichen um ein Elitestudium handelt, um dessen hochselektives Auswahlverfahren und dessen charakteristischen Einzel- oder Kleingruppenunterricht uns die wissenschaftlichen Hochschulen eigentlich beneiden müssten. Deswegen sind ein uneffizientes Studium, mangelnde Motivation von Studierenden und Lehrenden, Überschreitung der Regelstudienzeiten auf breiter Front zwar ein guter Grund für eine umfassende Studienreform in Deutschland. Die Leistungen und Traditionen der künstlerischen Ausbildung in Deutschland können dafür aber nicht der Anlass gewesen sein.

Deshalb wäre es unredlich zu leugnen, dass die Umstellung auf Bachelor und Master auf Seiten der künstlerischen Hochschulen (zuerst) als äußerer Zwang wahrgenommen wurde und wird. Dementsprechend groß sind die Ressentiments und auch der Ärger über Landesregierungen, die Reformeifer und Fantasie einfordern, andererseits aber allzu oft finanzielle und strukturelle Rahmenbedingungen setzen, die geeignet sind, jeglichen reformerischen Ansatz im Keim zu ersticken. Es wäre aber genauso unredlich zu behaupten, die künstlerische Ausbildung in Deutschland sei an keiner Stelle reformbedürftig und sozusagen resistent gegenüber den Umwälzungen der Zeit.

Es ist eine unspektakuläre, aber nichtsdestotrotz äußerst wirksame Rechtfertigung dieser Reform, dass sie nicht nur die Gelegenheit bietet, sondern die Studiengänge geradezu zwingt, ihre Ausbildungsziele, ihre Lehrinhalte und ihre Organisationsstruktur von Grund auf neu zu überdenken. Wer einmal versucht hat, in einer Zeit hochschulreformerischer Ruhe, Studieninhalte oder -organisation zu ändern, der weiß, wovon die Rede ist. Dies kann sicherlich nicht die einzige Begründung für einen solch umfassenden, die Ressourcen in Beschlag nehmenden Reform-Prozess sein. Man muss aber ernüchtert feststellen, dass der Effekt, die Beweglichkeit von Kollegien und Fakultäten flächendeckend wiederzubeleben, anders nur schwer vorstellbar gewesen wäre, so dass diese Gelegenheit dankbar aufgegriffen werden muss.

Dass die Reform zu solch einem grundsätzlichen Überdenken der bisherigen Studienangebote führt, hängt einerseits mit der Stufung der Studiengänge, also mit der Einführung von Bachelor und Master zusammen. Hier stellen sich unangenehme Fragen. Wurde ein Absolvent beispielsweise in zehn Semestern ausgebildet, dann wird es für die Qualität seines Abschlusses vermutlich sekundär sein, ob er am Ende seines Studiums ein Diplom- oder Masterzeugnis erhalten hat. Was ist aber mit Bachelorabsolventen nach sechs Semestern, falls sie nicht wegen mangelnden Talents, sondern wegen einer Herabsetzung der Plätze für Studienanfänger im Master keine Chance auf Fortführung ihres Studiums haben? Sind sie dann »halbe« Künstler/Musiker/Schauspieler usw.? Gibt es für sie einen Markt? Was bedeutet das für Studieninhalte und -organisation? Diese Problematik stellt sich je nach Fach und Studienort unterschiedlich dar. Die generelle Vorgabe der Kultusministerkonferenz (KMK) lautet, dass Bachelorstudiengänge mindestens sechs und höchstens acht Semester, Masterstudiengänge mindestens zwei und höchstens vier Semester umfassen, zusammengenommen aber zehn Semester nicht überschreiten dürfen. Dadurch, dass die KMK künstlerischen Kernfächern einer Hochschule zugesteht, die Regelstudienzeit zusammengenommen sogar auf 12 Semester auszuweiten, entspannt sich zwar die Lage insbesondere in der Musik, löst aber nicht grundsätzlich das Problem. Immerhin muss das Wissenschaftsressort dem Rückgriff auf die Ausnahmeregel zustimmen, und es gibt Studiengänge, wo bisher acht Semester intensiver Ausbildung für die künstlerische Ausbildung ausreichten. Dies ist bei Schauspiel der Fall, und es ist schwer vermittelbar, warum ein Schauspieler dann nur den Bachelortitel führen darf, während seine Arbeitskollegen in der Regie und Dramaturgie, des Bühnenbilds und -kostüms alle einen Mastertitel führen, weil die KMK vorschreibt, dass man für den Mastertitel mindestens 10 Semester bzw. 300 Leistungspunkte studiert haben muss.

Letzteres führt zu dem zweiten Standbein der Reform, das dafür Sorge trägt, dass die Studiengänge von Grund auf überdacht werden müssen, nämlich die sogenannte Modularisierung. Sie teilt das Studium in »Module«, die aus einer oder mehreren Lehrveranstaltungen bestehen und abschließend geprüft werden, so dass der Abschluss sukzessive erarbeitet wird. Zusätzlich werden für das Studium 30 sogenannter Leistungspunkte pro Semester angesetzt, die das gesamte Studium (Selbststudium und Unterricht) eines »durchschnittlich begabten« Studenten dadurch abbilden sollen, dass man pro Leistungspunkt 30 Zeitstunden veranschlagt. Selbstverständlich muss für jedes Modul eine Leistungspunktezahl festgelegt werden. Und unterm Strich dürfen pro Semester nicht mehr als 30 Leistungspunkte herauskommen. Die 40-Stunden Woche hat somit Einzug in die künstlerische Hochschule erhalten. Modularisierung und Leistungspunkte mögen die richtige Antwort für unstrukturierte wissenschaftliche Studiengänge sein, die bundesweit vor allem durch hohe Abbrecherquoten auffallen. Der Geist, der aus dieser Reform spricht, scheint aber der künstlerischen Ausbildungspraxis eher fern zu stehen.

Es wäre aber irreführend, sich an dieser Stelle ausschließlich auf die Theorie zu fixieren. Einerseits ist die Praxis der Reform reichlich pragmatischer. Andererseits sind viele Studiengänge in der Gestaltung, Darstellenden Kunst und der Musik bereits aus ihrer Tradition heraus engmaschig reglementiert. Letztlich sind die vergleichsweise wenigen Reformvorgaben in den konkreten Umstellungsfragen auslegungsbedürftig, und es hängt von den Beteiligten großteils selbst ab, ob sie in der Manier eines mittleren Finanzbeamten oder spielerisch und kreativ mit der Reform umgehen. Häufig ist es mehr die eigene Plan- oder Ideenlosigkeit, die Professoren mehr als nötig an den relativ wenigen Vorgaben kleben lässt. Dem in den KMK-Vorgaben und der Medienberichterstattung verspürbaren Geist der Bürokratisierung wird so erst zu seiner Verwirklichung verholfen. Die Vorteile einer Generalrevision der Studiengänge sollte aber die Erfüllung gewisser formaler Vorgaben deutlich überwiegen. Für den Bereich der freien Künste lässt sich das nicht so ohne weiteres behaupten. Stufung und Modularisierung unterstellen einen linearen Ausbildungsprozess, der sich in einzelne kleine Erfolgsstufen unterteilen lässt. Dies widerspricht dem individuellen künstlerischen Entwicklungsprozess fundamental.

Die Universität der Künste Berlin (UdK) hat aus diesem differenzierten Bild des Bologna-Prozesses die Konsequenz gezogen, den Umstellungsprozess aktiv mitzugestalten und nicht über sich ergehen zu lassen. Das ist mehr als Rhetorik, beeinflussen doch die ersten Umstellungsergebnisse die weitere Handhabung der Reform. So hat sich die UdK Berlin zu einer (fast) kompletten Umstellung auf das gestufte Studiensystem selbst verpflichtet. Die Vorteile der Generalrevision der Studieninhalte und des neuen Systems werden dabei auch der UdK Berlin zugute kommen: so gerade die Flexibilisierung der Studienangebote durch das zweistufige System, das gerade im Masterbereich interessante und innovative Studienangebote auch »zwischen« den angestammten Fächern ermöglicht. Auch wird die Bruchstelle zwischen Bachelor und Master die Integration ausländischer Studienbewerber bzw. den Hochschulwechsel ins Ausland erleichtern. Der differenzierte und kreative Umgang mit der Reform führt aber auch zur Einsicht, dass die Vorteile nicht die Nachteile aufwiegen, die sowohl durch die Umstellung auf das gestufte System als auch durch die Einführung der Modularisierung in den freien Künsten entstehen würden. Hier hat sich die UdK Berlin entschlossen, am bestehenden und bewährten Ausbildungssystem festzuhalten. Chancen und Risiken bestehen von dieser Warte aus für beide Studiengangstypen. Die einen würden Neuland entdecken, während die anderen feststellen könnten, das gerade im Gewohnten das Außergewöhnliche steckt. Während sich die einen verlaufen können, laufen die anderen Gefahr, rechtzeitig den Absprung zu verpassen. Die Zukunft ist diesbezüglich offen, eine Aussicht, die eine künstlerische Hochschule aber nicht schrecken darf.

Bologna-Prozess: Segen oder Fluch? Die Antworten liegen nicht beim »ob«, sondern beim »wie«

Thomas Rietschel — Politik & Kultur 1/2007

Alle deutschen Musik- und Theaterhochschulen werden bis 2010 ihre Studiengänge auf Bachelor (BA) und Master (MA) umstellen. Sie folgen damit den Vorgaben des Gesetzgebers. Erklärte Ziele dieses Prozesses sind u. a. die Vergleichbarkeit von Abschlüssen, die Förderung der Mobilität von Studierenden und Dozenten sowie die Förderung der europäischen Dimension im Hochschulbereich im Bezug auf die Entwicklung von Curricula und die Zusammenarbeit zwischen Hochschulen. Inwieweit diese Ziele jedoch im Rahmen dieses Systems für künstlerische Studiengänge erreicht werden können (oder in einigen Teilen in Bezug auf künstlerische Ausbildung schon längst erreicht sind), diese Frage ist damit noch nicht beantwortet. So gibt es gute Gründe, die gegen die Umstellung der künstlerischen Studiengänge sprechen.

Künstlern sind die neuen Abschlüsse sowieso egal. »Mich hat in meinem Leben nie jemand nach meinem Abschluss gefragt«, geben die Künstlerprofessoren in der Regel zur Antwort. »Entscheidend ist doch, was man beim Probespiel, beim Vorsingen, beim Vorsprechen kann.« Diese Aussage gilt zwar genauso für den herkömmlichen Diplomabschluss, dennoch stellt sich die Frage, ob denn der ganze Aufwand überhaupt notwendig sei.

In der Tat ist es eine ungeheure Aufgabe, die gesamten Studienordnungen einer Hochschule völlig neu aufzubauen. Neben der umfangreichen fachlich-inhaltlichen Arbeit, die von den hiermit befassten Hochschulgremien neben dem ohnehin schon umfangreichen »Tagesgeschäft« geleistet werden muss, ist gerade auch der Verwaltungsaufwand, der auf die in der Regel kleinen und damit »verwaltungsschwachen« künstlerischen Hochschulen zukommen wird, enorm.

Die Frage der internationalen Mobilität der Studierenden war auch in den Zeiten des Diploms in der Musikerausbildung für die Hochschulen kein Problem, vielmehr ist die große Internationalität der Musikerausbildung (hoher Anteil ausländischer Studierender, internationale Kurse und Akademien etc.) – unabhängig von der Form des Hochschulabschlusses – eines ihrer ureigensten Strukturmerkmale.

Jede künstlerische Ausbildung richtet sich neben den handwerklichen und intellektuellen Aspekten vor allem auf die Entwicklung der künstlerischen Persönlichkeit des Studierenden. Solche stets individuellen Entwicklungsprozesse lassen sich eigentlich nicht in normierten Systemen abbilden, die nach dem Baukastenprinzip Modul auf Modul schachteln. Auch die genaue Berechnung des Arbeitsaufwandes für ein Musikstudium

(»workload«) ist aufgrund der individuellen Lernprozesse nicht möglich. Eine künstlerische Entwicklung braucht Freiraum: zum Ausprobieren, zum Experimentieren, für Umwege und dafür, auch Fehler machen zu können.

All dies sind gewichtige Argumente, um den Bolognaprozess abzulehnen, wie es vor allem die Kollegen aus dem Bereich Bildende Kunst tun. Es gibt jedoch auch Gründe dafür, sich auf den Prozess der Modularisierung einzulassen. Ein erheblicher Anteil der Studierenden an Musik- und Theaterhochschulen sind angehende Pädagogen, Wissenschaftler, Kulturmanager und andere. Bei diesen Studiengängen relativieren sich die oben genannten Argumente zum Teil erheblich. Man sollte auch sehen, dass die viel beklagte Verschulung dem künstlerischen Studium nun nicht ganz wesensfremd war. Regelmäßige Vorspiele sind fester Bestandteil des Studiums, der aktuelle Leistungsstand wird jede Woche im Einzelunterricht hinterfragt und auch Begriffe wie »Klasse« deuten ja eine bestimmte Grundhaltung an.

Entscheidend ist, dass der Bolognaprozess die Hochschulen zwingt, ihre Studienordnungen völlig neu zu konzipieren. Ohne diese Vorgabe von oben wäre diese gewaltige aber dringend notwendige Kraftanstrengung wohl nie in Angriff genommen worden. Der Bolognaprozess wird uns helfen, klare Hochschulprofile zu entwickeln. So wird es sich beispielsweise keine Hochschule leisten können, in allen Fächer ihre BAs auch als MAs weiterzuführen. Durch die Entscheidung für bestimmte Masterstudiengänge werden die Hochschulen also ihre Schwerpunkte, ihre Stärken oder kürzer: ihr Profil definieren müssen.

Durch die Modularisierung werden die Studienanforderungen für die Studierenden transparenter, indem sie die Hochschulen zwingt, Inhalt und Umfang der verschiedenen Fächer genau zu definieren. Dadurch und durch geschickten Zuschnitt der Module wird dann auch eine optimale Durchlässigkeit zwischen den einzelnen Studiengängen einer Hochschule erreicht. Auch der internationale Austausch und der Wechsel in Deutschland von Hochschule zu Hochschule werden in Zukunft durch die größere Transparenz von modularisierten Studienordnungen gegenüber klassischen Diplomstudienordnungen erleichtert.

Sinnvoll ist auch die Forderung nach stärkerer Berufsbezogenheit der Ausbildung. Natürlich kann man Künstler nicht marktkonform ausbilden, aber man kann sie auf den Markt vorbereiten. Immerhin werden weit über die Hälfte unserer Absolventen später freiberuflich tätig sein. Da sollten sie wissen, wie man mit Verträgen und Steuerfragen umgeht. Auch Praktika werden zu einem festen Bestandteil eines Studiums und sie werden den schwierigen Übergang aus dem Schonraum der Hochschule in die Berufswelt wesentlich erleichtern.

Ein weiterer Aspekt im Zuge des Bolognaprozesses ist die Qualitätsfrage. Gerade im Zuge des sich ändernden Akkreditierungssystems in Deutschland wird dem Bereich der ständigen Beschäftigung mit dem Thema Qualität in Lehre und Studium in Zukunft ein besonderes Augenmerk zukommen: »Die Hauptverantwortung für die Qualitätssicherung in der Hochschulbildung tragen die Hochschulen selbst« (Kommunique der Bologna-follow-up-Konferenz Berlin 2003).

Entscheidend wird jedoch letztendlich sein, was man aus dem neuen System macht. Eine sture Übertragung des Status Quo in Module wird das Studium nur verschlechtern. Ein intelligenter Umgang mit der Modularisierung, nach dem Motto »so wenig Pflicht wie nötig, so viel individuelle Entfaltungsmöglichkeit wie möglich«, der also der Persönlichkeitsentwicklung Raum lässt, kann im Verbund mit den oben genannten neuen Akzentsetzungen zu einer erheblichen Verbesserung der Ausbildung führen.

Ein konkretes Beispiel, der Ausbildungsbereich ZuKT (Zeitgenössischer und Klassischer Tanz) an der Frankfurter Hochschule für Musik und Darstellende Kunst, mag deutlich machen, dass die Modularisierung nicht zum Nachteil der künstlerischen Ausbildung sein muss.Junge Tänzer brauchen heute neben einer guten klassischen Ausbildung auch eine umfassende Schulung in zeitgenössischen und modernen Techniken, da die Arbeitsweisen, das Bewegungsmaterial und die Bewegungsstile der Choreographen komplexer und vielschichtiger geworden sind, mit fließenden Übergängen zur Performance Art. Heute arbeiten Choreographen verstärkt interdisziplinär, setzen sich mit anderen Kunstformen auseinander, beschäftigen sich mit Neuen Medien und thematisieren vermehrt politische, gesellschaftliche und philosophische Fragestellungen. Tänzer sind nicht nur Ausführende, sondern Mitgestalter des choreographischen Prozesses. Dem muss die Ausbildung Rechnung tragen.

In der Frankfurter Tanzausbildung wird die Einführung von Bachelor- und Masterprogrammen als Chance verstanden, die bestehende Tanzausbildung zu hinterfragen und neue Strukturen und Inhalte in diese zu integrieren. Der Bachelor ist auf vier Jahre angelegt. Im dritten Jahr erfolgt eine Schwerpunktsetzung in Klassischem oder Zeitgenössischem Tanz. Das Theorieangebot wird durch Fächer oder Blockseminare wie Trainingswissenschaft, Einführung in wissenschaftliches Arbeiten, Lichtseminare, Bühnenrecht, Vertragswesen, Fördermittel etc. erhöht. Die Prüfungen in den Tanztechnikmodulen erfolgen am Ende des dritten Ausbildungsjahres. Im vierten Jahr sind bis zu dreimonatige Praktika in Theatern, Produktionszentren und Freien Gruppen geplant, um so den Übergang in die Berufspraxis besser vorzubereiten. Außerdem müssen die Studierenden eigene Choreographien kreieren und die theoretische Bachelorarbeit schreiben. Die Ausbildung ist interdisziplinär angelegt und es wird sehr viel Wert auf das Sammeln von Aufführungserfahrung gelegt. Die zahlreichen Engagements unserer Absolventen nach Abschluss ihres Studiums beweisen, dass dieses Konzept aufgehen wird.

Im Zusammenarbeit mit Tanzlabor_21/Tanzplan Frankfurt Rhein_Main werden außerdem neue Studiengänge gegründet, die Bachelorabsolventen aber auch bereits im Beruf stehenden Tänzerinnen und Tänzern die Möglichkeit geben, den Praxisbezug der Tanzausbildung verstärken: der zweijährige Masterstudiengang Tanzpädagogik für Zeitgenössischen Tanz ab dem Wintersemester 2007/08 und der ebenfalls zwei Jahre dauernde Masterstudiengang Choreografie/Performance ab dem Wintersemester 2008/09, der gemeinsam mit dem Institut für Angewandte Theaterwissenschaften der Universität Gießen entwickelt wird.

Die Frankfurter Tanzabteilung zählt zu den interessantesten Tanzausbildungen in Deutschland. Sie hat als erste das Thema der Umstellung auf BA und MA offensiv aufgegriffen und zeigt damit, dass diese Umstellung sehr wohl zu einer Verbesserung führen kann.

Zusammenfassend ist festzuhalten: Ob der Bolognaprozess für die künstlerischen Studiengänge ein Segen ist oder ein Fluch, das sollte am konkreten Beispiel verhandelt werden. Debatten über das »Ob« werden dabei nicht weiterhelfen, die Antwort liegt bei der Diskussion über das »Wie«.

Erfolgreiches System
Chancen und Probleme der Hochschulreform

Viola Schmidt — Politik & Kultur 1/2007

Die Ständige Konferenz Schauspielausbildung (SKS), in der alle staatlichen Schauspielhochschulen in Deutschland, Österreich und der Schweiz ein gemeinsames Forum haben, befasst sich seit geraumer Zeit selbstverständlich im Rahmen der Studienreform mit der Umstellung der Hochschulausbildung. In diesem Rahmen verständigen wir uns über heute relevante Studieninhalte und ihre Einbeziehung in einen gesamteuropäischen Prozess. Wir bemühen uns, die Vorstellungen der politisch Verantwortlichen und die Erfahrungen und unterschiedlichen Traditionen der deutschsprachigen Schauspiel- und Theaterausbildung zu berücksichtigen. Unsere Bemühungen sind geprägt von der Verantwortung für die Studierenden, die ein Recht auf eine qualifizierende Ausbildung haben, die es ihnen ermöglicht, in der sich zunehmend verändernden Berufswelt einen Platz einzunehmen, der ihrer künstlerischen Persönlichkeit entspricht. Gleichzeitig sind wir darauf bedacht, einen Status der Abschlüsse zu erhalten, der eine hohe gesellschaftliche Akzeptanz ausdrückt. Das deutsche Kunsthochschulsystem ist erfolgreich. Die Erfolge der Künstler auch im internationalen Vergleich widersprechen einer Veränderung, die für eine andere Art der Ausbildung erfunden wurde. Der Bolognaprozess stützt sich hauptsächlich auf wissenschaftliche Studiengänge, in die er eine verbesserte Struktur bringen kann, was dazu führt, Studienzeiten zu verkürzen, Abbrecherquoten zu drücken, effizienter zu arbeiten.

Die Ausbildung in unseren Studiengängen Schauspiel, Regie und Puppenspielkunst begleitet und lenkt künstlerische Entwicklungsprozesse, die spezifisch an Persönlichkeiten gebunden sind, die auf dem Feld der freien Kunst tätig sind. Durchlässigkeit und Flexibilität des Studiums sind in diesen Studiengängen Standard. Spezifische Begabungen, die dem Profil der Hochschule entsprechen, werden durch Zulassungsverfahren ausgewählt und müssen ihre Ausbildbarkeit innerhalb des Grundstudiums beweisen. Ein Bachelorabschluss in den oben genannten Studiengängen liegt in seinem »workload« deutlich unter einem Diplomabschluss, soll aber berufsbefähigend sein. Sollten wir zu einer Stufung des Studiums gezwungen sein, müssten wir deutliche Qualitätseinbußen hinnehmen. Die Praxis lehrt uns, dass sich zu einem Masterstudiengang lediglich Studierende entschließen werden, die die Theater nicht sofort engagieren. Die künstlerische Ausbildung setzt auf eine Qualifizierung in der Praxis.

Eine Modularisierung des Studiums, das an die Stufung gebunden wäre, kann aufgrund der sich aus der Tradition heraus entwickelten sehr unterschiedlichen Ausbildungsweisen der einzelnen Hochschulen in Deutschland nicht kompatibel sein. Ein Abgreifen von einzelnen Modulen im Sinne eines Selbstbedienungsladens wird es bei uns nicht geben. Wir werden keine befähigten Generalisten und künstlerischen Dienstleister ausbilden, sondern selbstbewusste künstlerische Persönlichkeiten. Dazu bietet uns die Hochschulreform, bezogen auf ihre strukturellen Vorgaben, die eine künstlich eingepflanzte Stufung fordern, der keine inhaltliche Differenzierung folgt, keine guten Möglichkeiten.

Die Hochschule für Schauspielkunst Ernst Busch hat wie auch die anderen Schauspielhochschulen in Deutschland für die Studiengänge Schauspiel, Puppenspielkunst und Regie Anträge auf Ausnahmegenehmigung für Studiengänge der freien Kunst nach Teil B 1., zu Ziffer A 1.3., Fußnote 6 der ländergemeinsamen Strukturvorgaben i. d. F. vom 21.04.2005 bei ihrem Ressort beantragt. Damit deutlich wird, dass wir uns der Studienreform nicht grundsätzlich verschließen, sei hier darauf verwiesen, dass wir für den Studiengang Bühnentanz, der in Kooperation mit der Staatlichen Ballettschule eingerichtet wird, sehr wohl eine inhaltlich wie auch berufspraktische Begründung für einen Bachelorabschluss sehen und derzeit bereits realisieren. Hierbei geht es um eine deutliche Aufwertung eines Fachschulabschlusses und um die Schaffung von Möglichkeiten, die Berufspraxis in differenzierter Form zu verlängern. In diesem Zusammenhang wird auch über einen Masterstudiengang Choreografie nachgedacht.

Kunstakademien als Unternehmensschulen
Zur Künstlerausbildung im 21. Jahrhundert

Ottmar Hörl — Politik & Kultur 3/2006

Die klassischen Kunstakademien des 18. und frühen 19. Jahrhunderts waren von Landesfürsten geförderte Institutionen von hohem repräsentativem Charakter und großer kultureller Bedeutung. Die Künstler, die an ihnen lehrten und lernten, hatten die Aufgabe, zum Ruhme ihres Landes beizutragen. Heute sind staatliche Akademien – wie andere Hochschulen auch – von Stelleneinsparungen und Ausstattungsmängeln betroffen. Die Zukunft der Kunstakademien ist so wenig voraussagbar wie die Gegenwartskunst und -kultur.

Daher ist zu fragen: Was zeichnet eine Kunsthochschule im 21. Jahrhundert aus und wie gestaltet sich die Künstlerausbildung heute? Revisionen der Ausbildung an Kunstakademien sind von großer Relevanz, wenn ihr staatliches Nischendasein und ihre Produktivität in Frage gestellt werden. Andererseits ist es eine genuine Aufgabe der Akademien, sich immer wieder selbst in Frage zu stellen und damit dem Wandel der Gesellschaft Rechnung zu tragen. Dazu ist es lohnend, einen Blick auf die Geschichte einer alten Institution zu werfen.

Die Anfänge der Akademiegründungen im deutschsprachigen Raum liegen in Nürnberg. Die Akademie der Bildenden Künste in Nürnberg ist die älteste Kunstschule im deutschsprachigen Raum. Sie wurde 1662 von Jacob Sandrart als private Akademie gegründet und ihre wechselvolle Geschichte zeigt exemplarisch die Spannungen, denen eine Kunsthochschule in ihrer Zeit immer wieder ausgesetzt war.

Im späten 17. Jahrhundert war die Nürnberger Akademie ein Zusammenschluss von Künstlern und dilettierenden Kunstfreunden, wie Gelehrten oder Kaufleuten, die sich im privaten Rahmen trafen. Es ging im Wesentlichen darum, das gesellschaftlich tabuisierte Aktzeichen und das Antikenstudium zu praktizieren. Daneben galt der theoretische und wissenschaftliche Ansatz – wie Probleme der Perspektive, Anatomie, Geometrie und Ästhetik – der Nobilitierung der Stellung des Künstlers als Gelehrten innerhalb der Gesellschaft. Recht schnell stellte sich das praktische Problem einer Abgrenzung zwischen bildender Kunst und Handwerk: Nachdem die Akademie im Jahre 1806 als »Königlich Bayerische Akademie« unter staatliche Verwaltung gestellt wurde, verlor sie 1833 als »Kunst- und Kunstgewerbeschule« ihren Akademiestatus. Erst in den 1920er-Jahren konnte das, was zuvor als ein Rückschritt angesehen werden musste, durch die Einführung neuer Lehrkonzepte, die vom Deutschen Werkbund oder dem Bauhaus entwickelt worden waren und die die Einheit von Kunst und Technik, von freier und angewandter Kunst postulierten, produktiven Nutzen erfahren. Der Kanon der klassischen Gattungen – Malerei, Bildhauerei, Grafik und Architektur – konnte seit 1940 erneut gepflegt werden, als der Nürnberger »Staatsschule für angewandte Kunst« wieder der Rang und Name einer »Akademie der Bildenden Künste« zuerkannt wurde. Doch diese Nobilitierung zeigt die schlichte Indienstnahme der Kunst seitens eines totalitären Staates: Für Adolf Hitler war Nürnberg von exponierter kultureller Bedeutung, so dass er die »erste nationalsozialistische Kunstakademie« einrichten ließ, die den »neuen (deutschen) Stil« erstrebte, wie Eberhard Lutze 1940 bemerkt.

Nach dem Krieg bezog man 1954 die heute denkmalgeschützte Pavillonarchitektur von Sep Ruf am Rande der Stadt. Diese idyllische Randlage ist in ihrer zeitlosen Abgeschiedenheit ein Sinnbild der Kunstausbildung, denn, um mit dem Rektor der Düsseldorfer Akademie Markus Lüpertz zu sprechen, »eine Kunstakademie ist ein Ort, an dem die Zeit angehalten wird«. Zeit jedoch ist in der heutigen Gesellschaft zu einem großen Privileg geworden und sie ist gleichzeitig für die Ausbildung von größter Bedeutung.

Wenn derzeit viel von Exzellenzenförderung und Evaluation die Rede ist, haben die Kunstakademien den denkbar schwersten Stand. Bereits um die Geisteswissenschaften ist es bekanntlich schlecht bestellt, denn auch sie brauchen Zeit – und erhielten in den letzten Jahren kaum mehr als 10 % der staatlichen Fördersummen. Die Kunst hat hier einen noch schlechteren Stand: Zeitaufwand und Produktion lassen sich nicht synchronisieren, da das künstlerische Schaffen von einer persönlichen Suche und von dem unvorhersehbaren – und unwiederholbaren – Moment des Gelingens abhängt, der oft auf Umwegen erreicht wird. Auch die Ideen vom Künstler als Autodidakten, vom verkannten Genie und andere gern zitierte Künstlermythen verstellen den klaren Blick auf Sinn und Zweck einer Künstlerausbildung. Akademien können kaum Garantien geben auf eine erfolgreiche Zukunft ihrer Absolventen – und so können sie leicht in eine kulturpolitische Randlage geraten.

Künstlerische Arbeit teilt sich in Resultaten mit, die keinem Laien erahnen lassen, um welchen Preis und Aufwand sie erzielt worden sind. Die Abschlüsse einer Akademie können den Absolventen weder eine gute Aussicht auf dem Kunstmarkt noch eine Eingliederung in andere Berufsfelder garantieren. Weil Kunst eine Arbeit nach eigenen Regeln darstellt bei der es allein auf die Wirkung des Resultates ankommt, bleibt dem Publikum oft verborgen, welchen Gewinn Studenten aus ihrer Studienzeit ziehen.

Heute kennzeichnet interdisziplinäres Agieren den Dialog zwischen den ehemals klassischen künstlerischen Disziplinen, gestützt durch neue Studiengänge und eine medientechnologische Ausbildung. Dennoch gibt es keine normativen Lehrinhalte und der Lehrer in der Hochschule ist oft selbst ein Lernender. Bei dem Prozess schöpferischer künstlerischer Arbeit steht mithin die Individualität der Studierenden im Zentrum. Neben der exzellenten Ausbildung ist eine wichtige Aufgabe, die Studenten in den Kunstbetrieb einzufädeln. Hierbei kann es nicht darum gehen, als Dienstleister der sich schnell ändernden Trends des Kunstmarktes zu agieren. Die jungen Künstlerpersönlichkeiten müssen ihre Aufgaben eigenständig definieren und ihre Märkte selber aufspüren.

Es ist kein Geheimnis, dass nur rund 2 % der an Akademien ausgebildeten Künstlerinnen und Künstler auf dem Markt längerfristig Fuß fassen. Diese Künstler behaupten sich mehr oder weniger erfolgreich als Unternehmer. Der Münchner Kunsthistoriker Walter Grasskamp hat Kunstakademien daher als Unternehmensschulen verstehen wollen, die ihre Absolventen nicht allein für die Kunst qualifizieren. Denn die Lernprozesse der kulturellen Orientierung, die man dort absolviert, sind übertragbar auf andere Arbeitsfelder, die mit Kunst im traditionellen Sinn wenig zu tun haben: Trainierter Eigensinn und Kreativität stellen gewissermaßen ein biographisches Kapital dar.

Die Akademie in Nürnberg bietet, wie viele Kunsthochschulen in Deutschland, ihren Studenten auch den Studiengang Kunsterziehung an. Ein Drittel unserer Studenten hat sich zu diesem Studium entschlossen und bewahrt sich damit ein zweites Standbein neben dem unsicheren Dasein als freischaffende Künstler. Der Stand der Kunsterziehung steht und fällt mit dem Abbau des Kunstunterrichts an den Schulen, obwohl er die wichtige gesellschaftliche Aufgabe der ästhetischen Erziehung unserer Kinder hat und man damit die Vorbereitung auf elementare Punkte ihrer Zukunft gefährdet: einen wachen, kritischen Blick, Eigenständigkeit und Kreativität.

Derzeit ist seitens der Politik eine stärkere Verschulung der Kunsterzieher-Ausbildung an den Akademien gewünscht, mithin eine Verbindung mit einem zweiten, anderen Studienfach wie z. B. Mathematik oder Biologie. Dies würde in der Praxis eine schlechtere Ausbildung der Kunsterzieher und gleichzeitig eine schlechtere Schulbildung bedeuten. Wer die Szenerie weiter denkt, kommt erstens zu einem Verlust an kultureller Kompetenz innerhalb der Gesellschaft und erkennt zweitens die Wertigkeit, die Politik und Staat der kulturellen Erziehung beimessen.

Die Künste müssen Vorbild sein für die anstehende Bewältigung wirtschaftlicher und sozialer Probleme. Wo lernt man die heute nötigen Eigenschaften wie Kreativität, Selbstkritik, Flexibilität und plurales Denken besser als in Auseinandersetzung mit der Kunst? Die Ausbildung an den Akademien muss dem Rechnung tragen. Sie darf sich nicht mit selbstreflexiven Gedanken begnügen, sondern muss die offensive Rolle des Künstlers in der Gesellschaft zum Ziel haben. Die Akademien dürfen nicht fragen, was der (Kunst-)Markt fordert, sondern was eine Gesellschaft benötigt. Der Forderung nach Sinnstiftung aber sollten sie sich verweigern, um ihre Eigenständigkeit und damit ihre Fähigkeit zur Gesellschaftskritik zu bewahren.

Kunsthochschulen sind Kreativ-Labors, die sich eine Gesellschaft leistet. Der Staat fungiert hier als stiller Mäzen, der mit Geduld und Ruhe diesen Freiraum schützt. Da die Erneuerung des Akademie-Systems von Außen nicht angestoßen werden kann und darf, muss man sein eigener und bester Kritiker sein. Es ist wichtig, dass die Ausbildung an den Akademien generalistischer orientiert ist und offene, flexible Strukturen anbietet mit einer Verbindung zur Welt. Insbesondere durch die Neuen Medien hat sich unsere Wahrnehmung fundamental verändert. Dennoch spielen die klassischen Gattungen immer wieder eine große Rolle in der Suche nach der adäquaten Ausdrucksform der künstlerischen Idee. Hier ist es das präzise Denken, das neben der technischen Meisterschaft vor allem geschult werden will. In Nürnberg haben wir in den letzten Jahren begonnen, unseren Studenten alle diese Bereiche zu vermitteln, um sie als »Seismographen der Gesellschaft« und nicht als »Meister« einer speziellen Kunstgattung zu entlassen.

Gameslab
Elektronische Spiele als Gegenstand der Lehre und Forschung

Thomas Bremer — Politik & Kultur 5/2010

Dazu, dass elektronische Spiele als Kulturgut zu betrachten sind, hat es an dieser Stelle bereits reichhaltige Beiträge gegeben. Der Begriff Spiel war über Jahrhunderte immer wieder Teil philosophischer Debatten (Schiller, Wittgenstein, Gadamer, u. a.). Doch erst die Werke von Karl Groß, Johan Huizinga und Roger Caillois haben versucht, das Spiel theoretisch zu erfassen und zu systematisieren.

Diese Theorien sind schließlich unter anderem von Brian Sutton-Smith und Hans Scheuerl fortgeführt werden. Das elektronische Spiel ist darüber hinaus eng mit der Geschichte der Maschinen und Automaten verknüpft. Der Ursprung des Spielautomaten liegt weit zurück. Frühe Formen des Flippers gab es bereits zwischen 1750 und 1770 unter der Bezeichnung »Billiard Japonais«. Die eigentliche kommerzielle Entwicklung begann 1931 mit David Gottliebs »Baffle Ball«, deren kommerzielle Verbreitung in den 1920er- und 1930er-Jahren in Amerika beginnt.

Der Computer als moderner Spielautomat ist seit seiner Entstehung eng mit dem Spiel verknüpft. John v. Neumann ist nicht nur der Vater der noch heute verbreiteten Rechnerarchitekturen, sondern auch einer der Begründer der mathematischen Spieltheorie, die eine bestimmte Gruppe Spiele mathematisch beschreibt und zu einem wichtigen Bereich vor allem in der Wirtschaftsmathematik geworden ist. Bereits 1946 entwickelten Thomas T. Goldsmith Jr. und Estle Ray Mann ein elektronisches Spiel für einen Röhrenrechner und melden es am 25. Januar 1947 als »Cathode-Ray Tube Amusement Device« zum Patent an. Als einige der ersten elektronischen Spiele unter Verwendung eines Bildschirms gelten OXO (TicTacToe, 1952) auf einem EDSAC-Computer von A. Sandy Douglas, Tennis for Two (1958) von dem amerikanischen Physiker William Higinbotham und Spacewar! (1962) auf einer PDP-1 von Steve Russell (MIT).

Mit Pong begann 1972 der kommerzielle Erfolg der elektronischen Spiele, welche seitdem eine rasante technologische Entwicklung durchlaufen sind, deren Zukunft nach wie vor offen und spannend ist. Durch ihre zunehmende Komplexität, ästhetische Vielfalt und gesellschaftliche Verbreitung gelangen die elektronischen Spiele seit Beginn der 1990er-Jahre zunehmend in den Blickpunkt verschiedener Wissenschaften. Es kann als spät gelten, wenn eine staatliche Hochschule erst 2009 ein Zentrum für digitale Spiele gründet, um sich Systemen und Apparaten der Unterhaltung zu widmen. Doch es gibt neben der langen technischen Geschichte der elektronischen Spiele einige Faktoren, die deutlich machen, dass diese Kulturform erst an ihrem Anfang steht. Anfänglich vor allem von jungen Männern favorisiert, findet das elektronische Spiel bei jungen Mädchen und Frauen ein zunehmendes Interesse. Gleichzeitig erhält sich diese Freizeitbeschäftigung auch mit zunehmendem Alter der Spieler und kommt nun in der Mitte der Gesellschaft an. Für viele Männer und Frauen der derzeit heranwachsenden Generation sind elektronische Spiele ein wichtiger Teil ihres kulturellen Selbstverständnisses. Das gameslab der Hochschule für Technik und Wirtschaft Berlin (HTW) wurde aus diesem Hintergrund heraus gegründet und versteht sich als Spielraum, Spielfeld und Laboratorium zur experimentellen Erforschung und Entwicklung der elektronischen Spiele. Das gameslab ist gemeinschaftlicher Arbeitsraum von Studierenden, wissenschaftlichen Mitarbeitern und Professoren. In der Kürze seines Bestehens wurden bereits Studien (Deutschland spielt), Transferleistungen (Elektronische Spiele als Trainings- und Schulungssysteme), Wirtschaftsförderung (Neutron Games – Handball Challenge) bis zu experimentellen Vorhaben (MACHT Spiele) durchgeführt und neue Ausbildungskonzepte entwickelt. Das gameslab verfolgt jedoch keine zentrale wissenschaftliche Fragestellung, sondern macht elektronische Spiele als kulturelle, künstlerische und technische Artefakte zum Gegenstand von Lehre, Forschung und künstlerischen Entwicklungsvorhaben. Hierzu bietet es Raum und professionelle Studios. Ein sogenanntes »Motion Capture Studio« zur Aufzeichnung von menschlichen Bewegungen unterstützt die Entwicklung von glaubwürdigen Spielcharakteren (Characters). Darüber hinaus ermöglichen Testlabore (Eye-Tracking und EEG-Systeme) die Untersuchung und Evaluation von elektronischen Spielen. Tonstudios, 3D-Scan-Labore und eine professionelle Software-Hardwareausstattung bieten einen idealen Rahmen für die Entwicklung von elektronischen Spielen. Doch nicht die Technik steht im Mittelpunkt des Interesses, sondern die Leidenschaft einer jungen Generation, die elektronische Spiele als eine neue Ausdrucksform begreift. Deshalb bildet die HTW Berlin seit 2009 als erste staatliche Hochschule sowohl für die technischen (Game Technology & Interactive Systems – Master of Science) als auch für die konzeptionellen, künstlerischen Arbeitsfelder (Game Design – Bachelor of Arts) aus. Das gameslab verfolgt hiermit einen ganzheitlichen Ansatz in dem technische, gestalterische, künstlerische und andere wissenschaftlichen Disziplinen zusammenkommen, um gemeinschaftlich an der Entwicklung von elektronischen Spielen zu arbeiten. Um dies gewährleisten zu können, geht es nicht allein um eine selbstreferentielle Beschäftigung mit den Phänomenen des elektronischen Spieles, sondern um die Einbettung der Spiele in ihren kulturellen Kontext. Für die Ausbildung von Spielentwicklern halten wir es für notwendig, eine Kritik des Spiels zu entwickeln. Eine solche steht erst am Anfang. Damit ist nicht die Praxis der (Vor)Urteile gemeint, wie sie im Zusammenhang von elektronischen Spielen häufig anzutreffen ist und welche zwischen Ablehnung und Bewunderung changiert. Auch die gesellschaftswissenschaftlichen Untersuchungen der Spieler und der gesellschaftlichen Rahmenbedingungen stehen dabei nicht im Fokus. Es geht um eine Kritik aus der Praxis heraus, welche das elektronische Spiel als eine kulturelle und künstlerische Ausdrucksform entwickelt. Viele der Studierenden lernen während ih-

Das elektronische Spiel hat als Teil der Popkultur inzwischen vielfältige Formen angenommen …

res Studiums erstmals die ästhetischen Formen, Geschichten und Mythen, mit denen die elektronischen Spiele durchsetzt sind, in einen breiteren kulturellen Zusammenhang zu stellen. Das elektronische Spiel hat als Teil der Popkultur inzwischen vielfältige Formen angenommen, die es für die Studierenden zu dechiffrieren gilt. Doch geht das elektronische Spiel an dem Punkt über die Popkultur hinaus, indem es die immer wieder kulturell getrennt betrachteten Fertigkeiten »artis« (Kunst) und »téchne« (Technik) auf neue Weise vereinigt. Das eine geht nicht ohne das andere und hier unterscheiden sich Lehre und Forschung am gameslab von den traditionellen Disziplinen. Kunst und Technik sind die gleichberechtigten kulturellen Fertigkeiten mit denen elektronische Spiele entwickelt werden. Ist es nicht verwunderlich, dass in den meisten Abhandlungen über Medien die Mathematik als elementare Kulturtechnik fehlt?

Die Lehre und die Forschung am gameslab der HTW Berlin entwickelt sich aus dem Spannungsfeld der künstlerisch-ästhetischen Technik, der mathematisch-naturwissenschaftlichen Technik, der Technik des Spiels und einer sich entwickelnden Theorie und Kritik des Spiels. In der Entwicklung der elektronischen Spiele stehen die verschiedenen Disziplinen in einer hohen Abhängigkeit zueinander. Hierin liegt auch etwas Prototypisches für andere Bereiche. Deshalb verfolgen die im gameslab für Kinder und Jugendliche entwickelten Workshops nicht nur das Ziel der Nachwuchsförderung, sondern auch die Förderung eines transdiziplinären Verständnisses der in der modernen Gesellschaft erforderlichen Fertigkeiten. Im Mittelpunkt des gameslab steht die Teilhabe an der Entwicklung der elektronischen Spiele als eine neue Kulturform.

Das baukulturelle Erbe authentisch bewahren

Die Vielfalt der Ausbildungsberufe und Arbeitsfelder im Denkmalschutz muss erhalten bleiben!

Peter Schabe — Politik & Kultur 5/2007

Um das von unseren Vorvätern vermachte baukulturelle Erbe möglichst authentisch als Zeugnis für die Nachwelt bewahren zu können, sind bei der Sanierung und Restaurierung historischer Bausubstanz umfangreiche Kenntnisse der alten Handwerkstechniken und ein weitgehendes denkmalkundliches Fachwissen notwendig. Dank des heute erreichten Wissensstandes in der Denkmalpflege gilt für Gegenwart und Zukunft um so mehr der um 1900 geprägte Leitspruch des Vaters der staatlichen Denkmalpflege in Deutschland Georg Dehio. Konservieren geht vor restaurieren, was nichts anderes bedeutet als Erhalt der unersetzlichen Originalsubstanz geht vor den Ersatz durch neues Material. Denkmalfachleute wissen, dass jedes Denkmal individuell betrachtet, beurteilt und behandelt werden muss, um die Originalsubstanz weitest möglich zu schonen und im Einklang mit der für die Erhaltung des Denkmals unabdingbar erforderlichen Nutzung nachhaltig bewahren zu können.

Denkmalschutz ist also heutzutage eine komplexe Aufgabe, für deren Bewältigung es des Zusammenspiels der unterschiedlichsten Fachleute bedarf. Bei der Ausbildung und in der praktischen Umsetzung gibt es eine akademische und eine ausführende Seite, die Hand in Hand zusammengehen müssen, will Denkmalschutz erfolgreich funktionieren.

Betrachten wir zuerst die akademische Seite im Denkmalschutz. Hier stehen vor allem Architekten, Bauingenieure, Kunsthistoriker, Diplomrestauratoren und Archäologen mit abgeschlossenem Hochschulstudium. Diese Berufsgruppen sind sowohl auf der amtlichen Ebene zu finden, bei der es um die Einhaltung und Ausübung der Denkmalschutzgesetze geht, als auch auf der Ausführungsebene. Denkmalpflege ist immer mehr auch zu einer interdisziplinären Wissenschaft geworden, um optimale Voraussetzungen für die Instandsetzung und Restaurierung der historischen Bausubstanz zu erreichen. Um bestmögliche Maßnahmenkonzepte als Anleitung für die Ausführenden zu erhalten, werden bei Sanierungsprojekten je nach Bauaufgabe und Denkmalwert, neben Architekten, Statikern und Restauratoren, Bauphysiker, Chemiker, Biologen und andere Naturwissenschaftler als Sonderfachleute und Gutachter hinzugezogen. Juristen werden dagegen z. B. für Rechtsfragen im Denkmalschutz benötigt und machen sich in den Ministerien etwa auf der Ebene der Fördermittelvergabe unentbehrlich. Mit Kulturmanagern, die einen der neuen Studiengänge der Kultur- und Kreativwirtschaft absolviert haben, entsteht eine neue Berufsgruppe, die im Denkmalschutz mit der Entwicklung substanzverträglicher Umnutzungskonzepte zur nachhaltigen Bewahrung von Baudenkmalen beitragen kann. Die meisten der westlichen Bundesländer, denen nach dem Krieg im neuen föderalen System der Denkmalschutz als hoheitliche Aufgabe zufiel, haben ein dreistufiges System entwickelt, bestehend aus

- den in den Landratsämtern und kreisfreien Städten angesiedelten Denkmalschutzbehörden, die für die Erteilung der denkmalschutzrechtlichen Genehmigung und deren Überwachung zuständig sind,
- den Landesämtern für Denkmalpflege, die als Fachbehörde die Denkmale erforschen, inventarisieren, Denkmaleigentümern Fachberatung anbieten und Bewusstseinsbildung bei der Bevölkerung für deren Erhaltung betreiben und
- mit den auf Ministeriumsebene ansässigen obersten Denkmalschutzbehörden, die bei Uneinigkeit zwischen Unteren Denkmalschutzbehörden und Landesamt für Denkmalpflege entscheiden.

In den Denkmalschutzbehörden haben vor allem Architekten und Bauingenieure ein neues Arbeitsfeld gefunden, in den Landesämtern Architekten, Kunsthistoriker und Archäologen und bei den obersten Denkmalschutzbehörden sind wie beschrieben zumeist Verwaltungsbeamte mit Jurastudium mit dem Denkmalschutz befasst.

Nachdem das bewährte dreistufige System der öffentlichen Hand für den Denkmalschutz nach 1989 von den neuen Bundesländern übernommen wurde, sind inzwischen einige Westländer dazu übergegangen, mehr Aufgaben auf die Unteren Denkmalschutzbehörden zu übertragen und ihre Landesämter im Zuge von Verwaltungsreformen personell zuverschlanken oder gar aufzulösen. Damit geht nicht nur der für die Bewahrung der Kulturdenkmale in den Ländern unerlässliche zentrale Überblick über den Denkmalbestand verloren, sondern es fallen die Arbeitsplätze jener Experten fort, die mit ihrer Fachkompetenz und Neutralität – wirtschaftliche Eigeninteressen sind ausgeschlossen – so dringend in der Denkmalpflege benötigt werden.

Nachdem ab Ende der 1970er-Jahre die ersten Denkmalpflegevorlesungen und -seminare Einzug in die Vorlesungsverzeichnisse der Fachbereiche Kunstgeschichte, Architektur und Archäologie westlicher Hochschulen gehalten hatten, folgten schon kurz darauf in neu eingerichteten Fort- und Weiterbildungszentren für Handwerk und Denkmalpflege wie dem Deutschen Zentrum in Fulda angehängte Fortbildungsangebote für praxiserfahrene Planer mit der Möglichkeit des Erwerbs einer Zusatzqualifikation als Architekt in der Denkmalpflege. Inzwischen gibt es Hochschulen, wie die TU-Dresden, die in Zusammenarbeit mit der DenkmalAkademie der Deutschen Stiftung Denkmalschutz *(www.denkmalakademie.de)* auf Basis eines abgeschlossenen Studiums einen Masterstudiengang Denkmalpflege zur weiteren Spezialisierung anbieten. Und da feststeht, dass die demografische Entwicklung allein schon aus wirtschaftlichen Gründen nur eine Konzentration auf den Altbaubestand zulässt, erscheint eine solche Zusatzqualifikation als lohnende Investition in die Zukunft.

Werfen wir nun einen Blick auf die Ausbildungssituation des Handwerks im Denkmalschutz. Von Deutschlands bekanntestem Denkmalschützer Gottfried Kiesow stammt der Satz: »Baudenkmale verdanken ihre Entstehung, Dauerhaftigkeit und Schönheit vor allem dem Handwerk, aus dem im Mittelalter auch die Baumeister hervorgegangen sind. Deshalb ist es bei der Instandsetzung des baulichen Erbes auch unentbehrlich.« Die Reparatur und Sanierung von Baudenkmalen ist mit den Baustellen heutiger Neubauten nicht zu vergleichen. Mit den modernen Techniken und Baustoffen, die hier Verwendung finden, lässt sich bei der Denkmalsanierung nur selten etwas anfangen. »Gefragt sind statt dessen Handwerker, die über fundierte Kenntnisse, handwerkliches Können und Erfahrungen mit zum Teil jahrhundertealten Traditionen und Originalen im eigenen Gewerk verfügen sowie über den Tellerrand ihres Gewerks hinaus blicken und mit erweiterten Kenntnissen und Fertigkeiten in anderen Gewerken aufwarten können« (aus einer Pressemitteilung der Denkmalakademie der Deutschen Stiftung Denkmalschutz). Zur Sanierung der monumentalen Backsteinkirche St. Georgen in Wismar oder der Wiederherstellung der Dresdner Frauenkirche etwa, mussten alte Handwerkstechniken erst wieder neu erlernt werden, die jetzt weitergegeben werden können.

Für die Durchführung von Baumaßnahmen zum denkmalgerechten Erhalt schützenswerter historischer Bausubstanz werden qualifizierte Maurer, Zimmerer, Dachdecker, Steinmetze und Steinbildhauer, Putzer, Stuckateure, Maler und Lackierer, Metallbauer, Klempner und Tischler benötigt. In allen

Eine Ausbildung auf direktem Weg zum Handwerker im Denkmalschutz ist nicht möglich.

diesen Gewerken ist der Meisterzwang nach der Novellierung des Handwerksrechts 2004 bestehen geblieben. Aufgelassen ist er zum Beispiel bei den Vergoldern sowie Fliesen-, Platten- und Mosaiklegern. Unser Denkmalbestand kann nur erhalten werden, wenn in den bestehenden denkmalrelevanten Gewerken weiter ausgebildet wird, und der Meistertitel ist ein Qualitätsmerkmal und Gütesiegel, mit dem sich das Deutsche Handwerk im internationalen Vergleich behaupten kann.

Eine Ausbildung auf direktem Weg zum Handwerker im Denkmalschutz ist nicht möglich. Für Gesellen und Meister besteht die Möglichkeit, in einem der Fortbildungszentren für Handwerk und Denkmalpflege eine Zusatzqualifikation als Restaurator im Handwerk zu erlangen *(www.arge-handwerk denkmalpflege.de)*. Diese muss in der Regel selbst finanziert werden. Jedoch zahlt sich der Erhalt des Zertifikats beispielsweise dann in barer Münze aus, wenn Fördergeber wie die Deutsche Stiftung Denkmalschutz bei der Förderantragstellung auf dieses Merkmal besonders achten, außerdem versichert die Auszeichnung allen potenziellen Auftraggebern, dass fachgerecht und sensibel an ihrem Denkmal gearbeitet wird.

Ohne qualifizierte Handwerksaus- und fortbildung in der Denkmalpflege, der Erhaltung und Weitergabe der traditionellen Handwerkstechniken und Produkte wird es nicht möglich sein, den reichen Denkmalbestand (ca. 1,1 Mio. denkmalgeschützte Bauten in Deutschland) zu erhalten. Es reicht nicht aus zu sagen, dass fachkompetente Handwerker im Denkmalschutz vorhanden sind. Ziel muss es auch sein, dass uns diese Fachkräfte weiterhin in ausreichender Zahl zur Verfügung stehen, und dazu benötigen sie möglichst viele Aufträge, so dass sie sich selbst weiterbilden, Ausbildungsplätze schaffen und einen reichen Erfahrungsschatz aufbauen können, um diesen später an den Nachwuchs weiterzugeben. Leider aber mangelt es den spezialisierten Handwerksbetrieben seit einigen Jahren an Aufträgen, da die Zuschüsse der öffentlichen Hand für den Denkmalschutz stark gekürzt wurden und deshalb viele kommunale und kirchliche Eigentümer die notwendigen Restaurierungsmaßnahmen nicht in Angriff nehmen können. Dazu kommt das Sparen der öffentlichen Hand bei der Ausführung; es erhält der Billigstanbieter, nicht selten ein Generalüber- oder -unternehmer den Zuschlag. Die Angebote werden weniger auf die fachliche Eignung des Bieters geprüft und regional ansässige kleinere Handwerksbetriebe haben bei einer solchen Vergabepraxis dann das Nachsehen. Anforderungen der energetischen Sanierung von Baudenkmalen in Zeiten der Energieeinsparverordnung (EnEV) ein lukratives Arbeitsfeld für das qualifizierte Handwerk in der Denkmalpflege. Eine entsprechende Handwerksausbildung lohnt sich.

Popakademie Baden-Württemberg
Leadership in der Förderung von Populärer Musik in Deutschland

Udo Dahmen — Politik & Kultur 4/2003

Wer am 10. Mai 2003 in Stuttgart beim Kongress Zukunft Pop der Popakademie Baden-Württemberg dabei war, konnte sich im Panel »Kreativ aus der Krise« davon überzeugen, welche Erwartungen sich an die neugegründete Einrichtung knüpfen. Es wurde von den anwesenden Branchenkennern einhellig bekräftigt, dass die Popakademie Baden-Württemberg, die in Mannheim ihren Sitz nehmen wird, »eine Hoffnung für die gesamte Musikbranche« darstellt.

Gleichzeitig hatte an diesem Tage im Rahmen des Popforums der Popakademie im Römerkastell der Ministerpräsident des Landes Baden-Württemberg Dr. Erwin Teufel den Bayerischen Rockpreis für die Entwicklung der Popakademie Baden-Württemberg entgegennehmen können. Wie Teufel selbst sagte, stellvertretend für alle die, die an Entstehung und Aufbau der Popakademie großen Anteil hatten.

Die Nachfrage nach Ausbildungsplätzen an der Popakademie ist dem attraktiven Angebot entsprechend groß: ca. 700 Bewerber haben ihre Unterlagen eingesandt. Davon für den Popmusikdesign-Studiengang 60 % und für den Musikbusiness-Studiengang 40 %. Aus diesem Pool werden 55 Bewerber ausgewählt, die zum Wintersemester mit dem Studium beginnen werden.

Voraussetzungen

Dieser Entwicklung vorausgegangen war die Arbeit einer vom baden-württembergischen Staatsminister Dr. Christoph Palmer eingesetzten Kommission, die über fast drei Jahre, seit dem Herbst 2000, Szenen- und Branchenhintergründe in zahlreichen Hearings und Konferenzen beleuchtet hat. In dem im September 2002 veröffentlichten Papier kommt sehr deutlich zum Ausdruck, dass ein erheblicher Qualifizierungsbedarf sowohl in der Aus- als auch in der Weiterbildung besteht, der sowohl von der Musikbranche als auch von den Kreativen (Musiker, Produzenten, Songwriter) deutlich gesehen wird.

Changemanagement und Vernetzung

Mit ihrem Ausbildungskonzept hat die Pop-Akademie Baden-Württemberg nicht nur für die Pop-Ausbildung, sondern auch für andere künstlerische Studiengänge Modellcharakter. Die Vernetzung von Theorie und Praxis, die Projektbezogenheit der Studiengänge und deren Interaktivität bringt die Popakademie in die Leadershipposition für die Aus- und Weiterbildung im Popbereich in Deutschland. Change Management im Zeitalter des Paradigmenwandels: Bei den meisten Kreativen und Verwertern im Popbereich kann von Patchwork-Lebensläufen ausgegangen werden: Instrumentalisten, Sänger oder Bandmanager im Team, werden wahrscheinlich in einigen Jahren als Producer, als Komponisten, als Texter oder Verwerter individuell wirken. Etwas später möglicherweise als Verleger oder als Label Eigner – oder Lehrer. Meistens ist es ein Mix aus all diesen Tätigkeiten. Flexibilität und Emotionale Intelligenz sollen in diesem Verbundsystem von Ausbildung besonders gefördert werden. Es wird nicht nur um das »Was«, sondern verstärkt auch um das »Wie« gehen.

Bereiche der Popakademie

Der Aktionsradius der Popakademie umfasst daher neben der Ausbildung die unterschiedlichsten Bereiche zur Förderung der Popmusik und folgt dem Vernetzungsgedanken zwischen diesen. Die Popakademie hat folgende Bereiche:

- Ausbildung (Popmusikdesign/ Musikbusiness)
- Weiterbildung (Seminare, Coachingprogramme, Bandpool)
- Weiterbildung von Musikpädagogen in Zusammenarbeit mit der Jazz- und Rockschule Freiburg, der Bundesakademie für Jugendbildung, Trossingen, dem Verband deutscher Musikschulen und dem Arbeitskreis für Schulmusik
- Regionale Vernetzung und Förderung im Flächenland Baden-Württemberg (z. B. Club Award)
- Existenzgründerförderung
- Events und Kongresse (Popforum, Kongress »Zukunft Pop«, Workjazz)

Stars & Dozenten

Die Popakademie sitzt in Mannheim und ist Teil des kreativen Universums dieser jungen Popmetropole: Xavier Naidoo, die Söhne Mannheims, Laith Al Deen, Edo Zanki, Rolf Stahlhofen, Jule Neigel, Pe Werner, die Band von Herbert Grönemeyer stehen für das neue Image: Fast alle Genannten werden der Popakademie als Gastdozenten zur Verfügung stehen. Darüber hinaus werden zum Dozentenstab gehören: Tim Renner (CEO Universal), Hubert Wandjo (MA, Music), Oliver Schulten (Phonoakademie) und Elmar Giglinger (MTV) aber auch Dieter Falk oder die Musiker der Bands Die Happy oder Reamonn. Das Kernteam der Dozenten wird klein sein und als Taskforce die wesentlichen Geschicke von Studienstruktur und Curriculum bestimmen. Ständig neue Gastdozenten werden dem aktuellen Wandel der Popszene entsprechend verpflichtet.

Locations

Die Stadt Mannheim errichtet im Stadtteil Jungbusch ein neues Gebäude mit ca. 2.000 qm Nutzfläche für die Popakademie Baden-Württemberg. Parallel dazu wird auf dem gleichen Campus das Popmusikgründerzentrum »Musikpark« mit 3.500 qm Fläche für Studios, Büros, Club, Restaurant und Proberäume für ein professionelles Umfeld Popmusik entstehen.

Public Private Partnership

Die Finanzierung wird durch ein sehr durchdachtes Public-Privat-Partnership-Modell gesichert (GmbH und Stiftung). Neben dem Land, der Stadt und dem SWR sind als Partner dabei Universal Music Group, die Landesanstalt für Kommunikation (LFK) und ein Mannheimer Unternehmenskonsortium unter Leitung von Radio Regenbogen. Dazu werden kommen Xavier Naidoo und Michael Herberger als weitere Gesellschafter im nächsten Jahr.

Projektpartner sind bisher die deutsche Phonoakademie und MTV. Universal wird ihre gesamte Ausbildung an die Popakademie verlagern und damit für die ausgewählten Studenten Praktikumsplätze und Jobmöglichkeiten schaffen. Ebenso wird MTV mehrere Praktikumsplätze zur Verfügung stellen.

Studium

In zwei Studiengängen kann an der Popakademie studiert werden: Popmusikdesign und Musikbusiness. Im Studiengang Popmusikdesign werden Instrumentalisten und Instrumentalisten, Sängerinnen und Sänger, Songwriter, Komponisten, Texter und Producer ausgebildet. Im Studiengang Musikbusiness werden Verwerter, Künstlerentwickler, Marketing- und Vertriebsexperten, aber auch Community-Manager ausgebildet, die in Zukunft den Kommunen als Experten zur Verfügung stehen sollen (zum Beispiel als Rock- und Popbeauftragte im Bereich der kulturellen Bildung).

Das Studium ist Projektstudium, das heißt die Studentinnen und Studenten können ihre CDs aufnehmen, sie können Vermarktungsprojekte oder auch Veranstaltungsreihen planen und umsetzen. Popmusikdesign- und Musikbusinessstudenten verbringen im Grundstudium 50 % ihrer Unterrichtszeit gemeinsam. Studentinnen und Studenten aus beiden Bereichen bilden in dieser Zeit ständig wechselnde Projektteams. Praktika im 3. und 5. Semester sind wesentlicher Bestandteil des Studiums.

Auswahlverfahren

Im Auswahlverfahren wird auf eine Balance zwischen der Originalität des Bewerbers und den handwerklichen Umsetzungsfähigkeiten besonderen Wert gelegt. Die Alterstruktur bewegt sich im Kern zwischen 18 und 25 Jahren. Auch für die Bewerber im Musikbusiness-Bereich werden mindestens zweijährige Erfahrungen im Musikbusiness vorausgesetzt. Tatsächlich hat sich herausgestellt, dass sehr viele Leute an der Popakademie Baden-Württemberg in Mannheim studieren möchten, aus Deutschland, aus der Schweiz oder aus Österreich, die bereits Studiengänge absolviert haben oder zumindest ein Vordiplom erworben haben.

Musikpädagogik

Ab Herbst wird es einen berufsbegleitenden Lehrgang geben, der »Popmusik an der Musikschule« heißen wird (gemeinsam mit der Bundesakademie Trossingen, dem Verband deutscher Musikschulen, der Jazz- und Rockschule Freiburg). Er wendet sich an Musikschullehrer, die im klassischen Bereich ausgebildet sind, oder die eine Unterfütterung brauchen im methodisch-didaktischen Bereich. Ausserdem werden in einem Pilotprojekt über zwei Jahre, das in Kooperation mit der Jazz- und Rockschule Freiburg betrieben wird, ab Herbst 2003 Schulmusikerinnen und Schulmusiker weitergebildet.

Kooperationen

Bisherige Kooperationspartner sind die Filmakademie Baden-Württemberg in Ludwigsburg (Videoclip-Workshop) die Musikhochschule in Mannheim (zur Verfügung stellen von Räumen, Abgleichung von ergänzenden Studieninhalten). Konkrete Projekte: Workjazz Mannheim als Kooperation zwischen Popakademie, Stadt Mannheim und der Hochschule für Musik. Workshop für Schulmusiker in der Hochschule für Musik. Weitere Kooperationen mit anderen Einrichtungen auch im europäischen Zusammenhang werden folgen. Insgesamt sieht sich die Popakademie Baden-Württemberg als Partner des gesamten Popbereiches, der Kreativen und Verwerter, der Szenen, Communities und der Musikbranche. Die Popakademie ist der Melting Pot für neue Ideen, künstlerische und vermarkterische. Die nächste Generation von Musikern und Businessmenschen in der Popmusik wächst hier heran: Gemeinsam und vernetzt.

Soziokultur – eine Frage der Qualifikation?

Kulturpolitische Anmerkungen zum Bedarf am kulturpädagogischen Nachwuchs

Wolfgang Schneider — Politik & Kultur 5/2010

Die Soziokultur ist in die Jahre gekommen. Die Bewegung ist erlahmt, die Konzepte sind angestaubt, die Macher ergraut. Die Methoden sind schon lange nicht mehr Alleinstellungsmerkmal der soziokulturellen Zentren. Soziokultur hat als Prinzip Eingang gefunden in die gesamte Kulturlandschaft: All überall Kultur für alle, immer wieder mal das Bürgerrecht auf Kultur und selbst das Stadttheater in der Provinz akquiriert mittlerweile neue Publika zum Heimspiel«. Und trotzdem kann die kommunale Kulturpolitik nicht mehr ohne soziokulturelles Angebot eine relevante und nachhaltige Kulturentwicklungsplanung fortschreiben. Fragt sich nur, mit wem? Wer führt die Soziokulturellen Zentren ins fünfte Jahrzehnt? Welche Qualifikationen werden gebraucht? Wie steht es um die Nachwuchsförderung, wie um die Ausbildung, wie um die beruflichen Chancen?

Die Enquete-Kommission »Kultur in Deutschland« des Deutschen Bundestages empfiehlt der Bundesregierung, »die Arbeit und Wirkungsweise von soziokulturellen Zentren so zu evaluieren, dass daraus Erkenntnisse für die Weiterentwicklung der Studiengänge und Curricula in den Kulturwissenschaften gewonnen werden können«. Mit Mitteln des Bundesbeauftragten für Kultur und Medien wurde die Kulturpolitische Gesellschaft betraut, mittels Interviews ein Qualifikationsprofil zu erstellen, das Ausbildungsgrundlagen und -erfordernisse für Mitarbeiter in der Soziokultur formuliert. Inhaltlich geht es darum, die soziokulturelle Praxis im Blick auf Programmangebote, Arbeitsabläufe, Organisationsstrukturen, Zielgruppenarbeit und Selbstverständnis zu befragen, um daraus Folgerungen für die Anforderungen derartiger Tätigkeiten gewinnen zu können. Auf einer Fachkonferenz Ende 2009 an der Fachhochschule Potsdam wurden erste Ergebnisse diskutiert.

Am Anfang war das Projekt, dann kamen die Zentren und heute geht es vor allem um das Überleben! Ist die Soziokultur noch der Raum für die Selbstverwirklichung von Subkulturen? Ist das soziokulturelle Projekt noch das Modell der Kulturpädagogik? Ist das soziokulturelle Zentrum noch der Ort des Paradigmenwechsels von der Sozial- zur Kulturarbeit? Im Wettbewerb der Freizeitgesellschaft geht mittlerweile dem Publikum die Puste aus; denn so viel Programm war nie. Soziokultur muss mit dem Spaßbad ebenso konkurrieren wie mit der Softwareindustrie. Soziokultur muss sich mit der Inszenierung der Shoppingmalls, Musentempeln, Medien- und Musikbranche messen. Soziokultur muss sich in der Kulturförderung gegen all die Traditionen, die Tanker und die vielen Teilöffentlichkeiten legitimieren. Die Einschätzung der Enquete-Kommission scheint daher doch eher idealistisch als realistisch zu sein. Soziokulturelle Zentren seien als eigenständiger Förderbereich in der Kulturpolitik zu identifizieren, zu institutionalisieren und weiterzuentwickeln, heißt es im Abschlussbericht von 2007. Das war bisher nicht einfach, das wird erst recht nicht einfach sein und schon gar nicht einfach werden. Dazu bedürfte es nämlich klarer Definitionen, konkreter Konzeptionen und dezidierter kulturpolitischer Aufträge.

Wie war das nochmal mit der Wiedergewinnung des Ästhetischen? Was hatte Hermann Glaser mit der Mitbestimmung des Individuums durch Mitbestimmung in und an der Gesellschaft gemeint? Was wollte Hilmar Hoffmann mit der Kultur für alle von allen? Wenn man diese theoretischen Maßstäbe anlegen würde, müsste man zu der Erkenntnis gelangen, dass die soziokulturelle Praxis gescheitert ist. Aber sie ist im Großen und Ganzen noch immer näher dran, an den Themen der Zeit, an den Menschen vor Ort, an Interdisziplinarität, Internationalität und Interkulturalität als all die anderen öffentlichen geförderten Träger der Kultur. Dort wo die Soziokultur sich der künstlerischen Auseinandersetzung im wahrsten Sinne des Wortes widmet, kann sie wahrhaftig sein; dort wo sie sich ihrer Standortsensibilität gewahr wird, kann sie authentisch sein; und dort wo sie sich als Hort der Alltagskultur versteht, kann sie Impulse für die Gesellschaft geben.

Die Wahrnehmung von Soziokultur in der Öffentlichkeit ist unterschiedlich. Das hat auch damit zu tun, dass sie gelegentlich allzu selbstreferenziell im eigenen Saft schmort. Aber auch die gegenläufige Tendenz, auf jeden fahrenden Zug aufzuspringen und systemkonform zum Beispiel beim kulturpolitischen Hype um die kulturelle Bildung dabei zu sein, trägt nicht unbedingt zur Profilbildung bei. Immer mehr Selbstausbeutung und immer mehr Ehrenamt, gleichzeitig aber auch immer mehr Akquise von Eigeneinnahmen schaffen nicht die Rahmenbedingungen für eine sichere Zukunft. Und das wiederum wirft genau die Frage auf, welche Eignung das Personal von morgen mitbringen muss. Machen alle alles? Braucht es Generalisten oder Spezialisten? Und wie steht es um die Professionalisierung, Qualifizierung und Institutionalisierung? Quo vadis Soziokultur?

Die alten Hasen erwarten selbstverständlich Qualifikationen, die sie selbst haben oder zumindest gerne gehabt hätten; die modernen Kulturmanager erwarten den Kulturbetriebswirt; und die Erwartung aller ist die eierlegende Wollmilchsau, die mit Studienabschluss auch gleichzeitig schon eine 25-jährige Praxiserfahrung mitbringt. Eines dürfte dabei aber klar sein: Ohne eine enge Verzahnung von Studium und Soziokultur kann es zukünftig nicht weitergehen. Beste Voraussetzungen bildet das Freiwillige Soziale Jahr Kultur, mit dem sich so manch einer der Kulturbetriebe mittlerweise personell über Wasser zu halten versucht. Der Einsatzort soziokulturelles Zentrum könnte mit Sicherheit attraktiver sein, wenn sich die Landesverbände als Partner einbringen, Standards für Projektarbeit definieren und spezifische Rahmenbedingungen formulieren würden. Die Verknüpfung von Lehre mit obligatorischen Praktika, ja warum denn auch eigentlich nicht in letzter Konsequenz die Etablierung der kulturellen Praxis als Studienbereich, wird unabdingbar für die Begleitung des Entwicklungsprozesses sein. Völlig unausgereift ist bisher das Angebot von Volontariaten. Hier besteht akuter Handlungsbedarf, hier bedarf es in den Personalhaushalten geeigneter Festlegungen, hier müssen Landesprogramme flächendeckend Sorge dafür tragen, dass die eigenverantwortliche Einarbeitung zur existentiellen Frage der Struktur gemacht wird.

Modelle der Nachwuchsförderung sind notwendig, sie müssen ausprobiert und evaluiert werden, sie müssen Programmauftrag und Managementaufgabe sein. Und all das bedarf der Spiegelung in den Studiengängen. Soziokultur muss ins Curriculum. Kulturstudiengänge ohne Seminare und Übungen zur Soziokultur sind nicht mehr haltbar, sie gefährden die im Bologna-Prozess geforderten Employability der Absolventen. Wer nichts von Soziokultur weiß, weiß auch nichts in der beruflichen Praxis damit anzufangen. Es braucht Kompetenzen, um in der Soziokultur zu bestehen, künstlerischen Kompetenzen, kulturpädagogische Kompetenzen und kulturmanageriale Kompetenzen. Die Kulturwissenschaften bieten hierfür eine Chance, allerdings nur dann, wenn sie sich auf die Theorie und die Praxis der Künste einlassen, wenn sie Kulturpolitik als Gesellschaftspolitik verstehen, wenn sie Kulturvermittlung als umfassende ästhetische Kategorie begreifen. Da muss sich an manch einer Hochschule einiges ändern! Es könnte sich auch dadurch etwas ändern, wenn genügend qualifizierte Dozenten aus der soziokulturellen Praxis

Machen alle alles? Braucht es Generalisten oder Spezialisten?

zur Verfügung stünden. Lehraufträge sollten zum Arbeitsprofil jener nächsten Generation gehören, denen die Leitung von Soziokulturellen Zentren anvertraut wird.

Bedarf es nach all den Argumenten vielleicht sogar eines eigenen Studienganges? Soziokultur als Fach? Eine Art Sozio-Kulturwissenschaft? Nein, dieses Fach braucht es nicht! Denn wenn es so ist, wie die Enquete-Kommission es in ihrer Bestandsaufnahme festhält, dass in ganz Deutschland keine zwei Zentren zu finden sind, die in Organisations- und Programmstruktur identisch sind, dann ist Vielfalt keine Beliebigkeit, sondern Prinzip und Methode. Und dies gilt es zu sichern Soziokultur gestaltet sich insbesondere nach den Erfordernissen und Bedürfnissen der urbanen und regionalen Gegebenheiten, von sozialen und kulturellen Bewegungen, des ökonomischen und demografischen Wandels. Sie ist geprägt durch die Menschen, die sie machen, sie ist geprägt von den gesellschaftlichen Herausforderungen und gelegentlich auch von der Architektur, in der sie stattfindet. Sie braucht vor allem die Kompetenz der Kommunikationsfähigkeit – und die braucht Anspruch, Empathie und Persönlichkeit.

Offenheit und Neugier schärfen zudem den Blick auf die Veränderungen in der Gesellschaft. Insofern braucht es den neuen Typus des Kulturvermittlers, der in der Kulturbetriebslandschaft vielfältig einsetzbar ist. Die Durchlässigkeit im Personalwesen könnte auch der Soziokultur gut tun – als Netzwerk im kommunalen Raum, als Kooperationspartner in der Region, als offenes Kulturzentrum in der Stadt. Die Zukunft der Soziokultur ist demnach also sehr stark mit der Qualifikation der Generation Nachwuchs verbunden. Wenn es gelänge, den Transformationsprozess auch personell zu gestalten, wenn es gelänge, Arbeitsstrukturen zu sichern, die künstlerisch und kulturpädagogisch Gewicht haben, wenn es gelänge, nachhaltig Aus-, Fort- und Weiterbildung zu reformieren, dann müsste es uns um die Soziokultur nicht bange sein.

4

Soziale Sicherung

Mit Beiträgen von:

Sigrid Betzelt, Caroline Dangel, Achim Dercks, Stefanie Ernst, Uwe Fritz, Rainer Fuchs, Ulrich Grintsch, Eckhard Kloos, Bernhard Kotowski, Angelika Krüger-Leißner, Jens Regg, Sabine Schlüter, Gabriele Schulz, Ulrich S. Soénius, Heinrich Tiemann und Olaf Zimmermann

Frei flottierend auf dem Markt der Kultur

Welche Chancen und Risiken birgt die Selbständigkeit im Kultur- und Mediensektor?

Sigrid Betzelt — Politik & Kultur 5/2004

Immer mehr KulturberuflerInnen arbeiten nicht als Festangestellte, sondern als Solo-Selbständige, das heißt ohne weitere Angestellte. Dabei hat freie Mitarbeit in den Kulturberufen bereits Tradition. Insofern ist der Kultur- und Mediensektor Vorreiter eines Trends, der sich auch in anderen wissensintensiven Dienstleistungsfeldern durchsetzt. Die Chancen und Risiken selbständiger Erwerbsarbeit im Kulturbereich wurden von Prof. Karin Gottschall und Dr. Sigrid Betzelt, Zentrum für Sozialpolitik der Universität Bremen, untersucht. Das dreijährige Forschungsprojekt wird gefördert durch die Deutsche Forschungsgemeinschaft im Schwerpunktprogramm »Professionalisierung, Organisation, Geschlecht«.

Die meisten der »SelbstunternehmerInnen« haben einen Hochschulabschluss, und es finden sich überproportional viele Frauen unter ihnen. Das Besondere dieser Erwerbsform im Vergleich zu Festangestellten oder den klassischen Freien Berufen ist, dass ihre Arbeit kaum durch staatliche Vorgaben oder berufsständische Organisationen verbindlich reguliert wird: Es existieren weder standardisierte Ausbildungswege und geschützte Berufsbezeichnungen noch verbindliche Preis- und Qualitätsstandards. Statt Tarifverträgen gibt es höchstens unverbindliche Honorarempfehlungen freiwilliger Berufsorganisationen. Die einzelnen AlleindienstleisterInnen sind damit unmittelbar den Marktbedingungen ausgesetzt. Diese Situation bringt einerseits erhöhte Risiken mit sich, andererseits können die »Freien« Arbeitszeit und -ort selbst bestimmen und müssen sich nicht den Anordnungen eines Chefs fügen.

Diese Untersuchung bezieht sich auf vier Berufsgruppen – JournalistInnen, ÜbersetzerInnen, LektorInnen und DesignerInnen. Die Ergebnisse stützen sich auf Expertengespräche mit Berufsverbänden und Gewerkschaften, schriftliche Befragungen und über 40 biografische Interviews von Berufsangehörigen im Bundesgebiet. Erste Teilergebnisse wurden bereits veröffentlicht *(vgl. www.zes.uni-bremen.de)*, gegen Ende des Jahres 2004 erscheint ein Abschlussbericht.

Ergebnisse der Studie

Ein erstes Ergebnis ist das erhebliche Manko an aussagefähigem statistischem Material zur Sozialstruktur der Kulturberufe, also zur Zusammensetzung nach Geschlechtern, den Anteilen Selbständiger, der Verteilung von Einkommen, Arbeitszeiten und privaten Haushaltsformen. Dem Kulturbereich als Arbeits- und Dienstleistungsmarkt wurde in der Vergangenheit von offizieller Seite offenbar wenig Aufmerksamkeit geschenkt. Doch selbst die Berufsverbände haben nur wenige Informationen über ihre Mitglieder. Sie unterstützten deshalb das Forschungsprojekt bei der Durchführung eigener Erhebungen, indem sie den Zugang zu ihren Mitgliedern ermöglichten. Gleichwohl können die dadurch erhobenen statistischen Daten die Informationsdefizite nur begrenzt kompensieren und haben daher eher illustrativen Charakter. Wichtige neue Erkenntnisse liefern darüber hinaus die zahlreichen Intensivinterviews. An dieser Stelle nur einige Schlaglichter auf die Ergebnisse:

Rund drei Viertel der weit überwiegend akademisch gebildeten Befragten gaben relativ niedrige Einkommen zwischen unter 10.000 Euro und maximal 30.000 Euro im Jahr an, nur eine kleine »Elite« von unter 10 % schätzte den Verdienst deutlich höher. Die meisten der Interviewten sind daher zumindest phasenweise auf die finanzielle Unterstützung von (Ehe-)PartnerInnen oder Eltern angewiesen. Die Kulturberufe bieten Selbständigen trotz hoher Qualifikationen und hohen zeitlichen Engagements also nicht durchweg existenzsichernde Einkommen. Einfluss auf den »Markterfolg« und damit die Einkommenshöhe haben das jeweilige Branchensegment, gefundene Marktnischen, der Spezialisierungsgrad der AlleindienstleisterInnen und – last but not least – die Kompetenz der Selbstvermarktung. Die Einbindung in Netzwerke anderer Professioneller und/oder von Auftraggebern ist zudem relevant. Die Einkommensunterschiede zwischen Frauen und Männern sind zumindest unter den Befragten der Studie relativ gering. In der Bilanzierung der Vor- und Nachteile ihrer Selbständigkeit überwiegen für die meisten Interviewten die Vorzüge der relativ selbstbestimmten Arbeitsgestaltung. Moniert wird allerdings von vielen die schlechte soziale Absicherung und – nahezu einstimmig – die mangelnde Vorbereitung auf die Anforderungen der Selbständigkeit in der Ausbildung. Die Frage nach dem »Mischungsverhältnis« von professioneller Selbstbestimmung und existenzieller Unsicherheit lässt sich noch nicht abschließend beantworten. Es zeichnet sich aber eine gewisse Polarisierung ab, die mit dem Berufsverständnis zusammenhängt: Das Spektrum reicht von einem primär künstlerisch oder wissenschaftlich geprägten Verständnis mit Drang zur Selbstverwirklichung bis zur Identifikation als DienstleisterIn mit starker Kundenorientierung. Die Ansprüche an professionelle Qualität der Arbeit sind individuell verschieden, und die Aushandlung der eigenen Ambitionen mit den Vorstellungen der Auftraggeber gelingt nicht allen gleichermaßen.

Handlungsbedarf

Als vorläufiges Fazit ist festzustellen, dass die Situation der AlleindienstleisterInnen mehr Aufmerksamkeit verdient. Handlungsbedarf besteht bei verschiedenen Akteuren:

- Die hohen individuellen Risiken, die diese Gruppe eingeht, sollten durch ausreichende institutionelle Absicherungen begrenzt werden, auch um gesellschaftliche Folgekosten zu vermeiden.
- Die Berufsverbände sollten ihre Weiterbildungsangebote insbesondere zur Selbstvermarktung ausbauen. Um gerade den kommerziell (noch) wenig Erfolgreichen die nötige Weiterbildung zu ermöglichen, sollte zum Beispiel über verbilligte Weiterbildungsgutscheine nachgedacht werden.
- Die Ausbildungseinrichtungen, besonders die Hochschulen, sollten dringend das Rüstzeug zur Selbständigkeit als häufig einzig realistischer Erwerbsform in die Lehrpläne aufnehmen. Die Vermittlung betriebswirtschaftlichen Basiswissens und bestimmter Marketingkompetenzen fehlt in künstlerischen

und geisteswissenschaftlichen Studiengängen meist völlig. Außerdem sollte nicht länger auf den künstlerischen Einzelkämpfer orientiert werden, sondern die Wichtigkeit professioneller Netzwerke für die selbständige Existenz hervorgehoben werden.

- Die amtliche Statistik und andere Datenquellen sollten selbständige Erwerbsformen und die Dienstleistungsberufe differenzierter erfassen, um Informationsdefizite zu verringern.

Künstler im Spannungsfeld zwischen Arbeit und Leben
Eine empirische Untersuchung an der Universität Bonn

Caroline Dangel — Politik & Kultur 5/2004

Die wirtschaftliche und soziale Situation von Künstlerinnen und Künstlern in Deutschland ist aktuell eines der wichtigsten kulturpolitischen Themen. Die Frage, wie weiterhin die soziale Absicherung von Kulturschaffenden garantiert werden soll, beschäftigt zur Zeit unter anderem die Enquete-Kommission des Deutschen Bundestages »Kultur in Deutschland«. Angesichts von Einsparungen der öffentlichen Haushalte auf allen Ebenen und der angespannten wirtschaftlichen Lage, ist es nur folgerichtig zu fragen, wie künstlerische Unabhängigkeit und ökonomische Sicherheit für die in Kunst und Kultur Tätigen weiterhin gewährleistet werden kann.

Als besondere Schwierigkeit in dieser Debatte kann gewertet werden, dass wir auf vielen Ebenen nur sehr wenig über die aktuelle soziale und ökonomische Situation der Künstlerinnen und Künstler wissen. Das gilt vor allem für die Selbständigen unter ihnen. Es ist bekannt, dass das Einkommen aus der künstlerischen Tätigkeit für viele zum Lebensunterhalt kaum ausreichend sein dürfte und dass andere Erwerbsquellen oft eine große Rolle spielen. Eine Erhebung unter Berücksichtigung von Teilzeitselbstständigkeit wurde seit langem nicht mehr vorgenommen. Die letzte Kulturenquete des Bundestages in den 1970er-Jahren hatte ihren Fokus auf selbständige Künstlerinnen und Künstler im Haupterwerb gerichtet. Der hinreichende Einbezug des sozialen Umfeldes fehlt in aktuellen Untersuchungen zur Selbständigkeit von Künstlerinnen und Künstlern, doch gerade Arbeitsräume und Lebensräume überschneiden sich häufig. Die Bedeutung der Familie bzw. die Bedeutung des Haushaltes sowie die Frage nach der Organisation der künstlerischen Selbständigkeit für die Selbständigen müssen ebenfalls integriert betrachtet werden.

In diese Lücke stößt eine Untersuchung, die zur Zeit am Lehrstuhl für Haushalts- und Konsumökonomik der Rheinischen Friedrich-Wilhelms-Universität zu Bonn in Kooperation mit dem Deutschen Kulturrat e.V. und ver.di durchgeführt wird. Hierzu wurden 3.000 Mitglieder von ver.di angeschrieben, die angegeben hatten, als Bildende Künstler, Darstellende Künstler, Musiker und Schriftsteller beziehungsweise Literarische Übersetzer selbständig zu sein.

Untersucht werden verschiedene Aspekte, die Erkenntnisse über Arbeit und Leben der selbständigen Künstlerinnen und Künstler in Deutschland geben sollen. So ist zunächst die Frage nach dem Weg in die Selbständigkeit von großer Wichtigkeit. Waren die Befragten zuvor Studenten, abhängig Beschäftigte oder möglicherweise in anderen, nichtkünstlerischen Bereichen selbständig? Darüber hinaus soll untersucht werden, ob besondere Motive für den Schritt in die Selbständigkeit eine Rolle spielen und wenn ja, wie diese aussehen. Denkbar sind hierbei zum Beispiel das Gefühl der persönlichen Unabhängigkeit oder die Vereinbarkeit von Haushalt und Familie mit dem Beruf.

Auch das subjektive Empfinden der Künstlerinnen und Künstler als Selbständige geht in die Untersuchung ein. Die Erkenntnis über das Maß an individueller Zufriedenheit und die Nennung besonderer Probleme ist für die Bewertung der eigenen Situation relevant.

Um zudem die ökonomische Bedeutung der künstlerischen Tätigkeit einordnen zu können, ist es nicht nur wichtig, den Anteil dieser Tätigkeit am gesamten persönlichen Einkommen zu erfragen, sondern auch das gesamte Haushaltseinkommen.

Traditionell arbeiten Künstlerinnen und Künstler alleine oder mit einer nur sehr geringen Anzahl an Mitarbeiterinnen und Mitarbeitern. Daher werden sie ökonomisch den Kleinstbetrieben zugeordnet, auch wenn Kulturschaffende gewöhnlich freiberuflich selbständig sind und sich selbst nicht als Unternehmer bezeichnen würden. Gerade bei kleinen Unternehmen in Deutschland übernehmen Personen aus dem mikrosozialen Umfeld im Unternehmen verschiedene Funktionen. Untersucht werden soll daher in diesem Zusammenhang, inwiefern dieses Phänomen auf die Künstler-Unternehmung zutrifft. So kommen zum Beispiel die Ehepartner bei der ideellen, materiellen und beratenden Unterstützung oder als Mitarbeiter oder mithelfende Familienangehörige in Frage.

Doch nicht nur, was die im Unternehmen tätigen Personen betrifft, gibt es Verflechtungen mit dem Haushalt, sondern auch in den Mitteln und Zielen der beiden Systeme. Aus diesem Grund geht das Modell des sogenannten Haushalts-Unternehmens-Komplexes, das der Arbeit zugrunde liegt, davon aus, dass Unternehmen und Haushalt nicht als zwei getrennte Systeme, sondern als ein sozioökonomisches System betrachtet werden müssen. Da unternehmerische Tätigkeiten kleiner Betriebe häufig im Wohnbereich ausgeübt werden, können Haushaltsressourcen für das Unternehmen und Unternehmensressourcen für den Haushalt genutzt werden, wie zum Beispiel der Privatwagen für Wege im Rahmen der Selbständigkeit oder umgekehrt. Im Hinblick darauf ist vor allem bei Künstlern als freiberuflich Selbständige der Aspekt Haushalts- und Unternehmensfinanzen interessant. Da freiberuflich Selbständige nicht zur doppelten Buchführung verpflichtet sind, müssen sie nicht zwingend Unternehmenseinnahmen und -ausgaben von den Haushaltseinnahmen und -ausgaben getrennt führen. Wie die Befragten mit diesem Sachverhalt umgehen, ist ebenfalls Bestandteil der Untersuchung.

Alle der genannten Aspekte stehen unter dem Ziel des Versuchs einer Typisierung von Künstler-Selbständigkeiten. Teilzeitselbständige werden gesondert ausgewiesen. Anhand der Ergebnisse soll außerdem ein Ausblick darüber gegeben werden, wie eine Beratung für selbständige Künstler, die über die alleinige Betrachtung des Unternehmens hinausgeht, aussehen könnte. Gerade unter Berücksichtigung der starken Verzahnung von Haushalt und Unternehmung bei selbständigen Künstlern kann aufgezeigt werden, wo Handlungsbedarf besteht, nicht nur für den einzelnen Künstler, sondern auch für die Politik. Die Ergebnisse der Arbeit tragen somit auch zur Entscheidungsfindung im Rahmen der aktuellen Überlegungen zur Zukunft der wirtschaftlichen und sozialen Lage der Künstlerinnen und Künstlern in Deutschland bei.

Big in Berlin? Bildende Künstler und Hartz IV

Stefanie Ernst im Gespräch mit Bernhard Kotowski und Jens Regg — Politik & Kultur 3/2009

Die Hauptstadt zieht Künstler aus der ganzen Welt an. Zwischen 5.000 bis 6.000 bildende Künstler leben in der Kunst-Metropole an der Spree. Die Galeriendichte ist so hoch wie in keiner anderen deutschen Stadt. Doch unter welchen Bedingungen arbeiten und leben die hier ansässigen Künstler und welches Spannungsverhältnis besteht zwischen Berufskünstlertum und finanzieller Unterstützung durch den Staat?

Herr Kotowski, wie hat sich die Berliner Kunstszene seit der Wende verändert?
Kotowski: Die Berliner Kunstszene hat sich drastisch verändert. Nach 1989 sind die Szene Ost und die Szene West zusammengewachsen. Das daraus hervorgegangene kulturelle wie künstlerische Potenzial war und ist ungeheuer groß. Berlin wurde im Laufe der letzten 20 Jahre zu dem zentralen Produktionsort für bildende Kunst, nicht nur in Europa, sondern weltweit. Die Zahl der Künstler ist erstaunlich angestiegen, sie hat sich sicherlich nahezu verdoppelt.

Der große Anstieg einer Berufsgruppe schafft auch neue Tatsachen für die Agentur für Arbeit und die Jobcenter.
Regg: Für die Arbeitsagenturen gab es in den letzten 20 Jahren mehrere Zäsuren. Der erste Einschnitt kam mit der Deutschen Einheit, die für die Arbeitsagenturen die besondere Problematik der wirtschaftlichen Umwälzung eines ganzen Systems und der Integration in die neuen Abläufe bedeutete. Nach der Wende herrschte eine hohe Arbeitslosigkeit, Kurzarbeit stand auf der Tagesordnung. Viele Menschen aus der ehemaligen DDR erlebten im Berufsleben einen strukturellen Bruch, machten zum ersten Mal die Erfahrung mit Arbeitslosigkeit. Der zweite Einschnitt folgte 2004/05 mit der Einführung des Sozialgesetzbuches II. Durch die Zusammenlegung von Sozialhilfe und Arbeitslosenhilfe wurde zum ersten Mal das reale Ausmaß von Arbeitslosigkeit auf der Ebene der Grundsicherung der Bevölkerung deutlich. Mit aller Wucht bekamen wir zu spüren, was es heißt, fünf Millionen Arbeitslose zu haben. In den letzten Jahren haben sich die Zahlen deutlich verbessert. In Berlin haben wir, wie in anderen Großstädten auch, einen sehr hohen Anteil an Menschen, die Hartz IV beziehen. Derzeit betrifft das in der Hauptstadt etwa 20 % der Bevölkerung.

Gegenwartskunst steht hoch im Kurs. In Berlin gibt es zwischen 5.000 bis 6.000 Berufskünstler; gleichzeitig hat Berlin keine fest installierte Kunsthalle zur Präsentation der Werke. Ist diese Tatsache typisch für das Dilemma in der

Hauptstadt: man schmückt sich gerne mit Kunst, möchte aber die Kosten möglichst gering halten?

Kotowski: Berlin tut – etwa durch die Atelierförderung – schon etwas für Künstler. Aber nicht genug. So kann Kunst aus finanziellen Gründen nicht angekauft werden. Das ist nicht nur eine kulturelle Katastrophe, sondern wirkt sich auch auf die sozialen Bedingungen der hier lebenden Künstler aus; ihnen fehlt schlichtweg das Geld. Der Durchschnittsverdienst eines Bildenden Künstlers liegt bei 600 Euro im Monat. Das ist die Summe, die sich aus allen Einnahmequellen, das können Leistungen nach dem SGB II, familiäre Unterstützung oder außer-künstlerische Tätigkeit sein, zusammensetzt. Ein Viertel der Künstler gibt laut Befragungen an, dass sie stark von familiärer Unterstützung abhängig sind. Mit 600 Euro kann man keine Kunst machen, kein Atelier unterhalten. Wirklich gut von der Kunst leben, das können lediglich vielleicht 2 bis 3 %. Viele kämpfen momentan mit dem Problem, dass seit Jahren die einnahmeträchtigen Nebenjobs zurückgehen. Die Handhabung der Lebenshaltung von Künstlern scheint mir hier wichtiger als die Frage, ob es eine Kunsthalle geben sollte oder nicht.

Sind sich (angehende) Künstler dieser Lebenswirklichkeit bewusst?

Kotowski: Bei Aufnahme des Kunststudiums denkt man nicht unbedingt, dass man reich wird. Aber man glaubt an sein Talent. Während des Studiums tritt dann eine Veränderung auf. Viele Kunststudenten suchen bereits während ihres Studiums nach Alternativen und nehmen den Hauptberuf Künstler erst gar nicht mehr auf. Die, die dann Berufskünstler werden, sind sich darüber bewusst, welche Herausforderungen eine solche Entscheidung mit sich bringt. Nicht ganz unproblematisch ist die Tatsache, dass die Künstler in den ersten Jahren nach Beendigung des Studiums oftmals Förderungsmöglichkeiten finden, diese Töpfe dann aber nach zehn, fünfzehn Jahren versiegen. Der Kunstmarkt ist extrem schwer berechenbar und von Entwicklungen abhängig, die mit der eigenen künstlerischen Qualität nichts zu tun haben. Aus diesen unbeeinflussbaren Gründen stehen viele Künstler mit Mitte vierzig vor einer biographischen und wirtschaftlichen Krise. Dann sind sie jedoch in einem Alter, in dem die Entscheidung einer beruflichen Neuorientierung nicht mehr so leicht fällt.

Herr Dr. Regg, wie viele der Künstler suchen aufgrund ihrer finanziellen Not den Weg zu den Jobcentern? Und wie berät man eine Berufsgruppe, die ja sehr heterogen ist?

Regg: Künstler stellen tatsächlich eine sehr heterogene Gruppe dar, die sich stark von der der »Normalbürger« unterscheidet. Unter den etwa 5.000 in Berlin lebenden Künstlern befinden sich Maler, Schriftsteller, Schauspieler, Tänzer, Musiker und viele andere. Auch Designer zählen dazu; sie stellen die größte Gruppe derer, die von Arbeitslosigkeit unter dem Aspekt der Grundsicherung betroffen ist. Wir haben festgestellt, dass es bei der Beratung der Kulturschaffenden Defizite gibt. Denn bei Kulturschaffenden und Künstlern haben wir es in der Regel mit Menschen zu tun, die freiberuflich tätig sind. Selbständige gibt es auch in anderen Berufsgruppen, dennoch müssen die Belange dieser Gruppe gesondert berücksichtigt werden. Das Wissen um die besondere Lebenssituation der Künstler ist nicht bei allen Mitarbeitern in den 12 Berliner Jobcentern vorhanden. Aus diesem Grund wollen wir zukünftig in jedem Jobcenter einen Ansprechpartner etablieren, der genaue Kenntnis hat von den besonderen Belangen des freiberuflichen Künstlers und der den anderen Mitarbeitern vor Ort

Hilfestellung bei spezifischen Fragen geben kann. Hier soll folglich eine Zwitterfunktion im Sinne eines Ansprechpartners geschaffen werden, der persönliche Gespräche mit den Betroffenen führen kann, der gleichzeitig aber auch als Fachkollege für die übrigen Mitarbeiter der Jobcenter fungiert und den Kontakt zu den Berufsverbänden hält. Künstler suchen ja aufgrund ihrer Freiberuflichkeit nicht originär Arbeit im Sinne einer anderen Tätigkeit. Lebenszweck ist es, von der Kunst leben zu können.

Arbeiten Sie im Rahmen der Qualifizierung der Ansprechpartner in den Jobcentern mit dem Bundesverband Bildender Künstlerinnen und Künstler e.V. (BBK) zusammen? Der Verband bietet ja unter anderem Seminare zur Weiterqualifizierung und zur rechtlichen Beratung von Künstlern an.
Regg: Die Zusammenarbeit wäre wünschenswert. Bislang gab es ein erstes Treffen, bei dem Vertreter der wichtigsten Jobcenter anwesend waren. Es steht noch einige Arbeit bevor. Der Bekanntheitsgrad der Ansprechpartner in den Jobcentern bei den Kollegen muss noch gesteigert werden. Über diese speziellen Berater wird dann auch bei Bedarf der Kontakt zum bbk hergestellt. Der Ansprechpartner kennt die besondere Lebenssituation der Künstler, kann Vorgebrachtes bewerten, kann Hinweise auf Weiterbildungsangebote geben etc. Wir können für die Künstler keine Ausstellungen organisieren, aber wir können behilflich sein, wenn es darum geht, Kontakte zu knüpfen und Hilfestellung zu geben.
Kotowski: Es ist wichtig, dass die Berufskünstler in den Jobcentern als solche wahrgenommen werden und dass man sie nicht aus ihrem Beruf herausdrängt. Um die Abhängigkeit von der Unterstützung zu verringern, sollte der Künstler nicht den Beruf aufgeben müssen, für den er qualifiziert ist. Zudem gibt es zurzeit noch Schwierigkeiten bei der Anrechnung von Einkommen. Das wird sich hoffentlich durch die Installierung der Ansprechpartner in den Jobcentern ändern. Ich verspreche mir von der Initiative, dass spezifische Berufsförderungsleistungen angeboten werden können. Das war bisher nur begrenzt der Fall. Eine stärkere Kohärenz in der Arbeit wäre wünschenswert. So käme man von der Einzelfallbearbeitung weg und hätte einen gewissen inhaltlichen Rückhalt für die Künstler wie auch für die Mitarbeiter in den Jobcentern.

Was gab den Anstoß für diese Neuerung?
Regg: Anlass war ein Brief des bbk. Die Vermittlung übernahm dann die Bundestagsabgeordnete Angelika Krüger-Leißner, die im parlamentarischen Raum die Belange von Kulturschaffenden vertritt. Im Gespräch haben wir dann diese Idee gemeinsam entwickelt. Für Freiberufler müssen spezifische Angebote geschaffen werden. Einem Künstler nutzt es weder in seinem eigenen Fortkommen noch bei seiner Stabilisierung, wenn man ihn ein halbes Jahr lang in eine völlig sachfremde Maßnahme steckt, nur um ihn in einer Maßnahme zu haben. Man muss fragen, was kann man diesen Künstlern anbieten, was bringt sie weiter, was gibt ihnen Impulse?

Wird diese Initiative auch in anderen Jobcentern zum Tragen kommen?
Kotowski: Das wäre erstrebenswert. Dazu benötigt man auch keine Rechtsänderung. Das SGB II bietet hier genügend Raum, lediglich die Anwendung ist noch nicht flexibel genug. Am Anfang konnte man gar nicht überschauen, welch großer organisatorischer Aufwand mit der Umstellung einhergehen würde. Die Mitarbeiter in den Jobcentern waren erstmal über Jahre hinweg damit beschäftigt, sich

selber zu finden. Der organisatorische Aufwand wurde unterschätzt, daraus resultierte dann eine gewisse Gereiztheit gegenüber den Jobcentern.
Regg: Genau das ist der Punkt. Wir haben hier ein System, das 2005 etabliert wurde. Die Mitarbeiter mussten sich vollkommen umstellen, selbst jene, die zuvor im Sozialamt oder im Arbeitsamt gearbeitet hatten. Um mit den Spezifika des SGB II umgehen zu können, bedarf es einiger Zeit und Erfahrung. In den vergangenen 4 Jahren haben wir aber eine ganze Menge verbessern können. Wenn wir es nun noch hinbekommen, dass die Belange der freiberuflichen Künstler besser gehandhabt werden können, hätten wir ein weiteres Ziel erreicht.
Kotowski: Die Einkommenssituation freiberuflich arbeitender Künstlern ist schwierig, und wird es in den nächsten Jahren und Jahrzehnten auch bleiben. Mit anderen Worten: Die Einkommenssituation für diese Berufsgruppe ist und bleibt prekär. Folglich ist die Wahrscheinlichkeit, dass man als Berufskünstler Leistungen nach dem SGB II in Anspruch nehmen muss, extrem hoch; höher als in jeder anderen vergleichbar qualifizierten Berufsgruppe. In Berlin gab es praktisch keinen Berufskünstler, der nicht seit Bestehen der Möglichkeit Leistungen der sozialen Künstlerförderung in Anspruch genommen hätte. Berufskünstlertum ist ohne existenzielle Not kaum vorstellbar, das ist eine Tatsache. Es ist ein Skandal, dass wir unsere Gesellschaft nicht so organisieren können, dass künstlerische Berufe ohne permanente Existenznot ausgeübt werden können.

Vor diesem Hintergrund könnte man sich fragen, wie viele Künstler sich eine Gesellschaft überhaupt leisten kann?
Kotowski: Diese Frage kann man praktisch nicht beantworten. Das Bedürfnis nach Kunst ist unendlich groß.

Das Bedürfnis nach Kunst oder das Bedürfnis Kunst zu schaffen?
Kotowski: Das Bedürfnis nach Kunst.
Regg: Der »normale« Bürger schaut sie sich sehr gerne an, scheut sich aber Kunst zu kaufen. Das Angebot der Kunsthallen und Ausstellungshäuser nimmt man gerne in Anspruch und erwartet Vielfältigkeit. Hier besteht ein Dilemma. Es scheint nur wenige zu geben, die Kunst erwerben.
Kotowski: Zum Kunstkauf gehört immer eine besondere ästhetische Erziehung, die oftmals in den Schulen so nicht mehr vermittelt wird. Im Fall von Ausstellungen ist auch die urheberrechtliche Seite interessant. Hier wird Künstlern permanent unterstellt, es handele sich um Verkaufsausstellungen, was oftmals gar nicht der Fall ist. Vielmehr steht die Ausstellung für sich und der Künstler wird dafür nicht bezahlt. Generell gibt es das gesellschaftliche Problem, dass Kunst in Relation zu allem Übrigen immer teurer wird. Kunst ist immer Handarbeit und Handarbeit hat ihren berechtigten Preis. Unmittelbar nutzerorientierte Bilder werden nicht mehr von Künstlern sondern gewerblich geschaffen. Die Einstellung zur Kunst und ihrem Wert kann nur durch eine andere Form von Gesellschaftspolitik geändert werden. Dieses Problem können die Jobcenter nicht lösen, da sie seriöse Kulturpolitik nicht ersetzen können.

Befürchten Sie akut auch einen Rückgang der Förderprogramme?
Kotowski: Nein, das nicht. Aber man darf auch keinen Vorwand liefern, um Förderprogramme weiter reduzieren zu können.

Kunst ist verhältnismäßig teuer. Die Finanzkrise in aller Munde. Befürchten Sie einen Ansturm auf die Jobcenter?
Regg: Das ist nicht einfach zu beantworten. Ich hätte gewettet, dass die Krise gleich am

Anfang eher im SGB II-Bereich spürbar wird, als im SGB III-Bereich. Ich hatte angenommen, dass viele Jobs, die im letzten Jahr besetzt werden konnten, nun als erste wegrationalisiert werden würden. Gemäß dem Prinzip: last in, first out. Das ist jedoch nicht der Fall. Ein Großteil der in den letzten beiden Monaten arbeitslos gewordenen Menschenkommt aus dem SGB III-Bereich. Der SGB II-Bereich ist in dem Umfang nicht tangiert. Zudem herrscht eine sehr große Nachfrage nach Kurzarbeitergeld. Das sind alles Bereiche, die originär im SGB III-Bereich zu finden sind. Mittelfristig sehe ich allerdings zumindest die Gefahr, dass der Kulturbereich und damit eben auch die bildende Kunst, benachteiligt sein wird. Es wird weniger Mäzenatentum geben. Durch Sponsoring wurde die Kultur in den letzten Jahren maßgeblich unterstützt. Allein die Tatsache, dass große Medienunternehmen Großevents, die in den vergangenen Jahren mit einem Riesenaufwand stattgefunden haben, ausfallen lassen und als Kleinevents abhalten, ist ein Zeichen der Besorgnis. Die folgende Finanzkrise wirkt aber noch nicht in der Breite. Wird die Krise stärker, dann wird es im Kulturbereich Einschnitte geben. Kulturetats wurden bei Krisen meist als erstes beschnitten. Allerdings sind nicht alle Branchen von der derzeitigen Krise betroffen. Eine gewisse Sorge um die Entwicklung auf dem Kulturmarkt ist aber durchaus berechtigt. Welche Auswirkungen die Krise tatsächlich haben wird, kann momentan niemand abschätzen.

Kotowski: Kunst ist oft gegenüber wirtschaftlichen Großwetterlagen relativ robust. Die Nachfrage nach Kunst ist nicht primär von wirtschaftlichen Überlegungen abhängig. Hier wirken andere Antriebsmechanismen.

Sie befürchten also keinen Einschnitt durch den Wegfall des Mäzenatentums?

Kotowski: Nein, hier wird der Stellenwert des Mäzenatentums überschätzt. Zwar wird sich die Finanzkrise im klassischen Sponsoring oder Mäzenatentum bemerkbar machen, die Künstler werden die Krise aber überstehen.

Welche Wünsche würden Sie an dieKulturpolitik hinsichtlich der Verbesserung des Kultur- und Kunststandortes Berlin richten?

Kotowski: Eine zielgerichtete Förderung der Kulturwirtschaft kann nicht darin bestehen, dass Verlage abgeworben werden. Durch Standortverlagerung allein fördert man weder Kunst noch Kultur. Maßnahmen zur Verbesserung der Lebensbedingungen wären sinnvoll. Dazu zählen die Förderung und der Bau von Ateliers, die Vergabe von Aufträgen für Bildende Künstler, die Steigerung von Ankaufsetats und die Verbesserung der urheberrechtlichen Position von Künstlern. Das große Manko der Berliner Kulturpolitik ist, dass strukturelle und vor allem urheberrechtliche Fragen, die für zehntausende Menschen relevant sind, kaum angesprochen werden.

Herr Dr. Regg, Ihre Wünsche an die Kulturpolitik ...

Regg: Meine Wünsche sind sehr bescheiden. Berlin ist eine Stadt, die seit jeher eine große Bedeutung für Kunst und Kultur hat. Mehr als andere europäische Hauptstädte ist sie auch Migrationshauptstadt Europas. Und gerade das macht die Vielfalt Berlins aus. In dieser Vielfalt liegt eine große Chance. Berlin muss auch in Zukunft eine Dienstleistungs- und Kulturhauptstadt bleiben, unabhängig davon, dass andere europäische Hauptstädte auch eine große lebendige Kunstszene haben. Die Konkurrenz ist groß, denken Sie an Istanbul oder Budapest. Trotz der angeführten Probleme muss es Berlin möglich sein, Kulturhauptstadt Europas zu bleiben.

Kreativer Kern der Kulturwirtschaft
Zur Einkommenssituation und zu Karrierechancen von Künstlern

Olaf Zimmermann — Politik & Kultur 5/2005

Wird über den Arbeitsmarkt Kultur gesprochen, war in den vergangenen Jahren vor allem von den Wachstumspotenzialen dieser Branche die Rede. Das Land Nordrhein-Westfalen hat mit seinen Kulturwirtschaftsberichten bereits am Ende der 1990er-Jahre das Signal gesetzt, dass der Kunst- und Kulturbereich nicht allein von öffentlichen Mitteln lebt, sondern auch ein Markt ist, in dem Umsätze erwirtschaftet werden und der Arbeitsplätze bietet. Bezeichnenderweise wurden diese Kulturwirtschaftsberichte vom Wirtschaftsministerium des Landes in Auftrag gegeben, nicht zuletzt, um unter Beweis zu stellen, dass der Kultur- und Medienbereich den Strukturwandel dieses Bundeslandes unterstützen kann. Teilweise entstand eine richtige Euphorie über die Potenziale dieses Arbeitsmarktsegmentes.

So ist es nicht verwunderlich, dass andere Bundesländer mit Kulturwirtschaftsberichten nachzogen und sich einige Länder Wachstumsschübe von diesem Marktsegment erhofften. Berlin beispielsweise setzte vor der großen Krise der Tonträgerindustrie darauf, Musikhauptstadt Deutschlands zu werden. Die Ansiedlung der Branchenriesen Sony und Universal Music wurde ebenso gefeiert wie der Umzug des Musiksenders MTV nach Berlin. Und noch im Herbst des Jahres 2004 lobte Kulturstaatsministerin Weiss bei der Vorstellung der Studie »Kulturberufe in Deutschland« den Arbeitsmarkt Kultur als Vorreiter für den Strukturwandel in der Arbeitswelt, da hier Flexibilität, Mobilität, Offenheit im Denken und im Handeln gefordert sind. Parallel zu diesen – teilweise erfüllten, teilweise nicht erfüllten – Hoffnungen auf dem Arbeitsmarkt Kultur wurden an verschiedenen Universitäten und künstlerischen Hochschulen Aufbaustudiengänge im Bereich Kulturmanagement eingerichtet und inzwischen kann Kulturmanagement auch grundständig studiert werden. Der Arbeitsmarkt Kultur ist ein großer Bereich und wächst in seiner Attraktivität. Dazu tragen sicherlich auch Fernsehsendungen wie »Deutschland sucht den Superstar« und andere bei, die suggerieren, jeder könne den Aufstieg in den Starhimmel schaffen und dabei unterschlagen, dass die meisten Künstlerinnen und Künstler einen eher steinigen Berufsweg gehen.

Bei all der Aufmerksamkeit, die der Kulturwirtschaft und damit verbunden dem Arbeitsmarkt Kultur zuteilwird, wird der so genannte kreative Kern dieses Bereiches, die Künstlerinnen und Künstler, oftmals vergessen. Dabei sind sie es, die künstlerische Produkte erschaffen beziehungsweise interpretieren, und erst dann können diese vermarktet werden.

Der bereits erwähnten Studie »Kulturberufe in Deutschland«, die vom Arbeitskreis Kulturstatistik im Auftrag der Kulturstaatsministerin erstellt wurde, ist zu entnehmen, dass ein erheblicher Teil, nämlich insgesamt 63 %, der Kulturberufler einen Jahresumsatz erwirtschaften, der unter 16.617 Euro liegt. Sie werden von der Umsatzsteuerstatistik nicht erfasst. Als Untersuchungsbasis wurden Lehrer für musische Fächer, Architekten und Raumplaner, Fotografen, Bühnen-, Film- und Rundfunkkünstler, Schriftsteller und Journalisten, Bildende Künstler und Restauratoren, Designer, Musiker und Artisten genommen. Zum Vergleich sei darauf hingewiesen, dass bei anderen Selbstständigen das Verhältnis genau umgekehrt ist. Hier erwirtschaftet die Mehrzahl, nämlich 61 %, einen Umsatz, der über 16.617 Euro liegt.

Betrachtet man die Einkommenssituation der in der Künstlersozialkasse Versicherten, so verdichtet sich das Bild der niedrigen Einkommen von selbstständigen Künstlerinnen und Künstlern. Am 1. Januar 2005 lag das Durchschnittseinkommen der in der Künstlersozialkasse Versicherten bei 11.091 Euro im Jahr. Trotz dieser eher trüben Einkommensaussichten wächst die Zahl der Versicherten stetig. Zum 30. Juni 2005 wurde erstmals die Marke von 140.000 Versicherten überschritten. Ein Ende des Zuwachses an Versicherten ist nicht abzusehen.

Auch in jenen Berufsgruppen, in denen bis vor einigen Jahren der Status als Angestellter üblich war, nimmt die Tätigkeit von Selbstständigen zu, was wiederum einen Anstieg der in der Künstlersozialversicherung Versicherten nach sich ziehen wird. Die Deutsche Orchestervereinigung, die Gewerkschaft der Orchestermusikerinnen und -musiker, weist bereits seit einigen Jahren darauf hin, dass die Zahl der Absolventen an Musikhochschulen deutlich über der der frei werdenden Stellen in Orchestern liegt. Nicht berücksichtigt wird dabei, dass sich längst nicht nur Absolventen einer deutschen Musikhochschule auf die wenigen freien Stellen bewerben, sondern es sich selbstverständlich um einen internationalen Arbeitsmarkt handelt.

Und auch bei den Fernseh- und Filmschauspielern sind Veränderungen unverkennbar. Bislang konnten sie engagementlose Zeiten oder die Vorbereitung auf neue Rollen durch die ihnen zustehende Arbeitslosenhilfe überbrücken. Da Film- und Fernsehschauspieler auch bei kurzem Engagement von wenigen Drehtagen stets sozialversicherungspflichtig beschäftigt werden, entstand ein Anspruch auf Arbeitslosenhilfe. Ab dem 01. Februar 2006 entsteht dieser Anspruch erst, wenn für die letzten zwei Jahre eine sozialversicherungspflichtige Beschäftigung von zwölf Monaten nachgewiesen wurde. Bislang sind die letzten drei Jahre maßgeblich. In der Branche wird davon ausgegangen, dass die Mehrzahl der Beschäftigten in der Film- und Fernsehbranche die neuen Voraussetzungen nicht erfüllen wird.

Nach diesen düsteren Aussagen zum Arbeitsmarkt Kultur stellt sich die Frage, was junge Menschen dazu bewegt, einen Beruf zu ergreifen, der die Aussicht auf Unsicherheit, Unstetigkeit, harte Arbeit bei geringem Verdienst bietet. Was fasziniert die vielen tausend Menschen, die jährlich einen Studienplatz an einer Kunst- und Musikhochschule anstreben und es auch nach einer vergeblichen Bewerbung ein zweites und ein drittes Mal versuchen.

Ich bin der festen Überzeugung, dass zum Künstlerberuf so etwas wie eine »Berufung« gehört. Künstlerinnen und Künstler insbesondere die Schöpfer künstlerischer Werke müssen diese Arbeit machen. Ihre Kreativität, ihre Ideen suchen den künstlerischen Ausdruck. Dabei ist der künstlerische Schaffensprozess oft schmerzlich, von Irrwegen und Misserfolgen gekennzeichnet. Die Erfolge und die öffentliche Anerkennung wiegen dieses auf. Künstlerinnen und Künstler wollen sich exponieren, sie suchen die Anerkennung durch Dritte, sie streben nach Öffentlichkeit. In wohl kaum einem anderen Beruf wird die Suche nach öffentlicher Anerkennung so positiv sanktioniert wie bei Künstlerinnen und Künstlern. Da der innere Schaffensdruck so immens ist, lassen sie sich auch nicht von düsteren Verdienstaussichten und einer schwierigen Marktsituation abhalten. Wer Kunst macht, muss besessen sein, ansonsten kann dieser – oftmals – schwierige Weg kaum beschritten werden.

Ich denke, dass auch ausübende Künstlerinnen und Künstler – also Musiker, Tänzer und Schauspieler – diese innere Überzeugung haben müssen. Dennoch haben sie oftmals einen anderen Berufseinstieg und einen anderen Berufsalltag. Musiker und Tänzer fangen bereits als kleine Kinder mit der Berufsvorbereitung an. Was als Spiel und Freizeitbeschäftigung beginnt und für die Mehrzahl auch bleibt, mündet bei einigen in eine Berufslaufbahn als Musiker, Tänzer oder Schauspieler. Der wesentliche Unterschied zu Bildenden Künstlern, Schriftstellern oder Komponisten besteht darin, dass die ausübenden Künstler ein bereits bestehendes Werk interpretieren, wohingegen die Urheber erst das Werk schaffen. Und aus dem Nichts heraus eine Symphonie, ein Lied, einen Schlagertext, ein Bild, einen Roman, eine Skulptur oder anders zu schaffen, dazu gehört neben dem unabdingbaren Handwerkszeug auch der innere Druck schöpferischer Tätigkeit.

Kunst- und Musikhochschulen versuchen bereits bei den Aufnahmeprüfungen herauszukristallisieren, ob das Potenzial für eine schöpferische oder ausübende Künstlertätigkeit vorhanden ist. Nur ein kleiner Teil der Bewerber wird aufgenommen. So bewerben sich für die Aufnahmeprüfung als Schauspieler oftmals 1.000 junge Menschen und es erhalten schließlich 10 bis 15 den begehrten Studienplatz. Während des Studiums ist es die Aufgabe der Hochschullehrer, immer wieder die Frage aufzuwerfen, ob eine künstlerische Laufbahn der richtige Weg ist. Und danach muss jeder Einzelne seinen Weg suchen, ein Alleinstellungsmerkmal, das die eigene Arbeit gegenüber der anderer auszeichnet, ausgebildet haben und zugleich immer wieder etwas Neues produzieren.

Für die Gesellschaft ist Kunst mehr als das Produkt eines Einzelnen. Kunst ist Reflektion der Gesellschaft, Kunst verweist auf einen transzendenten Sinn, Kunst ist schön – und zwar auch in ihrer Hässlichkeit, Kunst berührt die Sinne und die Seele des Menschen.

Weil Kunst etwas anderes ist als die Herstellung von Staubsaugern, Bügeleisen oder anderem, besteht die Verpflichtung des Staates zur Kunst- und Kulturförderung. Für die Künstlerinnen und Künstler ist neben der direkten Förderung in Form von Aufträgen oder Stipendien die Künstlersozialversicherung ein wichtiges Instrument der Künstlerförderung. Sie ermöglicht den Künstlerinnen und Künstlern die Mitgliedschaft in der gesetzlichen Kranken-, Pflege- und Rentenversicherung und ist damit ein wichtiger Teil der sozialen Sicherung. Die Stärkung und Sicherung der Künstlersozialversicherung ist daher eine wesentliche kultur- und sozialpolitische Aufgabe.

Künstlerinnen zwischen Küche und Kommerz

Eine Bestandsaufnahme zur Lage der Künstlerinnen in Deutschland

Caroline Dangel — Politik & Kultur 5/2007

In der Literatur wird öfter darauf verwiesen, dass der Kultur- und Medienbetrieb von einer vergleichsweise geringen Geschlechtersegregation geprägt ist. Ein ausführlicher Blick auf die Situation der Künstlerinnen von heute zeigt allerdings, dass dies allenfalls auf Teilbereiche dieser Branche zutrifft. Insgesamt betrachtet haben die Frauen im Kultur- und Medienbetrieb geschlechtsspezifische Probleme, die sich erstaunlich wenig von denen anderer erwerbstätiger Frauen unterscheiden.

Besonders seit den 1990er-Jahren ist der Zuwachs an Beschäftigten im Kultur- und Medienbereich vor allem auch auf die Frauen unter ihnen zurückzuführen. Der vergleichsweise überproportionale Anstieg wird in der kulturwissenschaftlichen Literatur damit in Verbindung gebracht, dass bei den Kulturberufen eine verbürgte soziale Exklusivität der männlich geprägten traditionellen Professionen fehlt. Der Kultur- und Medienbereich ist demnach ein modernes, qualifiziertes Berufsfeld, das weniger geschlechtsspezifisch entmischt ist als andere Bereiche. Diese geringe Geschlechtersegregation soll sich insbesondere auf die Arbeitszeiten, die Einkommens- und die Qualitätsniveaus beziehen, deren Verteilungsmuster nicht den traditionellen Stereotypen entsprechen. Freiberuflichkeit im Speziellen bietet darüber hinaus – im Gegensatz zur abhängigen Beschäftigung – für die Künstlerinnen und Publizistinnen gute Möglichkeiten, Beruf und Familie so zu vereinbaren, dass die Professionalität keinen Schaden nimmt.

Diesen Thesen kann auf Grundlage eigener Untersuchungen sowie auf der Grundlage von Untersuchungen über die Repräsentanz von Frauen in Kunst und Kultur nur teilweise zugestimmt werden. Der starke Zuwachs der Frauen in den Kultur- und Medienberufen mag zwar in der Tat durch die zunehmende Freiberuflichkeit, mit der Ausschlussmechanismen aufgehoben werden können, bedingt sein. Im Vergleich zur Gesamtheit der erwerbstätigen Frauen hat das aber nicht zu überproportional hohen Frauenanteilen im Kultur- und Medienbereich geführt. Nach Sonderauswertungen des Mikrozensus durch Michael Söndermann vom Zentrum für Kulturforschung gab es im Jahr 2003 in Deutschland etwa 780.000 Erwerbstätige in den Kultur- und Medienberufen. Der Frauenanteil liegt hier bei 43 %. Nach eigenen Berechnungen aufgrund von Daten des Statistischen Bundesamtes haben die Frauen unter den Erwerbstätigen insgesamt einen Anteil von rund 46 %. Damit liegen die im Kultur- und Medienbereich erwerbstätigen Frauen im Jahr 2003 mit 3 %-Punkten sogar hinter dem Durchschnitt zurück.

Bei genauerer Betrachtung einzelner Kultur- und Medienberufe zeigen sich Geschlechtersegregationen in beide Richtungen. So gibt es zum einen ganz typische Frauendomänen. Dazu gehören die Lehrkräfte für musische Fächer, der Bereich Dolmetschen und Übersetzung sowie Bibliotheks- und Museumsberufe. Zum anderen gibt es typische Männerdomänen, zu denen die Fotografie, die ausübende Musik, die künstlerisch-technischen Berufe sowie die Architektur und Raumplanung gehören.

Was die Erklimmung von Karrierestufen anbetrifft, kommen alle einschlägigen Untersuchungen der letzten Jahre zu einem für die erwerbstätigen Frauen insgesamt zutreffenden Ergebnis: Je höher die Karriereleiter ist, desto geringer werden die Frauenanteile. Es gibt allerdings auch Hinweise darauf, dass die geschlechtsspezifischen Unterschiede im Kultur- und Medienbereich nicht so stark wie im übrigen Arbeitsmarkt ausgeprägt sind. Zudem scheint sich die Situation der jüngeren Künstlerinnengeneration positiv abzuheben.

Die Qualifizierungsniveaus der Künstlerinnen liegen inzwischen deutlich über denen der Männer in diesem Bereich, ein Tatbestand, der ebenfalls für die Gesamtheit der Erwerbsbevölkerung gilt. Im universitären Mittelbau nimmt die Repräsentanz der Frauen deutlich ab und auf der Ebene der Professorenschaft kann bei weitem nicht von einer Gleichstellung die Rede sein. Jedoch hat sich der Anteil der Professorinnen im Kultur- und Medienbereich in den letzten Jahren deutlich verbessert. So war nach Angaben des Statistischen Bundesamtes im Jahr 2006 in den Kunstwissenschaften sowie in den Sprach- und Kulturwissenschaften etwa jeder vierte Lehrstuhl mit einer Frau besetzt. Im Gesamtdurchschnitt gab es dagegen lediglich einen Professorinnenanteil von 15 % an den deutschen Hochschulen.

Bei der Vergabe von Preisgeldern und Stipendien kann eine klare Ungleichstellung, wenn nicht sogar eine weit verbreitete Diskriminierung, konstatiert werden. Dies wird allein daran deutlich, dass im Jahr 2001 lediglich 28 % der vergebenen Preissummen auf Preisträgerinnen fielen. Besonders schwer haben es Frauen bei der Förderung gerade dann, wenn sie nach einer Familienphase wieder als Künstlerin tätig werden. Denn bis auf vereinzelte Ausnahmen wie den »Gabriele Münter Preis«, bleibt den Frauen ab einem bestimmten Alter die Teilnahme an Wettbewerben bzw. die Bewerbung um eine Förderung verwehrt. Preise und Stipendien sind in der Regel an Altersgrenzen bis höchstens 30, 35 oder 40 Jahren gebunden. Hier ist die besondere Situation von berufstätigen Müttern nicht ausreichend berücksichtigt.

Der berufliche Werdegang nach dem Studium bzw. nach dem Ausbildungsabschluss verläuft bei Künstlerinnen und Künstlern zunächst sehr ähnlich. Der Knick in der Erwerbsbiographie kommt, wie bei den meisten erwerbstätigen Frauen mit der Familiengründung. Viele Künstlerinnen beginnen erst wieder mit ihrer künstlerischen Arbeit, wenn sie das vierte Lebensjahrzehnt erreicht haben und die Kinder aus dem Gröbsten heraus sind. Der Weg zu überregionaler Anerkennung wird dann schwierig, nicht zuletzt auch durch die Bindung von Kulturpreisen und Stipendien an Altershöchstgrenzen. Allerdings gibt es auch entscheidende Vorteile für selbstständige Künstlerinnen: Bleiben sie während der intensiven Familienphase weiterhin in der Künstlersozialkasse versichert, gehen ihnen zumindest nicht, wie es bei vielen Erwerbsunterbrecherinnen in der abhängigen Beschäftigung der Fall ist, wichtige Beitragsjahre verloren.

Die These, dass die genderspezifischen Unterschiede beim Einkommen im Kultur- und Medienbereich nicht so stark ausgeprägt sind, kann so nicht bestätigt werden. Nach eigener Selbsteinschätzung der Befragten einer groß angelegten Untersuchung geben die Künstlerinnen deutlich weniger häufig an, von ihrer Kunst leben zu können als die Künstler. Nach Angaben der Künstlersozialkasse verdienen je nach Sparte die Frauen zwischen einem Drittel (Darstellende Kunst und Musik) und einem Viertel (Bildende Kunst und Wort) weniger als die Männer. Das unterstreicht die Ergebnisse der eigenen Untersuchung.

Zum Haushaltseinkommen der Künstlerinnen und Künstler tragen häufig nicht nur die Nebenjobs bei, sondern auch die Einkommen, die die Partnerinnen und Partner erzielen. Im Gendervergleich sind es eher die Künstlerinnen, die erwerbstätige Partner haben, als umgekehrt. Dass Künstlerinnen aufgrund ihrer schlechteren Einkommenssituation häufiger auf weitere Erwerbsgelegenheiten zurückgreifen müssen, konnte in der eigenen Untersuchung nicht, wie in der Literatur häufig konstatiert, bestätigt werden.

Käthe Kollwitz beschreibt um die Jahrhundertwende ihren Alltag als Künstlerin und Mutter wie folgt: »Wochenlang komme ich schon zu keiner Arbeit, es ist eine alte Sache, sobald einem Kind etwas fehlt, ist man unfähig zur Arbeit.« Wenn man den zahlreichen Literaturquellen und persönlichen Interviews mit Künstlerinnen von heute Glauben schenkt, unterscheidet sich die Situation der Künstlerinnen als Mütter heute kaum von dem, was Käthe Kollwitz erlebt hat. Zur Erweiterung der Kenntnislage sind dringend neue, umfangreiche Untersuchungen angezeigt.

Keine Experimente mit der Künstlersozialversicherung
Die soziale Sicherung von Künstlerinnen und Künstlern muss erhalten bleiben

Angelika Krüger-Leißner — Politik & Kultur 5/2004

Die Auseinandersetzung mit der wirtschaftlichen und sozialen Lage der Künstlerinnen und Künstler ist eine der wichtigsten Aufgaben der Enquete-Kommission »Kultur in Deutschland«. Es ist erforderlich, dass wir uns damit beschäftigen, wie wir die soziale Absicherung der Kunst- und Kulturschaffenden optimieren können. Dazu müssen wir die bestehenden Systeme unter die Lupe nehmen, auf ihre Effektivität überprüfen und Handlungsvorschläge erarbeiten.

In Deutschland haben wir mit der Künstlersozialkasse (KSK) eine wichtige Stütze für Künstlerinnen und Künstler in Deutschland, die ihresgleichen sucht. Kaum ein anderes Land bietet Kulturschaffenden eine derartige Möglichkeit, sich sozial abzusichern. Neben betrieblicher Altersvorsorge und diversen Leistungen der privaten Versicherungswirtschaft rücken in puncto soziale Sicherung von Künstlerinnen und Künstlern vor allem vom Staat geschaffene Einrichtungen in das Blickfeld der Betrachtung. Die Schutzbedürftigkeit selbstständiger Künstler und Publizisten wurde mit dem Künstlersozialversicherungsgesetz (KSVG) von 1983 erkannt und damit den Pionieren eines Erwerbstypus Rechnung getragen, die im Gegensatz zu abhängig Beschäftigten, nicht in ausreichendem Maße zu Selbstvorsorge fähig sind. Unbestritten ist dieses Sondersystem, das einen speziellen Personenkreis als Pflichtversicherte in den Schutz der gesetzlichen Kranken- und Rentenversicherung einbezieht und seit 1995 den Versicherungsschutz um die soziale Pflegeversicherung erweitert hat, von unschätzbarem Wert.

Es gibt systemimmanente Schwächen, die eine Erörterung des Reformbedarfes nötig machen. Da die Finanzierung der Sozialversicherungsbeiträge derjenigen der Arbeitnehmer nachgebildet ist, werden Sozialleistungen nur erbracht, wenn zuvor Beiträge entrichtet wurden. Im Unterschied zur Kranken- und Pflegeversicherung, in der die zumeist niedrigen Einkommen der Versicherten insofern berücksichtigt werden, als Leistungen grundsätzlich unabhängig von der Höhe der gezahlten Beiträge gewährt werden, hängen die Leistungen der Rentenversicherung von der Höhe der Arbeitseinkommen ab. Gerade hier zeigt sich die Anfälligkeit eines Systems, das auf eine lückenlose Erwerbsbiographie ausgerichtet ist. Die Vorteile des in der KSK versicherten Personenkreises liegen zwar in der Entlastung der Beitragszahlenden, nicht aber in der Begründung besonderer Rentenansprüche.

Problem der Altersarmut erkennen

Die meisten Künstlerinnen und Künstler treten vergleichsweise spät ins Berufsleben ein.

Darüber hinaus belegen Daten, dass auch nach langjähriger Beitragszahlung selten Ansprüche erworben werden, die oberhalb des Existenzminimums liegen. Die Enquete-Kommission hat das Problem der Altersarmut als sozialpolitischen Handlungsbedarf erkannt. In sinnvoller Ergänzung zum deutschen Alterssicherungsmodell werden alternative Konzepte im europäischen Ausland einer Prüfung unterzogen. Altersabsichernde Zusatzleistungen werden indes allein in staatlicher Regie nicht durchzuführen sein. Daher ist es Aufgabe der Enquete, in gezielter Kooperation mit Verbänden und Ministerien, Organisations- und Finanzierungsvorschläge zu erarbeiten, um Künstlern und Publizisten nicht nur eine Partizipationsmöglichkeit an staatlich bezuschusster gesetzlicher Rentenversicherung zu gewährleisten, sondern deren Teilhabe an betrieblicher und privater Altersvorsorge sicherzustellen.

Kurzzeitarbeitsverhältnisse und Arbeitslosengeld

Darüber hinaus muss es uns gelingen, diverse Teilsysteme, wie Renten-, Kranken- und Arbeitslosenversicherung, angemessen zu berücksichtigen und miteinander in Einklang zu bringen. Das betrifft vor allem die, die in dieser speziellen Berufsgruppe im Grenzbereich von selbstständiger und abhängiger Beschäftigung arbeiten. Da der Bezug von Arbeitslosengeld erst dann garantiert ist, wenn Beschäftigungslose innerhalb von zwei Jahren vor Eintritt der Arbeitslosigkeit 12 Monate kontinuierlich versicherungspflichtig beschäftigt waren, sind vor allem diejenigen in der Kultur- und Medienbranche benachteiligt, die durch ständig wiederkehrende Kurzzeitarbeitsverhältnisse keine Ansprüche aus der Arbeitslosenversicherung erhalten. Da für diese Interessengruppe keine gesetzliche Sonderreglung geschaffen werden kann, scheint es ratsam, auf die Flexibilisierung von Anwartschaften zu setzten, die Rahmenfristen zu verkürzen, um wenigstens übergangsweise eine Anspruchsdauer auf Arbeitslosengeld zu ermöglichen.

Bis Ende 2003 waren bei der KSK 131.000 Versicherte aller Sparten gemeldet. Der enorme Zuwachs zeigt, welchem erwerbsstrukturellen Wandel diese Berufsgruppe ausgesetzt ist und wie wichtig es ist, unsere bestehenden sozialen Sicherungssysteme an diese Veränderungen anzupassen. Ein alternatives Konzept zur KSK wird es aus meiner Sicht nicht geben. In keinem anderen europäischen Nachbarland obliegt die Finanzierung der Sozialversicherungsbeiträge für selbstständige Künstler wie in Deutschland dem paritätischen Prinzip. Das aber hat sich bewährt.

Zweifellos haben wir dafür Sorge zu tragen, dass auch die Finanzierbarkeit sichergestellt bleibt und dass es uns gelingt, sowohl den Bund, als auch die Verwerterseite wie bisher weiter in die Pflicht zu nehmen. Gerade letztere fungieren gegenüber selbstständigen Künstlern als Auftraggeber und dürfen infolgedessen aus ihrer sozialen Verantwortung nicht entlassen werden. Angesichts der Novellierung des KSVG im Jahre 2001 wird es innerhalb der Enquete nicht um tiefgreifende strukturelle Änderungen gehen. Dennoch haben wir die Aufgabe, über die Beibehaltung des derzeitigen Status Quo hinaus, Vorschläge, die an uns von Expertenseite herangetragen werden, zu bewerten und gemeinsam deutliche Verbesserungen anzustreben, die die Aufrechterhaltung dieses Sondersystems auch in Zukunft gewährleisten.

Soziale Absicherung für Künstler

Es geht darum, die KSK zukunftsfähig zu machen, nicht sie im Kern in Frage zu stellen. Auch wenn wir viele Veränderungen der sozialen Sicherungssysteme, die die Zukunft bringen wird, wie zum Beispiel das Modell einer Bürgerversicherung, noch nicht abschätzen können, muss klar sein, dass die KSK erhalten bleibt. Sie bietet am ehesten eine soziale Absicherung für Menschen, die für die Kultur arbeiten. Und die hervorragende kulturelle Landschaft in Deutschland muss vom Staat besonders geschützt bleiben. Hierzu beizutragen ist die vielleicht wichtigste Aufgabe der Enquete-Kommission.

Die Künstlersozialversicherung stärken
Zur Initiative des Bundeskabinetts vom 13. Dezember 2006

Heinrich Tiemann — Politik & Kultur 1/2007

Künstler und Publizisten brauchen sozialen Schutz. Das weiß die Bundesregierung und bekennt sich zur Künstlersozialversicherung. Im Koalitionsvertrag vom 11. November 2005 ist vereinbart worden, diese sozial- wie kulturpolitisch bedeutende Einrichtung im Dialog mit den Künstlern und Publizisten sowie ihren Verwertern zu stärken. Das heißt in erster Linie: Stabilisieren der Finanzierung durch eine klare Beschreibung des Kreises der Begünstigten und klare Pflichten aller Beteiligten. Eine starke und auf die Zukunft vorbereitete Künstlersozialversicherung leistet einen in Europa einzigartigen sozialpolitischen Beitrag zur Sicherung der selbständigen Künstler und Publizisten. Das stärkt auch die Kultur in Deutschland.

Die Sozialversicherung steht heute vor großen Herausforderungen. Die demografische Entwicklung und die Lage am Arbeitsmarkt verlangen Reformen, damit die soziale Sicherung zukunftsfest bleibt. Die Künstlersozialversicherung ist Teil der Sozialversicherung, auch sie unterliegt den Einflüssen von Demografie und Arbeitsmarkt.

Seit Inkrafttreten des Künstlersozialversicherungsgesetzes (KSVG) steigen die Versichertenzahlen und damit der Finanzbedarf von Jahr zu Jahr deutlich an. Dies hängt auch mit der Attraktivität der Sozialversicherung zusammen: Künstler und Publizisten müssen wegen ihres besonderen Verhältnisses zu ihren Verwertern als einzige Gruppe der Selbständigen nur den halben Beitrag für den Schutz in der Renten-, Kranken- und Pflegeversicherung aufbringen. Rund 30 % übernehmen die Kunst und Publizistik vermarktenden Verwerter durch die Künstlersozialabgabe auf die Honorare; rund 20 % schießt der Bund zu.

Die von der Künstlersozialkasse (KSK) in Wilhelmshaven erfassten Honorare, die die Einnahmen aus der Künstlersozialabgabe bestimmen, konnten aber in der jüngeren Vergangenheit mit dem steigenden Finanzbedarf kaum Schritt halten. Die Folge war, dass der Abgabesatz auf die Honorare im Jahr 2005 auf 5,8 % hochschnellte. Es musste gegengesteuert werden: Durch eine bessere Erfassung der Verwerter konnte im Jahr 2006 der Satz auf 5,5 % und in 2007 auf 5,1 % gesenkt werden.

Doch es bedarf weiterer Schritte. Alle Beteiligten wissen: Ein großer Anteil der Unternehmen, die von der KSK in den vergangenen Jahren auf die Künstlersozialabgabe hingewiesen wurden, ist abgabepflichtig. Zugleich gibt es noch zu viele Unternehmen, die ihrer Abgabepflicht nach dem KSVG nicht nachkommen. Damit lastet ein unnötig hoher Abgabesatz auf den Schultern der bereits erfassten Verwerter. Das kann nicht im Sinne einer gerechten Lastenverteilung und der Gleichbehandlung sein. Verwerter müssen flächendeckend ihre gesetzlichen Pflichten erfüllen.

Dazu bedarf es einer besseren Erfassung und Prüfung. Die KSK kann diese Aufgabe jedoch mit ihren personellen Ressourcen nur zum Teil schultern. Eine Lösung für dieses Problem bieten die Prüfdienste der Deutschen Rentenversicherung (DRV) mit ihren 3.600 Mitarbeitern: Sie prüfen schon jetzt alle Arbeitgeber in Deutschland im vierjährigen Turnus auf ihre Pflichten nach dem Sozialgesetzbuch (SGB). Diese Aufgabe können sie auch für die Künstlersozialversicherung übernehmen.

Bis zur Jahresmitte 2007 sollen die dafür notwendigen gesetzlichen Änderungen im KSVG und im SGB in Kraft treten. Die DRV erhält zukünftig die Prüfung der Verwerter als eigene Aufgabe. Sie wird zunächst ausgewählte Arbeitgeber über die Abgabepflicht informieren und ihnen aufzeigen, wie sie ihre Meldungen bei der Künstlersozialkasse abzugeben haben. Das Verantwortungsbewusstsein der Verwerter wird damit geschärft; die Zahl der Meldungen dürfte ansteigen. Dann wird die DRV die Abgabepflicht und -höhe der Arbeitgeber systematisch prüfen und ihnen einen Prüfungsbescheid erteilen. Und sie wird die notwendigen Widerspruchs- und Klageverfahren durchführen.

Die Träger der Rentenversicherung werden also von Beginn an voll verantwortlich an die neue Aufgabe herangehen. Sie werden das gesamte Verfahren von der Erfassung über den Bescheid bis zum Abschluss des Widerspruchs durchführen. Denn alle Erfahrung zeigt: Die Stelle, die einen Bescheid erlässt, muss auch für das Widerspruchsverfahren und ggf. auch das Klageverfahren zuständig sein. Das sorgt für sachgerechte Bearbeitung. Zum anderen verlangt das Prinzip der Selbstverwaltung, dass die Kompetenz für das Widerspruchsverfahren bei den Trägern bleibt. Der Vorteil für alle: Die Verwaltung wird effizienter, Bürokratie wird abgebaut.

Die Verbände brauchen sich nicht zu sorgen, dass die DRV nicht mit den Fragen der Abgrenzung des Kunstbegriffs umgehen könne. Nicht nur weil die Träger über viel Erfahrung im Umgang mit der Prüfung von sehr unterschiedlichen Arbeitgebern verfügen, sondern auch weil wir alle Vorsorge treffen werden, damit die Arbeit gut und kompetent gemacht wird. So wird die KSK die DRV bei der neuen Aufgabe unterstützen. Sie wird die Prüferinnen und Prüfer der Rentenversicherung umfassend qualifizieren und sie bei ihrer neuen Tätigkeit fachlich beraten. Insbesondere für anspruchsvolle Abgrenzungsfragen hinsichtlich des Kunst- und Publizistikbegriffs bleibt die KSK Kompetenzträgerin und Ansprechpartnerin der abgabepflichtigen Unternehmen. Außerdem sollen die Träger Personen aus den Kreisen der Versicherten und der Abgabepflichtigen nach dem KSVG in ihre Widerspruchsausschüsse aufnehmen können. Darüber hinaus wird die KSK weiterhin die Unternehmen ohne Beschäftigte und die Ausgleichsvereinigungen prüfen. Sie behält ihre Funktion als Einzugsstelle und betreut die Versicherten.

Auch auf der Seite der Versicherten wird sich die Überprüfung der Angaben deutlich verbessern. Dies hat der Bundesrechnungshof von uns gefordert. Wegen der schwankenden Honorare soll es zwar dabei bleiben, dass die Versicherten ihr voraussichtliches Arbeitseinkommen für das folgende Kalenderjahr möglichst genau selbst einschätzen. Zur Überprüfung der Angaben soll aber die KSK ab 2007 in jährlich wechselnden Stichproben den Versicherten einen Fragebogen zusenden. Der Fragebogen verlangt verbindliche Angaben über die tatsächlichen Arbeitseinkommen der letzten vier Jahre. So wird geklärt, ob der Versicherte angemessene Einkommensmeldungen abgegeben oder das Mindestarbeitseinkommen erreicht hat. Auskünfte zu Einkommen aus nicht-künstlerischer oder nicht-publizistischer Tätigkeit werden erfasst, damit die Versicherungsfreiheit in der Kranken- und Pflegeversicherung überprüft werden kann. Zum Nachweis der Angaben sind die entsprechenden Einkommensteuerbescheide oder Gewinn- und Verlustrechnungen beizufügen. Die weit überwiegende Mehrheit der Versicherten wird korrekte Schätzungen abgeben. Soweit aber die Auswertung entsprechende Anhaltspunkte bietet, erfolgen Prüfverfahren nach der KSVG-Beitragsüberwachungsverordnung.

Mit dieser Maßnahme wird die Prüfquote bei den Versicherten praktisch verdoppelt. Der Kreis der Begünstigten wird eindeutig definiert und erfasst, weil nur eine auf Dauer angelegte, erwerbsmäßige und nicht nur geringfügig künstlerische oder publizistische Tätigkeit den Versicherungsschutz rechtfertigt. Das ausgewogene Maßnahmenpaket des Gesetzentwurfs wurde im Dialog mit den Vertretern der Versicherten und der Verwerter entwickelt. Am Runden Tisch zur Stärkung der Künstlersozialversicherung, den das Bundesministerium für Arbeit und Soziales und der Deutsche Kulturrat gegründet haben und an dem namhafte Persönlichkeiten aus der Kulturwirtschaft mitwirken, sind die geplanten Neuregelungen positiv aufgenommen worden. Es bestand Einigkeit: So kann mehr Abgabe- und Beitragsgerechtigkeit für Versicherte und Verwerter erreicht werden. Der Deutsche Kulturrat hat sich in seiner Stellungnahme hinter die Maßnahmen gestellt. Im vor uns liegenden parlamentarischen Verfahren wird der Gesetzentwurf erneut mit den Beteiligten diskutiert.

Künstler und Publizisten brauchen Räume, in denen sich ihre Kreativität und ihr Ideenreichtum entfalten kann. Eine stabile und zukunftsfähige Künstlersozialversicherung hilft, solche Räume zu schaffen. Die Verwerter wissen, dass Kreativität und Ideenreichtum zugleich die Grundlagen ihres wirtschaftlichen Erfolgs sind. Der Bund will, dass Deutschland weiter Hort großer (und kleiner) Kunst und guter Publizistik ist. Alle Seiten haben deshalb ein Interesse, dass die Rahmenbedingungen stimmen und sind bereit, sich den Herausforderungen zu stellen.

Ein wichtiger kultur- und sozialpolitischer Fortschritt
Die Künstlersozialversicherung wird zukunftsfest gemacht

Olaf Zimmermann und Gabriele Schulz — Politik & Kultur 3/2007

Am 22.03.2007 wurde die dritte Reform des Künstlersozialversicherungsgesetzes abgeschlossen. Dank der vorherigen Debatten am Runden Tisch des Deutschen Kulturrates und des Bundesministeriums für Arbeit und Soziales, an dem Vertreter von Verbänden der Verwerter und der Künstler mitwirkten, sowie den Diskussionen in den einzelnen Verbänden wurde das Gesetz von einem breiten Konsens im Kultur- und Medienbereich getragen. Verwerter wie auch Künstler sahen die Notwendigkeit, dass 25 Jahre nach Bestehen des Gesetzes die erforderlichen administrativen Maßnahmen ergriffen werden, um das Gesetz konsequent anzuwenden. D. h. konkret, dass alle Künstlersozialabgabepflichtigen geprüft werden, ob sie ihrer Verpflichtung tatsächlich nachkommen. Genauso wurde das Erfordernis gesehen, dass nach dem Künstlersozialversicherungsgesetz nur die Künstler und Publizisten versichert sein können, die ihrer künstlerischen oder publizistischen Tätigkeit erwerbsmäßig nachgehen. Dass setzt das Erreichen eines Mindesteinkommens voraus.

Fortschritt KSVG

Die Künstlersozialversicherung ist ein wichtiger kultur- und sozialpolitischer Fortschritt. Seit ihrem Bestehen können sich freiberufliche Künstler und Publizisten im Rahmen der gesetzlichen Sozialversicherung kranken-, pflege- und rentenversichern. Vor der Einführung des Künstlersozialversicherungsgesetzes hatten viele Künstler und Publizisten keinerlei soziale Absicherung.

Die soziale Absicherung im Rahmen der Kranken-, der Pflege- und der Rentenversicherung wird zu 50 % von den Versicherten, zu 30 % von den Verwertern künstlerischer und publizistischer Leistungen durch die Künstlersozialabgabe und zu 20 % durch einen Bundeszuschuss finanziert. Mit dem Bundeszuschuss nimmt der Bund seine kultur- und sozialpolitische Verantwortung für freiberufliche Künstler und Autoren wahr. Unternehmen, Kultureinrichtungen und Vereine, die Leistungen freiberuflicher Künstler und Publizisten in Anspruch nehmen, müssen entsprechend den gesetzlichen Vorgaben die Künstlersozialabgabe entrichten. Grundlage für die Künstlersozialabgabe sind die gezahlten Honorare, Gagen, Erlöse aus Kommissionsgeschäften etc. Der Prozentsatz für die Künstlersozialabgabe wird jährlich auf dem Verordnungsweg durch das Bundesministerium für Arbeit und Soziales festgelegt; er beträgt im Jahr 2007 5,1 %. Die Zahlung erfolgt an die Künstlersozialkasse, die die Beiträge an die Sozialversicherungsträger bzw. Krankenkassen weiterleitet. Im Deutschen Bundestag stieß das Gesetzesvorhaben zur

3. Reform des Künstlersozialversicherungsgesetzes auf breite Zustimmung. Es wurde mit den Stimmen der Regierungskoalition CDU/CSU und SPD sowie den Stimmen der FDP und von Bündnis 90/Die Grünen verabschiedet. Lediglich die Fraktion Die Linke stimmte dagegen. Die 3. Reform hat zwei vornehmliche Intentionen: Erfassung aller Abgabepflichtigen und stärkere Kontrolle der Versicherten.

Stärkere Kontrolle der Versicherten

Pro Jahr wird eine Stichprobe von mindestens 5 % aus dem Kreis der Versicherten gezogen. Die Versicherten aus dieser Stichprobe müssen ihre tatsächlichen Einkommen der letzten vier Jahre anhand der Steuerbescheide belegen. Voraussetzung für die Mitgliedschaft in der Künstlersozialkasse ist die erwerbsmäßige und dauerhafte Ausübung einer selbständigen Tätigkeit als Künstler oder Publizist. Aufgrund der starken Einkommensschwankungen schätzen Künstler und Publizisten ihr Einkommen für das Folgejahr im Voraus. Diese Einkommensschätzung ist Basis für die Festlegung des Versichertenbeitrags. Wenn das Einkommen von der Schätzung abweicht, können die Versicherten bereits heute im laufenden Versichertenjahr die neue Einkommensschätzung der Künstlersozialkasse mitteilen, die ihrerseits eine Neuberechnung der Beiträge vornimmt.

Durch die Neuregelung wird die schon bestehende sachgerechte Überprüfung im Rahmen der Beitragsüberwachung durch die Künstlersozialkasse verstärkt und sichergestellt, dass nur der Kreis der tatsächlich Berechtigten Mitglied in der Künstlersozialkasse sein kann.

Bessere Erfassung der Abgabepflichtigen

Die Künstlersozialabgabe ist keine freiwillige Leistung der Unternehmen, sondern gesetzlich vorgeschrieben. Genauso wie Unternehmen für ihre Mitarbeiter Sozialversicherungsbeiträge entrichten müssen, sind sie verpflichtet, für Leistungen freiberuflicher Künstler und Publizisten die Künstlersozialabgabe zu zahlen. Wer sich dieser Pflicht entzieht, handelt gesetzwidrig und verschafft sich einen nicht zu rechtfertigenden Wettbewerbsvorteil.

Künftig werden alle Verwerter, die abhängig Beschäftigte beschäftigen, von der Deutschen Rentenversicherung im Rahmen der turnusmäßigen Überprüfung, ob sie die Sozialabgaben für die abhängig Beschäftigten ordnungsgemäß entrichtet haben, geprüft, ob sie künstlersozialabgabepflichtig waren und ob sie die Abgabe entrichtet haben. Sollte eine Abgabepflicht bestehen und keine Abgabe gezahlt worden sein, erfolgt der erste Bescheid durch die Deutsche Rentenversicherung, danach geht der Verwerter in den Bestand der Künstlersozialkasse über. Es geht dann die jährliche Mitteilung von der Künstlersozialkasse an die Verwerter heraus, die im Vorjahr gezahlten Honorare der Künstlersozialkasse mitzuteilen. Die Künstlersozialkasse legt dann auf der Grundlage des auf dem Verordnungsweg festgelegten Abgabesatzes die Künstlersozialabgabe für das Unternehmen fest.

Verwerter, die abhängig Beschäftigte beschäftigen und einer Ausgleichsvereinigung angehören, werden von der Deutschen Rentenversicherung hinsichtlich der Künstlersozialabgabepflicht nicht geprüft. Die Prüfung erfolgt nach wie vor bei der Ausgleichsvereinigung und obliegt der Künstlersozialkasse. Verwerter, die keine abhängig Beschäftigten beschäftigen, werden nicht von der Deutschen Rentenversicherung geprüft, da sie keine gesetzlichen Sozialabgaben für Arbeitnehmer entrichten müssen. Sie werden nach wie vor von der Künstlersozialkasse geprüft.

Die bessere Erfassung aller Abgabepflichtigen wird dazu führen, dass sich die Last auf viele Schultern verteilt. Die Künstlersozialabgabe wird damit mindestens stabilisiert und kann hoffentlich, wenn die Maßnahmen nach einiger Zeit greifen, abgesenkt werden.

Künstlersozialversicherung sinnvoll gestalten

Achim Dercks und Ulrich S. Soénius — Politik & Kultur 5/2008

Die Künstlersozialversicherung (KSV) feiert in diesem Jahr ihr 25-jähriges Bestehen. In diesem System finanzieren selbständige Künstler und Publizisten, die Auftraggeber künstlerischer Leistungen und – mit einem nicht unerheblichen Anteil von 20 % an den Gesamtkosten – der Steuerzahler die soziale Absicherung von Künstlern und Publizisten. Gestartet als kleiner Ableger der übrigen Sozialversicherungen, der ca. 12.000 Künstlern und Publizisten eine soziale Sicherung bieten sollte, hat er sich zwischenzeitlich zu einem veritablen eigenständigen Sozialversicherungszweig mit fast 160.000 Versicherten entwickelt. Seit 2007 hat die Deutsche Rentenversicherung (DRV) den Auftrag von der Künstlersozialkasse (KSK) übernommen, die Unternehmen als Auftraggeber und potenzielle Verwerter künstlerischer Leistungen – ebenso wie Vereine, Kommunen etc. – dahingehend zu überprüfen, ob sie abgabepflichtige Aufträge an selbständige Künstler und Publizisten vergeben haben. Seitdem werden Unternehmen mit Fragebögen angeschrieben, in denen sie über die von ihnen erteilten Aufträge der letzten fünf Jahre Auskunft geben müssen.

Bis zum Übergang des Prüfauftrages an die DRV gab es wenig Diskussion in der Wirtschaft zur KSV. Die große Mehrheit der Betriebe in Deutschland wusste bis vor kurzem nichts von ihrer Existenz. Für diejenigen hingegen, die unter die Kategorie der typischen Verwerter fallen, also Verlage, Presseagenturen, Theater, Galerien etc., war die Zusammenarbeit mit der KSK selbstverständlich, da sie sich ausschließlich mit – auch im landläufigen Sinne so verstandenen – Künstlern beschäftigten. Für den Großteil der Unternehmen jedoch fallen beispielsweise unter den Begriff Künstler nicht automatisch Webdesigner oder Werbefotografen, die aber mittlerweile »Künstler« im Sinne des Künstlersozialversicherungsgesetzes sind.

Eine Vielzahl an Betrieben in Deutschland (bis 2010 insgesamt 240.000) wird nun mit einem Fragebogen konfrontiert, in dem sie über mehrere Seiten ihre etwaigen Aufträge an Künstler und Publizisten in den letzten fünf Jahren und die damit verbundenen Entgelte darlegen müssen. Dies bedeutet enormen Aufwand, da die Abrechnungen nicht in der hierfür notwendigen Form gestaltet und abgelegt worden sind. Alleine die Rekonstruktion der relevanten Aufträge kostet die deutsche Wirtschaft Millionen. Hinzu kommen die Nachzahlungen der Unternehmen, die häufig zu ernsthaften finanziellen Engpässen führen.

Neben diesem konkreten Problem der rückwirkenden Erhebung weist die KSV jedoch noch eine Reihe anderer Besonderheiten auf, die ihre Akzeptanz bei der deutschen Wirtschaft in Mitleidenschaft ziehen. So ist nur schwer nachvollziehbar, weshalb ein Unternehmen für den Auftrag an einen Künstler die Abgabe zahlen soll, wenn der Künstler selber nicht in der KSV versichert ist. Letzteres ist häufig der Fall, wenn es sich um nebenberufliche Tätigkeiten, um einen Beamten oder einen im Ausland ansässigen Künstler handelt. Die Abgabepflicht beeinflusst dies nicht, sie fällt bei »nicht nur gelegentlicher« Auftragsvergabe an diese Künstler in jedem Fall bei den Auftraggebern an. Diese Regelung führt zu großer Rechtsunsicherheit. Begründet wird sie damit, dass auf diese Weise Wettbewerbsnachteile für versicherte Künstler vermieden würden. Doch diese Logik trägt nur auf den ersten Blick. Tatsächlich wird ausgeblendet, dass die nicht versicherten Künstler das gleiche Entgelt erhalten wie die Versicherten — sie sind für den Auftraggeber also genauso teuer –, aber für ihre soziale Absicherung in Renten-, Kranken- und Pflegeversicherung aus diesem Entgelt weitere Beiträge leisten müssen.

Ebenso wenig nachvollziehbar ist die Zahlung der Abgabe für einen Auftrag an eine Personengesellschaft, deren Mitarbeiter in der normalen Sozialversicherung abgesichert sind. Die Gesellschaft bezieht in die Gehälter ihrer Angestellten die Kosten für deren Sozialversicherungen mit ein. Auch sie müssen also letztlich aus den gleichen Entgelten zusätzliche Vorsorge in einem anderen System betreiben – im Gegensatz zu in der KSV versicherten Künstlern.

Weitere Schwierigkeiten verursacht die unklare Definition der »nicht nur gelegentlichen Auftragsvergabe«. Dies wird je nach Auftragsart unterschiedlich interpretiert, eine Betriebsveranstaltung muss mindestens dreimal jährlich stattfinden, eine Broschüre dagegen erfüllt diesen Tatbestand bereits, wenn sie nur einmal pro Jahr neu aufgelegt wird. Auch die regelmäßig gerichtlich zu klärende Definition einer künstlerischen Tätigkeit ist ein Indiz für die bestehenden Schwierigkeiten. Die Einordnung rein technischer Tätigkeiten – auch ohne jegliche künstlerische Gestaltungsmöglichkeiten – als abgabepflichtig führt in vielen Fällen zu verständlicher Verwirrung und zu nachvollziehbarem Ärger.

Die IHK-Organisation hat eine Reihe praktischer Reformvorschläge erarbeitet, die dazu beitragen können, diese Unstimmigkeiten zu beheben und so auch zu einer größeren Akzeptanz der KSV beizutragen.

Am wichtigsten ist es, die Abgabepflicht auf Aufträge an versicherte Künstler zu begrenzen. Damit wären auf einen Streich sämtliche Einordnungsprobleme gelöst. Die Vorgabe für Künstler, auf ihren Rechnungen auf die etwaige Abgabepflicht hinzuweisen, wäre eine weitere, leicht umzusetzende und unbürokratische Maßnahme. Eine einheitliche Definition der »nicht nur gelegentlichen« Auftragsvergabe auf z. B. vier Aufträge pro Jahr, unabhängig von der Form des Auftrages, würde ebenso zu einer transparenteren, einfacheren und faireren Abgabeerhebung führen wie eine Bagatellgrenze für geringe Abgabezahlungen, wie sie auch die Enquete-Kommission »Kultur in Deutschland« in ihrem Abschlussbericht Ende 2007 empfohlen hat.

Die rückwirkende Erhebung ist eines der drängendsten Probleme. Sie sollte beendet oder zumindest stark gemildert werden. Eine Amnestie, die eine Meldung der Betriebe mit einem Verzicht auf die rückwirkende Abgabeerhebung verknüpft, wäre sinnvoll. Auch könnten Unternehmen mit weniger als zehn Mitarbeitern von der Nachzahlung ausgenommen werden. Als Minimalerleichterung sollten jedenfalls die Stundungszinsen auf Null gesetzt werden. Die Aussage, Unternehmen, die bereits früher die Abgabe gezahlt haben, würden solche Erleichterungen nicht befürworten, kann die IHK-Organisation aus den Rückmeldungen ihrer Mitglieder nicht bestätigen, im Gegenteil. Wenn fortan sinnvolle und klarere Regeln für alle herrschen würden, hätte die Unternehmerschaft keine Einwände gegen den Erlass der rückwirkenden Abgaben.

Honorare der Künstler stabilisieren sich
Erste Anzeichen für eine Entspannung bei der Künstlersozialversicherung

Olaf Zimmermann — Politik & Kultur 4/2005

Die Künstlersozialversicherung war im letzten dreiviertel Jahr vor allem als Sorgenkind im Gespräch. Als im vergangenen Herbst der Abgabesatz für das Jahr 2005 – wie üblich – auf dem Verordnungsweg festgelegt wurde und sich herausstellte, dass er von 4,3 % im Jahr 2004 auf 5,8 % im Jahr 2005 steigen wird, entstand bei den abgabepflichtigen Unternehmen (Verwerter) eine erhebliche Unruhe. Die Befürchtung wuchs, dass der Abgabesatz aus dem Ruder läuft. Verstärkt wurde diese Einschätzung noch durch die Nachricht, dass die Zahl der Versicherten weiter wächst und ein Ende dieses Wachstums nicht abzusehen ist.

Als dann die Enquete-Kommission des Deutschen Bundestags »Kultur in Deutschland« in ihrer Einladung zur öffentlichen Anhörung zur Künstlersozialversicherung die Frage aufwarf, ob die Künstlersozialversicherung überhaupt eine Zukunft habe, entstanden auch auf Seiten der Versicherten Ängste.

Bundessozialministerin Ulla Schmidt versuchte die Gemüter im Rahmen der gemeinsamen Veranstaltung des Bundesministeriums für Gesundheit und Soziale Sicherung und des Deutschen Kulturrates im Dezember 2004 zur »Riester-Rente« für Künstler mit ihrer Zusicherung, dass sich die Bundesregierung für die Künstlersozialversicherung verbürgt, zu beruhigen. Zusammen mit dem Deutschen Kulturrat hat das Bundesministerium für Gesundheit und Soziale Sicherung nach dieser Veranstaltung einen Runden Tisch eingerichtet, der dazu dienen soll, mittelfristige Perspektiven zur Stärkung und Weiterentwicklung der Künstlersozialversicherung zu entwickeln. Am Runden Tisch wirken Vertreter der Abgabepflichtigen und der Versicherten mit. Ziel ist es, im Konsens einen Beitrag zur Stärkung der Künstlersozialversicherung zu leisten.

Am 9. Juni 2005 kündigte Bundessozialministerin Schmidt auf der Pressekonferenz des Sozialministeriums und des Deutschen Kulturrates nun an, dass der Abgabesatz für das Jahr 2006 zum ersten Mal seit mehreren Jahren wieder sinken wird und zwar von 5,8 % auf 5,5 %. Diese Absenkung entspricht einem Entlastungsvolumen von 10 Mio. Euro für die abgabepflichtigen Unternehmen. Sie ist ein erstes Zeichen für eine Entspannung hinsichtlich der Künstlersozialabgabe. Der Abgabesatz wurde zumindest stabilisiert und wächst nicht weiter. Es besteht die Erwartung, dass, wenn die ergriffenen Maßnahmen zur Stärkung der Künstlersozialversicherung in der zweiten Jahreshälfte 2005 und im Jahr 2006 noch besser greifen, der Abgabesatz weiter sinken könnte. Würde, wie vom Deutschen Kulturrat gefordert, der Bundeszuschuss wieder auf 25 % angehoben, könnte der Abgabesatz nochmals abgesenkt werden. Nach Berechnungen des Deutschen Kulturrates würde diese Maßnahme gemeinsam mit den bereits von Bundessozialministerin Schmidt ergriffenen Schritten zu einem Abgabesatz für die abgabepflichtigen Unternehmen im nächsten Jahr von 4,6 % führen. Der CDU-Kulturpolitiker Norbert Lammert hat unlängst angekündigt, dass eine CDU-geführte Bundesregierung die Absenkung des Bundeszuschusses rückgängig machen würde. Das heißt konkret, dass der Bundeszuschuss wieder auf 25 % angehoben und der Anteil der abgabepflichtigen Unternehmen zur Finanzierung der Künstlersozialversicherung von jetzt 30 % auf 25 % sinken und damit ein Abgabesatz von 4,6 % erreicht werden würde.

Eine wesentliche Maßnahme zur Stärkung der Künstlersozialversicherung ist, alle abgabepflichtigen Unternehmen tatsächlich zur Abgabe heranzuziehen. Laut Künstlersozialversicherungsgesetz sind alle Unternehmen oder Vereine zur Künstlersozialabgabe verpflichtet, die mehr als drei Mal im Jahr Leistungen selbstständiger Künstler und Publizisten in Anspruch nehmen. Bei der Künstlersozialabgabe handelt es sich wie bei anderen Sozialversicherungen um eine Pflichtversicherung und keine freiwillige Leistung. Ausgenommen von der Künstlersozialversicherung sind Vereine, die an freiberufliche Dirigenten oder Chorleiter lediglich eine Aufwandsentschädigung im Rahmen der so genannten Übungsleiterpauschale zahlen. Diese Regelung wurde im Rahmen der Reform des Künstlersozialversicherungsgesetzes im Jahr 2000 eingeführt mit dem Ziel, den bürokratischen Aufwand für Vereine möglichst gering zu halten und so das Bürgerschaftliche Engagement zu stärken.

Als Problem besteht für die Künstlersozialkasse, alle abgabepflichtigen Unternehmen zur Künstlersozialabgabe heranzuziehen, da längst noch nicht alle Abgabepflichtigen sich eigeninitiativ bei der Künstlersozialkasse melden. Um diesem Problem zu begegnen, wurde das Personal der Künstlersozialkasse gezielt aufgestockt, um die Abgabepflichtigen besser zu erfassen. Dies führte allein im letzten Jahr dazu, dass bei einer Prüfung von 9.600 Unternehmen, die noch nicht von der Künstlersozialkasse erfasst waren, festgestellt wurde, dass 4.257 abgabepflichtig sind und nun zur Künstlersozialabgabe herangezogen werden. Dieses deutet darauf hin, dass bei einer noch umfassenderen und intensivierten Suche weitere Abgabepflichtige gefunden werden können, die bislang ihrer Verpflichtung nicht nachkommen. Wenn mehr Unternehmen in den Topf einzahlen, wird dies schließlich für alle zu geringeren Kosten führen. Bislang haben diejenigen, die sich der Abgabe entziehen, einen wirtschaftlichen Vorteil, da sie geringere Kosten haben. Auch bei den Abgabepflichtigen selbst besteht daher der dringende Wunsch, dass alle abgabepflichtigen Unternehmen erfasst werden, damit unsolidarisches Vorgehen nicht noch ökonomisch belohnt wird.

Die zweite gute Nachricht, die Bundessozialministerin Schmidt am 9. Juni 2005 auf der Pressekonferenz des Sozialministeriums und des Deutschen Kulturrates bekannt gab, war, dass im Jahr 2004 die an Künstler und Publizisten gezahlten Honorarsummen nach dem Einbruch des Jahres 2002 erstmals wieder leicht gestiegen sind. Die Honorare stabilisieren sich also langsam. Grundlage für diese Einschätzung sind die Angaben der abgabepflichtigen Unternehmen. Sie müssen jeweils im März der Künstlersozialkasse melden, wie hoch die Honorarsumme ist, die sie im Vorjahr an freiberufliche Künstler und Publizisten gezahlt haben.

Nach dem drastischen Einbruch an Honorarzahlungen im Jahr 2002 scheint sich auch hier die Situation zumindest stabilisiert zu haben. Nach aktuellen Auswertungen der Künstlersozialkasse zur durchschnittlichen Honorarentwicklung sind von 1990 bis zum Jahr 2001 die Honorare kontinuierlich gestiegen. Der Einbruch in der durchschnittlichen Honorarentwicklung erfolgte im Jahr 2002. Die gezahlten Honorare fielen unter den Wert des Jahres 1999 und stabilisieren sich jetzt mühselig auf diesem Niveau.

Betrachtet man die verschiedenen Bereiche im Zeitraum von 1990 bis 2004 etwas genauer, so ergibt sich folgendes Bild: Relativ geringe Honorarzahlungen sind bei den Chören (2004: 11,5 Mio. Euro) festzustellen. Ebenfalls am unteren Rand der Honorarzahlungen bewegen sich die Museen (2004: 23 Mio. Euro). Bemerkenswert ist hier, dass im Jahr 2002, d. h. dem Jahr, in dem in den meisten Bereichen ein deutliches Ansinken der Honorarzahlungen festzustellen war, die durchschnittlichen Honorarzahlungen der Museen stiegen. In etwa auf diesem Niveau und relativ stabil mit nur geringen Schwankungen bewegen sich die durchschnittlichen Honorarzahlungen der Galerien (2004: 18,5 Mio. Euro). Betrachtet man alle kulturellen Bereiche, werden in den eben genannten Abgabebereichen die geringsten Honorare gezahlt.

Die nächste größere Gruppe an Honorarzahlern bilden die Theater-, Konzert- und Gastspieldirektionen (2004: 81,5 Mio. Euro) sowie die Tonträgerhersteller (2004: 132,5 Mio. Euro). Relativ stabil sind die Honorarzahlungen der Theater-, Konzert- und Gastspieldirektionen. Bei den Tonträgerherstellern stiegen von 1990 bis 1996 die Honorare an, um seither auf diesem Niveau zu stagnieren. Die Honorarmeldungen der Theater bewegten sich bis zum Jahr 1997 auf das Niveau der Theater-, Konzert- und Gastspieldirektionen zu, um seither deutlich auf 135 Mio. Euro im Jahr 2004 anzusteigen. Bei den Orchestern (2004: 226,5 Mio. Euro) liegen seit 1991 die durchschnittlichen Honorarmeldungen über denen der Theater-, Konzert- und Gastspieldirektionen. Sie stiegen in diesem Bereich bis 1996 deutlich an, stagnierten bis 1999, stiegen wiederum bis 2001 und fielen seit dem Jahr 2002. Die steigende Honorarentwicklung bei den Theatern und Orchestern kann u. a. damit zusammenhängen, dass Ensembles, in denen nach Tarifvertrag bezahlt wird, aufgelöst wurden und die Künstlerinnen und Künstler nunmehr freiberuflich arbeiten.

Die höchsten Honorarmeldungen verzeichnen die Rundfunkanstalten (2004: 693 Mio. Euro) und die Presseverlage (2004: 397 Mio. Euro). Bei den Presseverlagen stiegen von 1990 bis 1998 die Honorare stetig an, sanken dann leicht, um zu stagnieren und sanken dann deutlich im Jahr 2002. Bei den Rundfunkanstalten stiegen die Honorare erheblich bis zum Jahr 1998, sanken dann deutlich zum Jahr 2002 hin und halten sich seither auf dem Niveau des Jahres 1995.

Insgesamt bilden die Rundfunkanstalten und die Presseverlage das Rückgrat der gemeldeten Honorare. Sie tragen am meisten zur Finanzierung der Künstlersozialversicherung bei. Die höheren Honorarmeldungen in diesen beiden Bereichen korrespondieren mit den höheren Honoraren der Versicherten in der Sparte Wort. Gerade auf Grund der hohen Bedeutung dieser beiden Bereiche sind die Schwankungen in der Honorarentwicklung hier besonders gravierend. Sie wirken sich auf das Aufkommen aus der Künstlersozialabgabe direkt aus.

Von der klassischen Kulturwirtschaft, also beispielsweise den Galerien, werden nur geringe Honorare erwirtschaftet. Dies korrespondiert mit einem relativ geringen Einkommen der großen Zahl an bildenden Künstlerinnen und Künstlern. Genauer muss in der nächsten Zeit die Honorarentwicklung bei den Theatern und Orchestern beobachtet werden. Hier muss hinterfragt werden, ob sich Veränderungen in der Rechtsform, im Ensemblebetrieb sowie weitere Veränderungen auf die Beschäftigung und die Zahlung von Honoraren auswirken.

Insgesamt darf bei der Betrachtung der Honorarentwicklung nicht außer Acht gelassen werden, dass die Werte nicht inflationsbereinigt sind. Das heißt, steigende Honorarsummen bedeuten nicht, dass die Honorarentwicklung mit der Kaufkraft standhält. In diesem Lichte gewinnt der Einbruch an Honorarzahlungen im Jahr 2002 und die nur langsame Erholung noch mehr an Bedeutung.

Mit Blick auf die Stärkung der Künstlersozialversicherung wird es darauf ankommen, ob sich die Honorarentwicklung zumindest dauerhaft stabilisiert oder besser noch, die Honorare wieder steigen werden. Dies ist nicht nur mit Blick auf einen möglichst geringen Abgabesatz für die Verwerter wichtig, sondern v.a. auch hinsichtlich der Einkommen der Künstler und Publizisten. Für Künstler und Publizisten sind steigende Honorare lebensnotwendig, denn sie versuchen schließlich von ihrer künstlerischen Tätigkeit ihren Lebensunterhalt zu bestreiten.

Die Stärkung und Sicherung der Künstlersozialversicherung als kultur- und sozialpolitischem Instrument muss auch in der nächsten Legislaturperiode ganz oben auf der Agenda der Kulturpolitik stehen.

Mit dem Feuer gespielt
Zur Anhörung der Enquete-Kommission zur wirtschaftlichen und sozialen Lage der Künstler

Gabriele Schulz — Politik & Kultur 1/2005

Am 22. November 2004 führte die Enquete-Kommission des Deutschen Bundestags »Kultur in Deutschland« eine öffentliche Anhörung durch. In der Pressemitteilung wurde sie als Beratung über die »Zukunft der Künstlersozialkasse« angekündigt. In der Anhörung selbst wurde immer wieder darauf abgehoben, dass es um die Stärkung der Künstlersozialversicherung ginge.

Was war geschehen? Offensichtlich hatte die ein wenig reißerisch aufgemachte Pressemitteilung der Enquete-Kommission, in der zu lesen war, dass der Fortbestand der Künstlersozialkasse (KSK) mittlerweile in Gefahr sei, dazu geführt, dass Künstler massenweise E-Mails an die Abgeordneten-Mitglieder der Enquete-Kommission gesandt hatten, in denen sie auf die Notwendigkeit des Fortbestands der Künstlersozialversicherung (KSV) abhoben.

Die Vorsitzende der Enquete-Kommission Gitta Connemann sah sich also direkt bei der Eröffnung der Sitzung bemüßigt, darauf hinzuweisen, dass von den Abgeordneten niemand die Künstlersozialversicherung abschaffen wolle und beschrieb die Aktion der Künstler als Panikmache.

Ulla Schmidt, Bundesministerin für Gesundheit und Soziale Sicherung versicherte zwei Wochen nach der Anhörung der Enquete-Kommission in einer gemeinsamen Veranstaltung ihres Ministeriums und des Deutschen Kulturrates zur zusätzlichen Alterssicherung von Künstlern und Publizisten, dass sich die Bundesregierung für die Zukunft der Künstlersozialversicherung verbürgt.

War die Aufregung um die Künstlersozialversicherung also nur Theaterdonner oder steckt mehr dahinter? Klar scheint zu sein, dass die Künstlersozialversicherung zunächst von niemandem angezweifelt wird. Sie hat sich in den nunmehr 21 Jahren ihres Bestehens einen guten Ruf erworben und es hat sich gezeigt, dass die soziale Absicherung der selbständigen Künstler und Publizisten ein wichtiger kultur- und sozialpolitischer Schritt war. Verändert hat sich aber entscheidend der Arbeitsmarkt Kultur. Ging es anfangs darum, ca. 30.000 bis 40.000 Künstler und Publizisten zu versichern, so ist zwischenzeitlich die Zahl der Versicherten auf rund 140.000 angestiegen und ein Ende ist, wer ehrlich ist, noch nicht abzusehen. Denn so sehr auf der einen Seite hervorgehoben wird, dass der Kultur- und Medienbereich ein wichtiger Arbeitsmarkt ist, der lange Zeit noch Wachstumsraten verzeichnete als es in anderen Branchen schon längst bergab ging, so muss man sich auf der anderen Seite auch klar machen, dass die Beschäftigten dieses Sektors kranken-, pflege- und rentenversichert sein müssen. Von einer Arbeitslosenversicherung ist schon längst nicht mehr die Rede.

Der einerseits wachsende Arbeitsmarkt Kultur führt also unweigerlich zu einer steigenden Zahl an Versicherten, da es sich eben um keinen klassischen Arbeitnehmerarbeitsmarkt, sondern vielmehr um einen Arbeitsmarkt von kleinen Selbständigen handelt. Dabei vermischen sich teilweise die Tätigkeitsbereiche, so dass eine klare Trennung zwischen Künstler und Verwerter manchmal kaum mehr möglich ist. Denn wie bezeichnet man die Komponistin, also freiberufliche Künstlerin, die zugleich Inhaberin eines kleinen Verlags, also Verwerterin, ist?

Parallel zum allgemeinen Wachstum des Arbeitsmarktes Kultur fand in den klassischen Kulturbetrieben der Kulturwirtschaft ein Rationalisierungsprozess statt, der dazu führte, dass ehemalige Angestellte nunmehr freiberuflich für ihren alten Arbeitgeber ihre Arbeit fortführen, nur eben nicht als sozialversicherungspflichtige Angestellte, sondern als freie Mitarbeiter, die Mitglied der KSK sind. Besonders der Personalabbau in der Verlagsbranche, und zwar sowohl bei den Buch- als auch den Zeitungsverlagen, führte dazu, dass die Zahl der in der Künstlersozialversicherung Versicherten steigt.

Darüber hinaus trägt die Privatisierung von Kultureinrichtungen ebenfalls dazu bei, dass ehemals Angestellte nunmehr selbständig werden und sich in der KSV versichern. In der Anhörung wurde das Beispiel einer städtischen Musikschule angeführt, die eine neue Rechtsform erhalten sollte und bei der Mitarbeiter gekündigt und anschließend als Honorarkräfte erneut beschäftigt werden sollten. Die KSV entwickelt sich also mehr und mehr zu einer Versicherung, in der eben nicht nur die Künstler und Publizisten im engeren Sinne, sondern der weitere Bereich der Kulturberufler Mitglied wird.

Der Direktor der KSK Harro Bruns führte in der Anhörung aus, dass die Mehrzahl der Versicherten ein Einkommen unter 31.000 Euro im Jahr hat. Nur 0,66 % der Versicherten in Westdeutschland haben ein Einkommen über 61.000 Euro im Jahr, also liegen über der Beitragsbemessungsgrenze und bei den ostdeutschen Versicherten gilt dies für 0,28 % der Versicherten bei einer Beitragsbemessungsgrenze von 51.000 Euro im Jahr. Das heißt im Vergleich zu der überwiegend vorhandenen akademischen Ausbildung erreichen die Versicherten ein relativ geringes Einkommen. Dank der Künstlersozialversicherung haben sie überhaupt eine Kranken-, Pflege- und Rentenversicherung.

Die Zahl der Abgabepflichtigen, also der Verwerter, die zur Künstlersozialabgabe herangezogen und damit einen Teil des fiktiven Arbeitgeberanteils aufbringen müssen, hat mit der Entwicklung der Versicherten nicht gleichgezogen. Das heißt nach wie vor werden nicht alle Verwerter, die künstlerabgabepflichtig wären, tatsächlich zur Abgabe herangezogen. Dieser Missstand wird besonders von Seiten der Verwerter selbst beklagt, weil hier die Ehrlichen für die anderen die Zeche mitzahlen. Hier ist der Bund gefordert, die KSK personell so auszustatten, dass sie alle Verwerter erfassen und damit zur Abgabe tatsächlich heranziehen kann.

Zum zweiten wurden mit der Ausweitung der Ausnahmeregelungen von der Abgabepflicht, die in der letzten Legislaturperiode eingeführt wurden, einigen potenziellen Abgabepflichtigen ein Türchen geöffnet, die Künstlersozialabgabe zu umgehen. Wenn Volkshochschulen keine Künstler gegen Honorar mehr einsetzen, sondern bürgerschaftlich Engagierte, die eine Aufwandsentschädigung im Sinne der Übungsleiterpauschale erhalten, können sie die Abgabepflicht umgehen. Dabei interessiert der tatsächliche Status des vermeintlich bürgerschaftlich Engagierten wenig, es kommt auf die Form der Vertragsgestaltung bzw. Rechtsbeziehung an. Wenn der Gesetzgeber diese Türchen öffnet, um die Abgabepflicht zu umgehen, ist es nur recht und billig, dass er für die entstehenden Einnahmeverluste der Künstlersozialkasse auch aufkommt. Eine Anhebung des Bundeszuschusses auf dem ehemaligen Stand von 25 % wäre also überfällig.

Die bei der Anhörung anwesenden Verwerter, Christian Sprang vom Börsenverein des Deutschen Buchhandels und Jens Michow vom Bundesverband der Veranstaltungswirtschaft, haben sich klar zur Künstlersozialversicherung bekannt. Diese ist eine wesentliche, sozialpolitische Errungenschaft und muss gesichert werden. Die wichtige politische Aufgabe besteht darin, sie zukunftsfest zu machen. Dazu gehört, alle Verwerter tatsächlich zur Abgabe heranzuziehen und verlässliche Abgabesätze zu etablieren, die für die Abgabepflichtigen verkraftbar sind.

Die Mitglieder der Enquete-Kommission wären gut beraten, bei ihren Handlungsempfehlungen das ganze Tableau vom veränderten Arbeitsmarkt Kultur bis zur sozialen Sicherung zu betrachten. Auf sie werden die Augen der Versicherten aber auch der Abgabepflichtigen gerichtet sein, ob es ihnen gelingt, mit den Handlungsempfehlungen der Künstlersozialversicherung eine Perspektive für die nächsten Jahre zu geben.

In ein Wespennest gestochen
Zur Reform des Künstlersozialversicherungsgesetzes

Olaf Zimmermann und Gabriele Schulz — Politik & Kultur 3/2008

Am 1. Januar dieses Jahres konnte die Künstlersozialkasse ihr 25-jähriges Bestehen feiern. Genau am 1. Januar 1983 nahm sie ihre Arbeit in Wilhelmshaven auf. Damit mündete ein langer Gesetzgebungsprozess in die praktische Umsetzung. Und – damit endete eine Zeit, in der Bildende Künstler mit Kunstwerken die Behandlung beim Zahnarzt bezahlten, eine Zeit, in der das Sozialamt den Arztbesuch von Künstlern zahlen musste, da sie keine Krankenversicherung hatten, eine Zeit, in der Künstler im Alter auf Sozialhilfe angewiesen waren, da sie keine Renten erhielten.

Dass der Gesetzgebungsprozess so lange dauerte, lag zum einen daran, dass versucht wurde für freiberufliche Künstler und Publizisten eine Versicherung zu bilden, die der gesetzlichen Sozialversicherung nachgebildet ist. Zum anderen wurde gegen diese Versicherung immer wieder Sturm gelaufen.

Der erste Gesetzesentwurf wurde im Jahr 1976 vorgelegt. In diesem Gesetzesentwurf ist die Künstlersozialversicherung der gesetzlichen Sozialversicherung mit Ausnahme der Arbeitslosenversicherung nachgebildet. Die versicherten freiberuflichen Künstler und Publizisten sollten den Arbeitnehmeranteil entrichten und die Verwerter künstlerischer Leistungen den Arbeitgeberanteil. Gegen diesen Entwurf gab es erheblichen Widerstand von Seiten der Verwerter. Er scheiterte im Bundesrat. Mit dem zweiten Gesetzesentwurf aus dem Jahr 1979 wurde erstmals ein Bundeszuschuss eingeführt, mit dem der Tatsache Rechnung getragen werden sollte, dass Künstler auch ohne Einschaltung eines professionellen Vermarkters direkt an den Endverbraucher ihre Werke verkaufen. In einem dritten und vierten Entwurf wurden weitere Veränderungen vorgenommen, bis das Gesetz schließlich vom Deutschen Bundestag verabschiedet wurde und zum 01.01.1983 in Kraft trat.

Grundgedanke des Gesetzes war und ist, dass professionelle Künstler und Publizisten im Rahmen der gesetzlichen Sozialversicherung – mit Ausnahme der Arbeitslosenversicherung – versichert werden. Diese Grundannahme setzt voraus, dass ein bestimmtes Mindesteinkommen aus selbständiger künstlerischer und publizistischer Arbeit erzielt wird. Die Künstlersozialversicherung ist keine Volksversicherung, sondern wurde vielmehr für bestimmte Berufsgruppen entwickelt. Weiter wurde direkt zu Beginn festgelegt, dass auch für die Honorare an Künstler und Publizisten, die nicht Mitglied in der Künstlersozialkasse sind, Künstlersozialabgabe gezahlt werden muss. Damit sollte verhindert werden, dass Verwerter, um die Künstlersozialabgabe zu sparen, nur mit selbständigen Künstlern und Publizisten zusammenarbeiten, die nicht versichert sind. – Weiter ist an dieser Stelle darauf hinzuweisen, dass es sich bei der Künstlersozialversicherung auch für Künstler keineswegs um eine freiwillige, sondern vielmehr um eine Pflichtversicherung handelt. – Diese beiden Grundannahmen erweisen sich bis heute als richtige Grundsatzentscheidungen.

Dennoch, Ruhe kehrte zu Beginn der 1980er-Jahre nicht ein. Zum einen hatte die Künstlersozialkasse mit Anfangsschwierigkeiten zu kämpfen. Schließlich wurde erstmals ein solches Versicherungssystem für Freiberufler eingeführt und auch im Ausland gab es keine vergleichbaren Systeme, an denen sich hätte orientiert werden können. Zum zweiten riss der Widerstand von Seiten der Verwerter gegen dieses neue Gesetz nicht ab. Dieser Widerstand mündete schließlich in einer Klage vor dem Bundesverfassungsgericht, das im April 1987 urteilte, dass das Gesetz verfassungsgemäß ist. Das Künstlersozialversicherungsgesetz wurde in seinen Grundzügen von den Bundesverfassungsrichtern bestätigt. Sie gaben dem Bund allerdings auf, den Kreis der abgabepflichtigen Verwerter größer zu ziehen und auch die sogenannten Eigenwerber sowie jene Unternehmen, die nicht der Kulturwirtschaft angehören, aber Leistungen selbständiger Publizisten und Künstler in Anspruch nehmen, in die Abgabepflicht einzubeziehen. Daraus entstand die sogenannte Generalklausel, in der die Unternehmen erfasst sind, die nicht nur gelegentlich Aufträge an selbständige Künstler und Publizisten erteilen. Der Begriff »nicht nur gelegentlich« wird nach dem aktuellen Gesetzeslaut mit mehr als drei Mal im Jahr beschrieben.

Nach dem Urteil des Bundesverfassungsgerichts kam die Künstlersozialversicherung in ruhigere Fahrwasser. Die Verwerter aus dem Kulturbereich hatten sich mit der Künstlersozialversicherung arrangiert und andere wie beispielsweise die Chemieindustrie, die Kirchen oder auch die Parteien gründeten Ausgleichsvereinigungen, die den bürokratischen Aufwand im jeweiligen Unternehmen reduzieren, da Vorortprüfungen entfallen und nur noch die jeweilige Ausgleichsvereinigung geprüft wird. Seit Bestehen der Künstlersozialversicherung bestand immer wieder Reformbedarf. Sei es, dass die Beitragsüberwachung verschärft wurde, sei es, dass Neuerungen bezüglich der Berufsanfängerzeit eingeführt wurden, sei es, dass die Möglichkeit geschaffen wurde, das erforderliche Mindesteinkommen zu unterschreiten. Mit den Novellen wurde die Künstlersozialversicherung jeweils aktuellen Gegebenheiten angepasst. Das ist für ein Sozialversicherungsgesetz weder neu, noch etwas Besonderes. Sondern ganz im Gegenteil, das Sozialgesetzbuch, in dem die Kranken-, Renten-, Pflege- und Arbeitslosenversicherung geregelt sind, wird kontinuierlich den aktuellen Erfordernissen angepasst.

Das grundlegende Problem der Künstlersozialversicherung bestand seit ihrer Gründung aber darin, alle abgabepflichtigen Verwerter tatsächlich zu erfassen. Gelungen ist dieses in den Branchen, in denen es eine Ausgleichsvereinigung gibt. Hier sorgen die Unternehmen der jeweiligen Branche dafür, dass alle einzahlen, damit Konkurrenten sich keinen Wettbewerbsvorteil erschleichen können. Auch in der Kulturwirtschaft gelingt es den Unternehmen in der Regel nicht, die Künstlersozialversicherung zu umgehen. Zu eng war inzwischen die Erfassung der abgabepflichtigen Unternehmen die bereits im Firmenname (Galerie, Verlag, o. ä.) als abgabepflichtiges Unternehmen durch die Künstlersozialkasse identifiziert werden könnten. Eine Lücke bestand bis zur Reform des Künstlersozialversicherungsgesetzes im Sommer letzten Jahres bei der Erfassung der Unternehmen, die nicht dem Kulturbereich zuzuordnen sind. Hier bestand bereits seit einigen Jahren die Vermutung, dass noch erhebliche Erfassungslücken bestehen. Diese Erfassungslücken führen dazu, dass die Unternehmen, die sich gesetzeskonform verhalten und die Künstlersozialabgabe entrichten, für die Unternehmen mitbezahlen müssen, die diese Abgabe nicht leisten – besser gesagt, die Sozialversicherungsbetrug begehen.

Denn eines ist unbestritten, durch die Eingliederung der Künstlersozialversicherung in das gesetzliche Sozialversicherungssystem handelt es sich hier um eine Pflichtversicherung. Eine Pflichtversicherung für selbständige Künstler und Publizisten, sofern sie das Mindesteinkommen erreichen und die sonstigen Voraussetzungen erfüllen und eine Pflichtversicherung für die abgabepflichtigen Unternehmen, die, wenn sie ihrer Abgabepflicht nicht nachgekommen sind und dann bei einer Prüfung als abgabepflichtig eingestuft werden, wie bei der Sozialversicherung üblich, Beiträge für die letzten fünf Jahre entrichten müssen.

Das »3. Gesetz zur Änderung des Künstlersozialversicherungsgesetzes« aus dem vergangenen Jahr ermöglicht nun, alle Unternehmen in Deutschland zu überprüfen, ob sie künstlersozialabgabepflichtig sind. In vier großen Wellen (2008–2011) untersucht die Deutsche Rentenversicherung Unternehmen mit sozialversicherungspflichtigen Beschäftigten, ob sie künstlersozialabgabepflichtig sind und ob die Abgabe entrichtet wurde.

Die ersten Ergebnisse zeigen, diese Reform war überfällig. Bereits in der ersten Untersuchungswelle im vergangenen Jahre wurden zahlreiche Unternehmen gefunden, die abgabepflichtig sind und bislang keine Abgabe entrichtet haben. Sie mussten Nachzahlungen leisten, werden nun als regulär abgabepflichtige Unternehmen geführt und zur Abgabe herangezogen. Weiter regt sich seit Dezember letzten Jahres Widerstand von Seiten des Deutschen Industrie- und Handelskammertags (DIHK) sowie des Zentralverbands des deutschen Handwerks (ZdH), der darauf hindeutet, dass mit dieser Gesetzesänderung offensichtlich in ein Wespennest gestochen wurde.

Der DIHK beklagt in seinen Pressemitteilungen die flächendeckende Prüfung der Unternehmen und die rückwirkende Veranlagung. Ebenso wird er nicht müde darauf hinzuweisen, dass es sich um ein kompliziertes Gesetz handele. Diese Äußerungen müssen verwundern, da sie sich gegen ihre eigenen Mitglieder richten. Die ehrlichen Mitglieder der IHKs vor Ort bezahlen seit Jahrzehnten die Künstlersozialabgabe – letztendlich zahlen sie für die Trittbrettfahrer mit. Es müsste eigentlich im Interesse des DIHK sein, dass endlich Wettbewerbsgerechtigkeit erzielt wird und alle abgabepflichtigen Unternehmen auch tatsächlich ihrer gesetzlichen Verpflichtung nachkommen. Gleiches gilt für die Regelung, dass nicht gezahlte Beiträge für die letzten 5 Jahre rückwirkend veranlagt werden. Dieses entspricht den üblichen Regelungen im Sozialversicherungsrecht. Im Deutschen Kulturrat wurde bereits vor Jahren über eine Amnestieregelung für die Unternehmen nachgedacht, die der Abgabepflicht nicht nachkommen und die sich bis zu einem festzulegenden Stichtag melden müssten. Eine solche Amnestieregelung wurde stets von den Verbänden der Kulturwirtschaft abgelehnt, die die Ansicht vertraten, dass die Negierung von gesetzlichen Vorschriften weder geduldet noch belohnt werden sollte, indem keine Nachzahlung fällig wird.

Die Komplexität des Gesetzes als Grund für seine Nichtbeachtung anzuführen, ist schon sehr mutig. Heißt dies, dass die Nichtzahlung von Steuern auch gerechtfertigt ist, weil die Steuergesetzgebung komplex ist. Das würde sicherlich kaum jemand behaupten.

Verbände, wie der DIHK oder der ZdH, wären vielmehr gefordert, ihre Mitglieder regelmäßig über die Künstlersozialversicherung zu informieren. Das Engagement der IHKs vor Ort für Kultur würde dadurch an Glaubwürdigkeit gewinnen und den Mitgliedsunternehmern wäre ein guter Dienst erwiesen. Der Deutsche Kulturrat hatte dem DIHK mehrfach angeboten, in Artikeln für deren Zeitschriften über die Künstlersozialversicherung zu informieren. Das Angebot wurde stets abgelehnt.

Nach wie vor offen ist die Baustelle, wie jene Selbständige in Kulturberufen sich sozial absichern können, die weder die Voraussetzungen erfüllen, um nach dem Künstlersozialversicherungsgesetz versichert zu werden, noch ein ausreichendes Einkommen erwirtschaften, sich privat abzusichern. Hiervon sind auch viele betroffen, deren Berufskollegen vor Jahren in Kulturinstitutionen als Angestellte beschäftigt waren. Das Outsorcing von bestimmten Leistungen, das Wegfallen bzw. die Nichtbesetzung von Stellen in öffentlichen oder öffentlich geförderten Kultureinrichtungen führt dazu, dass die Zahl der sogenannten Alleindienstleister im Kulturbereich steigt. Diese steigende Zahl an Selbständigen wird teilweise als Wachstum der Kulturwirtschaft gefeiert, vergessen wird dabei, dass dieses Wachstum auf einem sehr fragilen Grund erfolgt. Denn was ist in 20 Jahren, wenn die erste Generation dieser Alleindienstleister das Rentenalter erreicht und bis auf kurze Phasen, in denen sie vielleicht mal angestellt waren, keine Ansprüche in der gesetzlichen Rentenversicherung erworben haben und deren Verdienst in ihrer Berufstätigkeit nicht ausreichte, um sich privat abzusichern. Damit hier nicht die nächste Gruppe an Altersarmen aus dem Kulturbereich entsteht, ist es wichtig jetzt zu handeln. Die Enquete-Kommission des Deutschen Bundestags »Kultur in Deutschland« hat dieses Problem beschrieben und die Bundesregierung aufgefordert, Lösungen zu entwickeln.

Hier ist also Pioniergeist gefragt. Der Mut derjenigen, die gegen viele Widerstände vor über 30 Jahren die Künstlersozialversicherung auf den Weg gebracht haben, kann dabei ein Vorbild sein. Vielleicht dauert es dieses Mal nicht sieben Jahre, bis eine gesetzliche Regelung in Kraft tritt.

Eine Errungenschaft des Kultur- und Sozialstaats
Zur Künstlersozialversicherung

Olaf Zimmermann und Gabriele Schulz — Politik & Kultur 5/2008

Im vergangenen Jahr wurde das Künstlersozialversicherungsgesetz reformiert und es scheint so zu sein, dass diese Reform die erwartete Wirkung zeigt. Seit dem Jahr 1983 hatte die Künstlersozialkasse (KSK) als Einzugsstelle für die Künstlersozialabgabe damit zu kämpfen, dass viele abgabepflichtige Unternehmen ihrer Verpflichtung, die Künstlersozialabgabe zu entrichten, nicht nachkamen. Am Anfang waren es die Unternehmen aus der Kulturwirtschaft, die vor dem Bundesverfassungsgericht prüfen ließen, ob die Künstlersozialversicherung grundgesetzkonform ist. Letzteres wurde durch das Bundesverfassungsgericht im Jahr 1987 bestätigt. Seit diesem Zeitpunkt ist die Künstlersozialversicherung bei den Unternehmen der Kulturwirtschaft akzeptiert.

Das Bundesverfassungsgericht hatte zugleich dem Gesetzgeber aufgegeben, den Katalog der abgabepflichtigen Unternehmen zu erweitern. Waren es bis 1987 vor allem die Vermarkter aus den Kulturwirtschaftsbranchen, die die Künstlersozialabgabe leisten mussten, so wurde mit der Novellierung des Künstlersozialversicherungsgesetzes im Jahr 1988 die sogenannte Generalklausel eingeführt. Hierunter werden Unternehmen erfasst, die mehr als nur gelegentlich künstlerische und publizistische Leistungen verwerten. Weiter werden seither die Eigenwerbung betreibenden Unternehmen von der Abgabepflicht erfasst. Seit rund 20 Jahren also sind so gut wie alle Unternehmen verpflichtet zu prüfen, ob sie Künstlersozialabgabe zahlen müssen. Denn mit der Künstlersozialversicherung verhält es sich wie mit der »normalen« Sozialversicherung, nicht die Sozialversicherungsträger müssen beim Beitragsschuldner vorstellig werden, sondern der Beitragsschuldner muss sich von sich aus bei der Künstlersozialversicherung melden. Es ist daher eigentlich kaum nachzuvollziehen, wie Unternehmen oder Unternehmensverbände die Chuzpe haben können, zu behaupten, sie hätten von der Abgabe nichts gewusst.

Die KSK hatte von Anfang an mit dem Problem zu kämpfen, dass ihre personelle Ausstattung eine flächendeckende Erfassung von Unternehmen nicht zugelassen hat. In den Bereichen, in denen es Ausgleichsvereinigungen gibt, wie z. B. der Chemischen Industrie, kann von einer nahezu flächendeckenden Erfassung gesprochen werden. Hier sorgen die Unternehmen erfolgreich selbst dafür, dass ihre Mitbewerber durch »Vergessen« der Künstlersozialabgabe keinen Wettbewerbsvorteil erhalten. In anderen Branchen – außerhalb der Kulturwirtschaft – kann von einer solchen flächendeckenden Erfassung leider nicht gesprochen werden.

Das 3. Gesetz zur Änderung des Künstlersozialversicherungsgesetz, das zum 01.07.2007 in Kraft trat, schaffte einen entscheidenden Durchbruch. Für Unternehmen, die sozialversicherungspflichtig Beschäftigte beschäftigen, prüft nicht mehr die Künstlersozialkasse, ob die Abgabe ordnungsgemäß abgeführt wurde, sondern die Deutsche Rentenversicherung. Die Deutsche Rentenversicherung prüft ohnehin in regelmäßigen Abständen von ca. fünf Jahren jedes einzelne Unternehmen, ob es seiner Verpflichtung, die Sozialversicherungsbeiträge abzuführen, nachgekommen ist. In mehreren Erhebungswellen werden jetzt Unternehmen angeschrieben, ob sie in denen letzten Jahren auf freiberuflicher Basis mit Künstlern und Publizisten zusammengearbeitet und die Künstlersozialabgabe entrichtet haben.

Das Ergebnis gibt der Vermutung Recht, dass in der Vergangenheit viele Unternehmen – aus welchen Gründen auch immer – der Abgabepflicht nicht nachgekommen sind. Laut einer Meldung der Nachrichtenagentur ddp vom 14.08.2008 teilt die Künstlersozialkasse mit, dass im vergangenen Jahr die Zahl der erfassten abgabepflichtigen Verwerter um 13.600 gestiegen ist. Einen solch hohen Anstieg konnte die Künstlersozialkasse bislang noch nie verzeichnen. Es waren Nachzahlungen in Höhe von 24 Mio. Euro fällig.

An mangelnden Informationen kann es kaum gelegen haben, dass die Unternehmen nicht gezahlt haben. Bereits seit vielen Jahren sind Informationsbroschüren, Bücher, Lose-Blattwerke usw. vorhanden, die über die Künstlersozialversicherung informieren. Der Deutsche Kulturrat hatte mehrfach dem Arbeitskreis Kultur des Deutschen Industrie- und Handelskammertags angeboten, durch Vorträge über die Künstlersozialversicherung oder Artikel über die Künstlersozialversicherung zu informieren. Dieses Angebot wurde stets abgelehnt. Im Vorfeld der dritten Reform des Künstlersozialversicherungsgesetzes hat das Bundesministerium für Arbeit und Soziales ein kostenlos erhältliches Buch herausgegeben, in dem über das Gesetz informiert wird. Dieses Buch war innerhalb kurzer Zeit vergriffen und ist zu Beginn des Jahres 2008 in zweiter überarbeiteter Auflage erschienen. Die Deutsche Rentenversicherung hat sowohl auf ihrer Webseite als auch durch Informationsschriften, die kostenlos an Unternehmen gesandt werden, über die Künstlersozialversicherung informiert. Der Deutsche Kulturrat hat mit zahlreichen Pressemitteilungen darüber informiert, dass seit dem 01.07.2007 die Deutsche Rentenversicherung die Prüfung der Künstlersozialabgabe übernimmt. An sich müsste jedes Unternehmen, das bislang noch nicht gezahlt hat, sich zumindest erkundigen, ob möglicherweise eine Abgabepflicht besteht und es wäre auch die Pflicht der Industrie- und Handelskammern vor Ort gewesen, ihre »Zwangsmitglieder« darüber in Kenntnis zu setzen, dass »Ducken« nun nicht mehr gilt, sondern alle geprüft werden.

Denn warum sollten, wie vom Deutschen Industrie- und Handelskammertag vorgeschlagen, Unternehmen, die weniger als zehn Mitarbeiter haben, von einer Nachzahlung ausgenommen werden. Bei der Künstlersozialversicherung handelt es sich um keine Sonderabgabe, sondern eine normale Sozialversicherung. Unternehmen, die weniger als zehn Mitarbeiter haben, werden auch nicht davon ausgenommen für ihre Angestellten Nachzahlungen zu leisten, wenn keine Sozialversicherungsbeiträge entrichtet wurden. Auf bei Zahlungsverzug erhobene Säumniszuschläge verzichten die Sozialversicherungsträger in der Regel nicht. So muss sich auch die Künstlersozialkasse an das geltende Recht halten. Sie übt allerdings den Ermessensspielraum aus, den ihr der Gesetzgeber zugestanden hat.

Viele Jahre wurde darüber beraten, wie es gelingen kann, alle abgabepflichtigen Unternehmen tatsächlich zur Zahlung heranzuziehen. Im Deutschen Kulturrat wurde daher bereits im Oktober 2004 diskutiert, ob eine groß angelegte Informationskampagne über die Künstlersozialversicherung verbunden mit einer zeitlich begrenzten Amnestie für die säumigen Unternehmen, die sich von selbst melden, ein Weg sein könnte, um alle abgabepflichtigen Unternehmen zu erfassen. Die Verbände der Unternehmen, die bereits seit vielen Jahren ihrer Abgabepflicht nachkommen, haben eine solche Amnestie strikt abgelehnt. Sie sahen in diesem Vorschlag eine ungerechtfertigte Besserstellung der unehrlichen Unternehmen und vertraten energisch die Position, dass der Ehrliche nicht der Dumme sein solle. Die Forderung wurde vom Deutschen Kulturrat daher auch nicht erhoben.

Der Gesetzgeber hat bei der Verabschiedung des Künstlersozialversicherungsgesetzes im Jahr 1981 bewusst einen offenen Künstlerbegriff gewählt. In § 2 Künstlersozialversicherungsgesetz steht: »Künstler im Sinne dieses Gesetzes ist, wer Musik, darstellende oder bildende Kunst schafft, ausübt oder lehrt. Publizist im Sinne dieses Gesetzes ist, wer als Schriftsteller, Journalist oder in anderer Weise publizistisch tätig ist oder Publizistik lehrt.« Dieser offene Künstlerbegriff erlaubt eine Offenheit für aktuelle künstlerische Entwicklungen, denn wer hätte im Jahr 1981 bei der Gründung der Künstlersozialkasse schon an einen Multimediakünstler gedacht? In dem beim Bundesministerium für Arbeit und Soziales erhältlichen Buch Künstlersozialversicherungsgesetz sind 92 Berufe aufgelistet, bei denen eine Versicherungspflicht nach dem Künstlersozialversicherungsgesetz vorliegt. Hierzu zählen Berufe wie Sänger, Alleinunterhalter, Dirigenten, Designer usw. Diese Liste ist für jedes Unternehmen zugänglich, so dass geprüft werden kann, ob durch die Vergabe eines Auftrags an einen freiberuflichen Auftragnehmer eine Abgabepflicht entsteht.

Im Rahmen der Enquete-Kommission des Deutschen Bundestags »Kultur in Deutschland« wurde intensiv diskutiert, ob eine Liste von Berufen, bei denen eine Versicherungspflicht vorliegt, auf dem Verordnungsweg festgelegt werden sollte. Es wurde davon Abstand genommen, da ein solches Verfahren dem sich stetig weiterentwickelnden Kulturbereich nicht entsprechen würde. Das bestehende Verfahren, nach dem bei Zweifelsfällen zunächst einer der Widerspruchsausschüsse der Künstlersozialkasse zu Rate gezogen wird und danach der Klageweg beschritten werden kann, hat sich bewährt. Gerade die mit Experten aus dem Kulturbereich besetzten Widerspruchsausschüsse kennen sich mit den Veränderungen ihres Bereiches in der Regel sehr gut aus. Festzuhalten ist, dass keineswegs, wie im Beitrag von Dercks und Soénius in dieser Ausgabe behauptet wird, regelmäßig gerichtlich geklärt werden muss, ob es sich um eine künstlerische Tätigkeit handelt. Bei der überwiegenden Zahl der Fälle kann die künstlerische Tätigkeit zweifelsfrei festgestellt werden, bei einigen wenigen Ausnahmen ist eine gerichtliche Klärung erforderlich.

In Deutschland sind Selbständige in der Regel in das soziale Sicherungssystem nicht integriert.

Es ist nicht von der Hand zu weisen, dass die Zahl der Versicherten kontinuierlich ansteigt. Das liegt zum einen daran, dass künstlerische Berufe sich eines großen Zuspruchs erfreuen. Zum anderen ist gerade in diesen

Berufen der Trend zur Selbständigkeit zu beobachten. Ein Beispiel hierfür sind Lektoren. Haben vor 20 Jahren die Verlage in erster Linie mit angestellten Lektoren gearbeitet und für spezielle Vorhaben auf freiberufliche zurückgegriffen, so ist es inzwischen selbstverständlich, vor allem mit freiberuflichen Lektoren zu arbeiten und die Zahl der angestellten Lektoren hat abgenommen. Auch bei den Journalisten ist der Trend zur Selbständigkeit seit dem Abbau von Redaktionsstellen unverkennbar. Die vielfach erhobene Forderung, sich selbständig zu machen, hat also im Kulturbereich gegriffen.

Andererseits muss aber auch nüchtern konstatiert werden, dass so manche Kassandrawarnung nicht eintrat. So wurde nach dem Urteil des Bundessozialgerichts, dass auch Webdesigner zu den Pflichtversicherten der Künstlersozialversicherung gehören, befürchtet, etwa 6.000 Webdesigner würden Mitglied werden wollen. Das ist nicht eingetreten. Ebenso wenig ist ein Zustrom von Trauerredner festzustellen, obwohl das Bundessozialgericht in einem Fall einer Trauerrednerin die Künstlereigenschaften zugesprochen hat. So manche Befürchtung hat sich daher in der Praxis von selbst erledigt.

Zu den immer wieder vorgetragenen Vorschlägen einer Änderung des Künstlersozialversicherungsgesetzes gehört auch, dass gefordert wird, die Künstlersozialabgabe solle nur für tatsächlich versicherte Künstler und Publizisten gezahlt werden. Bereits das Bundesverfassungsgericht hat sich im Jahr 1987 hiermit befasst und kam zu dem Schluss, dass ein solches Vorgehen zu einer Wettbewerbsverzerrung bei den Verwertern künstlerischer Leistungen führen würde. Der Künstlersozialversicherung liegt ein Umlageverfahren zugrunde. Dabei sind die von den Verwertern gezahlten Entgelte maßgeblich. Der Abgabesatz liegt aufgrund des Umlageverfahrens deutlich unter den Beiträgen, die für sozialversicherungspflichtig Beschäftigte gezahlt werden müssen. Das Bundesverfassungsgericht argumentiert, dass eine Abschaffung des Umlageverfahrens zu einer erheblichen Mehrbelastung der Unternehmen führen würde, die mit in der Künstlersozialversicherung Versicherten zusammenarbeiten, da der Abgabesatz merklich steigen müsste. Dieses würde zu einer Wettbewerbsverzerrung gegenüber den Mitbewerbern führen. Diese gilt es zu vermeiden.

Der Vorschlag des Deutschen Industrie- und Handelskammertags nur bei der Zusammenarbeit mit versicherten Künstlern und Publizisten die Künstlersozialabgabe zu erheben, schadet letztlich den Unternehmen, da sie zu einer Mehrbelastung einiger und damit einer Wettbewerbsverzerrung führen würde.

Ein Blick in das europäische Ausland zeigt, dass in den meisten Ländern Selbständige in das soziale Sicherungssystem integriert sind. Ein Finanzierungsmix aus Steuern und Sozialabgaben sichert die soziale Absicherung auch von Selbständigen. In Deutschland sind Selbständige in der Regel in das soziale Sicherungssystem nicht integriert. Für einige Berufsgruppen gibt es berufsständische Sicherungssysteme. Die soziale Absicherung von Landwirten erfolgt zu einem erheblichen Teil aus Steuermitteln und freiberufliche Künstler werden über die Künstlersozialversicherung versichert.

Von Seiten des Deutschen Industrie- und Handelskammertags wird zu Recht darauf hingewiesen, dass es eine Reihe von kleinen, um ihre Existenz kämpfenden Selbständigen gibt, die keine soziale Absicherung genießen. Daraus wird implizit der Schluss gezogen, dass, wenn es denen schlecht geht, auch der Schutz der Künstler und Publizisten zurückgefahren werden kann. Wir sind der Meinung, genau umgekehrt wird ein Schuh daraus! Es ist dringend erforderlich, über die soziale Absicherung von Selbständigen nachzudenken, da die noch vor Jahrzehnten aufgemachte Rechnung, dass das Einkommen aus selbständiger Tätigkeit reicht, um eine soziale Absicherung zu treffen, für viele Selbständige nicht mehr zutrifft. Es sollte also nicht für die Künstler und Publizisten die soziale Sicherung demontiert werden, sondern vielmehr eine soziale Absicherung von Selbständigen aufgebaut werden. Deutschland ist ein Sozial- und Kulturstaat. Die Künstlersozialversicherung ist ein positives Beispiel wie der Sozial- und Kulturstaat mit Leben erfüllt wird.

Warum Ausgleichsvereinigungen? Informationen zu einem Begriff aus dem Künstlersozialversicherungsgesetz

Eckhard Kloos — Politik & Kultur 1/2009

Die deutsche Sprache hält Begriffe parat, die noch diffuser sind als die Fülle der Abkürzungen und vieler Kunstworte, die als Firmenname genutzt werden. Die »Ausgleichsvereinigung« gehört in diesen Wortraum und soll aus der Schattenzone geholt und mit Informationen gefüllt werden. Den Begriff der »Ausgleichsvereinigung« finden wir unter anderem im § 32 des Künstlersozialversicherungsgesetzes. Er eröffnet in diesem Gesetz einen Weg, der es Verwertern möglich macht, die Künstlersozialabgabe mit vertretbarem Aufwand zu ermitteln.

Eine der ältesten Ausgleichsvereinigungen zum KSVG ist die AV Verlage. Wie kam es zu der Gründung und was sind die Besonderheiten dieser Vereinigung?

Nach den Geburtswehen des Künstlersozialversicherungsgesetzes und der Künstlersozialkasse in Wilhelmshaven saßen zwei Abgesandte der Kasse bei mir im Büro des Rowohlt Verlages und wir beugten uns über die Honorarbelege und die weiteren Unterlagen, die für notwendig erachtet wurden, um den exakten Betrag für die Kasse zu ermitteln.

Die Prüfungshinweise der Kasse wiesen darauf hin, dass nicht nur Geldzahlungen, sondern auch Leistungen mit geldwertem Charakter zu erfassen seien. Als erstes Fallbeispiel wurde in den Prüfungsanordnungen das einem Autor unentgeltlich zur Verfügung gestellte Ferienhaus eines Verlegers genannt. Unabhängig davon, ob es der Normalität entspricht, dass ein Verleger selbstverständlich im Luxus lebt und ungenutzte Ferienhäuser seinen darbenden Autoren überlassen kann, wurde bald deutlich, dass solche Vorgänge kaum in den prüfbaren Unterlagen eines Unternehmens zu finden sind. Auch das Bewerten von Bewirtungsbelegen und Reisekostenunterlagen wurde kritisch gesehen. Überall können sich Entgelte für Autoren verstecken. Was ist mit Blumen, Pralinen, den sechs Flaschen Rotwein zum Weihnachtsfest?

Über diese Fragen kam man zu den prinzipiellen Problemen, die durch das Gesetz für eine Verlagsbuchhaltung entstehen. In praktisch jeder Abteilung – nicht nur im Honorar- und Lizenzbereich – und in jedem Beleg kann ein abgabepflichtiger Betrag enthalten sein: Die Werbung beauftragt einen Grafiker, der im Wesentlichen kreativ tätig ist. Sein Honorar unterliegt selbstverständlich der KSA. Die entsprechende Rechnung lautet wenig spezifiziert »Anzeige Spiegel Heft 48/08 Honorar wie vereinbart 2.000 Euro«. Der Verlag beschäftigt einen weiteren Grafiker, dessen Aufgabe in handwerklichem Satz und Montage derselben Anzeige besteht. Auch seine Rechnung lautet »Anzeige Spiegel Heft 48/08 wie vereinbart 500 Euro.« Diese Kosten der grafischen Herstellung sind nicht künstlersozialabgabepflichtig. Den Rechnungen der beiden Freiberufler ist jedoch der qualitative Unterschied nicht anzusehen und es ist damit die Aufgabe des Sachbearbeiters in der Werbung – selbstverständlich mit allen Feinheiten des KSVG vertraut – neben der Kostenart und dem Kostenträger auch noch die Künstlersozialabgabepflicht auf dem Beleg zu vermerken. Dieses sehr spezifische Wissen muss nicht nur der Sachbearbeiter in der Werbung haben, sondern in gleicher Weise der Kollege, die Kollegin in der Herstellungsabteilung, in der Presse, der Personalabteilung, dem Lektorat, das heißt praktisch in jedem Bereich eines Verlags, weil überall KSA relevante Leistungen in den Belegen verborgen sein können.

Wir stellten fest, dass der Aufwand der individuellen Bewertung der einzelnen Belege sich ungefähr gedeckt hätte mit der sich daraus ergebenden Abgabe an die Kasse. Das war das unbefriedigende Ergebnis einer Woche der intensiven Diskussion über die Probleme der Ermittlung eines exakten Abgabebetrages. Wir gingen seinerzeit auseinander mit der Untersuchungsaufgabe, ob eventuell eine Ausgleichsvereinigung wie im § 32 des Gesetzes beschrieben eine Lösung bringen könnte. Es gab noch wenige Erfahrungen mit der Institution AV, so dass eine Arbeitsgruppe, in der verschiedene Verlage vertreten waren und die nach Lösungen suchen sollte, relativ frei war, sich konstruktive Modelle zu überlegen.

Die Praxiserfahrung, dass es in der Kostenstruktur eines Verlages prozentual relativ konstante Kostenblöcke gibt, wurde von allen geteilt, wenn auch von Verlag zu Verlag sehr unterschiedliche Prozentverteilungen festgestellt wurden. Ein lizenzintensiver Taschenbuchverlag oder ein Klassikerverlag mit honorarfreien Autoren haben jeweils andere Basisgrößen für die KSA als z. B. ein Verlag, der ausschließlich mit lebenden Autoren im direkten Vertragsverhältnis steht. Ein Verlag mit einer Werbeabteilung, deren Leistung von festangestellten Kreativen erbracht wird, hat eine andere Struktur als ein Haus, das die Kreativleistung von außen bezieht. Ebenso können z. B. für Buchumschläge und deren Gestaltung entweder freie Künstler beschäftigt werden oder – wie das durchaus erfolgreiche Gestaltungskonzept des Diogenes Verlags zeigt – Umschläge auch ohne künstlersozialabgabepflichtige Leistung produziert werden.

Aus diesen Erfahrungen der unterschiedlichen Betriebsstruktur bei individueller Konstanz der Kostenblöcke wurde das Modell einer Ausgleichsvereinigung für Verlage entwickelt und mit dem Ministerium für Arbeit und Soziales diskutiert. Jeder Verlag ab einer gewissen Größenordnung hat – aus dem Gesetz der großen Zahl heraus – eine feste Relation zwischen KSA-relevanten Kosten und Honoraren und dem Umsatz. Diese Relation muss nur einmal sorglich ermittelt werden. Für die Folgejahre genügt es, den Umsatz mit dem entsprechenden Prozentsatz zu gewichten, um die Abgabebasis zu errechnen.

Nach diesem vor 20 Jahren diskutierten und akzeptierten Verfahren arbeiten die AV Verlage seitdem durchaus erfolgreich. Die Verlage ermitteln ihren individuellen Prozentsatz der relevanten Kosten und können sich bei stetigem Geschäftsverlauf und Beachtung der Honorarentwicklung in fünf Folgejahren darauf beschränken, ausschließlich den Umsatz an die AV zu melden. Der beleggenaue Nachweis – bei strikter Beachtung der mit der Künstlersozialkasse einvernehmlich festgelegten Checkliste der relevanten Kosten und Honorare – muss nur alle 5 Jahre erbracht werden. Er kann unter Umständen zu Anpassungen führen – wird aber in der Regel die Abgaben der Vorjahre bestätigen. Der Umsatz ist eine in jedem Unternehmen vorliegende Größe und ist ohne Aufwand aus dem bestehenden Rechenwerk zu übernehmen und muss der Ausgleichsvereinigung in einer vom Wirtschaftsprüfer/Steuerberater testierten Form mitgeteilt werden. Mitglieder der Ausgleichsvereinigung sind von der gesetzlichen Aufzeichnungsfrist befreit und werden nicht von den Prüfern der Rentenversicherung geprüft. Es werden Prüfungen durch die Künstlersozialkasse selbst durchgeführt, die die Plausibilität der Herleitung der relevanten und gemeldeten Summen kontrollieren.

Auf der Basis der Umsätze, gewichtet mit den individuellen Abgabesätzen der Verlage und multipliziert mit dem Jahr für Jahr festgestellten Satz der Kasse, nimmt die Ausgleichsvereinigung bei ihren ca. 650 Mitgliedern das Inkasso im Bankeinzugsverfahren vor und leitet die Beträge in einer Summe und in monatlichen Raten nach Wilhelmshaven weiter. Der Gesamtaufwand der AV liegt im unteren Bereich eines sechsstelligen Betrags bei einem Inkassovolumen von zurzeit knapp 20 Millionen Euro. Neben Buchverlagen betreut die AV auch Bühnen- und Musikverlage nach dem im Prinzip gleichen Muster. Auf Anordnung des Ministeriums, bzw. der Rentenkasse, musste leider die logische und einfache Berechnungsbasis für die Bühnenverlage vor kurzem durch ein kostenaufwendiges und kompliziertes Verfahren ersetzt werden. Solche Rückschläge sind einerseits ärgerlich und widersprechen dem Vorsatz der Gesetzgebung schlanke und verwaltungseinfache Lösungen zu produzieren – andererseits bietet die AV auch jetzt noch für diesen Verlagstypus ausreichende Vorteile in der Administration und Ermittlung der Abgabe.

Die noch anhaltende Diskussion der letzten Monate, die in dem Wunsch gipfelt, die Künstlersozialabgabe abzuschaffen, ist in dem Punkt nachvollziehbar, der eine Vereinfachung des Gesetzes fordert. Schließlich ist die Ausgleichsvereinigung – wie oben dargestellt – nichts anderes als die bereits praktizierte Lösung des Problems. Sie beweist, dass Vereinfachungen möglich sind und zur allgemeinen Zufriedenheit funktionieren.

Detailinformationen zur Ausgleichsvereinigung Verlage können im Internet unter *www.av-verlage.de* gefunden werden. Die Satzung, der Einzelvertrag, die Checkliste etc. sind abrufbar. Einzelfragen können per Mail oder Telefon gestellt werden.

Die dritte Novelle zum Künstlersozialversicherungsgesetz
Eine Bilanz

Sabine Schlüter — Politik & Kultur 1/2009

Mit dem Dritten Gesetz zur Änderung des Künstlersozialversicherungsgesetzes vom 12.+Juni 2007 (BGBl. I S. 1034), das am 15. Juni 2007 in Kraft getreten ist, will der Gesetzgeber Beitrags- und Abgabegerechtigkeit herstellen, die Finanzierung stabilisieren und damit die Künstlersozialversicherung stärken. Um dies zu erreichen, wurden die Kontrollen sowohl im Versichertenbereich als auch bei den abgabepflichtigen Unternehmen intensiviert. Neben der Künstlersozialkasse (KSK) ist seit Mitte des Jahres 2007 auch die Deutsche Rentenversicherung (DRV) aufgefordert, für die vollständige Erfassung der abgabepflichtigen Unternehmen Sorge zu tragen. Sie hat außerdem die Aufgabe übernommen, die Arbeitgeber hinsichtlich der Künstlersozialabgabepflicht zu überprüfen.

In nahezu allen Branchen der Kulturwirtschaft ist seit vielen Jahren die Tendenz festzustellen, dass Tätigkeiten ausgegliedert werden und die Zahl der freien Mitarbeiter zunimmt. Dies hat bei der KSK zu stetig steigenden Versichertenzahlen geführt. Demgegenüber konnte die Zahl der Verwerter bzw. der von dieser gemeldeten abgabepflichtigen Entgeltsumme in den Jahren seit 2003 nicht entsprechend erhöht werden. Dies hat dazu geführt, dass der Abgabesatz für 2004 von 3,8 % auf 4,3 % und für 2005 sogar auf 5,8 % angehoben werden musste. Die heftigen Proteste der Vertreter der Abgabepflichtigen richteten sich auch gegen die unzureichende Prüfung durch die KSK.

Außerdem wurde von verschiedenen Seiten immer wieder moniert, dass die Versicherten ihre Einkommen schätzten und deshalb sicher viele Künstler und Publizisten zu Unrecht versichert wären bzw. zu niedrige Einkommen melden würden.

Umsetzung der Gesetzesänderung im Bereich der Abgabepflichtigen

Die vollständige Erfassung und Prüfung aller abgabepflichtigen Unternehmen erfolgt in zwei Schritten: Zunächst werden in den Jahren 2007 bis 2010 insgesamt mehr als 280.000 Unternehmen mit einem Erhebungsbogen zur Prüfung der Abgabepflicht und Feststellung der Bemessungsgrundlage angeschrieben. Ausgewählt wurden dazu nach dem Wirtschaftsklassenschlüssel die Arbeitgeber, bei denen nach der Erfassung der KSK und verschiedenen weiteren Kriterien, unter anderem der Branchenzugehörigkeit, die Abgabepflicht überwiegend wahrscheinlich ist. Unternehmen, die bei dem Fragebogenverfahren nicht mitwirken, werden jeweils im Folgejahr vor Ort überprüft.

In der 2. Stufe werden alle Arbeitgeber ab 2011 im Rahmen der Prüfung des Gesamtsozialversicherungsbeitrages von der DRV auch zum Thema Künstlersozialabgabe überprüft. Das erste Kontingent der Fragebögen wurde im September 2007 versandt. Nach der vorliegenden Auswertung zum 02.10.2008 sind 71.348 Unternehmen geprüft worden. Davon unterliegen 16.606 der Abgabepflicht. Dies entspricht einer Quote von 23,27 %. Die für jeweils fünf Jahre zurückgeforderten Beträge belaufen sich auf eine Summe von 31,56 Millionen Euro.

Die zusätzlichen Einnahmen durch die Erfassung und Prüfung der DRV, aber auch die zusätzlichen Maßnahmen der KSK seit 2005 (verstärkte Erfassung und Prüfung von Unternehmen) haben dazu geführt, dass der Abgabesatz für 2006 auf 5,5 %, für 2007 auf 5,1 %, für 2008 auf 4,9 % und für 2009 auf 4,4 % gesenkt werden konnte.

Die oben genannten Nachforderungen kommen allen Abgabepflichtigen zugute, weil der Abgabesatz gesenkt werden kann. Ein »Verzicht« auf die gesetzlich vorgeschriebene Nachforderung im Rahmen der im Sozialversicherungsrecht geltenden Verjährungsvorschriften hätte zur Folge, dass die ehrlichen Abgabezahler für diejenigen, die sich bisher erfolgreich »gedrückt« haben, »zur Kasse gebeten« würden.

Umsetzung der Novelle bei den Versicherten

Im Oktober 2007 wurden anhand einer repräsentativen Stichprobe 7.716 Versicherte von der KSK aufgefordert, ihre tatsächlichen Einkünfte für die vergangenen vier Jahre anzugeben und die entsprechenden Einkommenssteuerbescheide bzw. Gewinn- und Verlustrechnungen vorzulegen. Bereits die Ankündigung dieser Aktion bei allen Versicherten hat möglicherweise dazu geführt, dass einige ihre Einkommensschätzung für 2008 deutlich angehoben haben. Das durchschnittliche Einkommen aller Versicherten hat sich von 11.094 Euro zum 01.01.2007 auf 12.216 Euro zum 01.01.2008 erhöht. Dies kann allerdings auch auf bessere konjunkturelle Bedingungen und eine damit verbesserte Auftragslage zurückzuführen sein. Eine definitive Aussage zu Ursache und Wirkung ist nicht möglich. Festzustellen ist aber, dass sich die Einkommensbasis der sozialen Absicherung der Künstler und Publizisten im Durchschnitt deutlich erhöht hat und die KSK entsprechend höhere Beiträge an die Sozialversicherungsträger abführt. Ca. 10 % der Versicherten aus der Stichprobe konnten dagegen kein ausreichendes, d. h. über der Geringfügigkeitsgrenze von 3.900 Euro liegendes Einkommen aus selbständiger künstlerischer oder publizistischer Tätigkeit nachweisen. Rechtsfolge ist die Versicherungsfreiheit nach § 3 KSVG und damit der Verlust des Versicherungsschutzes nach dem KSVG.

Unhaltbare Kritik einiger Verbände

Es ist schon als äußerst bemerkenswerter Vorgang anzusehen, wenn Unternehmen und ihre Interessenvertreter, die seit mehr als 20 Jahren die Abgabe »gespart haben«, jetzt – wo die DRV zur Prüfung vor der Tür steht – versuchen, die Zahlungspflicht durch Abschaffung der Künstlersozialversicherung oder der Künstlersozialabgabe abzuwenden bzw. durch eine unternehmerfreundliche Reform abzumildern. Die Begründungen für derartige Bestrebungen sind im Kern und im Wesentlichen unberechtigt und teilweise offensichtlich falsch. Bemängelt wird neben der Nachzahlungspflicht für fünf Jahre insbesondere der Bürokratieaufwand, die unklaren Bemessungsgrundlagen und der ausufernde Kunstbegriff. Abgabepflicht besteht unter anderem für Unternehmer, die für Zwecke ihres eigenen Unternehmens Werbung oder Öffentlichkeitsarbeit betreiben und nicht nur gelegentlich Aufträge an selbständige Künstler oder Publizisten erteilen. Dabei reicht es für die Feststellung der Abgabepflicht grundsätzlich aus, wenn regelmäßig, mindestens einmal jährlich, entsprechende Aufträge erteilt werden. Eine beispielhafte Aufzählung künstlerischer und publizistischer Tätigkeiten ist in der Informationsschrift Nr. 6 zur Künstlersozialabgabe unter *www.kuenstlersozialkasse.de* zu finden.

Eine gesetzliche Definition oder eine abschließende Aufzählung künstlerischer oder publizistischer Tätigkeiten ist nicht möglich, weil die Begriffe Künstler oder Publizist sich nicht absolut festlegen lassen – dem würde schon die grundgesetzlich garantierte Freiheit der Kunst und der Presse widersprechen – ebenso wie die Tatsache, dass diese Berufsfelder ständigen Veränderungen unterliegen. Der offene Kunstbegriff bedeutet aber nicht, dass der Kreis der Versicherten ausufern würde. Die KSK prüft sehr genau anhand aktueller Tätigkeitsnachweise, ob eine künstlerische oder publizistische Tätigkeit erwerbsmäßig ausgeübt wird. Die Quote derjenigen, die von der KSK abgewiesen werden, liegt ständig bei etwa 25 %.

Es ist auch nicht Aufgabe der Künstlersozialkasse, die abgabepflichtigen Unternehmen zu ermitteln, sondern die Betroffenen sind – wie in allen anderen Bereichen der Sozialversicherung auch – verpflichtet, sich selbst bei der Künstlersozialkasse zu melden. Und es wäre auch die Pflicht der Verbände gewesen, die jetzt die mangelnde Information seitens der KSK rügen, ihre Mitglieder entsprechend zu informieren.

Außerdem ist zu berücksichtigen, dass die Erfassung der Unternehmen, die Werbung für ihr eigenes Unternehmen betreiben, nach dem Beschluss des Bundesverfassungsgerichts zum KSVG vom 08.04.1987 (NJW 1987, 3115) aus Gründen der Gleichbehandlung mit Werbeunternehmen geboten ist und deshalb weder im Ermessen der Künstlersozialkasse noch des Gesetzgebers steht.

Kein bürokratisches Monster

Der bürokratische Aufwand für die Unternehmen ist minimal und besteht zunächst darin, den vierseitigen Erhebungsbogen auszufüllen. Wird die Abgabepflicht festgestellt, müssen die Unternehmen einmal jährlich die Summe der gezahlten Entgelte in den Erhebungsbogen eintragen. Den Abrechnungsbescheid über die Höhe der Künstlersozialabgabe für das abgelaufene Kalenderjahr einschließlich der Mitteilung der zu leistenden Vorauszahlungen für das laufende Jahr fertigt die Künstlersozialkasse.

Auch die Frage, ob ein gezahltes Entgelt der Abgabepflicht unterliegt, ist relativ einfach zu beantworten. Es gehört zu den tragenden Prinzipien, dass die Abgabe pauschal und wettbewerbsneutral zu erheben ist. Es kommt dabei nicht darauf an, ob der Zahlungsempfänger nach dem KSVG versichert ist. Maßgeblich ist allein, dass der Auftragnehmer nicht in einem abhängigen Beschäftigungsverhältnis zu dem Auftraggeber steht, sondern die Leistung auf selbständiger bzw. freiberuflicher Basis erbringt.

Uninteressant ist auch, ob neben den künstlerischen oder publizistischen Leistungen auch handwerkliche oder technische Arbeiten erbracht bzw. sonstige Auslagen und Nebenkosten geltend gemacht werden. Zum Entgelt gehört »alles, was der zur Abgabe Verpflichtete aufwendet, um die Leistung zu erhalten oder zu nutzen …« (§ 25 Abs. 2 KSVG). Ausgenommen sind lediglich die gesondert ausgewiesene Umsatzsteuer, Zahlungen an Verwertungsgesellschaften und steuerfreie Aufwandsentschädigungen wie z. B. Reisekosten und Bewirtungskosten.

Die ersten 12 Monate nach Inkrafttreten der 3. Novelle des KSVG haben gezeigt, dass die Maßnahmen des Gesetzgebers auf der Abgabeseite notwendig und zielführend waren und erfolgreich umgesetzt werden. Der Abgabesatz sinkt deutlich – dies ist gerade auch im Interesse der Unternehmen selber –, der Bekanntheitsgrad des Systems steigt, die Beitragsehrlichkeit wächst. Mit dem Instrument der Ausgleichsvereinigungen bietet die Künstlersozialkasse außerdem allen interessierten Unternehmen einen Weg zur einfachsten Umsetzung der Abgabepflicht an.

Es ist den Kulturverbänden – und hier insbesondere auch dem Deutschen Kulturrat – zu danken, dass sie sich gegen die letztlich erfolglosen Versuche, den Bundesrat für einseitigen Lobbyismus zu missbrauchen und damit nicht zuletzt dem Ansehen der Länder in der Kulturpolitik zu schaden, erfolgreich zur Wehr gesetzt haben.

Besonders bürokratiearm durch Ausgleichsvereinigungen

Auf Anregung der Bundesvereinigung der deutschen Arbeitgeberverbände (BDA) hat schon der Gesetzgeber des KSVG die Möglichkeit geschaffen, dass »zur Abgabe Verpflichtete eine Ausgleichsvereinigung bilden (können), die ihre der Künstlersozialkasse gegenüber obliegenden Pflichten erfüllt, …« (§ 32 KSVG). Durch dieses Instrument können die Mitglieder Ihre Verpflichtungen pauschal ohne weitere Aufzeichnungs- und Meldepflichten und ohne regelmäßige Betriebsprüfungen durch die Künstlersozialkasse oder die DRV erfüllen. Die Ausgleichsvereinigung legt in Verhandlungen mit der KSK die Abgabenhöhe nach einem transparenten und für die Aufsichtsbehörden nachvollziehbaren Verfahren in Form einer pauschalen Bemessungsgrundlage fest und zahlt für ihre Mitglieder mit befreiender Wirkung (siehe z. B. die Ausgleichsvereinigung Verlage unter *www.av-verlage.de*). Hierdurch entsteht Kalkulierbarkeit und Rechtssicherheit für die Mitgliedsfirmen ohne großen jährlich wiederkehrenden eigenen Einzelprüfaufwand, ein schlankes Verwaltungsverfahren und einfachstes Handling sind möglich. In Kombination mit der durch die Novelle möglich gewordenen Senkung der Abgabehöhe auf 4,4 % in 2009 ist insbesondere für die nach Vorgaben des Verfassungsgerichts ebenfalls in die Abgabezahlung einzubeziehenden Eigenwerber eine sehr vertretbare Möglichkeit zum gemeinwohlorientierten Umgang mit den Freiberuflern in der Kreativ- und Medienwirtschaft geschaffen worden, die politisch noch nie so unumstritten als soziale Kulturförderung anerkannt war wie heute. Eigentlich kann die beteiligte Wirtschaft stolz sein auf ihren Beitrag dazu. Es ist zu hoffen, dass neben dem Kulturkreis der Deutschen Wirtschaft auch die Wirtschaftsverbände den Mut entwickeln, diese auch für die Wirtschaft so wichtige und nützliche Sozialversicherung und damit auch die besondere Verantwortung der Verwerter anzuerkennen.

Die neue Prüfung der Künstlersozialabgabe greift
Die Deutsche Rentenversicherung zieht ein positives Zwischenfazit

Ulrich Grintsch — Politik & Kultur 1/2009

Seit Mitte 2007 fordern die Rentenversicherungsträger eine Vielzahl der zur Betriebsprüfung anstehenden Arbeitgeber auf, Angaben über in Anspruch genommene künstlerische oder publizistische Leistungen und die hierfür gezahlten Gagen und Honorare an selbstständige Künstler und Publizisten mitzuteilen. Inzwischen liegen erste Erfahrungen und Ergebnisse mit dieser für die Deutsche Rentenversicherung neuen Aufgabe vor.

Durch die stark gestiegene Zahl der bei der Künstlersozialkasse versicherten selbständigen Künstler und Publizisten hat sich der Finanzbedarf für die Künstlersozialversicherung in den letzten Jahren erheblich erhöht. Mit der 3. Novelle des Künstlersozialversicherungsgesetzes sollte daher eine Stabilisierung der finanziellen Grundlagen der Künstlersozialkasse erreicht werden. Der Schwerpunkt der Gesetzesänderung lag dabei in der Übertragung der Aufgabe der Prüfung der Zahlung der Künstlersozialabgabe auf die Träger der Rentenversicherung, da diese im Gegensatz zu der Künstlersozialkasse über erhebliche Vorteile in Bezug auf personelle und technische Ausstattung verfügen. Mit dieser Maßnahme soll sichergestellt werden, dass eine gleichmäßige Beitrags- und Abgabenlast bei den zur Entrichtung der Künstlersozialabgabe verpflichteten Unternehmen besteht. Darüber hinaus erfolgt nun eine Betriebsprüfung aus einer Hand, d. h. neben der Prüfung der ordnungsgemäßen Abführung der Sozialversicherungsbeiträge nehmen die Rentenversicherungsträger diese Aufgabe nun auch für die Künstlersozialabgabe wahr.

Ziel des Gesetzgebers ist es, möglichst alle abgabepflichtigen Unternehmen zu erfassen. Deshalb hat die Deutsche Rentenversicherung ab Juli 2007 begonnen die zur Betriebsprüfung anstehenden Arbeitgeber, die zu den potenziell abgabepflichtigen Unternehmen gezählt werden können, im Rahmen einer Anschreibeaktion aufzufordern, einen Erhebungsbogen auszufüllen. Dieser dient den Rentenversicherungsträgern in erster Linie dazu, die grundsätzliche Abgabepflicht und die zu zahlende Künstlersozialabgabe in ihrer Höhe festzustellen. Die Erhebung der Künstlersozialabgabe erfolgt rückwirkend für die letzten fünf Kalenderjahre. Wird der Erhebungsbogen entsprechend der gesetzlichen Verpflichtung des Unternehmens ausgefüllt, erübrigt sich in vielen Fällen der entsprechende Teil der Betriebsprüfung vor Ort. Bislang haben etwa 140.000 potenziell abgabepflichtige Unternehmen von ihrem zuständigen Rentenversicherungsträger Post erhalten. Bis 2010 werden noch einmal so viele Unternehmen schriftlich aufgefordert, Angaben zum Unternehmen, zur Branchenzugehörigkeit und zu geleisteten Zahlungen an selbstständige Künstler und Publizisten für deren erbrachte Leistungen zu machen.

Wie erfolgt nun die Auswahl der in die Anschreibeaktion einbezogenen Unternehmen? Die Deutsche Rentenversicherung hat sich bei der Anschreibeaktion nur auf solche Unternehmen konzentriert, bei denen nach den bisherigen Erfahrungen der Künstlersozialkasse auch eine Abgabepflicht in Betracht kommen kann. Von den ca. 3,2 Mio. Arbeitgebern sind hiernach rund 330.000 ermittelt worden. Nach Abzug der bereits von der Künstlersozialkasse erfassten Unternehmen werden im Zuge der auf vier Jahre angelegten Anschreibeaktion rund 280.000 Unternehmen angeschrieben. Kriterien für die Auswahl sind der Wirtschaftsbereich, in dem das Unternehmen vorwiegend tätig ist, und die Betriebsgröße. Von den »nichttypischen« Verwertern künstlerischer und publizistischer Leistungen, bei denen eine Abgabepflicht bestehen kann, werden nur solche mit mindestens sechs Beschäftigten ausgewählt, sodass die Belastung kleiner Betriebe begrenzt bleibt. »Nichttypische« Verwerter sind in diesem Zusammenhang Unternehmer, die Eigenwerbung betreiben oder unabhängig vom eigentlichen Zweck des Unternehmens nicht nur gelegentlich Aufträge an selbständige Künstler oder Publizisten erteilen. Alle betreffenden Arbeitgeber erhielten neben dem Erhebungsbogen auch ein Informationsschreiben, mit dem die Voraussetzungen für die Abgabepflicht und die sich hieraus ableitenden Fragen erläutert werden.

Das Ergebnis der Prüfung wird den Arbeitgebern mitgeteilt. In den Fällen, in denen eine Entscheidung im Anschreibeverfahren nicht getroffen werden kann, erfolgt die Prüfung im Zusammenhang mit der vorgesehenen Betriebsprüfung vor Ort bei dem Arbeitgeber. Dies ist in der Regel dann der Fall, wenn der Erhebungsbogen nicht oder nur unvollständig zurückgesandt wird. Die Reaktionen der Arbeitgeber auf die ersten Anschreiben zeigten, dass die Künstlersozialabgabe für viele Arbeitgeber eine bislang unbekannte Pflicht ist. Es hat sich auch herausgestellt, dass sich die kunst- und medienfremden Unternehmer von den bundeseinheitlich bereitgestellten Anschreiben nicht angesprochen fühlten. Gerade diese Unternehmer sind jedoch die besonders herausragende Zielgruppe der Anschreibeaktion. Vordringliche Aufgabe ist es, die »nichttypischen« Verwerter über die Rechtslage zu informieren und dazu zu veranlassen, ihren Pflichten nachzukommen.

Durch verstärkte Informations-und Aufklärungsaktivitäten der Deutschen Rentenversicherung, der Künstlersozialkasse sowie einer Reihe von Arbeitgeber- und Unternehmensverbänden ist das Wissen und damit die Akzeptanz um die Künstlersozialabgabe zuletzt deutlich gestiegen. Zudem sorgte eine vorgenommene Überarbeitung der Formulare (insbesondere des Erhebungsbogens) für weitere Klarheit bei den Unternehmen und trägt auch dem vielfach geäußerten Anliegen, den Bürokratieaufwand auf das notwendige Maß zu begrenzen, Rechnung.

Bereits heute lässt sich feststellen: Der Entschluss der Deutschen Rentenversicherung, eine flächendeckende Erfassung abgabepflichtiger Unternehmen durch eine Anschreibeaktionin Angriff zu nehmen, war richtig. Die Mehrheit der angeschriebenen Unternehmen antworten auf das Schreiben und arbeiten kooperativ mit den Rentenversicherungsträgern zusammen. So konnten bis Oktober 2008 bereits mehr als 84.000 Fälle zum Abschluss gebracht werden.

Das Vorgehen der Deutschen Rentenversicherung bewirkt außerdem, dass die Künstlersozialkasse derzeit eine drastische Steigerung an selbstmeldenden Unternehmen verzeichnet. So wurden allein von Januar bis

August 2008 mit 4.800 eigenständigen Meldungen potenziell abgabepflichtiger Unternehmen die Anzahl der Meldungen im Vergleich zum gesamten Jahr 2007 mehr als verdoppelt.

Ein erster Effekt der umfangreichen Maßnahmen der Deutschen Rentenversicherung ist seit ab dem 1. Januar 2009 spürbar. Durch die 2007 begonnene flächendeckende Erfassung abgabepflichtiger Unternehmen ruht die Künstlersozialversicherung nun auf mehr Schultern; die Summe der Gagen und Honorare, auf die Abgaben bezahlt werden, erhöht sich somit. Der Abgabesatz für 2009 konnte dadurch in Folge gesenkt werden. Er beträgt dann 4,4 % und liegt damit einen halben Prozentsatz unter dem Abgabesatz von 2008. Die Anforderungen an die Deutschen Rentenversicherung werden also auch in Zukunft beträchtlich bleiben. So besteht seitens der betreffenden Arbeitgeber immer noch ein hoher Informationsbedarf. Neben dem Wunsch nach Aufklärung über die Künstlersozialversicherung und der daraus resultierenden Abgabepflicht, werden auch Fragen zur Abgrenzung zwischen künstlerischen und nicht-künstlerischen Tätigkeit sowie zu konkreten rechtlichen Problemen an die Rentenversicherungsträger herangetragen. Der Bedarf an Informationen ist somit sehr viel spezifischer und punktueller geworden und zeigt, dass sich die Diskussion zum Thema Künstlersozialabgabe versachlicht hat. Beigetragen hat dazu offensichtlich das gestiegene Wissen der Unternehmen über die Rechtsmaterie und die damit verbundene Akzeptanz hinsichtlich der Notwendigkeit der Künstlersozialabgabe. Die Deutsche Rentenversicherung wird daher die Qualität ihrer Prüftätigkeit und die seit dem letzten Jahr verstärkt betriebene Öffentlichkeitsarbeit weiterhin auf hohem Niveau fortsetzen.

Die Herausforderungen für die Künstlersozialversicherung

Gabriele Schulz im Gespräch mit Uwe Fritz — Politik & Kultur 2/2011

Herr Fritz, zunächst herzlichen Glückwunsch zu Ihrer neuen Aufgabe als Leiter der Künstlersozialkasse? Welche Akzente wollen Sie mit Ihrer Arbeit setzen?
Die Künstlersozialkasse (KSK) setzt bereits die richtigen Akzente durch eine gute, zuverlässige und fachkundige Arbeit, die stets die Belange der versicherten Künstler und Publizisten wie auch der Kulturwirtschaft im Blick behält. In den letzten Jahren hat es erheblichen Zuwachs bei der Zahl der Versicherten und vor allem bei der Zahl der abgabepflichtigen Unternehmer gegeben. Dieser Zuwachs und die sich laufend ändernden Rahmenbedingungen sind eine große Herausforderung für die Künstlersozialkasse insbesondere vor dem Hintergrund abnehmender Ressourcen. Ich selbst möchte für unsere künftige Arbeit nicht voreilig Ziele formulieren, sondern mir zunächst eine zuverlässige Basis hierfür erarbeiten. Zu diesem Zweck werde ich mich jetzt innerhalb wie auch außerhalb der KSK mit den notwendigen Informationen versorgen, bestehende Erwartungen klären, unsere aktuellen Chancen und Probleme ausloten und dann kurzfristig unsere gemeinsame Arbeit ausrichten. Die Einladung des Deutschen Kulturrates, an der nächsten Sitzung seines Fachausschusses Arbeit und Soziales teilzunehmen, habe ich deswegen sehr gern angenommen. Natürlich wird es mir in erster Linie darum gehen, die Verwaltung der KSK auf die aktuellen und absehbaren Herausforderungen der Zeit auszurichten.

Was sind aus Ihrer Sicht die wichtigsten Herausforderungen der nächsten Zeit?
Für die KSK als öffentlicher Verwaltung wird es weiterhin darum gehen, mit den vorhandenen Ressourcen die Durchführung des Künstlersozialversicherungsgesetzes zu optimieren. Durch den starken Zuwachs an abgabepflichtigen Unternehmen hat die Bildung von Ausgleichsvereinigungen in den letzten Jahren ganz besonders an Bedeutung gewonnen. Hier wird es darum gehen, den Ausbau der Ausgleichsvereinigungen fortzusetzen, das Verfahren zu beschleunigen und wo dies möglich ist es zu vereinfachen. Und natürlich wird die Verstetigung des Abgabesatzes auch künftig von zentraler Bedeutung für unsere Arbeit sein.

Eine Frage, die immer wieder gestellt wird, ist die nach der Zahl der Versicherten und der Abgabepflichtigen. Wie meinen Sie, werden sich die Zahlen entwickeln?
Ich gehe davon aus, dass die Zahl der abgabepflichtigen Verwerter weiterhin steigen wird, allerdings in den nächsten Jahren vermutlich

nicht mehr ganz so stark wie seit dem Tätigwerden der Deutschen Rentenversicherung im Jahre 2007. Die Entwicklung der Versichertenzahlen verläuft nach unseren Beobachtungen recht kontinuierlich. Der jährliche Zuwachs im Versicherungsbestand liegt bei etwa 4.000 selbstständigen Künstlern und Publizisten. Die Kulturwirtschaft nimmt weiterhin an Bedeutung zu und die Rahmenbedingungen für eine selbstständige Tätigkeit sind für die Künstler und Publizisten in den letzten Jahren in verschiedener Hinsicht deutlich günstiger geworden. Ich nehme deswegen an, dass der Zuwachs im Versichertenbestand zumindest in den nächsten Jahren ähnlich verlaufen wird, wie in den Vorjahren.

Das Thema Kultur- und Kreativwirtschaft erfährt große Aufmerksamkeit. Im Rahmen der Initiative Kultur- und Kreativwirtschaft der Bundesregierung soll die Kulturwirtschaft und besonders die Existenzgründung gefördert werden. Sehen Sie diese Entwicklung manchmal auch mit gemischten Gefühlen oder sehen Sie unbegrenzte Auftragsmöglichkeiten für die selbständigen Künstler und Publizisten?

Die europäischen und nationalen Initiativen zur Kultur- und Kreativwirtschaft zielen auf bessere Wirkungs- und Wachstumsvoraussetzungen dieser Branchen ab. Damit wird die Politik der zunehmenden volkswirtschaftlichen Bedeutung dieses Wirtschaftszweiges gerecht. Die Künstlersozialkasse beteiligt sich aktiv an der Initiative Kultur- und Kreativwirtschaft der Bundesregierung, die auch das Ziel verfolgt, Existenzgründer zu ermutigen und sie mit Informations- und Coachingangeboten in die Lage zu versetzen, eine künstlerische oder publizistische Tätigkeit wirtschaftlich erfolgreich auszuüben. Die KSK kann diese Zielsetzung nur unterstützen. Wir stehen in engem Kontakt zu dem Koordinator der Initiative auf Bundesebene und sind auch an regionalen Informationsveranstaltungen mit unseren Angeboten präsent. Unbegrenzte Auftragsmöglichkeiten für selbständige Künstler und Publizisten werden sich daraus sicherlich nicht ergeben. Die Initiative trägt aber zur Verbesserung der Rahmenbedingungen bei. Ich selbst weiß aus persönlichen Gesprächen mit selbstständigen Künstlern und Publizisten, dass die selbstständige Tätigkeit wegen der damit verbundenen Unabhängigkeit und der Vielzahl von Fonds insbesondere von jungen Leuten sehr positiv gesehen wird.

Aus dem politischen Raum kommen immer mal wieder Forderungen nach einer allgemeinen gesetzlichen Rentenversicherung, um die Altersarmut sogenannter »kleiner Selbstständiger« zu verhindern. Wo sehen Sie in diesen Debatten die Künstlersozialkasse?

Die Diskussionen um eine allgemeine gesetzliche Rentenversicherung für alle Bürger sind nach meiner Kenntnis noch nicht so weit gediehen, dass sich klare Konturen erkennen lassen und die Frage stellt sich ja übrigens nicht nur für die KSV. Insofern ist es natürlich für die Künstlersozialkasse schwierig ihre Position zu bestimmen. Andererseits besteht kein Zweifel, dass das System der Künstlersozialversicherung in den Blick geraten wird, wenn sich Vorstellungen für eine umfassende Rentenversicherung konkretisieren sollten. Ich denke, dass wir dieser Diskussion gelassen entgegensehen können, weil sich die Künstlersozialversicherung, so wie sie derzeit ausgestaltet ist, bewährt hat und von einem weitgehenden Konsens getragen wird. Mit ihrer Arbeit wird die Künstlersozialkasse auch weiterhin ihren Teil dazu beitragen, dass dies so bleibt.

Dialog lohnt sich
Von der Zuschussrente zur Rentenversicherung für Selbstständige

Olaf Zimmermann und Gabriele Schulz — Politik & Kultur 1/2012

Im September 2011 läutete Bundesarbeitsministerin von der Leyen den Rentendialog ein. Das Bundesministerium für Arbeit und Soziales hatte in verschiedenen Runden Verbände aus unterschiedlichen Bereichen eingeladen und seinen Vorschlag zur Zuschussrente vorgestellt und diskutiert. Die Zuschussrente sollte, so die ausdrückliche Aussage des Ministeriums, denjenigen, die ihr Leben lang gearbeitet und privat vorgesorgt haben und dennoch nur eine geringe Rente erhalten, ihre Rente auf 850 Euro aufstocken.

In der Ausgabe 6/2011 von Politik & Kultur haben wir das Modell der Zuschussrente vorgestellt. Rainer Fuchs, Bundesministerium für Arbeit und Soziales (BMAS), hat erläutert, dass für in der Künstlersozialversicherung versicherte Künstler und Publizisten die Zuschussrente eine Chance wäre, eine höhere Rente zu erhalten, sofern die Bedingungen angepasst werden. Wir haben uns als Autoren mit den Schwächen des Modells auseinandergesetzt. Der Sprecherrat des Deutschen Kulturrates hat im Dezember 2011 in einer Stellungnahme unterstrichen, dass die Einführung einer Zuschussrente im Grundsatz zwar begrüßt wird, jedoch noch zahlreiche Fragen zu klären seien. So stellt sich für in der Künstlersozialversicherung versicherte Künstler und Publizisten das Problem, dass sie die erforderlichen Beitragszeiten kaum erreichen können, da freiberufliche Künstler und Publizisten erst seit dem Jahr 1983 in das System der gesetzlichen Sozialversicherung einbezogen sind. Auch mahnte der Deutsche Kulturrat an, dass generell Lösungen für Selbstständige in der gesetzlichen Rentenversicherung gesucht werden sollten. Selbstständigkeit ist sehr oft kein Lebensmodell, sondern Zeiten der Selbstständigkeit wechseln mit denen abhängiger Beschäftigung und somit wird keine durchgängige Rentenbiografie erreicht.

Am 7. November 2011 führte das BMAS ein Fachgespräch im Rahmen des Rentendialogs durch. Das Modell der Zuschussrente erfuhr dort wenig Zustimmung, umso energischer wurde eingefordert, Lösungen bei der Alterssicherung von Selbstständigen zu finden. Dabei wurde zum einen auf die Solo-Selbstständigen verschiedener Branchen abgehoben, zum anderen verdeutlicht, dass Selbstständig-Sein heute nicht automatisch bedeutet, ausreichend zu erwirtschaften, um eine private Alterssicherung zu gewährleisten.

Im 14. Dezember 2011 lud das BMAS erneut zum Rentendialog und festzustellen war, dass die Kritik offenkundig gefruchtet hat. Die zuständige Staatssekretärin Annette Niederfranke stellte zwar zunächst noch einmal das Modell der Zuschussrente vor und erläuterte die zwischenzeitlich erwogenen

Veränderungen. So ist kein eigenes Sozialgesetzbuch mehr für die Zuschussrente geplant, sondern sie soll, wenn sie denn kommen sollte, im Sozialgesetzbuch 6, Gesetzliche Rentenversicherung, verankert werden. Deutlicher als zuvor wurde ausgeführt, dass es sich um eine Versicherungs- und keine Fürsorgeleistung handeln soll. Das Ministerium ließ keinen Zweifel daran, dass die deutliche Kritik von den verschiedenen Interessengruppen den Ausschlag gegebenen hat, das Modell der Zuschussrente intern auf den Prüfstand zu stellen.

Gesetzliche Rentenversicherung für Selbstständige

Interessant wurde es allerdings, als von Seiten des BMAS die Überlegungen zur Einbeziehung von Selbstständigen in die gesetzliche Rentenversicherung vorgestellt wurden. Diese Fragestellung war, wie gesagt, von verschiedenen Verbänden, aber auch Fachwissenschaftlern im Rentendialog angesprochen worden. Das Bundesministerium für Arbeit und Soziales plant daher, Selbstständige in die gesetzliche Rentenversicherung einzubeziehen. Damit werden folgende Ziele verfolgt: die einzelnen Selbstständigen sollen für das Alter abgesichert werden, es soll weniger Fehlanreize für Schein-Selbstständigkeit geben, die Versicherten erhalten eine durchgängige Rentenversicherungsbiografie, das ist besonders wichtig mit Blick auf den häufig anzutreffenden Wechsel zwischen selbstständiger und abhängiger Beschäftigung, die Selbstständigen erhalten einen Zugang zur steuerlich geförderten privaten Vorsorge wie den sogenannten Riester-Verträgen, das deutsche Sozialversicherungssystem würde sich dem anderer europäischer Länder annähern. Hier hat Deutschland derzeit einen Sonderstatus, weil es anders als die anderen europäischen Länder Selbstständige nicht in die gesetzliche Rentenversicherung einbezieht. Überlegt wird derzeit noch, ob eine Opting-Out-Klausel eingeführt werden sollte, die Selbstständigen, die über eine adäquate Alterssicherung verfügen, erlaubt, sich nicht in der gesetzlichen Rentenversicherung zu versichern. Bei einer solchen Klausel wäre erforderlich, festzulegen und wiederholt zu prüfen, wie eine adäquate Alterssicherung aussieht.

Die bestehenden Alterssicherungssysteme für Selbstständige, wie die Alterssicherung für Landwirte oder auch die berufsständischen Versorgungswerke zum Beispiel für Rechtsanwälte, sollen erhalten bleiben.

Künstlersozialversicherung bleibt

Auf unsere Nachfrage wurde bestätigt, dass ebenso die bestehende Künstlersozialversicherung als Sondermodell der gesetzlichen Sozialversicherung für Selbstständige nicht angetastet werden soll. Das bedeutet für den Kultur- und Medienbereich, dass das funktionierende System der gesetzlichen Sozialversicherung für freiberufliche Künstler und Publizisten erhalten bleibt. Gleichzeitig wird es weiteren selbstständigen Berufsgruppen des Kultur- und Medienbereiches eine Alterssicherung innerhalb des gesetzlichen Systems ermöglichen. Dieses wird für viele Selbstständige der Kultur- und Medienbranche eine spürbare Verbesserung ihrer Alterssicherung bedeuten. – Abgesehen davon, dass dadurch das System der gesetzlichen Sozialversicherung insgesamt gestärkt werden wird.

Jetzt gilt es eine Reihe von Fragen zu beantworten, dazu gehören unter anderem Fragen des Übergangsrechts für Selbstständige, die ein bestimmtes Alter erreicht haben, der Bemessungsrundlage für den Beitrag, des Umgangs mit schwankenden Einkommen, der Beitragszahlung in der Existenzgründungsphase, des Umgangs mit Selbstständigen, die nur ein sehr geringes Einkommen haben, des Beitragseinzugs. Auch muss die Einführung einer gesetzlichen Rentenversicherung für Selbstständige verfassungsrechtlich geprüft werden.

Trotz vieler offener Fragen plant das Bundesarbeitsministerium noch in dieser Legislaturperiode die Alterssicherung für Selbstständige auf den Weg zu bringen. Die gesetzliche Rentenversicherung würde damit im 21. Jahrhundert ankommen. Die Politik der Bundesregierung, und die ihrer Vorgänger, die Selbstständigkeit zu fordern und zu fördern, würde mit der Einbeziehung von Selbstständigen in die gesetzliche Rentenversicherung endlich sozialpolitisch untermauert werden. Die Zeit dafür ist reif.

Die Zuschussrente für Künstler und Publizisten
Eine Übersicht

Rainer Fuchs — Politik & Kultur 6/2011

Die Sonnenseite des Alters – für Künstler heute oftmals unerreichbar. Im September hat die Bundesministerin für Arbeit und Soziales, Ursula von der Leyen, den Regierungsdialog Rente gestartet. Was verbirgt sich hinter dem Vorschlag des Bundesministeriums für Arbeit und Soziales zur sogenannten »Zuschussrente«? Welche Bedeutung haben die Pläne für die Alterssicherung der Kulturschaffenden? Der Beitrag gibt einen Überblick über die vorgeschlagenen Regelungen für Künstler und Publizisten.

Das deutsche Alterssicherungssystem ruht auf drei starken Säulen: der gesetzlichen Rente, der betrieblichen Altersvorsorge und der zusätzlichen privaten Vorsorge. Die Finanzkrise hat gezeigt, dass unser System stabil und sicher ist. Dennoch müssen gerade Künstler und Publizisten darauf achten, dass sie im Alter ein ausreichendes Einkommen haben. Sie sollten sich dabei nicht allein auf die gesetzliche Rente verlassen, denn deren spätere Höhe hängt maßgeblich davon ab, wie hoch die in der aktiven Erwerbsphase gezahlten Beiträge waren. Ein Vergleich der Künstler und Publizisten mit einem »normalen« Durchschnittsversicherten macht deutlich: Künstler und Publizisten haben im Durchschnitt weniger als die Hälfte des Durchschnittsverdienstes und damit eine entsprechend geringere Rente.

Das Durchschnittseinkommen eines »normalen« Versicherten beträgt zur Zeit jährlich 30.268 Euro. Dies ergibt pro Jahr, in dem dieses Einkommen erzielt wurde, heute eine Altersrente von 27,47 Euro monatlich. Ein Durchschnittsverdiener erarbeitet sich so in 40 Jahren eine Rente von monatlich rund 1.100 Euro. Dies gibt eine gute erste Orientierung, welche Rente Künstler und Publizisten einmal zu erwarten haben. Die der Künstlersozialversicherung gemeldeten beitragspflichtigen Einkommen der Künstler und Publizisten lagen Anfang dieses Jahres bei jährlich 13.689 Euro, also weniger als die Hälfte des Durchschnittsverdienstes. Viele Kulturschaffende haben allerdings auch Einnahmen aus Arbeitnehmertätigkeit und dadurch zusätzliche Rentenanwartschaften. Sicher ist allerdings: Bestehen schon während der Phase der Erwerbstätigkeit finanzielle Schwierigkeiten, setzen sich diese im Alter verstärkt fort.

Zusätzliche private Vorsorge ist wichtig!

Nur wenige Kulturschaffende haben das Glück, in den Genuss einer betrieblichen Altersversorgung zu kommen. Auch etwaige zusätzliche Alterseinnahmen, zum Beispiel von der Versorgungsanstalt Deutscher Bühnen oder GEMA-Einkünfte, werden oft nicht ausreichen. Die private, staatlich massiv geförderte Vorsorge ist daher für Künstler und Publizisten besonders wichtig. Sie ist aber auch überaus lukrativ, da gerade geringe Einkommen von der staatlichen Förderung profitieren. Um die volle staatliche Förderung zu erhalten, müssen mindestens 4 % des Einkommens in einer der zertifizierten Sparformen angelegt werden. Klassische Verträge sind der Banksparplan oder die Lebensversicherung als Riester-Vertrag. Neben Arbeitnehmern können unter anderem auch die in der Künstlersozialversicherung versicherten Personen die staatliche Zulage erhalten.

Mit 5 Euro monatlich kann staatliche Förderung von bis zu 154 Euro jährlich bezogen werden. Zusätzlich wird noch eine Kinderzulage von jährlich 184 Euro beziehungsweise 300 Euro je Kind (abhängig vom Geburtsjahr) gezahlt! Einzelheiten der privaten Alterssicherung werden in einer der folgenden Ausgaben von Politik & Kultur dargestellt.

Die Grundsicherung im Alter

Die Grundsicherung ist eine Hilfe für diejenigen, die im Alter kein ausreichendes Einkommen haben. Sie ist für viele Kulturschaffende eine wichtige soziale Errungenschaft. Sie ist kein Almosen, sondern auf sie besteht ein Rechtsanspruch. Aber sie ist für alle diejenigen unbefriedigend, die ihr Leben lang gearbeitet und vorgesorgt haben. Sie stehen trotzdem im Alter nicht besser da als diejenigen, die wenig gearbeitet und sich nicht um ihre Alterssicherung gekümmert haben. Damit werden nicht die richtigen gesellschaftlichen Anreize gesetzt. Hier setzt der Vorschlag der Zuschussrente an.

Die Zuschussrente

Die Zuschussrente garantiert im Alter ein monatliches Netto-Einkommen von 850 Euro. Dieser Betrag liegt deutlich über der Grundsicherung von 684 Euro. Die Zuschussrente ist der Unterschiedsbetrag zwischen dem gesamten Einkommen des Betroffenen, also zum Beispiel aus den Rentenleistungen aus der gesetzlichen Rentenversicherung, der betrieblichen und der privaten Altersvorsorge, und dem garantierten Betrag von 850 Euro.

Die Zuschussrente soll Arbeit und Vorsorge belohnen. Deshalb ist eine Mindestanzahl an Versicherungs- und Beitragsjahren in der gesetzlichen Rentenversicherung sowie die Mindestlaufzeit einer zusätzlichen privaten Altersvorsorge (zum Beispiel Riester-Rente) Voraussetzung.

Die Zuschussrente startet in den ersten zehn Jahren mit erleichterten Zugangsbedingungen: 40 Versicherungsjahre, also alle rentenrechtlichen Zeiten: Beschäftigung, Schule ab 17 Jahren, Ausbildung, Arbeitslosigkeit, Schwangerschaft/Mutterschutz, freiwillige Zeiten von Selbständigen; davon 30 Beitragsjahre (Pflichtbeitragszeiten): Beschäftigung, einschließlich Selbständiger mit Pflichtversicherung in der gesetzlichen Rentenversicherung wie der Künstlersozialversicherung, Wehr-, Zivil- und Freiwilligendienst, Kindererziehung und Pflege und in den ersten Jahren von 2013 bis 2017: fünf Jahre zusätzliche private Vorsorge. Nach zehn Jahren, also 2023, werden die Voraussetzungen auf 35 Beitragsjahre bei 45 Versicherungsjahren und stufenweise auf 35 Jahre private Vorsorge im Jahr 2047 angehoben.

Wie können Künstler und Publizisten diese Voraussetzungen erfüllen?

40 Versicherungsjahre erscheinen viel – sie umfassen aber großzügig Zeiten, die von sehr vielen Kulturschaffenden erfüllt werden. Neben Ausbildung, Mutterschaft und Krankheit werden zum Beispiel auch Zeiten der Arbeitslosigkeit (auch Hartz IV) berücksichtigt. Wichtig für freischaffende Künstler und Publizisten, die nicht in der Künst-

lersozialversicherung sind oder waren: Hier werden auch die freiwilligen Rentenbeiträge berücksichtigt.

Auch die Hürde der 30 Beitragsjahre dürfte für Künstler und Publizisten überwindbar sein. In der Künstlersozialversicherung sind selbständige Künstler und Publizisten seit 1983 versichert und zahlen Pflichtbeiträge. Theoretisch sind also bereits 2013 die erforderlichen 30 Beitragsjahre möglich. Abhängig beschäftigte Künstler und Publizisten sind als sozialversicherungspflichtige Arbeitnehmer in die gesetzliche Rentenversicherung eingebunden und erwerben auf diese Weise die notwendigen zeitlichen Voraussetzungen. Nach den jetzigen Plänen gelten auch Minijobs als Beitragszeit, wenn der Beschäftigte den Aufstockungsbeitrag zur gesetzlichen Rentenversicherung (bei 400 Euro sind das monatlich 19,60 Euro) bezahlt.

Ganz wichtig ist die beabsichtigte Berücksichtigung von Zeiten der Kindererziehung bis zum zehnten Lebensjahr und der Pflege von Angehörigen als Beitragszeit. Über die Hälfte der in der Künstlersozialversicherung Versicherten sind Frauen. Sie erhalten damit zugleich die Anerkennung ihrer Erziehungsarbeit als gleichberechtigte Erwerbsarbeit.

Die zum Start geforderten fünf Jahre privater Zusatzversorgung sind kein wirkliches Hindernis. Mittlerweile wurden rund 15 Millionen Riester- Verträge abgeschlossen. Nach neueren Untersuchungen sind davon fast die Hälfte Bezieher niedriger Einkommen, und davon bezieht knapp ein Drittel Einkommen unter 10.000 Euro jährlich. Es ist daher davon auszugehen, dass gerade Künstler und Publizisten von der großzügigen Förderung Gebrauch gemacht haben. Der Deutsche Kulturrat, die Kultur- und Kunstverbände, die Künstlersozialkasse und das Bundesministerium für Arbeit und Soziales haben dafür auch immer wieder geworben und darüber informiert. Nach der Anlaufzeit sind die Hürden deutlich höher. Denn die Zuschussrente soll keine »Grundsicherung de Luxe« sein, sondern Lohn für Lebensleistung und Vorsorge. Die Betroffenen haben zudem Zeit, sich darauf einzustellen.

Noch wird der Vorschlag des Bundesministeriums für Arbeit und Soziales zur Zuschussrente mit Verbänden und Sozialpartnern diskutiert. Der Deutsche Kulturrat und der Beirat der Künstlersozialversicherung wurden im Bundesarbeitsministerium bereits informiert. Der Runde Tisch »Stärkung der Künstlersozialversicherung« befasst sich ebenfalls mit der Thematik.

Der Vorschlag wird gerade gering verdienenden Künstlern und Publizisten die Sicherheit geben, dass ihre Arbeitsleistung anerkannt wird und im Alter für eine angemessene Rente ausreicht.

Was tun, wenn das Einkommen nicht zum Leben reicht?
Nebenjob und Künstlersozialversicherung

Rainer Fuchs — Politik & Kultur 1/2012

Selbstständige Künstler und Publizisten verdienen bekanntlich nicht gut: Im Durchschnitt waren es bei den in der Künstlersozialversicherung (KSV) Versicherten Ende 2010 gerade einmal 13.689 Euro im Jahr. Das ist ein Mittelwert – viele Kulturschaffende werden deutlich unter diesem Einkommen liegen. Was können sie tun, um ihre finanzielle Lage zu verbessern? Ein möglicher Ausweg ist zunächst eine Nebenbeschäftigung. Sie wird in der Regel kulturfern sein. Für viele Künstler und Publizisten ist das kein anzustrebendes Ziel. Sie entfernen sich von ihrer eigentlichen Berufung und müssen befürchten, den Spagat zwischen Beruf und Job nicht durchhalten zu können. Dann bleibt oft nur der Weg, mit Wohngeld und Hartz IV den Grundbedarf zu decken. Hartz IV bedeutet, als »Aufstocker« Arbeitslosengeld II, die Grundsicherung für Erwerbsfähige, zu beantragen.

In beiden Fällen sind wichtige Regeln zu beachten. Sonst könnte zum Beispiel bei der Nebentätigkeit die Versicherung bei der Künstlersozialkasse verloren gehen. Beim Aufstocken des Einkommens durch Arbeitslosengeld II bestehen die Schwierigkeiten bei der Anrechnung von Einkommen. Außerdem läuft der Künstler oder Publizist »Gefahr«, eventuell doch eine zumutbare Arbeit vom Jobcenter vermittelt zu bekommen.

Wie so oft im Sozialrecht sind alle angesprochenen Fragen außerordentlich komplex geregelt und daher schwierig zu beantworten. Letztlich wird es kaum gehen, ohne im Einzelfall den Rat der Künstlersozialkasse, der eigenen gesetzlichen Krankenkasse oder der zuständigen Arbeitsagentur einzuholen. Hier soll jedoch versucht werden, eine erste Orientierung zu geben, mögliche Ängste zu nehmen und die Betroffenen zu ermutigen, ihre Ansprüche geltend zu machen.

Der Nebenjob

Wichtig ist zunächst: Die Künstlersozialversicherung bleibt in aller Regel trotz Nebenjob erhalten – aber eben doch nicht immer! Die Beendigung der Künstlersozialversicherung bringt große Nachteile mit sich: Wenn etwa die gesetzliche Kranken- und Pflegeversicherung ersatzlos verloren geht, ist das ein großes Unglück, das sofort schmerzhaft bemerkt wird. Ohne die Rentenversicherungspflicht ist die Alterssicherung gefährdet. Außerdem kann die Berechtigung zur Riester-Förderung verloren gehen. Schließlich muss nach einem Ausscheiden aus der KSV später, wenn vielleicht der Nebenjob beendet ist und die Voraussetzungen wieder vorliegen, die Aufnahme neu beantragt werden. Das ist – wie beim Erstantrag – nicht immer ohne größeren Aufwand möglich.

Die KSV endet aber nur dann, wenn die Versicherung in allen Zweigen der Sozialversicherung endet, nämlich in der Renten-, Kranken- und Pflegeversicherung. Dafür gelten allerdings verschiedene Grenzen, und es ist zwischen selbstständiger Tätigkeit und sozialversicherungspflichtiger Beschäftigung als Arbeitnehmer zu unterscheiden.

Die selbstständige Nebentätigkeit

Achtung: Bei einer selbstständigen Nebentätigkeit endet die Kranken- und Pflegeversicherung schon bei einer mehr als nur geringfügigen Nebentätigkeit! Die Grenze liegt bereits bei einem Gewinn von 400 Euro monatlich oder 4.800 Euro jährlich! In der Rentenversicherung bleibt es bei der Künstlersozialversicherung, wenn das Arbeitseinkommen aus der Nebentätigkeit nicht mehr als 33.000 Euro (West) oder 28.800 Euro (Ost) beträgt.

Die sozialversicherungspflichtige Beschäftigung als Arbeitnehmer

Hier kommt es maßgeblich darauf an, was der Hauptberuf ist. Hauptberuf ist die Tätigkeit, die nach ihrer wirtschaftlichen Bedeutung und dem zeitlichen Aufwand als Mittelpunkt der Erwerbstätigkeit anzusehen ist. Wichtigstes Praxis-Kriterium: der Vergleich der Einnahmen.

Bei Minijobs (400 Euro monatlich) ändert sich generell nichts hinsichtlich der Künstlersozialversicherung. Die Berechtigung zur Künstlersozialversicherung geht aber dann ganz verloren, wenn die Arbeitnehmertätigkeit der Hauptberuf ist und mehr als 33.000 Euro (West) oder 28.800 Euro (Ost) im Jahr daraus verdient werden.

Ist das Einkommen aus der Nebentätigkeit niedriger als diese Beträge, bleibt auf jeden Fall die Zugehörigkeit zur Künstlersozialversicherung erhalten. In diesem Fall wird der Künstler oder Publizist in der Kranken- und Pflegeversicherung ausschließlich über seine Arbeitnehmertätigkeit versichert; es bleibt aber bei der Rentenversicherungspflicht in der Künstlersozialkasse.

Wichtiger Tipp: Ist die Kunst der Hauptberuf, bleibt die Nebentätigkeit in der Kranken- und Pflegeversicherung beitragsfrei! Das spart nicht nur Beiträge des Künstlers oder Publizisten, sondern kann Künstler und Publizisten auch für Arbeitgeber besonders attraktiv machen. Leider nutzen das aber nur wenige Eingeweihte – vielleicht künftig mehr? Zur Erläuterung hier zwei Praxisbeispiele.

Arbeitnehmer-Nebentätigkeit

Der Fall: Eine selbstständige Malerin aus Köln ist in der KSV versichert. Ihr Einkommen beträgt jährlich 10.000 Euro. Zusätzlich arbeitet sie zehn Stunden in der Woche als Angestellte in einer Galerie. Hier verdient sie 750 Euro brutto im Monat. Da ihre Tätigkeit als Malerin nach Einkommen und Zeitaufwand klar ihren Hauptberuf darstellt, ist sie über die KSV kranken- und pflegeversichert. Für ihre Tätigkeit als Angestellte sind vom Arbeitgeber keine Kranken- und Pflegeversicherungsbeiträge abzuführen. Die Malerin bleibt auch über die KSV gesetzlich rentenversichert, da das Einkommen aus der Nebentätigkeit als Angestellte unter 33.000 Euro liegt. Daneben erwirbt sie auch aufgrund ihrer Nebentätigkeit Rentenanwartschaften, da auch hierfür Rentenversicherungsbeiträge vom Arbeitgeber gezahlt werden.

Selbstständige Nebentätigkeit

Der Fall: Ein selbstständiger Musiker aus Dresden ist in der KSV versichert. Hieraus hat er ein jährliches Einkommen von 10.000 Euro. Zusätzlich möchte er ein Einzelhandelsgeschäft für Musikinstrumente übernehmen. Hieraus würde er ein Einkommen von

7.500 Euro pro Jahr erzielen. Die selbstständige Nebentätigkeit ist mit einem Einkommen von über 4.800 Euro jährlich nicht mehr geringfügig. Der Musiker wäre daher nicht mehr über die KSV kranken- und pflegeversichert. Er müsste sich freiwillig gesetzlich oder privat versichern. Das kann teuer werden. Er sollte dies bei seinem Entschluss bedenken. Die Versicherungspflicht in der gesetzlichen Rentenversicherung bliebe jedoch bestehen, da das Einkommen aus der Nebentätigkeit unter 28.800 Euro liegt. Auch eine etwaige Riester-Förderung seiner Alterssicherung bliebe ihm erhalten.

Weitere Informationen enthält auch die neu aufgelegte Broschüre »Künstlersozialversicherung 2011« des Bundesministeriums für Arbeit und Soziales, die Sie anfordern oder als PDF unter *www.bmas.de/DE/Service/Publikationen/inhalt.html* herunterladen können.

Das Pferd von hinten aufgezäumt
Zum Übergangsmodell Zuschussrente

Olaf Zimmermann und Gabriele Schulz — Politik & Kultur 6/2011

Das Lob zuerst: Dass die Bundesregierung mit dem Rentendialog in einen breit angelegten Diskussionsprozess zur Ausgestaltung der geplanten Zuschussrente tritt, ist positiv. Nachvollziehbar ist auch, dass nicht erst eine Expertenkommission tagen soll, deren Ergebnisse erst zum Ende der Legislaturperiode vorliegen, die dann allerdings nicht mehr aufgenommen und in die Gesetzgebung übersetzt werden können. Ob allerdings die Zuschussrente an sich etwas taugt, um drohende Altersarmut abzuwenden, da sind doch eine Reihe von Fragezeichen angebracht.

CDU, CSU und FDP stellten in ihrem Koalitionsvertrag vom 26.10.2009 fest: »Wir verschließen die Augen nicht davor, dass durch veränderte wirtschaftliche und demografische Strukturen in Zukunft die Gefahr einer ansteigenden Altersarmut besteht«. (Koalitionsvertrag CDU, CSU, FDP, S. 84) Mit dem Hinweis auf die veränderten wirtschaftlichen und demografischen Strukturen sagten die Koalitionäre implizit, dass angesichts einer wachsenden Zahl von Rentnern, der eben keine entsprechend größere Zahl an Erwerbstätigen gegenübersteht, die Renten voraussichtlich weiter sinken werden, was bei den Beziehern sogenannter kleiner Renten zur Altersarmut führt. Explizit formulieren die Koalitionäre, dass angesichts der wirtschaftlichen Entwicklungen eine größer werdende Zahl an Menschen nicht mehr so viel in die Rentenversicherung einbezahlt, dass sie eine auskömmliche Alterssicherung erhalten werden. Um der ansteigenden Altersarmut etwas entgegen zu setzen, soll laut Koalitionsvertrag ein Modell entwickelt werden, dass denjenigen ein Alterseinkommen oberhalb der Grundsicherung ermöglicht, die ein Leben lang Vollzeit gearbeitet und die vorgesorgt haben. Dieses zusätzliche Alterseinkommen soll bedarfsabhängig und steuerfinanziert sein.

Am 9. September dieses Jahres legte die zuständige Bundesministerin für Arbeit und Soziales, Ursula von der Leyen, das Modell der Zuschussrente vor und begann damit den Rentendialog. Die Zuschussrente basiert auf den Grundprinzipien der Einzahlungen in die Rentenversicherung (Beitragsjahre), den Versicherungsjahren, die in der Ausbildung, Kindererziehung usw. erworben werden sowie der privaten Vorsorge, zum Beispiel im Rahmen der sogenannten Riester-Verträge. Rainer Fuchs erläutert in dieser Ausgabe von Politik & Kultur die Voraussetzungen für den Bezug der Zuschussrente genauer. Bei Rentnern, die die Voraussetzungen erfüllen, soll die Altersrente plus der Erträge aus der privaten Vorsorge durch die Zuschussrente auf 850 Euro bei Alleinstehenden, beziehungsweise 1.700 Euro bei Ehepaaren aufgestockt werden. Das Modell der Zuschussrente soll die private Vorsorge deutlich belohnen. Es ist für die Menschen gedacht, die erwerbstätig waren, Sozialversicherungsbeiträge zahlten, privat vorsorgten und doch keine ausreichende Rente erhalten. Zu vermuten ist, dass damit zumindest im Alter ansatzweise geheilt werden soll, dass sich die Koalition gegen einen gesetzlichen Mindestlohn im Koalitionsvertrag ausgesprochen hat (S. 21). Denn woher kommen die niedrigen Renten? Neben diskontinuierlichen Erwerbsverläufen, besonders bei Frauen, ist eine der Ursachen, dass aufgrund eines zu geringen Einkommens zu wenig in die Rentenversicherung eingezahlt wird. Das Pferd wird also von hinten aufgezäumt. Es wird nicht an der Ursache von Altersarmut, dem geringen Einkommen, angesetzt, sondern an den Folgen. Dabei sei an dieser Stelle darauf hingewiesen, dass es die rot-grüne Bundesregierung war, die mit den sogenannten Hartz-Reformen zu einer Ausweitung des Niedriglohnsektors entschieden beigetragen hat.

Künstler als Gewinner?

Im Kunst- und Kulturbereich werden wahrscheinlich am ehesten die künstlersozialversicherungsversicherten Künstler und Publizisten von der Zuschussrente profitieren können. Sie sind im Rahmen der gesetzlichen Rentenversicherung pflichtversichert und können daher wie Arbeitnehmer die steuerbegünstigte Altersvorsorge in Anspruch nehmen. Angesichts geringer Durchschnittseinkommen, zurzeit 13.689 Euro Jahreseinkommen, werden viele Versicherte nur geringe Rentenansprüche erwerben und damit auch nur eine kleine Altersrente erhalten.

Hier gilt es im Rahmen des Rentendialogs sowie des darauffolgenden Gesetzgebungsprozesses auf die Besonderheit aufmerksam zu machen, dass diese Versicherung erst seit dem Jahr 1983 besteht. Ebenso gilt es zu prüfen, inwiefern besondere Regelungen für ostdeutsche Künstler geschaffen werden müssen, die erst seit Anfang der 1990er-Jahre in der Künstlersozialversicherung versichert sind.

Und wo bleiben die anderen?

Keine Lösung bietet die Zuschussrente aber für diejenigen, die im Kunst- und Kulturbereich selbständig und nicht in der Künstlersozialversicherung versichert sind. Das trifft zunächst einmal für jene Verwerter zu, die nicht als abhängig Beschäftigte in großen Unternehmen arbeiten, sondern als Selbstständige tätig sind. Zu denken ist etwa an Galeristen oder auch an Ein-Personen-Unternehmen im Verlagswesen. Diese Unternehmer haben oftmals ein so geringes Einkommen, dass die Altersvorsorge, die aus eigener Tasche gezahlt werden muss, notgedrungen auf der Strecke bleibt.

Darüber hinaus fallen auch jene durch den Rost, die als Solo-Selbstständige im Kulturbereich arbeiten und nicht Mitglied in der Künstlersozialversicherung sind. Zu denken ist etwa an die wachsende Zahl selbstständiger Kulturmanager, die Veranstaltungen organisieren oder auch an Kunsthistoriker, die Ausstellungen konzipieren aber nicht publizistisch tätig sind. Gleichfalls ist an jene Personenkreise zu denken, die weder die Bedingungen der Künstlersozialversicherung erfüllen noch als abhängig Beschäftigte geführt werden. Gerade im Bereich der freien Szene scheint diese Personengruppe zu wachsen.

Die genannten Gruppen werden von der Zuschussrente nicht profitieren können, weil sie nicht in der gesetzlichen Rentenversicherung pflichtversichert sind und oftmals so geringe Einkommen erzielen, dass sie sich eine freiwillige Versicherung nicht leisten können. Und genau an dieser Stelle hakt das Modell der Zuschussrente und die Inkonsistenz des Koalitionsvertrags aus dem Jahr 2009 wird deutlich. Denn im Koalitionsvertrag wurde formuliert, dass Deutschland zum »Gründerland« werden soll (S. 25). Und auch die Initiative Kultur- und Kreativwirtschaft der Bundesregierung zielt laut Koalitionsvertrag (S. 52) darauf ab, innovative Projekte und Geschäftsmodelle zu fördern. Unterstellt wird dabei, dass diese Formen der Selbständigkeit den Aufbau einer Altersvorsorge erlauben.

Doch bereits jetzt ist zu vermuten, dass viele Solo-Selbstständige in Kultur- und Kreativwirtschaft von heute morgen von der Altersarmut betroffen sein werden.

Größeres Denken wäre erforderlich

Das deutsche Rentenversicherungsmodell ist ein Erfolgsmodell, wenn viele Menschen im gesetzlichen Versicherungssystem versichert sind. In dem Moment, in dem dieses Prinzip durch andere Beschäftigungsformen ausgehöhlt wird, gerät es an seine Grenzen. Wenn politisch gewollt ist, dass mehr Menschen selbständig sind, müssen auch Antworten darauf gegeben werden, wie eine zukunftsfeste Sozialversicherung aussehen kann. Diese Antworten blieben letztlich Rot-Grün, die große Koalition und auch diese Bundesregierung bisher schuldig.

Die Zuschussrente kann allenfalls ein Übergangsmodell sein, weil hier durch Steuermittel zu geringe Löhne und Gehälter ausgeglichen werden. Gebraucht wird aber ein Sozialversicherungsmodell, das Selbständige umfassend einbezieht, um damit auf die Herausforderungen des modernen Arbeitsmarktes zu reagieren. Ein solches Modell würde die Basis an Versicherten deutlich verbreitern, so dass mehr Beiträge in das gesetzliche System fließen würden. Es würde zugleich dazu beitragen, dass Selbständige mit einem geringen Einkommen am Ende ihres Berufslebens nicht auf Grundsicherung angewiesen sind, sondern eine selbsterworbene Altersrente erhalten. Der nunmehr laufende Rentendialog und auch das im kommenden Jahr anstehende Gesetzgebungsverfahren zur Zuschussrente sollten genutzt werden, um zu verdeutlichen, dass die Zuschussrente im bestehenden System zwar Lösungen bietet und zu leichten Verbesserungen gerade auch für Künstlerinnen und Künstler, die Mitglied der Künstlersozialversicherung sind, führen kann, aber nicht tauglich ist, um die anstehenden Probleme der Altersarmut nachhaltig zu lösen.

Bibliografie

Bundestagsdrucksache 16/7000: Schlussbericht der Enquete-Kommission »Kultur in Deutschland«. Berlin, 11.12.2007

Chiellino, Carmine: Am Ufer der Fremde. Literatur und Arbeitsmigration 1870–1991. Metzler Verlag, Stuttgart 1995

Fohrbeck, Karla; Wiesand, Andreas Joh.: Der Autorenreport. Rowohlt, Reinbek 1972

Fohrbeck, Karla; Wiesand, Andreas Joh.: Der Künstler-Report. Musikschaffende, Darsteller/Realisatoren, Bildende Künstler/Designer. Hanser Verlag, München/Wien 1975

Friedrich Berlin Verlag (Hg.): Theater heute. Die Theaterzeitschrift. 6/2009 »Was heißt hier Kunst?« Berlin

Kamphuis, Andrea: Honorare im Freien Lektorat. Ergebnisse und Konsequenzen der VFLL-Honorarumfrage 2005. Band 3 der VFLL-Schriftenreihe. 2006

Lützeler, Paul Michael (Hg.): Schreiben zwischen den Kulturen. Beiträge zur deutschsprachigen Gegenwartsliteratur. S. Fischer Verlag, Frankfurt am Main 1996

Powers, Richard: Der Klang der Zeit. S. Fischer Verlag, Frankfurt am Main 2004

Schultheis, Franz; Schulz, Kristina (Hg.): Gesellschaft mit begrenzter Haftung. Zumutungen und Leiden im deutschen Alltag. UVK Verlagsgesellschaft, Konstanz 2005

UNCTAD (United Nations Conference on Trade and Development); UNDP (United Nations Development Programme) (Hg.): Creative Economy Report. 2008

Zaimoglu, Feridun: Kanak Sprak. 24 Mißtöne vom Rande der Gesellschaft. Rotbuch Verlag, Hamburg 1995

Die Autoren

Die Angaben beziehen sich auf das Erscheinungsdatum der Artikel.

Olaf Bahner – Referent für Presse- und Öffentlichkeitsarbeit beim Bund Deutscher Architekten BDA

Michael Bhatty – Freier Autor, Designer, Produzent für Medienproduktionen sowie Dozent für Game Design

Nicoline-Maria Bauers – Referentin für Kultur, Messen, Gestaltung und Denkmalpflege beim Zentralverband des Deutschen Handwerks (ZDH)

Marcus Beiner – Koordinator der Initiative »Pro Geisteswissenschaft«, die von der VolkswagenStiftung, der Fritz Thyssen Stiftung, dem Stifterverband für die Deutsche Wissenschaft und der ZEIT-Stiftung Ebelin und Gerd Bucerius getragen wird

Sigrid Betzelt – Wissenschaftliche Mitarbeiterin der Abteilung Geschlechterpolitik im Wohlfahrtsstaat im Zentrum für Sozialpolitik der Universität Bremen

Susanne Binas-Preisendörfer – seit 2005 Professorin für Musik und Medien an der Universität Oldenburg, BA/MA-Beauftragte des Institutes für Musik und Sachverständige der Enquete-Kommission »Kultur in Deutschland«

Hans-Jürgen Blinn – Mitarbeiter im Ministerium für Wissenschaft, Weiterbildung, Forschung und Kultur des Landes Rheinland-Pfalz

Ulrich Blum – Schauspieler und Spieleautor

Thomas Bremer – Professor und Sprecher des Studiengangs Interaction Design/Game Design

Angelika Bühler – Koordinatorin des Career Centers der Universität der Künste Berlin

Udo Dahmen – Künstlerischer Direktor und Geschäftsführer der Popakademie Baden-Württemberg

Caroline Dangel – Mitarbeiterin am Lehrstuhl für Haushalts- und Konsumökonomik der Universität Bonn

Achim Dercks – Stellvertretender Hauptgeschäftsführer des Industrie- und Handelskammertags

Cornelia Dümcke – Kulturökonomin und Projektentwicklerin

Andreas Emminger – Freischaffender Architekt BDA in Nürnberg, wissenschaftlicher Mitarbeiter (Teilzeit) an der Fakultät Architektur der Hochschule Regensburg

Karl Ermert – Direktor der Bundesakademie für kulturelle Bildung Wolfenbüttel

Stefanie Ernst – Referentin für Öffentlichkeitsarbeit des Deutschen Kulturrates

Christian Fischer – Bologna-Berater der Hochschulrektorenkonferenz an der Universität der Künste Berlin

Thomas Flierl – seit 2007 Leiter des Kulturforums bei der Rosa-Luxemburg-Stiftung, Angehöriger des Berliner Abgeordnetenhauses

Karla Fohrbeck – Soziologin, Anthropologin und Volkswirtin

Michael Freundt – Stellvertretender Direktor des deutschen Zentrums des ITI und ehrenamtlicher Geschäftsführer der Ständigen Konferenz Tanz

Klaus Gerrit Friese – Galerist in Stuttgart und Vorsitzender des Bundesverbandes Deutscher Galerien e.V., Berlin

Uwe Fritz – Leiter der Künstlersozialkasse

Max Fuchs – Präsident des Deutschen Kulturrates

Rainer Fuchs – Leiter des Referates Internationale Angelegenheiten der Sozialversicherung Künstlersozialversicherung im Bundesministerium für Arbeit und Soziales

Ulrich Grintsch – Leiter des Bereichs Versicherung im Geschäftsbereich Rechts- und Fachfragen der Deutschen Rentenversicherung

Barbara Haack – Verlagsleiterin des ConBrio Verlags und Mitglied der Redaktion von Politik & Kultur

Christian Handke – Mitarbeiter an der Humboldt-Universität zu Berlin

Ottmar Hörl – Bildender Künstler und Präsident der Akademie der Bildenden Künste in Nürnberg

Peter James – Vorstandsmitglied im Verband unabhängiger Musikunternehmen e.V. (VUT)

Günter Jeschonnek – Geschäftsführer des Fonds Darstellende Künste

Andreas Kämpf – Mitglied im Vorstand der Bundesvereinigung Soziokultureller Zentren, Mitglied im Sprecherrat des Deutschen Kulturrates und Geschäftsführer im Kulturzentrum GEMS, Singen

Johannes Klapper – Leiter der zentralen Bühnen-, Fernseh- und Filmvermittlung

Eckhard Kloos – Vorstand der Ausgleichsvereinigung Verlage

Titus Kockel – Referent für Kultur, Messen, Gestaltung und Denkmalpflege beim Zentralverband des Deutschen Handwerks (ZDH)

Dietrich Koska – Kanzler der Kunstakademie Düsseldorf

Bernhard Kotowski – Geschäftsführer des bbk berlin (Berufsverband Bildender Künstler Berlin e.V.)

Henning Krause – Präsident des BDG Berufsverband der Deutschen Kommunikationsdesigner e.V.

Angelika Krüger-Leißner – Mitglied des Deutschen Bundestags, Angehörige der Enquete-Kommission des Deutschen Bundestags »Kultur in Deutschland«

Nicola Kubasa – Studentin der »Kulturwissenschaften und ästhetischen Praxis« an der Universität Hildesheim, Evaluatorin des Modellprojektes »Mobiles Atelier – Kunstprojekte für Kindergärten«

Peter M. Lynen – Kanzler der Kunstakademie Düsseldorf, Leiter des Zentrums für Internationales Kunstmanagement (CIAM) an der Hochschule für Musik Köln

Birgit Mandel – Professorin am Studienbereich Kulturmanagement und Kulturvermittlung am Institut für Kulturpolitik der Universität Hildesheim

Gerald Mertens – Geschäftsführer der Deutschen Orchestervereinigung und Leitender Redakteur der Fachzeitschrift »Das Orchester«

Andrea Meyer – Spieleautorin und -verlegerin, Gesellschafterin der Fachtagung Spieleautoren GbR

Carla Meyer – Geschäftsführerin des Verbandes der Freien Lektorinnen und Lektoren (VFLL)

Mechthild Noll-Minor – Europa-Beauftragte des Verbandes der Restauratoren und Vizepräsidentin des Europäischen Dachverbandes der Restauratorenverbände (ECCO)

Marjan Parvand – Journalistin und Vorsitzende des Vereins Neue Deutsche Medienmacher

Gerhard Pfennig – bis Ende 2011 Geschäftsführendes Vorstandsmitglied der VG Bild-Kunst

Michael C. Recker – Vorstandsmitglied im Verband Deutscher Restauratoren, Fachgruppe Selbständige-Freiberufler

Jens Regg – Geschäftsführer Grundsicherung der Regionaldirektion Berlin-Brandenburg der Bundesagentur für Arbeit

Thomas Rietschel – Präsident der Hochschule für Musik und Darstellende Kunst Frankfurt am Main

Peter Schabe – Geschäftsstellenleiter der Repräsentanz Berlin der Deutschen Stiftung Denkmalschutz

Volker Schaible – Präsident des Verbandes der Restauratoren e.V. (VDR)

Werner Schaub – Künstler und Vorsitzender des Bundesverbandes Bildender Künstlerinnen und Künstler e.V. (BBK)

Sabine Schlüter – Leiterin der Künstlersozialkasse

Viola Schmidt – Prorektorin der Hochschule für Schauspielkunst Ernst Busch und Leiterin der Fachgruppe Sprechen

Wolfgang Schneider – Direktor des Instituts für Kulturpolitik der Universität Hildesheim, Sachverständiges Mitglied der Enquete-Kommission »Kultur in Deutschland« des Deutschen Bundestages

Gabriele Schulz – Stellvertretende Geschäftsführerin des Deutschen Kulturrates

Azadeh Sharifi – Kulturwissenschaftlerin

Alexander Skipsis – Hauptgeschäftsführer des Börsenvereins des Deutschen Buchhandels

Ulrich S. Soénius – Vorsitzender des DIHK-Arbeitskreises »Kultur als Standortfaktor«

Wolf Steinweg – Rechtsanwalt, Fachanwalt für Arbeitsrecht in Bonn und Syndikus des Verbandes Deutscher Musikschulen

Karin Stempel – Vorsitzende der Rektorenkonferenz der Deutschen Kunsthochschulen

Birgit Maria Sturm – Geschäftsführerin des Bundesverbandes Deutscher Galerien, Berlin

Dieter Swatek – Freier Mitarbeiter bei der Internationalen Stiftung für Qualitätssicherung im Bildungsmarkt (FIBAA)

Heinrich Tiemann – Staatssekretär im Bundesministerium für Arbeit und Soziales

Imre Török – Schriftsteller und Bundesvorsitzender des Verbands deutscher Schriftsteller in ver.di

Ulla Walter – Freiberufliche Künstlerin und Mitglied der Fachgruppe Bildende Kunst in ver.di Berlin-Brandenburg

Thomas Welter – Wirtschaftsreferent bei der Bundesarchitektenkammer e.V., der Arbeitsgemeinschaft der Architektenkammern der Länder

Bogislav von Wentzel – 1973 bis 1992 Galerist in Köln, Begründer und langjähriger Vorsitzender des Bundesverbands Deutscher Galerien

Michael Werner – Galerist

Andreas Joh. Wiesand – Politologe und Publizist, Executive Director des European Institute for Comparative Cultural Research (ERICarts)

Margret Wintermantel – Präsidentin der Hochschulrektorenkonferenz (HRK)

Hans Zehetmair – Bayerischer Staatsminister für Wissenschaft, Forschung und Kunst a. D.

Olaf Zimmermann – Geschäftsführer des Deutschen Kulturrates und Herausgeber von Politik & Kultur